Albrecht Marquard · Peter Runde · Gert Westphal

Psychische Belastung in helfenden Berufen

Albrecht Marquard · Peter Runde ·
Gert Westphal

Psychische Belastung in helfenden Berufen

Bedingungen · Hintergründe · Auswege

Westdeutscher Verlag

Die Deutsche Bibliothek – CIP-Einheitsaufnahme

Marquard, Albrecht:
Psychische Belastung in helfenden Berufen: Bedingungen, Hintergründe, Auswege / Albrecht Marquard; Peter Runde; Gert Westphal. – Opladen: Westdt. Verl., 1993
ISBN 3-531-12477-3

NE: Runde, Peter:; Westphal, Gert:

Das diesem Bericht zugrundeliegende Vorhaben wurde mit Mitteln des Bundesministeriums für Forschung und Technologie (Förderkennzeichen 01HK418 /8) gefördert. Die Verantwortung für den Inhalt dieser Veröffentlichung liegt bei den Autoren.

Der Westdeutsche Verlag ist ein Unternehmen der Verlagsgruppe Bertelsmann International.

Umschlaggestaltung: Horst Dieter Bürkle, Darmstadt
Druck und buchbinderische Verarbeitung: Langelüddecke, Braunschweig
Gedruckt auf säurefreiem Papier
Printed in Germany

ISBN 3-531-12477-3

Inhalt

Vorwort

Die Entstehungsgeschichte dieses Buches geht zurück auf das Jahr 1985. Damals kam es bei Beschäftigten einiger Einrichtungen und bei Trägern der Behindertenhilfe zu einiger Unruhe. Das Gespenst der "Personalbemessung" ging um. Die Unruhe machte sich fest an der auf den ersten Blick - zumal für Außenstehende - einfach erscheinenden Frage, nämlich wieviele Betreuer für eine gegebene Gruppe behinderter Menschen in stationären Einrichtungen im Jahresmittel notwendig sind. Die Ermittlung der Aufgaben mit dem entsprechenden Zeitbedarf für Alltags-, Pflege- und medizinische Behandlungsverrichtungen schien lediglich ein Rechenexempel. Die durchschnittliche Jahresarbeitszeit war nur um erwartbare Krankheitsrate, Urlaubsanspruch, Fortbildungstage etc. zu mindern - herauskommen mußten die sogenannten "Personal-Anhalts-Zahlen". Der Widerspruch gegen das damit verbundene Denken hält in vielen Einrichtungen bis heute an. Der Haupteinwand der Betreuer und erfahrener Praktiker war und ist: Diese Arbeit läßt sich nicht auf einfache Zeitstudien reduzieren. Und: Wir können nicht ein Problem - nämlich das der Stellenfinanzierung und gerechten Personalressourcen-Verteilung - dadurch lösen, daß wir etwas "messen", aber das Nicht-Messbare einfach außer acht lassen, wohlwissend, daß *dies* Nicht-Meßbare wichtigste Grundlage der Arbeit ist: Die Dimension von Beziehung und Kontakt zum behinderten Menschen.
Vor dem Hintergrund des sich seit einigen Jahren entwickelnden Pflegenotstands vor allem in Krankenhäusern, aber auch einsetzenden Rekrutierungs- und Qualifikationsproblemen in anderen sozialen Tätigkeitsbereichen stellte sich verstärkt die Frage nach den möglichen Ursachen für Schwierigkeiten, die Versorgung und Versorgungsqualität in diesen Bereichen aufrecht zu erhalten. Gehäuft auftretende nicht-natürliche Todesfälle in Altenpflege-Einrichtungen erschüttern immer wieder die Öffentlichkeit - aber auch wissenschaftliches Interesse wendet sich den Belastungen zu, denen diejenigen ausgesetzt sind, die in den sehr verschiedenen Feldern der Sozialen Arbeit tätig sind.

Die vorgelegte Arbeit hat sich zum Ziel gesetzt der Frage nachzugehen, worin psychische und physische Belastungen in Betreuungssituationen bestehen. Am Beispiel der Berufsgruppe der Betreuer in der Behindertenhilfe stellen wir dar, wie durch ein komplexes Gefüge und Zusammenwirken unterschiedlicher Bedingungen in der Arbeit Belastungen erzeugt werden. Wir gehen der Frage nach, warum es für die Helfer so schwierig ist, die Kompetenz, über die sie verfügen, auf sich selbst anzuwenden. Denn aufgrund ihrer Kompetenz - hilfebedürftigen Menschen Unterstützung zukommen zu lassen - sollte man meinen, sie seien in der Lage, auch für sich selbst klare und förderliche Betreuungsbedingungen herzustellen.

Konkret geht es in dieser Untersuchung um die Arbeitssituation von Betreuern in *stationären* Einrichtungen der Behindertenhilfe. Bundesweit sind dies etwa 60.000 Personen.

Auch, wenn wir im Verlauf der Untersuchung nur selten die Frage diskutieren, inwiefern unsere Ergebnisse und Überlegungen auf andere Felder von "personenbezogener Dienstleistungstätigkeit" übertragbar sind, wird der aufmerksame Leser an vielen Stellen allgemeine Probleme dieses Arbeitstyps erkennen - selbst dann, wenn er die unmittelbaren Erfahrungen aus der Behindertenhilfe so nicht teilt.

Pflege- und Betreuungsprozesse als "personenbezogene Dienstleistung" sind letztlich gekennzeichnet durch ihre Eigenart, ein "immaterielles" Gut zu sein. Sie sind "nicht lagerfähig" und müssen von daher sofort, im Prozeß der Entstehung, "verbraucht" werden (vgl. GROSS 1983). Diese Besonderheit gilt für viele Tätigkeiten, die im Bereich der Gesundheit und Rehabilitation, in der Sozialen Arbeit, im Bildungssektor an Schulen und Hochschulen, in der Jugendarbeit geleistet werden. In Beratungs-, Pflege- und Betreuungsprozessen, in der Arbeit mit Randgruppen, in Psychiatrie und psychosozialer Versorgung, im Bereich von Alten- und Altenpflegeheimen, im Strafvollzug - überall begegnen wir solcher Arbeit, die "zwischen Menschen" stattfindet. Immer ist sie letztlich nur möglich, wenn die Menschen sich aufeinander beziehen. Der mit-menschliche Kontakt erst ermöglicht die Arbeit, er ist das Medium.

Die genannten Felder sehen sich mit dem Tatbestand konfrontiert, daß unterschiedliche, nicht selten widersprüchliche Erwartungen auf die Beschäftigten gerichtet sind. Viele Beschäftigte sehen in ihrer Arbeit an vorderer Stelle den gesellschaftlichen Auftrag, eine gesellschaftliche Aufgabe, der sie sich verpflichtet fühlen - oder doch einmal fühlten. In nahezu allen diesen Feldern bestehen starke, steuernde Einflüsse aus dem Bereich der Sozial- und Gesundheits-Politik. Durchgängig ist, daß es Strukturen und Regelungen gibt, die "der Sache" fremd sind: Bürokratie fordert bestimmte formalisierte Verfahrensweisen, widersprüchliche interne Interessen - etwa zwischen der Administration und qualitätsorientiertem Arbeitsethos - erzeugen Konflikte und Reibungen. Mit anderen Worten, die Aufgabe ist *in Anbetracht einer jeweils gegebenen (Dienstleistungs-)Situation* vor allem abhängig von der Art, wie diese Aufgabe *definiert* wird. Die Aufgabe muß der *"Realität"*, dem Bedarf angemessen sein. Sie muß in Übereinstimmung mit dem "Auftraggeber" stehen, der schließlich für die entstehenden Kosten aufkommen soll. Schließlich muß die Aufgabe möglichst den Vorstellungen derjenigen entsprechen, die sie ausführen - den "Dienstleistern". Die Frage nach der Definition des Dienstleistungsprozesses aufzuwerfen bedeutet aber, die zentrale Kernfrage überhaupt zu stellen: Um welche Ziele geht es dabei? Ist der Patient krank, wenn er sich krank *fühlt* - oder wenn er nach erfolgter Diagnose als krank *gilt*?
Gerade in den sozialen Arbeitsfeldern ist aber diese Abstimmung schwierig. Da haben es die Produzenten von "Sachgütern" einfach: ein Auto ohne Lenkrad kann eben die Funktion eines Autos nicht erfüllen. - Welche Konsequenzen hat es für die Helfer, wenn diese Fragen nicht geklärt sind oder wenn die Helfer von der Klärung ausgeschlossen sind?

In diesem Sinne ist es unsere Absicht, die Arbeitwirklichkeit der Betreuer von Behinderten-Wohngruppen genau zu betrachten. Wir bemühen uns, den Beschäftigten in diesem Feld der sozialen Arbeit eine Stimme zu geben. Denn viele von ihnen machen die Erfahrung, sie würden von anderen nicht verstanden. Einer unserer Gesprächspartner aus einem Wohngruppenteam bringt es auf die Formel: "Man versteht es nur, wenn man es tut."

Der Ablauf der Darstellung folgt im wesentlichen dem Gang der Untersuchung, die wir im Auftrag und mit finanzieller Unterstützung des Bundesministeriums für Forschung und Technologie im Zeitraum 1989-1991 durchgeführt haben. Nach kurzer Einleitung und Darstellung des Ausgangssituation (Abschnitt 1 und 2) treffen wir einige grundsätzliche Überlegungen zur Unterscheidung von personenbezogener Dienstleistung und produktiver Arbeit. Daran schließen sich Überlegungen zum Wandel des Helferbildes an (Abschnitt 3). Wir geben einen kurzen Überblick zur Burnout-Forschung (Abschnitt 4). Am Ende dieses Abschnitts skizzieren wir unseren eigenen Untersuchungsansatz, der vorliegende Erklärungsansätze und theoretische Konzepte zu Burnout und Streß berücksichtigt, aber dabei induktiv die Erfahrungen der Betreuer zum Ausgangspunkt nimmt.

Im Anschluß beschreiben wir unser methodisches Vorgehen (Abschnitt 5). Teilnehmende Beobachtung in 12 Wohngruppen, sowohl offen-strukturierte und narrative Interviews mit insgesamt etwa 60 Betreuern als auch intensive Gespräche mit Vorgesetzten verschiedener Ebenen stellen die Datengrundlage dar. Das Interviewmaterial nahm einen solchen Umfang an, daß wir zur Bearbeitung ein rechnergestütztes Auswertungsverfahren entwickelten, das uns die Zuordnung von Textpassagen zu bestimmten Themenbereichen mithilfe spezifischer Codierungen wesentlich erleichterte. Von unserem an der qualitativen Sozialforschung orientierten Ansatz ließen wir uns durch die Computerunterstützung nicht abbringen. Immer ging es uns darum "zu verstehen", was in die Arbeitssituation der Betreuer und in den Betreuungsprozeß mit dem Bewohner hineinwirkt. Die fünf Themenbereiche der Darstellung der Arbeitssituation aus der Perspektive der Betreuer ergaben sich interpretativ aus der Bearbeitung des Textmaterials: symbolischer Gehalt der sprachlichen Mitteilungen und Bedeutungsgewichtung auf dem Hintergrund unserer Situationskenntis aus der Phase der Gruppenbeobachtungen erlaubten uns die Fokussierung auf das Individuum, den Führungsprozeß, das Team und die spezifische Alltagsgestaltung in den Wohngruppen (Abschnitt 6).
Ergänzt wurde diese Perspektive der Betreuer durch die Außensicht ihrer Vorgesetzten. Uns interessierte die Frage, wie die Organisation mit dem Thema der Arbeitsbelastung umgeht: wie erleben die Führungskräfte die Wohngruppenarbeit, was nehmen sie wahr vom Alltag, welcher Eingriffs- und Steuerungsmöglichkeiten bedienen sie sich? (Abschnitt 7). Beide Perspektiven werden sodann miteinander verglichen und erste Schlüsse aus diesem Vergleich gezogen (Abschnitt 8).

In den folgenden beiden Abschnitten verlassen wir diese Argumentationslinie: In Abschnitt 9 stellen wir die Ergebnisse narrativer Interviews vor. Im Idealfall soll der Interviewte - angeregt durch eine offene Eingangsfrage - dazu veranlaßt werden, über seine "Sicht der Welt" zu berichten. Er soll erzählen - gesteuert nicht durch Fragen anderer, sondern aus sich selbst heraus. Hier suchen wir im Lebensverlauf nach "Mustern" - wie er mit Traditionen, Arbeitsweisen, Arbeitsbeziehung und Konflikten umgeht. Der Blick ist gerichtet auf spezifische "Helfer-Modelle", also auf die Frage, ob in der Paxis über-individuelle Stile im Helferhandeln bestehen (Abschnitt 9).

Erweitert wird die Breite der empirischen Ergebnisse durch eine Institutionenbefragung, die wir im Frühjahr 1990 durchgeführt haben. In deren Verlauf wurden 147 Einrichtungen der stationären Behindertenhilfe angeschrieben. Wir wählten im Bereich der alten Bundesländer diejenigen aus, die über mehr als 100 Wohnplätzen verfügen. Sie wurden um Einschätzungen zu 18 Items hinsichtlich des jeweiligen Beitrags zur Arbeitsbelastung gebeten (Abschnitt 10). Interessant für Kenner des Arbeitsfeldes werden dabei Ergebnisse einer Faktoren-Analyse sein, die einen Blick auf die inneren Zusammenhänge zwischen den verschiedenen Dimensionen der Arbeitstätigkeit und Belastungsentstehung eröffnen.

In Abschnitt 11 versuchen wir, die vielfältigen empirischen Ergebnisse in einen übergeordneten soziologischen Bezugsrahmen einzuordnen. Es werden auf dem Hintergrund allgemeiner Überlegungen zum gesellschaftlichen Norm- und Wertewandel die für uns wesentlichen Themenbereiche behandelt: der entstandene Führungsbedarf, die Stellung des Betreuers im Spannungsfeld zwischen dem hohen Erwartungs- und Anspruchsdrucks auf der einen Seite und dem Engagement und der bestehenden Zuwendungsbereitschaft auf der anderen Seite, der bürokratisch-administrativen Verwaltung der Lebens- und Arbeitsprozesse und dem schwindenden kulturellen Rückhalt. Die entstandene "Rückzugskultur" und "Privatisierung des Arbeitshandelns", in der im Extremfall jeder - aus, wie er meint, guten Gründen - nur noch darauf bedacht ist, "zu sehen, daß der Laden irgendwie läuft", machen es erforderlich, grundsätzliche Fragen nach dem "Konstruktionsprinzip personenbezogener Dienstleistung" zu stellen.

So werden als Bausteine für eine Gestaltung der Betreuungsarbeit in der Behindertenhilfe unterschiedliche Ansätze vorgestellt (Abschnitt 12). Die Unterscheidung von "Konditional-" und "Zweckprogramm" in der Organisationsgestaltung ist dabei der Ausgangspunkt. Die Notwendigkeit, auf Lebensprozesse zu reagieren, veranlaßt uns zu einem Rückgriff auf den Situationsbegriff von KONRAD (1969), die soziale und ethische Dimension des Handelns lenkt den Blick auf das Konzept der "Aktionsorientierung" (HARMON 1991).

In der Formulierung der Gestaltungsvorschläge (Abschnitt 13) liegt der Schwerpunkt auf der Organisation des Alltags, in Überlegungen zu umfassender Konzeptbildung und in praxisorientierten Anregungen zu einem erweiterten Verständnis der Aufgaben von Personal- und Organisationsentwicklung unter den besonderen Bedingungen der Arbeit der stationären Einrichtungen.

Letztlich ist uns vordringlich, die unterschiedlichen Perspektiven der Personen zusammenzuführen, die im Bereich der Behindertenhilfe tätig sind. Wir wollen damit die Entwicklung einer größeren Gemeinsamkeit und Nähe in der Erreichung ihres Zieles erleichtern und sie darin unterstützen: Dem Leben seinen Wert zu erhalten, die Arbeit als Teil des Lebens zu begreifen, auf dem Weg zu mehr Normalität der immer noch bestehenden Grenzen gewahr zu bleiben und doch mit und an diesen Grenzen zu arbeiten. Manchmal sind diese Grenzen viel näher, als wir meinen. Oft sind sie in unserem Kopf, in unserem Denken, in unserem "Welt-Modell." Wir stoßen auf viele Begriffe, von denen wir meinten, sie seien zur Beschreibung von Tatsachen oder Abläufen klar - aber wieviel Diskussion haben wir als Autoren benötigt, um das, was wir vor dem "inneren Auge" sahen, auch untereinander zu verstehen - und dann noch zu Papier zu bringen. Zu diesen Begriffen, die uns immer wieder zu umfassender Diskussion veranlaßten, gehört Beziehung, Team, Prozeß, Kultur, Konzept, Leben, Arbeit, Führung, Behinderung, Lebensqualität.

Die mit den notwendigen, wünschenswerten Veränderungen verbundenen Anforderungen richten sich weniger an den einzelnen als Person - sie richten sich an ihn als Zugehörigen einer Gruppe: er ist uns immer begegnet auch als Mitglied eines Teams, einer Kollegengruppe, einer Führungsmannschaft. Veränderungen, wie sie zum Abbau von psychischen Belastungen und aber auch zur Erhaltung - und oft Verbesserung - der Lebensqualität der Menschen in den Einrichtungen notwendig sind, brauchen das Gespräch, den Austausch, die Auseinandersetzung mit der Position des anderen. Rückzugskultur führt auf allen Seiten in die Isolation.

Auch wir haben "Helfer" gehabt, denen wir an dieser Stelle danken möchten. Da sind zunächst alle Beteiligten an unseren empirischen Untersuchungen zu nennen: wir haben - nach manchmal anfänglich bestehender Skepsis - eine hohe Bereitschaft zur Zusammenarbeit, viel Offenheit und Interesse gefunden. Besonders in den Wohngruppen wich der Zweifel am unmittelbaren Nutzen für die eigene Arbeit fast überall schnell der Überzeugung, es werde mit jedem Gespräch ein Beitrag zur Diskussion der Arbeitsbedingungen in der Behindertenhilfe geleistet. An zweiter Stelle möchten wir Dipl.-Soz. Albrecht Kunschke nennen, der uns über weite Strecken begleitet hat. In vielen unserer theoretischen Diskussionen hat er wichtige Beiträge geliefert, die uns halfen, die vorgefundene Praxis zu gliedern; aber auch bei der Aufbereitung des empirischen Textmaterials war er ein unermüdlicher Helfer. Desweiteren hat uns stud. rer. pol. Axel Fricke bei der Suche und Einrichtung eines für unsere Zwecke angemessenen computer-gestützten Auswertungsprogrammms geholfen. Unsere Danksagung gilt auch stud. rer. pol. Ute Bade, Regina Froese und Gabi Wegner, die großen Alteil an der Durchführung und Auswertung der narrativen Interviews hatten.

An letzter Stelle sei die Deutsche Forschungs- und Versuchsanstalt für Luft- und Raumfahrt als Koordinator für die Vorhaben-Abwicklung genannt. Dr. G. Ernst half beim Anschub - C. Kasten war unser kompetenter Begleiter. Auch ohne diese Unterstützung wäre unsere Arbeit nicht möglich gewesen.

I Einführung und allgemeine Grundlagen

1 Einleitung

In den letzten Jahren waren die personenbezogenen Dienstleistungsberufe verstärkt Gegenstand des öffentlichen Interesses. Fluktuation und Berufsaufgabe nach relativ kurzer Verweildauer im Beruf als individuelles Reaktionsmuster auf eine belastende und als unbefriedigend erlebte Berufserfahrung kennzeichnen die Situation genauso wie kollektive Auseinandersetzungen, verbunden mit intensiven öffentlichen Protesten des Betreuungs- und Pflegepersonals in Krankenhäusern, Altenheimen, Behinderteneinrichtungen etc. Versuche, die extreme Unzufriedenheit der Beteiligten zu erklären, sind schnell bei den zweifelsohne wesentlichen Fragen des Einkommens, der verfügbaren Planstellen und der Arbeitszeit angekommen. Dies reicht jedoch nicht aus. Nimmt man die zunehmende Zahl von Aussagen ernst, vor allem zur psychischen Belastung im Sinne von Streß und Burnout, sind sie nur Teil einer Gesamterklärung dieses Phänomens.

Die Anforderungen an die Beschäftigten sind in vielen Bereichen dieser Dienstleistungsarbeit offensichtlich so beschaffen, daß ihre Bewältigung nur mit einem hohen persönlichen Aufwand möglich ist. Mit einem Teilbereich - nämlich der Behindertenhilfe - und den dort Beschäftigten befassen wir uns im folgenden. Wir fragen danach, warum das Phänomen des Ausbrennens und der emotionalen Erschöpfung verstärkt und gehäuft in einer Zeit auftritt, in der - endlich auch praktisch - nach Lösungen dafür gesucht wird, die Klienten-Bedürfnisse und -Interessen stärker zum Zuge kommen zu lassen. Dienstleistungsorganisationen werden verkleinert und dezentralisiert, Alternativen zu Heimen und Anstalten werden gesucht und Fragen der gesellschaftlichen Integration werden gestellt - aber welche Antworten ergeben sich für die Arbeits- und Belastungssituation der Beschäftigten?

2 Allgemeine Ausgangssituation

Im Rahmen eines vom Bundesministeriums für Forschung und Technologie (BMFT) geförderten Forschungs-Vorhabens[1] haben wir empirische Erhebungen mit Beschäftigten in zwei Einrichtungen der Behindertenhilfe durchgeführt. Sie hatten zum Ziel, die Arbeitsbedingungen in Pflege, Betreuung und Förderung zu ermitteln und die mit den Tätigkeiten verbundenen Belastungen zu klären. Im Kern geht es uns um die Frage, wie und wodurch

---

[1] Das Vorhaben hat den Titel: "Entwicklung vorläufiger Gestaltungskriterien zum Abbau von Belastungen bei personenbezogener Dienstleistung am Beispiel zweier Einrichtungen für Behinderte".

Belastungen in der Betreuung von Behinderten in stationären Wohngruppen entstehen und warum sie sich insbesondere in den letzten Jahren so weit verdichtet haben, daß unter dem Stichwort Burnout die Prozesse eines allgemeinen Erschöpfungs-Syndroms immer stärker öffentlich diskutiert werden.

Ein wesentlicher Ausgangspunkt für den hier zu entwickelnden Erklärungsansatz ist zunächst der Sachverhalt, daß Helfer in Dienstleistungssituationen mit der spezifischen Anforderung konfrontiert sind, zwischenmenschliche Beziehungen mit den Klienten[2] aufzubauen und unter Bedingungen aufrecht zu erhalten, die häufig durch Erfahrungen der Aggression und Autoaggression, des Leidens und Schmerzes usw. gekennzeichnet sind. Die Helfer können diese Tätigkeit - anders als in den meisten gewerblichen Arbeitsbereichen - nicht losgelöst von ihren eigenen Empfindungen, Werten und Überzeugungen ausüben. Ein weiterer wesentlicher Bestandteil für das Zustandekommen von Belastungen wie Streß und die spezifische Erschöpfungs-Symptomatik ist mit der Beobachtung verbunden, daß das Grundverhältnis zwischen Dienstleistendem und Klient in den letzten Jahren einem grundsätzlichen Wandel unterliegt. Dessen Eckpunkte liegen einerseits in der veränderten Sensibilität vieler Beschäftigter gegenüber den Klienten - vor allem dem Ernstnehmen des Behinderten als eigenständiger Persönlichkeit - und andererseits in der Relativierung bzw. einem voranschreitenden Abbau administrativ-hierarchischer Organisationsstrukturen in den Pflege- und Betreuungseinrichtungen. Sie hatten über Jahrzehnte eine relative Handlungssicherheit und klare Rollenzuschreibung gegenüber den Klienten sichergestellt.
Das Ernstnehmen des Behinderten als eigenständiger Persönlichkeit entspricht der Vorstellung, der Helfer könne dem Klienten nicht allein über eine vor allem *von anderen* definierten Rolle begegenen, sondern müsse im Kontakt mit ihm nach Möglichkeit in hohem Maße authentisch sein. Aber das *Ernstnehmen des anderen* kann nur gelingen, wenn der Helfer eingebunden ist in eine Situation, die es ihm gestattet, auch *sich selbst ernstzunehmen*. Der eher traditionellen Leitvorstellung, "das Beste für den Behinderten" zu wollen, tritt damit die bisher weitgehend tabuisierte Vorstellung hinzu, daß auch der Helfer "das Beste für sich selbst" wolle. Damit wird die Begegnungssituation der Pflege, Betreuung und Förderung geöffnet: bei aller Weisungsgebundenheit muß der Helfer doch so handeln, daß er im Einklang mit sich selbst steht. Es ist nicht mehr vorbestimmt, was "hier und jetzt" geschehen soll. Vielmehr muß er im Kontakt mit dem Klienten immer häufiger *aushandeln*, was geschehen soll. Die wahre Komplexität der mitmenschlichen Begegnung erscheint nun als grundlegende eine Aufgabe, in der der Helfer die unterschiedlichsten Bedürfnisse, Erwartungen und Anforderungen in sein Handeln integrieren muß. Dazu bedarf es zweierlei: einer *Helfer-Persönlichkeit*, die mit dieser geöffneten Situation kom-

---

[2] Wir sprechen hier, im allgemeinen und im theoretischen Teil unserer Darstellung vom "Klienten" als demjenigen, der eine Dienstleistung annimmt; im empirischen Teil werden wir, weniger abstrakt, vom "Bewohner" sprechen.

petent und sicher umgehen kann, und einer *Organisationsform*, die nicht nur die damit verbundenen Handlungsspielräume zuläßt, sondern sie vom Helfer fordert. Dazu muß die Organisation ihn aber auch in die Lage versetzen, mit erweiterten und qualitativ veränderten Arbeitsanforderungen umzugehen.

Die Auswirkungen dieser Änderungen auf die Arbeitswirklichkeit der Beschäftigten haben bisher wenig wissenschaftliche Aufmerksamkeit erfahren, obwohl durchaus davon ausgegangen werden muß, daß der soziale Wandel tiefgreifende Orientierungs- und Selbstverständnisfragen der Einrichtungen und der Mitarbeiter aufwirft. Denn diese Veränderungen sind für die Beschäftigten mit dem Risiko verbunden, daß sie den fremd- und selbstgesetzten Erwartungen, Ansprüchen und Anforderungen nicht mehr genügen können.

Diese Situation spiegelt einen Sachverhalt pointiert wieder, der mit der Dienstleistungssituation insgesamt verbunden ist: gemeint ist hier die Ausweitung des Arbeitsbegriffs um die reflexive Ebene. Der Blick wird nicht allein auf ein quantitatives Ergebnis der Arbeit gelenkt, sondern verstärkt auch auf den Sinn von Tätigkeiten, auf die Motivation der Beteiligten, auf die psychischen Begleiterscheinungen und Belastungen. Will man Belastungen in personenbezogener Dienstleistung untersuchen, resultiert daraus eine Aufgabenstellung, die eine vergleichsweise umfangreiche Untersuchung der Arbeitssituation von Beschäftigten - in unserem Falle also von Betreuern in Einrichtungen der Behindertenhilfe - begründet. Ziel des Forschungsvorhabens ist vor diesem Hintergrund die Analyse der gesellschaftlichen, vor allem organisatorischen und arbeitsplatzbedingten Entstehungsbedingungen von Belastungen, wie sie aus den skizzierten sozialen Wandlungsprozessen abgeleitet werden. Desweiteren befassen wir uns mit der subjektiven Verarbeitung und den daraus entstehenden Belastungen im Arbeitsprozeß. Ziel ist es auch, solche Empfehlungen für die Gestaltung des Arbeitsprozesses und der Arbeitsorganisation zu formulieren, die zu einer Verbesserung der Bedingungen und damit zu einem Abbau von Belastungen beitragen können. Es geht darum, Burnout-Prozessen vorzubeugen, denn "ein ausgebrannter Helfer (kann) kein guter Helfer" sein (ERNST 1987).

3 Betreuung: Arbeit oder Tätigkeit?

Den verschiedenen Wissenschaften, die sich mit gesellschaftlicher Arbeit und ihren konkreten Formen befassen - vor allem Ökonomie und Sozialwissenschaften - ist es bisher nicht gelungen, einen allgemeingültigen Begriff der Arbeit zu formulieren. Im Gegenteil: mit zunehmender gesellschaftlicher Entwicklung scheint unklarer zu werden, was "Arbeit" eigentlich ist. Eine komplexe Gesellschaft formt einen zunehmenden Variantenreichtum dessen aus, was als Arbeit gilt oder gelten könnte. Dies geschieht so sehr, daß BENSELER/HEINZE/KLÖNNE (1982) im Vorwort zu "Zukunft der Arbeit" meinen: "Über-

schaut man die Beiträge (...), so erstaunt, wie sehr sie inhaltlich gravitieren um Theorie und Praxis von Arbeit in einem Sinne, der den ungefragten Begriff aufzulösen sich bemüht, die Differenzierung von Kopf und Hand, die Trennung von Fremd- und Selbstbestimmung, von Basis und Überbau, von Produktion und Konsum, von Tätigkeit und Muße umkreist..." (ebd., S.10). Die Arbeit wird in wesentlichen Teilen zu "Schwarzarbeit", "Schattenarbeit", "Eigenarbeit", "Selbsthilfe"; es ist die Rede vom "autonomen" und "informellen" Sektor als Anzeichen der "Krise der Arbeitsgesellschaft", der die Arbeit ausgeht. Zur "Strukturkrise des Arbeitsmarktes", dem "Markt- und Staatsversagen", "Basisbewegungen gegen zentralisierte Politikstrukturen" kommt eine "Wertkrise und Bedeutungswandel der Arbeit" (so Überschriften bei HEINZE/OLK, 1982).
Ohne daß wir an dieser Stelle eine Analyse und Bewertung der mit diesen Stichworten angedeuteten Krise wiedergeben können, ist doch darauf hinzuweisen, daß die Diskussion um die mit der Arbeit verbundenen Fragen nach Sinn und Werten eine wichtige Dimension in der Auseinandersetzung um die Beschreibung der unterschiedlichen Standpunkte gegenüber dem Arbeitsbegriff und Arbeitsverständnis ist. Denn sowohl der Begriff der *Arbeit* als auch der Begriff der *Hilfe* - beide verbinden sich ja in dem hier zu fassenden Begriff der personenbezogenen Dienstleistung - sind konstitutiv für das Dilemma der Betreuungstätigkeit.

Verschärft sich im Bereich der (produktiven) Arbeit der Konflikt für den Beschäftigten in der an ihn gerichteten Forderung nach "funktionelle(r) Rationalität, Effektivität, Unterordnung unter technische und bürokratische Strukturen" (VONDERACH 1982, S. 33), in der Intensivierung und Verdichtung der Industriearbeit durch Technik mit der Folge des Risikos der Spaltung der Arbeitsgesellschaft in Hochqualifizierte und Unqualifizierte, so sieht die Situation im Bereich der Betreuungstätigkeit eher vor, die Grenzen zwischen *Arbeit* und *Leben* ineinanderfließen zu lassen. Denn das Schlagwort von der *Auflösung der Anstalten*, von der *"Zerschlagung der Institutionen"* oder, weniger polemisch, der *Dezentralisierung der Einrichtungen* ist auch ausgerichtet auf die Überwindung des Gegensatzes von Arbeit und Leben in den Bereichen, in denen die Strukturen und Zwänge der Arbeit die Entfaltungs-, Entwicklungs- und Integrationsmöglichkeiten der betroffenen Behinderten einschränken und damit ihre Lebenschancen beschneiden.

Es ist zu fragen, welche Kriterien und Maßstäbe anzulegen sind, wenn im Rahmen personenbezogener Dienstleistung diese besondere Form der Arbeits-Tätigkeit untersucht und die mit ihr verbundenen Belastungen und Beanspruchungen thematisiert werden sollen. Dies gilt insbesondere wegen ihres Beziehungscharakters. Denn "Besonderheit" der personenbezogenen Dienstleistung können wir nach der Definition von GROSS (1983) erkennen: "Die personenbezogene Dienstleistung ist von uns in dreifacher Hinsicht gekennzeichnet worden: 1. durch das Moment des Kontakts zwischen Leistungsgeber und Leistungsnehmer, welches die Dienstleistung erst ermöglicht; 2. durch das mit dieser Kontaktnahme verbundene Phänomen eines schwer meßbaren 'menschlichen Faktors', welcher offenbar die ökonomische Beziehung durchkreuzt und 3. durch die je nach Dienstleistung in mehr oder minder starkem Ausmaß notwendig werdende Kooperation zwischen Leistungsgeber und Leistungsnehmer. Die personenbezogene Dienstleistung hat infolgedessen eine *eigentümliche Lage zwischen einer wirtschaftlich zweckrationalen Tauschbeziehung und einer kooperativ solidarischen Hilfebeziehung*." (ebd. S. 51; Hervorheb. v. Verf.)

Wir fragen also grundsätzlich: Wie fließen Dienstleistungs-Auftrag, formale Regelungen des organisierten Arbeitsprozesses und mitmenschliche Begegnung in der Betreuungssituation ineinander? Wie werden sie formell und informell in der Organisation der Arbeit in den Einrichtungen der Behindertenhilfe aufgenommen? Welche Ziele und Verfahren bestehen?

Da diese Fragen aber im Zusammenhang von "Arbeit" und "Tätigkeit" gestellt werden, versuchen wir zu Beginn, einige Begriffe von "Arbeit" und "Tätigkeit" zusammenzutragen. Wir tun dies auf der Suche nach einer groben Orientierung und als Grundlage zur Annäherung an Kriterien, die wir zur Bewertung der vorgefundenen Arbeitstätigkeit anlegen können. Als allgemeinste Bestimmung von "Arbeit" finden wir im Lexikon: "Arbeit = [mhd. arebeit 'Mühe', 'Not'], zielbewußte Kraftbetätigung, bes. die auf Schaffung von Werten gerichtete körperliche oder geistige Tätigkeit des Menschen. Volkswirtschaftl.: Arbeit (Leistung, Dienst) ist eine Grundlage der Gütererzeugung und damit die Bedarfsdeckung der Gesamtheit wie des einzelnen. Ihr Erfolg hängt von dem richtigen Verhältnis zur Natur (Boden) und zum Kapital ab, ferner von der Eignung der Bevölkerung und ihrer Arbeitswilligkeit. Die pflegl. Behandlung der Arbeitskraft ist auch deshalb eine wichtige Staatsaufgabe." (LEXIKON 1966)

Bei HARTFIEL (1972, S. 28) wird Arbeit definiert als "zweckmäßige, bewußte Tätigkeit des Menschen zur Lösung und Bewältigung seiner materiellen und geistigen Existenzprobleme. In der Arbeit setzt sich der Mensch rational mit den Kräften und Möglichkeiten seiner natürlichen Umwelt auseinander, verändert er diese Umwelt und damit sein Verhältnis zu ihr. Prozesse der Arbeit sind immer auch soziale Prozesse. Die Art, wie Menschen arbeiten (im Sinne von Probleme lösen und materiell produzieren), bestimmt ihre Lebensweise und die Gestaltung ihrer sozialen Beziehungen. Gesellschaft wird entscheidend mitgeformt durch den historischen Stand der Entwicklung menschlicher Arbeitsbedingungen und Arbeitsverhältnisse."

Nach HACKER (1973, S. 61) ist die menschliche Arbeitstätigkeit "durch folgende psychologisch relevante Eigenschaften gekennzeichnet:

1. Sie ist *bewußte, zielgerichtete* Tätigkeit,

2. gerichtet auf die Verwirklichung eines Ziels als *vorweggenommenes Resultat* (Produkt), das
3. vor dem Handeln *ideel* gegeben war;
4. sie wird *willensmäßig* auf das Ziel hin *reguliert*;
5. bei der Herstellung des Produkts *formt* sich zugleich die *Persönlichkeit*; diese persönlichkeitsformende Wirkung ist nicht auf die Fähigkeiten und Fertigkeiten beschränkt, sondern betrifft auch den *Charakter*." (Hervorhebung im Orig.)

Erläuternd heißt es weiter: "Hauptbedeutung für die Eigenschaften der Arbeit hat der Sachverhalt, daß im Produktionsprozeß, dessen Bestandteil die Arbeitstätigkeit ist, ein gesellschaftlich nützliches Produkt (unter festgelegten Bedingungen) erzeugt werden muß. Damit hat jede Arbeitstätigkeit den Charakter einer *Aufgabe*. Die jeweilige Aufgabe ist das grundlegende Ausgangsmoment jeder psychologischen Analyse der Arbeitstätigkeit. Die Arbeitstätigkeit ist in allen ihren Bestandteilen dieser erforderlichen Erzielung eines Produkts untergeordnet." (ebd.)

SCHEUCH/SCHRÖDER (1990 S. 60), formulieren in Erweiterung und weiterer Differenzierung der Handlungstheorie (HACKER 1973) Grundzüge einer Tätigkeitstheorie die für sie Grundlage eines Integrationskonzepts für Streß ist. "Im Gegensatz zu der Auffassung, daß das Bewußtsein und das Verhalten der Menschen unmittelbar durch die Dinge der Umwelt bestimmt werden, wird mit der Kategorie 'Tätigkeit' die soziale Existenzform mit der über die Gesellschaft des Menschen bestimmten Bedeutung der Umwelt als Aktivitätsqualität menschlicher Existenz definiert und damit die Rolle der praktischen und theoretischen Tätigkeit für die psychologische Entwicklung des Menschen und die Veränderung der Welt herausgearbeitet. Im Prozeß *objektbezogener Tätigkeit* eignet sich der Mensch ein Abbild der Realität als Orientierungsgrundlage des Handelns an. Es reduziert sich als psychisches Tätigkeitsprodukt nicht auf die raum-zeitlichen Eigenschaften der Objekte. (...) Diese Aneignung der Welt erfolgt im handelnden Tätigsein und läßt das Individuum partiell an der akkumulierten Menschheitserfahrung und passager am historischen Prozeß der Menschheitsentwicklung teilhaben. Zugleich vergegenständlicht sich der Mensch in diesem Tätigkeitsprozeß in den Produkten seines Tuns; er objektiviert sich seinen erworbenen Aneignungsstandard und somit sein Niveau umweltverändernder Handlungsfähigkeit." (ebd. S.61, Hervorheb. d. Verf.)

Hervorzuheben ist, daß die Autoren ihre Kennzeichung (von Arbeit, von Tätigkeit) explizit auf objektbezogene Tätigkeiten beziehen und damit offenlassen, wie der Arbeitsprozeß durch den Personenbezug in der personenbezogenen Dienstleistung beeinflußt wird. Ein "Abbild der Realität" wäre hier was? Was heißt hier *Realität*? Wessen Realität ist gemeint? Wie greift die Frage nach den Grenzen des "Normalen" in Anbetracht der Behinderung des Klienten nach der Verfassung der personalen Identität des "Helfers"[3]? Was ist Realität in Anbetracht einer in der Regel eher unklar formulierten Betreuungs-Aufgabe im Verständnis des Betreuers, für die Verfassung der Organisation und deren gesellschaftliche Einbindung? Ist hier nicht gerade erforderlich, die über die eigene - aber das heißt eben subjektive - Wahrnehmung gelenkte Auffassung des Aufgabenverständnisses im Kontext der gesellschaftlichen Verhältnissen zu reflektieren? Kommen wir nicht dort an eine Grenze zwischen Arbeit und menschlicher Seins- und Existenzweise, an der nicht mehr klar das eine vom anderen geschieden werden kann? Der Begriff der Arbeit löst sich dort auf, wo das Phänomen des Normalen nicht mehr als Orientierungs- und Bezugsgröße herhalten kann. Wo die Aufgabe nicht mehr klar und scharf definierbar scheint. Wo die *Sache* nicht mehr ein "Geschäft", das Ziel nicht mehr ein eindeutig benennbares "Produkt" ist. Das Fixierbare, Benennbare, Kontrollierbare ist nicht das Geschäft der Betreuung. Was also ist Arbeit hier, wenn die wesentlichen Kategorien - eben der Zielgerichtetheit, der willensmäßigen Regulierung - nicht mehr greifen?

In ähnlicher Weise befaßt sich C. OFFE (1983, S.38 ff.) in einem Artikel mit dem Titel "Arbeit als soziologische Schlüsselkategorie" mit der Unterscheidung von "Arbeit" und "Dienstleistung". Arbeit ist danach in ihrer heute empirisch vorfindlichen Form ein Ergebnis der gesellschaftlichen Entwicklung des 19. Jahrhunderts, in deren Verlauf sie "von Beimischungen anderer gesellschaftlicher Handlungssphären und Funktionsbereiche gereinigt" wurde. "Dieser Differenzierungs- und Reinigungsprozeß, der es historisch zum ersten Mal möglich machte, die Arbeit im Typus des 'Arbeiters' gleichsam zu personifizieren, erstreckt sich auf die Trennung von Haushalts- und Erwerbssphäre, auf die Trennung von Eigentum und Erwerbsarbeit, sowie auf die allmähliche Neutralisierung normativer Fürsorgeverhältnisse und Verpflichtungsbeziehungen, in welche die Arbeit bis dahin eingebettet war." (ebd. S. 39)
Die Arbeit wird im Zuge dieser Entwicklung zunehmend unter die Maßgabe zweier Prinzipien gestellt, nämlich die "Komponente der *technischen* Rationalität der Zweckverfolgung im Spiel zwischen Mensch und Natur und die *ökonomisch-strategische* Rationalität der Zweckverfolgung im Spiel zwischen *ökonomischen* Akteuren". (ebd. S. 40; Hervorheb. im Original) Bei aller Vielgestaltigkeit der Arbeit - die OFFE betont und die ihn Abstand davon nehmen läßt, eine Begriffsdefinition im engeren Sinne vorzunehmen - stoßen die Kriterien der "technisch-organisatorischen Produktivität" und der "einzel-wirtschaftlichen Rentabilität" dort an ihre Grenzen, wo "Arbeit selbst reflexiv" wird, im Bereich der Dienstleistungarbeit. "Ein wesentliches Merkmal jener 'reflexiven' Dienstleitungsarbeit scheint mir darin zu bestehen, daß dort die Arbeit selbst bearbeitet und instandgehalten, die Produktion gedanklich und organisatorisch produziert wird. Die Tätigkeiten wie die des

---

[3] Wir sollten aus Gründen der Klarheit vom "Dienstleistungs-Geber" sprechen, aber es sträubt sich das Sprachgefühl.

Lehrens, Heilens, Planens, Organisierens, Vermittelns, Kontrollierens, Verwaltens, Beratens usw., allgemeiner gesprochen: Tätigkeiten der Abwehr, der Absorption und Verarbeitung von Risiken und Normalitätsabweichungen - sind zwar einerseits überwiegend 'lohnabhängige', in private und öffentliche Betriebe einbezogene Erwerbsarbeit wie die Warenproduktion auch, sie unterscheiden sich aber von dieser weithin durch zwei Merkmale. Erstens ist wegen der Inhomogenität, Diskontinuität und zeitlichen, sozialen und sachlichen Ungewißheit der durch Dienstleistungsarbeit zu erledigenden 'Fälle' eine *technische Produktionsfunktion* der Arbeit häufig nicht (oder wenn, dann nur mit kontra-produktiven Nebenfolgen) normierbar und zum Kontrollkriterium des Arbeitsvollzuges zu erheben. Zweitens unterscheidet sich Dienstleistungsarbeit von herstellender Arbeit dadurch, daß ein eindeutiges und unstrittiges *'Wirtschaftlichkeitskriterium'*, aus dem sich Art und Menge, Ort und Zeitpunkt des Leistungsangebotes strategisch ableiten ließe, nicht zur Verfügung steht, und zwar deshalb nicht, weil zahlreiche öffentliche wie auch von 'Angestellten' in Betrieben des privaten Sektors erbrachte Dienstleistungen allenfalls konkreten 'Nutzen', aber keine monetären 'Erträge' (sondern höchstens 'Einsparungen' quantitativ schwer bestimmbaren Umfangs) erbringen." (ebd. S. 47)

Die Folge dieser "Nicht-Normierbarkeit" ist, daß "Eigenschaften wie Interaktionskompetenz, Verantwortungsbewußtsein, Empathie und kasuistisch erworbene Erfahrung ersetzt werden müssen; und an die Stelle ökonomisch-strategischer Rationalitätsmaßstäbe treten konventionelle, politisch-diskretionäre oder im Konsens der Professionsangehörigen gewonnene Bedarfs- und Nutzenkalküle." (ebd. S. 48) Das heißt aber nichts anderes, als daß die "Produzenten der Dienstleistung" im Gegensatz zur gewerblichen Fertigung für ihren Bereich keinen klaren Orientierungsrahmen zur Verfügung haben, sobald die ökonomisch-strategischen Rationalitätsmaßstäbe keine ausreichende Gültigkeit mehr haben. OFFE spricht in diesem Zusammenhang von der "Wiederkehr des Verdrängten", die Folgen des historischen Entwicklungsprozesses treten quasi als neuer Typ von Arbeit wieder auf den Plan: "Die Ambivalenz und Eigenständigkeit dieses Typs von gesellschaftlicher Arbeit ergibt sich aus ihrem Charakter als einem 'unverzichtbaren Fremdkörper'. Sie (die Dienstleistungsarbeit; d. Verf.) sichert und normalisiert die Voraussetzungen und Randbedingungen eines Typs von Arbeit, dem sie selbst nicht zugehört. Einerseits fungiert sie als 'Wächter und Regulator' (Marx) von Arbeit und Verwertung, andererseits ist sie aus der unmittelbaren Disziplin erwerbsgesellschaftlicher Rationalität und der ihr entsprechenden Leistungs- und Produktivitätskontrolle jedenfalls partiell entlassen. Als Agentur der bewußten Synthetisierung sozialer Systeme und Prozesse steht sie diesen selbst in gewissem Maße objektivierend und äußerlich gegenüber. Diese - gleichermaßen sozial-ökonomische wie kognitive und normative - Distanz ist Voraussetzung dafür, daß jene polemisch oft so apostrophierte 'neue Klasse' zum sozialen Entstehungsort von Werten und Einstellungen wird, welche die Arbeitsgesellschaft und ihre Rationalitätskriterien (Leistung, Produktivität, Wachstum) herausfordern und zugunsten materialer, qualitativer und 'humanistischer' Wertmaßstäbe in Frage stellen." (ebd.) Und direkt im Anschluß äußert er die Auffassung, die einen wesentlichen Teil der Schwierigkeit umschreibt, mit der die Aufgabe der Gestaltbarkeit von personenbezogener Dienstleistung insgesamt in Umrissen deutlich wird: "Die in 'nachindustriellen' Gesellschaften sich herausbildende Gliederung des Gesamtarbeiters in 'Produzenten' und 'Produzenten der Produktion' untergräbt mithin nicht nur die strukturelle Einheit der gesellschaftlichen Arbeit und der sie regierenden Rationalität. Sie läßt überdies zwischen den Trägern jener beiden Typen von Arbeit die Rationalitätsmaßstäbe selbst strittig werden, welche den Stoffwechsel mit der Natur lenken (und gegebenenfalls begrenzen) sollen. Soziologisch wird diese Konfliktlinie heute in zahlreichen Symptomen von wechselseitigen kulturellen und politischen Vorbehalten und Aversionen sichtbar, die sich zwischen dem öffentlichen Dienst (und zum Teil auch den Dienstleistungsstäben des privaten Sektors) einerseits und den Protagonisten des arbeitsgesellschaftlichen Modells, also dem alten Mittelstand und der Industriearbeiterschaft, entspinnen." (ebd. S. 49)

Wir sehen hier bereits einen Teil der Begründung für die von uns aufgewiesene "Sprachlosigkeit" von Beschäftigten, die sie bei der Vermittlung dessen beklagen, was sie als "problematisch" in ihrer Situation empfinden. Die Kommunizierbarkeit von Bedingungen in der personenbezogenen Dienstleistung ist eng verbunden mit der "regierenden Rationalität" - die nicht allein auf den Bereich der Arbeit, sondern als ein gesellschaftliches Phänomen der Betrachtung und Wertung von (gesellschaftlicher) Integration (durch Arbeit) überhaupt angesehen werden kann. Die Zurücksetzung des in der Dienstleistung Beschäftigten ist hieran gekoppelt; OFFE erscheint es "höchst inkonsequent, die 'neue Klasse' der 'Priester und Betreuer', der 'Sinnvermittler und Horizonterweiterer' und ihren 'neuen Hedonismus' lediglich als einen Fremdkörper zu brandmarken, ohne gleichzeitig dessen funktionale Unverzichtbarkeit zu reflektieren. Denn mit dieser heute beliebten Attitüde wird ja die *genetische Perspektive abgedunkelt* und die Frage ausgeklammert, in welchem Zusammenhang das Wachstum und der strukturelle und kulturelle Machtgewinn dienstleistender 'neuer Mittelklassen' mit jenen Defiziten an Ordnung, Sicherheit und Normalität, also mit jenen Funktionslücken steht, welche die selbstentfaltete erwerbswirtschaftliche Rationalität der Arbeitsgesellschaft selbst erst aufgerissen hat. Wenn Überwachung und Regelung, Bestandssicherung und Programmierung gesellschaftlicher Prozesse durch dienstleistende neue Mittelklassen ein aus solchen Funktionslücken selbst erst resultierendes Erfordernis ist, und wenn diese Dienste (und dies keineswegs nur in ihrer staatlich organisierten Gestalt) nur dann funktionsgerecht erbracht werden können, wenn sie gegenüber den erwerbswirtschaftlichen Imperativen und Kontrollen *relativ autonomisiert* sind, dann wird es widersinnig, im Namen der Rationalität und des Ethos einer 'intakten Arbeitsgesellschaft' diejenigen Funktionsgruppen zu denunzieren, welche, gerade um ihr dienen zu können, einen ihr strukturell und kulturell äußerlichen, also 'reflexiven' Standpunkt einnehmen müssen und können. So gesehen haben wir es mit einer (...) folgenreichen Dopplung im Begriff der Arbeit zu tun, mit dem *Neben- und Gegeneinander zwieschlechtiger und miteinander unversöhnter Rationalitätskriterien*, die [mit] den Handlungsfiguren des 'effizienten Herstellens' bzw. der 'effektiven Bestandssicherung' korrespondieren und damit dem Arbeitsbegriff seine Eindeutigkeit nehmen." (ebd. S. 49-50; Hervorheb. d. Verf.)

Die umfängliche Wiedergabe dieser Darstellung von OFFE scheint uns vor allem wichtig, weil in ihr der genetische Ursprung der Ausdifferenzierung der beiden gegensätzlichen Arbeitsbegriffe - des produktionsorientierten und des dienstleistungsorientierten - deutlich wird. Die Ausdifferenzierung ist Folge der gesellschaftlich-historischen Entwicklung. Ein wichtiger Ausgangspunkt unserer Argumentation besteht darin, daß neben dem sehr viel mehr beachteten und kritisch begleiteten technischen Fortschritt respektive dem technischen Wandel sich eher unterschwellig gesellschaftliche Veränderungen ergeben, die das Gefüge und den Stellenwert von *gesellschaftlicher Arbeit* insgesamt betreffen. Während aber für die produktive Arbeit erhebliche Entwicklungsaufwendungen (vgl. z.B. Modellwechsel im Automobilbau) getätigt werden, erhält die Dienstleistungsarbeit - v.a. auch die personenbezogene, mit Wohlfahrtsaufgaben befaßte - kaum entsprechende Aufwendungen, die eine Entwicklung von Arbeitsmodellen und zeitgemäßen Organisationsformen fördern. Im großen und ganzen wird der status quo gehalten. "Entwicklungsbeträge" zur Unterstützung und Durchsetzung etwa im Sinne der von OFFE angesprochenen "Autonomisierung" der Dienstleistungsfunktionen oder zur Entwicklung und Durchsetzung, zumindest der gleichberechtigten Anerkenntnis, einer spezifischen - dann "lebensweltlich" orientierten - Dienstleistungsrationalität, stehen kaum zur Verfügung.

Das Anerkennung des "reflexiven" Arbeitsbegriffs bedeutet nichts weniger, als daß der klassische Arbeitsbegriff sich auflöst und seine klaren Konturen verschwimmen. Wo Kommunikation nicht nur zur Strukturierung und Aufrechterhaltung von zielgerichteten und planvollen Produktionsprozessen notwendig ist, sondern selbst zum Gegenstand wird, sind Grenzen der Außensteuerung von Arbeit erreicht. Das hat Konsequenzen für die Organisation der Arbeit.

3.1 Zur Situation der Betreuer

Zwischen 1961 und 1983 ist der Anteil der im Bereich des Dienstleistungssektors beschäftigten Erwerbspersonen in der Bundesrepublik von 38,3% auf 52,7% angestiegen - bei einem Rückgang der insgesamt Beschäftigten von 26,426 Mio. auf 25,126 Mio. Die Berufs- und Sozialstatistik klärt darüber auf, daß der Anstieg der Beschäftigten bei den personenbezogenen Dienstleistungen - hierzu zählt das Gesundheits-, das Erziehungswesen und die Sozialen Dienste - einen hohen Anteil hat: so sind in den Jahren 1979 bis 1984 im Bereich der Sozialen Dienste Steigerungsraten von 23,1% zu verzeichnen, in einzelnen Teilbereichen sogar weitaus höhere Raten (z.B. Freie Wohlfahrtspflege und andere Verbände 31,7%). Nach einer Statistik des Deutschen Paritätischen Wohlfahrtsverbands waren 1970 382.000 Beschäftigte im Bereich der Wohlfahrtspflege tätig, 1987 bereits 758.000 (dies entspricht einem Anstieg von 98% (vgl. parität aktuell, Nr. 2/88). In der stationären Behindertenbetreuung arbeiten nach dieser Statistik ca. 8% (60.000) der Beschäftigten.

Die Arbeit im Bereich der Behindertenbetreuung, wie sie heute großenteils stattfindet, ist für die Betreuer mit ihren vielfältigen Implikationen kaum angemessen zu vermitteln[4]. In wesentlichen Teilen umfaßt und fordert die Tätigkeit der Pflege und Betreuung - jedenfalls gemessen an herkömmlichen Arbeits-Vorstellungen - ein so hohes Maß an nicht eindeutig kategorisierbaren Anteilen, daß oberflächlich betrachtet die Frage gerechtfertigt erscheint, wo überhaupt eine vertretbare und sinnvolle Abgrenzung zwischen "Arbeit" und "Nicht-(mehr-)Arbeit" gezogen werden kann: Oft ist die Tätigkeit in der Betreuung nicht zielgerichtet, manchmal beschränkt sie sich darauf, daß der Beschäftigte verfügbar, nurmehr anwesend ist. Er ordnet und koordiniert Aktivitäten und Termine, Wünsche und Bedürfnisse anderer, ist Ansprechpartner und Organisator, Telefonist und Pfleger, Vermittler von Amtsgeschäften, Hausfrau (oder -mann), Finanzverwalter und Einkäufer - kurz, er stellt auf eine Weise die Funktionsfähigkeit einer Wohngruppe sicher, in der (fast) alles möglich ist. Es ist jedenfalls kaum etwas ausgeschlossen, was *sonst im Leben* auch geschieht.

Wir wollen an dieser Stelle nicht detailliert auf eine Darstellung des Arbeitsbereichs und der einzelnen Aufgaben in der Betreuung eingehen. Der Hinweis, sie sei nach der Erfahrung der Beschäftigten gerade in dem, was besonders und spezifisch an ihr sei, nicht vermittelbar, ist bereits erfolgt. "Man versteht es nur, wenn man es tut" - diese Aussage fordert zum aufmerksamen Zuhören und Beobachten heraus. Wir stellen als erste Annäherung an das Tätigkeitsfeld der Betreuung behinderter Menschen einige Beschreibungs-Kategorien aus der einschlägigen Literatur vor. Die Aufgaben-Vielfalt und -Breite werden so skizziert. Im empirischen Teil unserer Untersuchung werden wir die Betreuer selbst durch ihre Zitate sprechen lassen.

Zuerst einmal wollen wir darauf hinweisen, daß personenbezogene Dienstleistung es mit einer besonderen Form von Produktion und Tätigkeit zu tun hat: Es geht in ihr entweder um Leistungen "an" Personen (der Friseur, der Masseur, der Operateur etc.) oder um Leistungen "mit" Personen (medizinische Behandlung, Beratung, Betreuung, Versorgung,

---

[4] Dies ist nicht allein ein methodisches Problem der Interviewdurchführung. Uns scheint es vielmehr ein existentielles Problem der sprachlichen Vermittlung von spezifischen, nicht dem allgemeinen, durchschnittlichen Lebensprozeß zugänglichen Erfahrungsbereichen zu sein, wie sie in psychiatrischen, eben auch Behinderteneinrichtungen vorliegen.

Pflege, Ausbildungs- und Trainingsprozesse etc.). GROSS (1983) zitiert auf der Suche nach einer tragfähigen Definition der Dienstleistung aus einem enzyklopädischen Lexikon: Dienstleistungen "sind ökonomische Güter, die wie Waren (Sachgüter) der Befriedigung menschlicher Bedürfnisse dienen" (ebd. S. 45). Er problematisiert zwischen dem "Guts- und dem Tätigkeitscharakter" (ebd. S.44) der Dienstleistung, da sie natürlich nur unter ökonomischer Betrachtungsweise ein Gut im engen Sinne ist. Die Dienstleistung ist, wie er in einer Negativ-Umschreibung aufführt, ein "Nicht-Sachgut", das durch seine "Nicht-Lagerfähigkeit", "Nicht-Transportierbarkeit", "Unsichtbarkeit" und "Immaterialität" gekennzeichnet sei. "In der neueren Ökonomie mußte der *prozessuale* Charakter der Dienstleistung damit gewissermaßen wieder neu entdeckt werden" (ebd. S. 46; Hervorheb. im Orig.). - Dies weist auch bereits hin auf eine weitgehend noch unklare Begrifflichkeit: denn unter der Perspektive einer arbeits- und sozialwissenschaftlichen Analyse ist die Frage der Klärung des spezifischen Leistungsvermögens solcher Prozesse, wie sie unter dem Oberbegriff personenbezogene Dienstleistung aufgeführt werden, noch nicht sehr weit gediehen.

Insgesamt wäre genauer zu überprüfen, inwiefern die obige Charakterisierungen auch Gültigkeit für die personenbezogene Dienstleistung haben kann: Zu fragen ist jeweils, was das Wesentliche dieses Dienstleistungsprozesses ist? Im Bereich des Gesundheitswesens würde man sich leicht darauf verständigen können zu sagen, es ist der Heilungserfolg; in pädagogischen Erziehungs- und Ausbildungsprozessen ist es die menschliche Entwicklung und der Kompetenzerwerb. Es taucht die Frage auf, was im Bereich der Behindertenarbeit an diese Stelle tritt: ist es der einzelne Dienstleistungsakt (der sächlichen Verrichtung wie Waschen, Haushalt, der körperlichen Pflege und persönlichen Zuwendung) oder ist es das Dasein für den anderen, die umfassende Betreuung und Begleitung? Dann ist aber das Wesentliche nicht der einzelne Akt, sondern das Herstellen und Aufrechterhalten einer mitmenschlichen Beziehung. Diese Beziehung müßte tragfähig sein. Tragfähig für was? Das ist zwischen den Beteiligten auszuhandeln. Das Wesentliche wäre also, die Beziehungsdynamik als lebendigen, der Veränderung unterliegenden Prozeß zu akzeptieren und darin "mitzuleben". Im späteren Verlauf unserer Untersuchung wird dies deutlich werden.

Der gesamte Prozeß der personenbezogenen Leistungserstellung unterliegt in weiten Bereichen nämlich nicht nur der Besonderheit des "Zwangs zur Kooperation" und den damit gegebenen Unwägbarkeiten des "menschlichen Faktors" - Implikationen, auf die wir bereits hingewiesen haben. - Es besteht auch eine andere Rationalität in der "Herstellung" der personenbezogenen Dienstleistung im Vergleich zu den sonstigen Bereichen der industriellen und gewerblichen Arbeitstätigkeit. Dort ist hochgradige Arbeitsteiligkeit, Spezialisierung und mit Hilfe der technischen und wissenschaftlichen Entwicklung eine enorme Produktivität geschaffen worden. Eine Vielzahl von unmittelbar mit der Leistungserbringung verbundener Probleme, die ihrerseits in die Fragen nach Belastung und Beanspruchung hineinragen, müssen in engem Zusammenhang mit dem prozessualen Charakter, der

"Naturnähe"[5], der Immaterialität, der schlechten Kontrollierbarkeit, der normativen Gebundenheit der personenbezogenen Dienstleistung gesehen werden. Die an die Betreuungstätigkeit gekoppelten Anforderungen und personalen Dimensionen (z. B. der Kontakt- und Kooperationsfähigkeit, der Wahrnehmungskompetenz) erhalten dadurch in besonderer Weise Bedeutung. Dies gilt nicht nur für den unmittelbaren Vorgang des Dienstleistens selbst, sondern es gilt insgesamt für die Position und Stellung desjenigen, der diesen Dienst erbringt. Seine gesellschaftliche Verankerung, sein Selbstbild, seine Identifikation mit dem, "wer er ist" und "was er tut", sind damit angesprochen. Seine Biographie ist, da er doch sein eigenes Arbeitsmittel ist, nicht nur Hintergrund im Hinblick auf erworbene Qualifikationen und instrumentelle Erfahrungen, sondern bildet unmittelbar seine berufliche Identität, die in der Interaktion nahezu ständig und direkt gefordert ist.

Innerhalb der Behinderteneinrichtungen ist eine Vielfalt von Berufsgruppen anzutreffen. Die Anforderungsprofile, denen sie sich gegenübersehen, sind bisher nur unzureichend ausformuliert. Das gilt aber nicht für alle Bereiche der Behindertenarbeit gleichermaßen. Aufgrund von Entwicklungen der letzten zwei Jahrzehnte hat in der Behindertenhilfe ein "Prozeß der Differenzierung und Spezialisierung der Leistungen und Angebote" (vgl. METZLER 1987,S.4) stattgefunden, der die Bereiche medizinische Versorgung, Schule und Beruf in Aufgabenstellung und Personalstruktur als relativ eindeutig geregelt erscheinen läßt (ebd. S.5). Die Folge war eine institutionalisierte Verberuflichung dieser drei Bereiche der Behindertenhilfe, hinter denen der Bereich der sozialen Rehabilitation, also primär die Betreuungsarbeit in Wohngruppen u. ä., weit zurückbleibt. METZLER spricht für letztere von Prozessen "individueller beruflicher Qualifizierung", was bedeutet, daß es zwar einen überwiegenden Anteil ausgebildeter Mitarbeiter gibt, jedoch "kaum eine eindeutige Zuordnung bestimmter Qualifikationsvoraussetzungen zu einzelnen Aufgaben und Funktionen" (ebd. S.6).
Während in den anderen genannten Bereichen verbindliche rechtliche Regelungen die Durchsetzung berufsständischer Interessen (Ärzte, Therapeuten, Lehrer u.s.f.) und eindeutige Zielfestschreibungen möglich machten, nimmt der Bereich der sozialen Rehabilitation eine nachrangige Position ein. Das läßt sich nicht zuletzt aus seiner spezifischen (Nicht-)Struktur begründen: Es gibt eine Vielfalt von Betreuungsaufgaben mit uneinheitlichen Zielsetzungen, verschiedene sozialpflegerische Tätigkeitsaspekte und je spezifische Organisationsformen, die sich insgesamt mit "Diffusität" und "konzeptioneller Vielfalt" (ebd.) umschreiben lassen.

---

[5] Vgl. Ilona OSTNER, die *naturbeherrschende* und *naturgebundene* Arbeit unterscheidet: "Idealtypisch betrachtet ist Berufsarbeit natur*beherrschende* Arbeit; private Arbeit in der Familie - Hausarbeit - soll natürliche, körpergebundene usw. Lebensäußerungen gewähren lassen. Sie soll eher natur*gebundene* Arbeit sein." (OSTNER 1979:41)

Mit der speziellen Aufgabenstruktur dieses Bereiches korrespondiert schließlich die Struktur des Ausbildungswesens, die ebenfalls durch Uneinheitlichkeit gekennzeichnet ist. Es gibt eine Vielfalt unterschiedlicher Ausbildungsträger. Durch die anzutreffende "mangelnde Verzahnung zwischen Ausbildungs- und Beschäftigungssystem konnte der Bereich der sozialen Rehabilitation zu einem Tätigkeitsfeld für nahezu alle sozialen und pflegerischen Berufe werden, von denen die wenigsten... speziell für die Arbeit mit Behinderten ausgebildet sind." (ebd. S.7) Neben den fachlichen spielen hier berufs- und arbeitsmarktpolitische Ursachen eine Rolle. Als Beispiel kann die Gruppe der Sozialpädagogen genannt werden, für die der Bereich der Behindertenhilfe aufgrund zunehmender Arbeitsmarktrisiken zu einem relativ attraktiven Ersatz-Arbeitsfeld geworden ist. Ähnliches gilt für Erzieher. Jedoch haben beide Gruppen keine fachspezifische Ausbildung[6], wie sie insbesondere die Heilerziehungspfleger (HEP) oder die Heilpädagogen nachweisen können. Trotzdem sind sie zu einer ernsthaften Konkurrenz geworden in einem Arbeitsbereich ohne differenzierte Zielvorgaben, in dem sog. *"Jedermannsqualifikationen"* (METZLER) auszureichen scheinen. Das heißt, "die Faktoren 'Arbeitsmarkt' und 'materielle Sicherheit', die auf Seiten der Träger der Behindertenhilfe zu teilweise widersprüchlichen Beschäftigungsstrategien führen, bedeuten für die im sozialpflegerischen Feld Arbeitenden zunächst und vor allem eine Erhöhung des Konkurrenzdruckes" (METZLER a.a.O.)

Für die prinzipiell am besten zur Arbeit in der sozialen Rehabilitation qualifizierte Berufsgruppe, die Heilerziehungspfleger, liegt genau in ihrer Qualifikation ein entscheidender arbeitsmarktspezifischer Nachteil: Sie sind aufgrund ihrer Ausbildung *nur* in Behinderteneinrichtungen einsetzbar. Verschärft wird diese Situation durch die Tatsache, daß sie dort unangefochten lediglich in den unteren Hierarchie-Stufen der Gruppen tätig sind. Mögliche Aufstiegschancen werden zunehmend von Sozialpädagogen mit der strukturell höherwertigen Ausbildung verstellt (vgl. ebd. S. 11).

Ein anderes Problem der HEP ist ihre eingeschränkte Mobilität innerhalb des Berufsfeldes, die in der Struktur der Ausbildungen begründet ist: Die Ausbildungsstätten befinden sich ganz überwiegend in der Trägerschaft konfessioneller Heime und Anstalten, die nur für den Eigenbedarf ausbilden. Die Folgen für Lehrinhalte sind entsprechend. - Weil schließlich jede Verzahnung mit ähnlich ausgerichteten Ausbildungen in Erziehung und Pflege fehlt, sind auch die Chancen für den Erwerb von Zusatzqualifikationen bisher eher schlecht.

Die beschriebenen Tendenzen hin zur Hierarchisierung der Tätigkeitsfelder können jedoch nicht ohne Auswirkungen auf die Attraktivität der Arbeitsbedingungen bleiben. Der Gruppendienst wird so etwa von Angehörigen höherqualifizierter Berufe lediglich als notwendige Durchgangsstation begriffen (ebd. S. 12). Das kann nicht ohne Folge für die Motivation und damit für die Qualität der geleisteten Arbeit bleiben.

---

[6] vgl. METZLER, ebd. S.9/10, sowie die ARBEITSGRUPPE (1990), S.16.

Die Hierarchisierung hat Konsequenzen auch für das Arbeitsfeld "Behinderten-Wohngruppe". Es genießt ein geringes Ansehen, was zusätzlich verstärkt wird durch relativ schlechte Arbeitsbedingungen wie z.B. Schichtdienst und geringe Bezahlung. In den Gruppen arbeiten relativ niedrig qualifizierte oder sehr junge Mitarbeiter, deren Motivation zur Weiterqualifizierung in der Regel mit dem Wunsch nach Verlassen des Arbeitsbereiches verbunden ist. Hier spielt schließlich die oben beschriebene Differenzierung der unterschiedlichen Arbeitsfelder im Behindertenbereich eine wichtige Rolle: Die von der unspezifischen Wohngruppen-Arbeit abgetrennten klarer strukturierten Bereiche von Therapie und Förderung ermöglichen einerseits bessere Aufstiegschancen. Zum anderen weisen sie eine bessere finanzielle Ausstattung auf (ebd. S.13/14).
Diese strukturellen Vorgaben entsprechen jedoch immer weniger den Realitäten in den Behinderteneinrichtungen. Die Wohngruppen können angesichts einer zunehmenden Zahl erwachsener und schwerst-mehrfach behinderter Menschen eben *nicht* mehr grundsätzlich als zeitlich begrenzter Aufenthaltsort zwischen verschiedenen Fördermaßnahmen angesehen werden. Die Wohngruppen müssen für die Zukunft als dauerhafte Wohn- und Lebensorte begriffen werden, und zwar mit der Notwendigkeit der "Entwicklung qualitativ neuer Betreuungsleistungen" (ebd.).

Erforderlich hierfür sind jedoch ausreichend qualifizierte *und* motivierte Mitarbeiter. Es genügt nicht, lediglich die Lehrpläne mit neuen Inhalten zu versehen. Die Motivation zur Aus- und Weiterbildung muß gefördert werden mit der Aussicht auf einen attraktiven Arbeitsplatz.

Die Tätigkeit des Betreuers in der Behindertenhilfe ist - ähnlich der der Krankenschwester, des Sozialarbeiters, der Kindergärtnerin u.ä. - ein Beispiel für die Gruppe der Semi-Professionellen. Sie müssen ihre Arbeit in einem sozialen Raum verrichten, in dem sie einerseits bestrebt sind, eine eigene *professionelle Autonomie* zu entwickeln. Andererseits unterliegen sie *bürokratischer Kontrolle*. - "So gesehen bezeichnet der Begriff 'Semi-Profession' den Konflikt einer offenkundig immer größeren Zahl von Beschäftigten". (DEWE/ OTTO 1987, S.782) Für sie gilt, daß es ihnen an "einer sozial eindeutigen Durchsetzungsfähigkeit" mangelt.
Dies "heißt im einzelnen, daß sie

- über keine festen Zugangsregeln verfügen, um Berufszugehörigkeit festzulegen;
- keinen klar umrissenen Geltungsbereich der Berufsautonomie besitzen;
- kein Standesrecht haben, welches über die notwendigen Sanktionen bei Mißachtung der Berufsmoral verfügt;
- keine oder nur geringe soziale Immunität besitzen;
- kein Monopol an Kompetenz für die Interpretation bestimmter gesellschaftlicher Werte haben;
- keine internalisierte Wertloyalität ausweisen;

- kein Interpretationsmonopol gegenüber konkurriernden Professionen wie auch gegenüber dem Laienpublikum durchsetzen können." (ebd. S.781)

An konkreten Beschreibungen der Tätigkeiten der Betreuer in der Behindertenhilfe finden wir eine Auflistung verbreiteter Aufgabenelemente bei SCHREIBER (1980, S. 270f.):

1. Situative Kontakte	5,8%
2. Beschäftigung	11,7%
3. Vor- und Nachbereitung	3,5%
4. Lebenspraktische Hilfen	3,3%
5. Aufsicht	10,2%
6. Pflege	15,2%
7. Therapeutische Hilfen	4,9%
8. Pausen	7,6%
9. Hauswirtschaft	20,6%
10. Information	12,4%
11. Sonstiges	4,8%
12. Beobachtung	0%[7]

SCHREIBER kennzeichnet die Erwartungen an die Ausbildung des Heilerziehungspflegers folgendermaßen: "Kaum ein Tätigkeitsfeld des Heilerziehungspflegers ist so belastet mit Widersprüchen wie die Tätigkeit im Heim:

- Der Heilerziehungshelfer soll 'Bezugsperson des Behinderten' sein, aber er soll die anderen Fachdienste mit ihren spezifischen Angeboten berücksichtigen und sich selbst in dieser Hinsicht zurücknehmen.
- Er soll jedem einzelnen Behinderten gerecht werden, zugleich aber niemals die ganze Gruppe aus den Augen verlieren.
- Er soll dem Behinderten Zuwendung, Wärme, und Geborgenheit vermitteln und zugleich die Ablösung vorbereiten, wo immer möglich.
- Er soll sich als Mitarbeiter im Team zu gemeinschaftlicher Verantwortung verpflichtet fühlen, zugleich muß er jede Beziehung alleinverantwortlich gestalten.
- Er soll über Fachwissen verfügen, zugleich aber soll er das Fachwissen begleitender Dienste in Anspruch nehmen, respektieren und bereitwillig einsetzen.

---

[7] Die Kategorie "Beobachtung" bei SCHREIBER ist mit einem ermittelten Zeitanteil von 0% auffällig - was sagt das aus über die Praxis der Betreuung und die Hinwendung zum wichtigen Feld der Wahrnehmung und Kommunikation mit dem Klienten bzw. über deren Stellenwert innerhalb des Teams! Allerdings sind wir eher geneigt zu vermuten, daß die angegebene Unterteilung und Abspaltung für eine derart auf Interaktion angelegte Tätigkeit wie die der Betreuung ungeeignet ist.

- Er soll seinen Beruf nicht als 'Job' betrachten, und doch wird ihm im Schichtdienst eine 'Arbeitshaltung' abverlangt, die seiner Einsicht in die Bedeutung konstanter Beziehung widerspricht.
- Er soll 'integrieren' und 'normalisieren' bei gleichzeitiger Isolation der Einrichtungen.
- Er soll zentrale Bezugsperson sein, es werden ihm aber nicht die Entscheidungsbefugnisse über wesentliche Lebensbereiche des Geistigbehinderten übertragen." (1980, S. 69)

An anderer Stelle (KOLBE u.a. 1982, Bd. III) wird die Konzeption der pädagogischen Arbeit in der Wohngruppe wie folgt beschrieben: "Die Arbeit des Erziehers ist bestimmt durch die Grundanforderungen des Lebensvollzugs:
- Ernährung (Zubereiten der Mahlzeiten, Tischdecken, Spülen usw.),
- Hygiene (Waschen, Baden, Zähneputzen usw.),
- Kleidung (Anziehen, Kleider reinigen, Instandhalten usw.),
- Wohnen (Pflege, Sauberkeit, Schmuck der Wohnung), und der
- Freizeitgestaltung. Dies ist wesentlich heilpädagogische Arbeit." (ebd. S. 299)

MARQUARD/RUNDE (1988) führten im Rahmen einer Studie zur Betreuungs- und Arbeits-Situation von Beschäftigten in der Behindertenhilfe eine Klassifizierung des Kontakts zwischen Betreuern und Behinderten durch, in der nicht so sehr der Inhalt, sondern die Qualität des Kontakts in insgesamt 950 Situationen im Betreuungs-Alltag von drei Wohngruppen gewichtet wurden. Dabei wurde für die unterschiedliche Qualität des Kontakts zwischen Betreuern und Bewohnern folgende Klassifizierung vorgenommen[8]:

1. Ziel-Person-orientierte Interaktion:	5-13%
2. Mitarbeiter-Person-orientierte Interaktion:	20-28%
3. Zeit-orientierte Interaktion:	5-10%
4. Funktions-orientierte Interaktion:	32-61%
5. Außenorientierte Interaktion:	2-5%

Die Charakterisierungen dieser Kontaktebenen werden folgendermaßen beschrieben:
"Ziel-Person-Orientierung:
- die Interaktion ist deutlich bezogen auf ein kronkretes Ziel (z.B. etwas Lernen, etwas Tun),
- der Bewohner wird als konkrete Person (und nicht als 'Rollenträger') angesprochen,
- es besteht durchgehend ein enger persönlicher Kontakt zwischen Mitarbeiter und Klient, jedoch immer im Dienst der Vermittlung eines 'Ziels',
- die Kommunikation ist offen; Zuneigung, Zärtlichkeit, Unterschiede in Meinungen und

---

[8] Die angegebenen Prozentzahlen geben wieder, wie hoch der Anteil der jeweiligen Interaktionsweise an den beobachteten und eingeschätzten 950 Situationen ist.

Auffassungen werden ausgedrückt bis hin zum Zulassen und Bearbeiten eines Konflikts,
- die gemeinsame Beziehung und Geschichte wird nicht 'geleugnet';

Mitarbeiter-Person-Orientierung:
- die Interaktion ist deutlich bezogen auf den zwischenmenschlichen Kontakt Mitarbeiter-Bewohner,
- ein unmittelbares sachliches Ziel ist nicht erkennbar,
- die Interaktion ist vor allem getragen durch gemeinsame Erfahrung, gegenseitiges Interesse, Sympathie o.ä.;

Zeit-Orientierung:
- die Interaktion ist deutlich bezogen auf eine den Beteiligten zur Verfügung stehende gemeinsame Zeit,
- es wird kein unmittelbares Ziel verfolgt,
- die gemeinsame Zeit wird durch ein mehr oder weniger beiläufiges Thema strukturiert;

Funktions-Orientierung:
- die Interaktion ist deutlich auf eine Aufgabenverrichtung hin orientiert,
- der gegenseitige Kontakt erscheint eher beiläufig, die gemeinsame Beziehung und Geschichte kommt in der Kommunikation nicht zum Ausdruck,
- der Kontakt zwischen Mitarbeiter und Klient ist bestimmt durch die Begegnung zweier 'Rollenträger';

Außen-Orientierung:
- die Interaktion bezieht sich auf einen Kontakt (Telefonat, Besuch o.ä.) mit einer wohngruppenfremden Person." (ebd. S.21-22)

In dieser Aufstellung ist implizit eine absteigende Hierarchie enthalten. Zeigt sich in der "Ziel-Person-Orientierung" des Betreuers der direkte Umgang mit der *konkreten einzigartigen Person des Behinderten,* so begegnen sich in der "Funktions-Orientierung" vor allem die Träger unterschiedlicher Rollen. Die starke Ausprägung dieser Orientierung mit 32-61% weist bereits auf vermutbare Unterschiede im Arbeitsstil der jeweiligen Wohngruppe hin.

Betrachtet man die Tätigkeit in den Wohngruppen der Behindertenhilfe aus einer Außenperspektive, so fällt auf, daß sie in der Tat sehr unterschiedlichen Ansprüchen und Vorstellungen genügen muß und durch äußere organisatorische, aber auch individuelle Bedingungen bestimmte Charakteristika aufweist. Markant formuliert sind diese Merkmale:

- Die Betreuungstätigkeit in der Wohngruppe ist eine "Restgröße":
  - Angehörige der Behinderten haben aus unterschiedlichen Gründen die Betreuung und Versorgung aufgegeben;
  - andere Dienstleistungen sind bereits erfolgt (Fachdienste, Therapien, medizinische und sonstige Behandlungen);

- Die Betreuungstätigkeit gliedert sich in verschiedene, auch qualitativ unterschiedliche Bereiche, nämlich
  - eine "materielle" Ebene: Hauswirtschaft, Versorgung, Betreuung und Pflege, Verwaltung und Organisation;
  - eine "soziale" Ebene: Beschäftigung, Freizeit, soziale Kontakte und Gruppendynamik, Gemütlichkeit, Wohnlichkeit, Gemeinsamkeit herstellen bzw. zulassen;
  - die Entwicklung und Förderung der einzelnen Bewohner, der Bewohnerbeziehungen untereinander, der Wohngruppe insgesamt; die Behinderung stellt sich dar als etwas in das normale Leben zu integrierendes; Normalisierungs- und Integrationsbestrebungen müssen operationalisiert werden;

- Die Betreuungstätigkeit ist im Wesentlichen nicht geleitet und nicht strukturiert:
  - es gibt keine praktikablen, operationalisierten, umsetzbaren, realistischen und konsensuellen Arbeits- und Hilfekonzepte,
  - Aufgabenbeschreibungen sind in der Regel abstrakt, zwar auf den Arbeitsvertrag, nicht aber auf das Arbeitsfeld, die konkrete Wohngruppe und den/die Bewohner bezogen,
  - sie ist so gesehen ein Beitrag zur "Umzäunung des Inneren (der Behinderung bzw. der Aussonderung der Behinderung und des Behinderten, also auch der Arbeit mit den Behinderten in der einzelnen Einrichtung) gegen das Leben";

- Die Betreuungstätigkeit ist nicht zu verstehen ohne die originäre Motivlage des Beschäftigten:
  - er will mit den Bewohnern einen eigenen Lebensraum schaffen,
  - er will aushalten, was als Behinderung da ist und seine Hilfe und Unterstützung benötigt: die Einschränkungen der Handlungs- und Bewegungfreiheit, die Sexualität, die Bedürfnisse des menschlichen Lebens, Leere, Armut, Isolation und Schädigung,
  - er will Pflegen und Betreuen, seine immanenten Hilfekonzepte auf der Grundlage seines Welt- und Situationsverständnisses, seiner Wahrnehmungs- und Kommunikationsfähigkeit, seiner Qualifikation einbringen.

Abschließend gehen wir auf die Frage ein, wie Betreuungsarbeit denn konzipiert ist, wie sie gedacht und wie diese Vorstellungen vermittelt werden. In den "Orientierungshilfen für die Arbeit in der Diakonie" (1983, S.5f) heißt es u.a. unter Punkt "3. Grundsätze":
"Alle Einzelaktivitäten der Behindertenhilfe sind Teilaspekte der ganzheitlich zu sehenden Aufgabe, jedem Menschen mit Krankheit oder Behinderung einen Lebensraum zu sichern, in dem er unter Inanspruchnahme erforderlicher Hilfe *sein* Leben führen, Zufriedenheit empfinden und Lebenssinn erfahren kann.
Dabei werden begrenzte Lebensmöglichkeiten nicht als Mangelerscheinung gewertet, auf deren Beseitigung sich alle Hilfen richten sollten; vielmehr schließt das menschliche "Annehmen" des Kranken oder Behinderten ein, daß er in seinem Anderssein anerkannt wird. Darum bestehen seine Lebenschancen nicht allein in dem, was er an fördernden Hilfen bekommt, durch die Leistungsmängel und -ausfälle verringert werden, sondern vor allem darin, ob er ein Umfeld findet, in dem er sein Leben mit seiner Krankheit oder Behinderung angemessen gestalten und sich in einer Gemeinschaft zu Hause fühlen kann.
Bei Hilfen ist daher zu beachten, daß der Kranke oder Behinderte ganzheitlich in seiner menschlichen Existenz und nicht als Objekt isolierter pflegerischer, therapeutischer oder lernorientierter Bemühungen verstanden wird. Die Möglichkeiten verschiedener Fachdisziplinen sollen für den einzelnen Klienten voll ausgenutzt und eingesetzt werden, aber immer unter Berücksichtigung seiner Gesamtpersönlichkeit und seiner elementaren Lebensbedürfnisse. Alle Einzelhilfen in der Pflege, Therapie und Förderung ordnen sich den umfassenden allgemeinen Hilfen zu einem 'erfüllten' Leben ein.
Eine strenge Trennung von Pflege, Therapie und Förderung ist nicht möglich. Auch, wenn sie verschiedenen Fachdisziplinen zugehören, stehen sie im Praxisfeld der Behindertenarbeit in einem ganzheitlich-integrativen Zusammenhang: Was der Therapeut einbringt, ist zugleich Förderung; die Arbeit des Sozialpädagogen schließt pflegerische Aufgaben ein, und die Pflegearbeit selbst enthält durch die medizinische Begegnung des Pflegenden mit dem Hilfebedürftigen eine pädagogische Dimension. Darüber hinaus ist Förderung von Therapie und Pflege, andererseits Therapie und Pflege von Förderung abhängig. Hieraus ergibt sich die Notwendigkeit, interdisziplinär zusammenzuarbeiten und bereit zu werden, den eigenen fachlichen Beitrag zu relativieren.
Insgesamt sind die einheitlichen Bestrebungen von Pflege, Therapie und Förderung darauf gerichtet, daß 'Schutzprinzip' und 'Versorgungsprinzip' so weit wie nötig, einen "emanzipatorischen" Ansatz dagegen so weit wie möglich zu beachten. Auch in 'geschützten' Bereichen (z.B. für Schwerbehinderte) zielen Förderungsangebote darauf ab, dem einzelnen Behinderten zu mehr Selbständigkeit, Eigenverantwortlichkeit und Selbstbestimmung zu verhelfen. Welches Maß von 'personaler Autonomie' der einzelne erreicht, hängt von der Art seiner Krankheit und dem Grad seiner Behinderung, seinem Lebensalter und seiner Lebensgeschichte ab."

Unmittelbar im Anschluß heißt es unter Punkt 3.2 "Integration und Normalisierung": "Unter Integration ist die möglichst aktive Beteiligung kranker oder behinderter Menschen an gesellschaftlichen Lebensvollzügen zu verstehen. Dies setzt die Bereitschaft voraus, gemeinsames Leben zu ermöglichen.

Als Weg in die Gemeinschaft im Sinne eines Prozesses kann das Programm der sog. 'Normalisierung' eine wertvolle Hilfe sein.

Konkret bedeutet das u.a.

- Beachtung und Einlösung der allgemeinen Menschenrechte;
- Aufbau sozialer Beziehungen;
- die Chance, mit sich selbst identisch zu leben;
- Entmündigung soweit wie möglich zu vermeiden;
- Entscheidungsfreiheit und Wahlmöglichkeiten in den sozialen Beziehungen zu gewährleisten.

Zur Normalisierung gehört auch die Übernahme von Pflichten. Es muß allerdings darauf hingewirkt werden, daß der kranke oder behinderte Mensch die Konsequenzen seiner Handlungen zu tragen vermag. Bei allen Bemühungen darf nicht verkannt werden, daß der Prozeß der Normalisierung auch Grenzen hat, die in der Krankheit oder Behinderung des einzelnen liegen. Deshalb müssen er und seine Bedürfnisse im Mittelpunkt aller Integrationsbemühungen stehen." (ebd. S. 6)

Zum Ausdruck kommt hier, noch ganz in der Tradition der *Caritas*, ein umfassender Anspruch der Diakonie an die Helfer und ihre Aufgabenstellung. Als Anspruch an den einzelnen Helfer ist dies ein sehr hoher, der erst einmal nur als Orientierungslinie für die Einrichtung als ganzer gelten kann. Zu fragen ist, wie dieser umfassende Hilfe-Anspruch in die konkrete Arbeitstätigkeit transformiert wird. Von Interesse für uns ist ja: wie sieht die Betreuungspraxis vor Ort aus?

3.2 Zum Wandel von Helferbild und Helferberuf

Gründe für "Hilfe" und "Helfen" unterliegen dem Wandel - sie sind eingebettet in gesellschaftliches Sozialverhalten und verbunden mit den je individuellen Motiven, Erwartungen und sozialen Erfahrungen der Beteiligten. Der Akt des Helfens kann als Prototyp sozialen Verhaltens angesehen werden. Er ist von grundsätzlicher Natur, ähnlich dem Geschäft, was Menschen tätigen oder dem Ritual von Begrüßung und Abschied. Dabei ist er nicht ritualisiert. Helfen erfordert Hinsehen, Aufmerksamkeit, Bereitschaft. Der Akt des Helfens verschafft unmittelbar und direkt Kontakt, es findet Austausch von Geben und Nehmen statt.

Helfen geschieht - wie allgemein, so auch im Bereich der Behinderten-Hilfe - in aller Regel im Rahmen einer Beziehung, die, bewußt oder unbewußt, von den Beteiligten eingegangen und idealer Weise auch akzeptiert wird. Das gesellschaftliche Verständnis dessen, was eine Hilfe-Beziehung ist, verändert sich im Zeitlauf. Die Normen der zwischenmenschlichen Begegnung unterliegen ebenso einem Wandel wie die jeweiligen Erwartungen der Helfer und der Hilfe-Empfänger. Ihre persönlichen Vorstellungen und Wünsche, ihre Werte, aber auch die weniger offen ausgedrückten Sehnsüchte und Bedürfnisse beeinflussen die Interaktion - wie im übrigen auch ihre Fähigkeiten und kommunikativen Fertigkeiten, ihr Selbstbewußtsein, für ihre Belange einzutreten und etwas zu fordern. Dies gilt insbesondere auch für die berufliche Hilfesituation. Das Selbstverständnis der Beteiligten, die Art und Weise ihres Umgangs miteinander und mit ihren in der beruflichen Interaktion evozierten Gefühlen, die Über- und Unterordnung, die Art ihres Aufeinander-Eingehens, Distanz und Nähe, ob sie "persönlich" miteinander werden, wie weit, wie tief sie Bedürfnisse einander zugestehen - alles dies muß geregelt, im Sinne einer Übereinkunft[9] definiert werden.

Die beruflichen Helfer im Behinderten-Bereich haben in den letzten Jahrzehnten unter dem Einfluß des gesellschaftlichen Wertewandels eine Entwicklung vollzogen, die etwa überschrieben werden kann als "Abwendung von der Caritas - Hinwendung zur Professionalität". Besonders in den späten 60er und 70er Jahren bestand eine Tendenz zur Verberuflichung und Professionalisierung der Tätigkeiten im Bereich sozialer Hilfe und Betreuung. Für die Behinderten-Hilfe bedeutete dies eine starke Pädagogisierung der Arbeit. Hilfe war verbunden mit dem Leitbild von Anleitung und Förderung der behinderten Menschen. Daraus erwuchs, hierzu als Gegenbewegung und mit weichen Übergängen, eine "Abwendung vom Spezialistentum (vom Experten) - Hinwendung zur Ganzheitlichkeit". Der Lebensalltag der Betroffenen sollte - und konnte - auf Dauer nicht ver- und überfremdet werden durch die expertokratische Entmündigung sowie die Zergliederung des Lebensalltags durch die jeweilige Organisation in der Behinderten-Hilfe. So besteht gegenwärtig in vielen Einrichtungen eine Suche nach einem integrativen Konzept der "Lebensbegleitung"[10], in dem sich die Bedürfnisse der Behinderten und die Leistungsfähigkeit von Institution und Mitarbeiter-Gruppe zu einer lebenswerten Perspektive für die Betroffenen verbinden.
Die seit geraumer Zeit bestehende Forderung nach Normalisierung und Integration, die bereits seit den späten 50er Jahren in Skandinavien (vgl. z.B. KUGEL/WOLFENSBER-

---

[9] Diese *Übereinkunft* wird normalerweise in actu, im Handeln, im Kontakt zwischen den Beteiligten geformt. Sie ist in der Regel nicht ausgeprägter und offen ausgedrückter willentlicher Akt.

[10] Lebensbegleitung als neues Paradigma der Behindertenhilfe ist noch kein allgemein feststehender Begriff; er gehört aber zunehmend zum Sprachgebrauch der Betreuer und spiegelt einen wichtigen Teil ihres sich verändernden Selbstverständnisses wider.

GER 1974, DYBWAD 1985) die Arbeit in der Behindertenhilfe zu verändern begann und die Diskussion in der BRD seit spätestens den 70er Jahren beeinflußt, hat bei dieser Entwicklung sicher einen wesentlichen Anteil.

Diese kurz skizzierten Veränderungen bedeuten konkret, daß die selbstlose, uneigennützige Aufopferung, die "Hilfe für die Armen und Schwachen" (das eigentlich bedeutet Caritas), wie sie zu einem großen Teil Motiv im traditionellen Selbstverständnis der "Helfer alten Typs" (Gemeinde- und Ordensschwestern, Angehörige kirchlicher Verbände und Einrichtungs-Träger) und in deutlicher Weise mit entsprechenden Tugenden verbunden war - der Barmherzigkeit, des Mitleids, der christlichen Nächstenliebe -, in der BRD zunehmend ersetzt wird von einem veränderten Selbstverständnis auf Seiten der Helfer. Dieses Selbstverständnis ist angeregt durch die Überzeugung, die Versorgung, Betreuung, Fürsorge und Förderung der Behinderten - wie auch anderer gesellschaftlicher Randgruppen - sei gesellschaftliche Aufgabe und Verpflichtung. Sie kann nach dieser Auffassung nicht der Kirche und ihren Institutionen allein überlassen bleiben, sondern ist integraler Bestandteil und Verantwortung eines auch durch Grundgesetz und allgemeine Menschenrechte (vgl. DYBWAD a.a.O. S. 26: "Das Prinzip der menschlichen Würde") abgesicherten Anspruchs auf Hilfe. Dieser gesetzliche Anspruch auf Hilfe, Versorgung und Unterstützung für die Lebensführung macht eben nicht Halt im Falle der behinderten Menschen. Er ist allgemeiner Rechtsanspruch und damit Leistungsanspruch an Staat und Gesellschaft. Die Einlösung demokratischer Werte und entsprechender Rechte - Solidarität, Gerechtigkeit, Brüderlichkeit - sollen eingefordert werden. Da aber die betroffenen Behinderten nur zu einem Teil für ihre Rechte aktiv eintreten, sie einklagen können, sehen Beschäftigte es häufig als ihre Aufgabe an, aus einer Fürsprecher-Position heraus Betroffenen-Belange auf einer unmittelbaren, praktischen Ebene des Lebensalltags zu vertreten und auf deren Einlösung zu drängen. Daß es dabei auch zu Interessenvermischungen und -unschärfen zwischen Eigen- und Betroffenen-Interessen aufseiten der Beschäftigten kommt, sei an dieser Stelle schon deutlich angemerkt.

Es mag sein, daß sich angesichts der steigenden Komplexität des zivilisierten Lebens in modernen Gesellschaften neue Motive herausbilden, Unterstützung denjenigen zukommen zu lassen, die diese Unterstützung und Hilfe brauchen. Es mag sein, daß sich - angesichts der jüngeren deutschen Geschichte, der Erfahrungen des Dritten Reichs und des holocaust, der Vernichtung "lebensunwerten Lebens", aber auch der in der kurzen Geschichte der Bundesrepublik bestehenden und immer wieder aufbrechenden Schwierigkeiten, mit der Gewärtigung und Aufarbeitung dieser Erfahrungen umzugehen -, eine besondere Sensibilität herausgebildet hat, für die Wahrung der Interessen derjenigen einzutreten, die selbst dazu nicht imstande sind. Es mag sein, daß angesichts steigenden gesellschaftlichen Wohlstands die Diskrepanz besonders ins Auge fällt, die bezüglich der Lebenssituation Alter, Kranker, Behinderter und weiterer Randgruppen besteht.

Andererseits lassen sich im täglichen Leben Beispiele dafür finden, daß Vorurteile gegenüber denjenigen geäußert werden, die zu "richtiger Arbeit nicht fähig sind" und deswegen einen Beruf im Feld der Sozialarbeit suchen. Tatsächlich sind Berufswahlmotive der Beschäftigten, die in den Sektor der Sozialen Arbeit gehen, aber auch geprägt von ihren gesellschaftlichen Bewertungen gegenüber den produktiven Sektoren der Arbeit, der hochgradigen Arbeitsteilung und Technisierung mit dem einhergehenden Spezialisierungsgrad. Der "Entfremdung durch Technik" und den technisierten Produktionsprozessen hofft man durch die "Arbeit mit Menschen" ausweichen oder jedenfalls eine sinnvolle berufliche Alternative finden zu können. Nimmt man Berufsentscheidungen ernst, die ja nicht nur Ausdruck einer Entscheidung für eine bestimmte Art des Gelderwerbs sind, sondern auch Ausdruck von Lebensplanung und einer gewünschten und erwarteten Lebensperspektive, so wird vermutbar, daß "Hilfeleistung gegenüber anderen" als implizites Motiv auch hat, Leben zu stützen, Leben zu fördern, Leben zu gewähren in einer Gesellschaft, die den Warencharakter zu einem tragenden Prinzip auch ihrer Beziehungsformen gemacht hat: Die Lockerung sozialer Bindungen, die Auflösung familiärer und anderer kleinräumiger Sozialstrukturen, die zunehmende Isolation Alter und Kranker, die schleichende Auflösung neuerdings auch betrieblicher Kommunikationsprozesse im Zuge der "Computerisierung der Arbeit".

Der allgemein verbreiteten, nichts desto weniger recht diffusen "Orientierung an Ganzheitlichkeit", die seit geraumer Zeit auch im Zusammenhang mit Pflege- und Betreuungsprozessen diskutiert wird, muß sicher als allgemeine und zeitbedingte gesellschaftliche Strömung angesehen werden. War der - hier nun sicher stark idealisierte - alte Helfertyp in seiner Orientierung an christlicher Nächstenliebe und den daraus erwachsenen Traditionen an etwas Jenseitiges gebunden (Gott, Glaube, ewiges Leben, Barmherzigkeit), so ist in diesem anderen, neuen Helfertyp sehr viel deutlicher die entmystifizierte, soziale Solidarität auf der Grundlage der demokratischen Werte dieser Gesellschaft Rahmen des eigenen Handelns. An der Stelle der religiösen Eingebundenheit, die ja nicht nur in Sicherheit aus dem inneren Glauben, sondern auch aus der Sicherheit einer äußeren, institutionellen Ordnung und Verfassung (des Ordens, der Zugehörigkeit zu einer Gemeinschaft) gespeist war, steht nun die Erkenntnis der irdischen Verbundenheit und Vernetzung, des "Alles-hängt-mit-allemzusammen". Eine materielle Betrachtungsweise sozialer Tatbestände (ver-)leitet dazu, sich in der Komplexität dieser Netzstrukturen zu verfangen. So erscheint das Schicksal des einzelnen immer mehr als ein gesellschaftlich, und das heißt durch Menschen, gemachtes.
Helfen und Hilfe-Leistung ist so in besonderer Weise auch Ausdruck des Bildes, das eine Gesellschaft von sich und ihrer "Kultur des Miteinander-Umgehens" hat. Es ist veränderlich, unterliegt Stimmungen und Trends. Es ist Ausdruck der gesellschaftlichen Ideologie. Zu dieser Ideologie kann auch der Widerspruch gehören, der besteht zwischen den Maximen "Helfen ist gut" und "Helfen sollen mal die anderen".

SCHREIBER (1980) stellt in einem Vergleich mehrerer einschlägiger Berufsgruppen (Heilerziehungspfleger, Jugend- und Heimerzieher, Erzieherinnen) fest, die Motivation von Heilerziehungspflegern ließe sich unterscheiden in eine "erzieherisch-religiös betonte Langzeitmotivation" und eine "erzieherisch-politisch betonte Kurzzeitmotivation". Es gebe jene Heilerziehungspfleger, "die ihre Arbeit vor allem unter einem pädagogischen Anspruch sehen, [sie] sind nur kurzzeitig motiviert und bleiben der Arbeit bei Geistigbehinderten nicht treu" und jene Heilerziehungspfleger, "die ihre Arbeit eher unter einem pflegerischen Aspekt sehen, [sie] verbleiben eher bei diesem Beruf" (ebd. S. 234). Die Motivation der Heilerziehungspfleger ist, so scheint es, gebrochen.
Er beklagt, der "scheinbare Gegensatz zwischen Pflege und Erziehung [müsse] in der Praxis des Heilerziehungspflegers zu schlimmen Folgen führen. Pflege und Schutz sind wesentliche Bestandteile jeder Erziehung. Sie sind es beim Geistigbehinderten in besonderem Maße. Die Ausbildung muß diese Einsicht vermitteln." Und unmittelbar im Anschluß: "Die stärkere Betonung der Pflege ist dabei gekoppelt mit einer Vorliebe für präzise definierte Berufsaufgaben, d.h. mit der Neigung, die Arbeit mit Behinderten routinehaft oder gar schablonenhaft vorzunehmen. Die Betonung von Flexibilität und die Fähigkeit, Konflikte wahrzunehmen, gehen damit womöglich verloren." (ebd. S. 235) Dieser Gegensatz von Erziehung und Pflege ist problematisch, aber in der Praxis noch weit verbreitet. Denkbar ist, daß die polare Orientierung - Pflege oder Erziehung - jedenfalls zum Teil zurückgeht auf die Ratlosigkeit, wie denn die helfende Beziehung vom Betreuer ausgestaltet werden soll. Denn der Hilfebegriff und das eigene Hilfe-Verständnis der Betreuer bleibt ohne eine Reflexion dieser Beziehung und ohne eine Klärung seiner Motive unscharf. Deutlich wird in den Ausführungen SCHREIBER's, daß Pflege im Bewußtsein der Betreuer auf ein "zu pflegendes Objekt" gerichtet ist. Erziehung dagegen ist gerichtet auf eine Zukunft: Erziehung zu was, Erziehung wohin? - Es erstaunt nicht, daß die auf die Veränderung der beruflichen Motivation während der Ausbildung und in den ersten Berufsjahren gerichtete Untersuchung von SCHREIBER zu dem Ergebnis kommt, daß die "beruflichen Möglichkeiten [im Verlauf der Berufsausbildung] immer schlechter gesehen" werden: Die "Motivation sinkt beträchtlich, vor allem aber ist ein ansteigender erzieherischer Pessimismus bei abnehmender pflegerischer Ausrichtung festzustellen. Dieser Trend, der sehr stark zum negativen hinzielt, ist wohl teilweise darin begründet, daß die anfänglich zu hoch gesteckten Erwartungen und Hoffnungen, wie sie sich bei Bewerbern darstellen, langsam mehr und mehr korrigiert werden (wie es sich auch bei den Erzieherinnen und den Jugend- und Heimerziehern abzeichnet)." (ebd.)
Die Analyse dieser Ergebnisse zur beruflichen Sozialisation der Heilerziehungspfleger führt bei SCHREIBER zu der Feststellung, die Ausbildungskonzeption müsse in zweierlei Hinsicht korrigiert werde: "Zum einen müßten sicherlich das Arbeitsfeld und die beruflichen Möglichkeiten mehr als bisher klargestellt werden, andeutungsweise schon im Aufnahmegespräch, dann aber vor allem während der Ausbildungszeit. Dies dürfte am besten im Fach Berufskunde geschehen, welches damit sehr frühzeitig mit größerem Gewicht

angesetzt werden sollte. Zum anderen weist ja der ansteigende Pessimismus, diese zunehmend einseitige Versteifung aufs Erzieherische sowie die deutlicher werdende Bereitschaft, den Beruf eben doch nur als ein zeitlich begrenztes Tätigkeitsfeld zu sehen, auf eine schon während der Ausbildung sich zuspitzende persönliche Krise, auf eine sich immer klarer definierende Unzufriedenheit mit dem Beruf. (...) Es muß daher sicherlich unsere Aufgabe sein, die Studierenden neben dem fachbezogenen Unterricht auch persönlich intensiver zu betreuen - dies nicht zuletzt auch deswegen, weil im erzieherischen Bereich, mehr als in vielen anderen Berufen, stärker die Gesamtpersönlichkeit gefordert wird. (...) Die Erkenntnis der Mangelhaftigkeit der Ausbildung zum Heilerziehungspfleger ist zugleich ein Ansatz ihrer Verbesserung." (ebd. S. 237)

Wir sind auf diesen Teil der Untersuchung von SCHREIBER an dieser Stelle ausführlicher eingegangen, weil sich daran aufzeigen läßt, daß - stellvertretend übrigens auch für andere Berufgruppen in der sozialen und gesundheitsbezogenen Arbeit[11] - die Problematik der Hilfe-Beziehung bisher nicht aus der realen Beziehung zwischen Hilfe-Geber und Hilfe-Nehmer heraus betrachtet und daraus abgeleitet wird. Diese Problematik führt aber wesentlich zu einer Verfestigung und Perpetuierung derjenigen Strukturen, die als psychisch belastende Elemente in die Dienstleistungserbringung als strukturelle Bedingungen eingehen und dort emotionalen Streß begünstigen. Denn letztlich wird die Hilfeleistung erbracht ohne eine Thematisierung der Hilfebeziehung, obwohl die Hilfebeziehung - neben der Klarheit der Aufgabe und des Ziels, der Kompetenz durch Ausbildung und Erfahrung, und deren organisatorischer Einbettung und Verankerung - die wesentliche tragende Komponente des interaktiven Geschehens in jeder Art der sozialen und gesundheitsbezogenen Dienstleistung ist. Diese Paradoxie kann natürlich auch durch die von SCHREIBER angedeuteten Verbesserungsvorschläge (vgl. oben: Notwendigkeit einer Klarstellung eigener Motive im Fach Berufskunde) nicht aufgehoben werden.

Auf der Suche nach dem, was wir eine Hilfe-Kultur nennen können, finden wir einerseits die vollständige Offenheit, die zahllose und unbegrenzte Vielfalt an individuellen, persönlichen - biographisch erworbenen und gesellschaftlich gewachsenen - Handlungs- und Verhaltensbegründungen, die dem ungefilterten Zustrom der gesellschaftlichen Reize durch Medien, öffentliche und auch private Diskussionen, allgemeine Werte und Leitbilder offensteht. Die private Anschauung und Vorstellung von dem, was als Hilfe oder Hilfe-Angebot gedacht wird und Impuls eigenen Handelns ist, wird nun aber in besonders

---

[11] Vergleiche etwa die Diskussion um die Sozialarbeit und deren Stellung und Funktion im Spannungsfeld zwischen Kustodialisierung und Bedürfnisorientierung des Klientels (JAPP/OLK 1981, OLK 1986) oder im Gesundheitswesen die Definitionsmacht des Arztes in Krankenhaus und Sprechstunde (z.B. SCHULLER 1978, BLIESENER/KÖHLE 1986, LÜTH 1986).

starkem Maße durch soziale Normen in der Organisation und die peer-groups des einzelnen überformt.
Wie der oben dargestellte Ausschnitt aus der Untersuchung der Motivationsentwicklung bei den Heilerziehungspflegern zeigt, führt die berufliche, professionelle Orientierung angesichts der polaren Alternative Pflege oder Erziehung in eine "persönliche Krise" (ebd. S. 237). Wir sehen eine Ursache für diesen Tatbestand, der im übrigen vor einem Jahrzehnt diagnostiziert wurde und unverändert fortbesteht, in der nicht geklärten Hilfebeziehung. Der einzelne steht in der Konkretisierung und Umsetzung seines Handelns, in der für ihn notwendigen Abgrenzung gegen Ansprüche und Erwartungen, auch in der Klärung des "Realitätsgehalts" der von ihm wahrgenommenen Erwartungen anderer allein. Es stellt sich damit die Frage, welche organisatorischen Strukturen und welche kommunikative Einbindung der einzelne benötigt, damit er der Thematisierung von Unsicherheiten und Ängsten trauen kann, die im Zusammenhang mit seiner Tätigkeit und in seinem unmittelbaren Arbeitsumfeld stehen und er damit ein kompetenter Mitgestalter seiner Arbeitsbedingungen werden kann.
Die gesellschaftlich allgemein gültigen Normen sozialen Verhaltens verlieren desweiteren im Bereich der Behinderten-Arbeit zum Teil ihre Gültigkeit. Eine Hilfe-Beziehung aufzubauen und gezielt zu definieren bedeutet aber nicht nur, kleinräumig, zum Beispiel für eine Wohngruppe und ihre Bewohner, akzeptierte und verträgliche Normen des Zusammenlebens miteinander zu entwickeln. Es bedeutet auch, tabuisierte Themen und Lebensbereiche an sich heranzulassen und in sich aufzunehmen, mit ihnen umzugehen. Diese Forderungen können die Kräfte und Kompetenzen des einzelnen übersteigen. Die Hilfe für andere schlägt um in eine Situation, in der Hilfe für die eigene Person, Selbsthilfe gefragt ist. Dafür muß Raum und Möglichkeit bestehen. Vertrauen in die Beziehung zu anderen Helfern ist notwendig, nicht Konkurrenz und unterschwellig die Angst vor Fehlern. Aber wie kann der Beschäftigte dazu beitragen, solche Situationen und Bedingungen zu schaffen, denen er doch - nach herkömmlichen Vorstellungen von Arbeitgeber-Arbeitnehmer-Verpflichtung und -Verantwortung - ausgeliefert scheint? Wie kann er beitragen zur Schaffung von Bedingungen, die ihn stützen und fördern dort, wo er *selbst* der Stützung bedarf? Auch hier liegt der Verweis nahe, daß aus der nicht vollzogenen Reflektion über die reale Helferbeziehung irrationale Wünsche und Forderungen erwachsen, mit denen die vorhandenen Organisationen nicht umzugehen in der Lage sind. Mit ihren bürokratisch-hierarchisch strukturierten Verfassungen, formalisierten Kommunikationskanälen und häufig wenig ausgeprägten Mitbestimmungs- und Mitgestaltungsformen sind sie noch stark einem Kontrollanspruch verbunden, der über wirtschaftliche und Kompetenzebenen hinweg immer auch nach den Emotionen und Ängsten greift. Wie kann also "Arbeit" organisiert und gestaltet werden, wenn zu ihr unmittelbar auch das innere Leben und Erleben gehört?

In diesem Zusammenhang ist eine Überlegung von Interesse, die KICKBUSCH (1986) im Rückgriff auf Untersuchungen C. Gilligans aus dem Jahre 1983 zitiert und die spezifisches Sozialverhalten von Mädchen und Jungen im Spiel betreffen. Sie stellt fest, "daß Mädchen im Spiel eher Ausnahmen machen und Regeln umstoßen, sie das Spiel bei Streitigkeiten eher abbrechen als Jungen. Sie ordnen die Regeln der Beziehung unter. Im Gegensatz dazu versuchen Jungen auch in Konfliktfällen möglichst lange weiterzuspielen und das Spiel mit Hilfe der Regeln aufrechtzuerhalten." Dies gilt auch für "die Lösung moralischer Probleme: Jungen suchten bei Konflikten die Lösung eher in Gesetzen und Regelungen, wohingegen Mädchen sich an den Beziehungen orientieren und Lösungen durch Kommunikation suchten." (S. 151) Wir wollen nicht die Frage vertiefen, ob solche geschlechtsspezifischen Verhaltensunterschiede durch unterschiedliche Sozialisation erklärbar sind oder andere Ursachen vermutet werden müssen. Allein die Tatsache dieses Unterschieds verleitet zu der Frage, ob Hilfe, die ja nicht abstrakt, sondern immer nur konkret erbracht werden kann, einer Organisationsform bedarf, die erst noch zu schaffen ist. Einer Organisationsform, die regelt, was zu regeln ist und der Beziehung anheim stellt, was in der Beziehung zu klären ist. Ilona KICKBUSCH in ihrem Aufsatz "Weib hoch 2. Das ist doch zuviel. Spekulation über die Zukunft des Helfens": "Wir bewegen uns auf etwas zu, was wir uns noch nicht vorzustellen vermögen." (ebd. S.151)
Beschäftigte beginnen, die Arbeit in der Betreuung behinderter Menschen als etwas anzusehen, was nicht länger auf ein "Objekt" gerichtet ist, an dem Arbeit zu verrichten ist. In dem Maße, in dem zum behinderten Menschen eine Beziehung eingegangen und ein offener Kontakt aufgebaut und zugelassen wird, entstehen Möglichkeiten, aber auch Verpflichtungen und Formen der Verantwortung und Einbindung in den mitmenschlichen Lebensbezug, die eine neue Qualität im Selbstbild des Helfers begründen - aber auch erfordern. Dies kann nicht ohne Konsequenzen bleiben für die Organisation der Arbeit in den Einrichtungen und für die Belastungserfahrungen der Helfer.

Wurde in der Vergangenheit die Persönlichkeit des Helfers einem kritischen Blick unterworfen (vgl. SCHMIDBAUER: "Die hilflosen Helfer. Über die seelische Problematik der helfenden Berufe" 1977; "Helfen als Beruf. Die Ware Nächstenliebe" 1983), der ernüchternde Einblicke in symbiotische Abhängigkeitsformen der "hilflosen Helfer" eröffnete, so bleibt doch festzuhalten, daß in der Tat in dieser Arbeit eine gesellschaftlich notwendige Tätigkeit vorliegt, die einer verbindlichen Sanktionierung bedarf. Verläßliche organisatorische Rahmenbedingungen, Ziel- und Aufgabenklärungen, Klärung der erwartbaren Leistungen sind Voraussetzungen, die für die Ausfüllung einer Position durch den Helfer gegeben sein müssen, wenn er vor Verstrickungen, Überlastung und Mißverständnissen bewahrt werden soll. Offensichtlich besteht als Bindeglied zwischen dem einzelnen Helfer und seinen Aufgaben die Organisation, die ordnende Strukturen in die Abarbeitung dieser Aufgaben setzt.

4 Burnout und Streß

Die unterschiedlichen Konzepte zu Burnout und Streß - wir beziehen uns hier v.a. auf die jüngst erschienenen Darstellungen von ENZMANN/KLEIBER (1989) und BURISCH (1990) - stellen eine große Vielfalt sich ergänzender, z.T. auch sich widersprechender Erklärungsansätze für psychische Belastungen zur Verfügung. Sowohl in der anglo-amerikanischen als auch in der deutschsprachigen Fachliteratur ist derart viel veröffentlicht worden, daß bereits im Jahre 1976 SELYE, der von vielen als Begründer der Streßforschung angesehen wird, auf über 100.000 einschlägige Artikel zur Streß-Thematik verweist. Eine jüngst erschienene Bibliographie von KLEIBER/ENZMANN (1990) zum Burnout weist über 2.500 Titel nach.
Bei der damit verbundenen Informationsflut ist es nicht verwunderlich, daß ein Überblick und zumal eine Integration der unterschiedlichen Ansätze kaum zu leisten ist. Weder ist bisher eine klare Abgrenzung der Begriffe "Burnout" und "Streß" voneinander erfolgt, noch ist die Integration dieser Begriffe in die arbeitspsychologische und arbeitswissenschaftliche Belastungs- und Beanspruchungsforschung insofern gelungen, als sehr unterschiedliche Konzepte und Modelle nebeneinander bestehen.
So werden in "Mensch unter Belastung" (SCHEUCH/SCHRÖDER 1990) zum Streßbegriff nicht weniger als 39 Definitionen aufgeführt. In Anbetracht der Vielzahl der Ansätze und der Unschärfe der Begriffsverwendung wird vom "semantischen Morast" (ULICH 1982, zit. bei MARSTEDT/MERGNER 1986, S. 51) gesprochen. Die Zugangswege, Beschreibungsebenen und Erklärungsansätze, auch die Erklärungsweite von Theorien und Modellen unterscheiden sich erheblich. Es existieren biologische, psychologische und sozialpsychologisch-soziologische, kybernetische, ökologische und systemische Ansätze und Modelle - und jede Disziplin differenziert im jeweils eigenen Bereich (vgl. u.a. NITSCH 1981, SEMMER 1984, SCHEUCH/ SCHRÖDER 1990, vgl. auch MARSTEDT/MERGNER 1986).

Anfang der 70er Jahre wurde der Begriff Burnout im amerikanischen Sprachraum geprägt und bezeichnete zunächst den psychischen und physischen Abbau bei Mitarbeitern in Hilfsorganisationen und bei Sozialberuflern (FREUDENBERGER 1974, GINSBERG 1974, MASLACH & PINES 1976). ARONSON, PINES & KAFRY (1983) sprechen bei helfenden Berufen von "burnout", bei allen anderen von "Überdruß", ohne allerdings wesentliche Unterschiede zwischen diesen Berufs- bzw. Personengruppen deutlich zu machen. Von fast allen Autoren wird anerkannt, daß Streß ein Schlüsselphänomen für das Verständnis von Burnout ist. BURISCH (1989:28) unterteilt die Beiträge der Streßforschung in 3 grundsätzliche "Forschungstraditionen", die primär physiologisch orientierte Streßforschung, die psychologische Grundlagenforschung und die Organisationspsychologie. Ähnlich gliedern auch ENZMANN/KLEIBER (1989) die auf Burnout bezogenen Erklärungsansätze in einen individuenzentrierten, einen arbeits- und organisationsbezogenen

und einen historisch-gesellschaftlichen Ansatz.
Trotz der großen Zahl unterschiedlicher Ansätze ist auffällig, daß die empirische Basis, auf die sich Arbeiten zum Burnout-Phänomen stützen, schmal ist. So heben ENZMANN/KLEIBER hervor, die Burnout-Forschung benötige "eingehendere Untersuchungen der konkreten Anforderungen in den zum Teil sehr unterschiedlichen Tätigkeitsfeldern im psychosozialen Bereich" (ebd. S 15.). Die Streßforschung hat bisher das weite Feld der Dienstleistungsarbeit gegenüber der Arbeit in der Industrie eher vernachlässigt.
In der folgenden Darstellung der Burnout-Ansätze folgen wir im wesentlichen der Einteilung von ENZMANN/KLEIBER (1989).

4.1 Individuenzentrierter Ansatz

Der individuenzentrierte Ansatz stellt eine Nähe zum klinischen Bild der Depression, zu "occupational stress", auch zum Begriff der Entfremdung her. Nach EDELWICH/BRODSKY (1984) führt Burnout zum "zunehmenden Verlust an Idealismus und Energie", der sich in einem vierstufigen Prozeß abbildet: Nach *idealistischer Begeisterung*, die der Hoffnung auf Wirksamkeit des eigenen Handelns entspringt und im Zusammenhang mit eher unrealistischen Erwartungen steht, erfolgt als zweite Stufe die *Stagnation*. Der Helfer hat das Gefühl, festgefahren zu sein; sein eigenes Bedürfnis - nach Bestätigung, Anerkennung, Wirksamkeit, Fortschritt - wird enttäuscht. Zur dritten Stufe, der *Frustration* und dem Gefühl der Machtlosigkeit schreiben die Autoren: "Die Unfähigkeit, diese 'Gegebenheiten' zu verändern, die Unfähigkeit, Klienten, Untergeordnete, Vorgesetzte, die Institution, das System zu beeinflussen - das ist die Frustration, die ohne Umschweife ins Burnout führt" (ebd. S. 111). Die letzte Stufe dieses Prozesses, die *Apathie*, führt zum Rückzug des Helfers; unter Aufgabe seiner Ziele meidet er den Kontakt zu denjenigen, für die er da ist. Er schützt sich durch Selbst-Isolierung.
FREUDENBERGER (1974) definiert Burnout folgendermaßen: "Ausbrennen bedeutet, sich entleeren. Die eigenen körperlichen und seelischen Reserven erschöpfen. Sich selbst bei dem Versuch zerstören, unter Aufbietung aller Kräfte unrealistische Erwartungen zu verwirklichen, die selbstgesetzt oder vom Wertsystem der Gesellschaft aufgezwungen sind" (ebd. S. 38). Und an anderer Stelle heißt es (FREUDENBERGER/RICHELSON 1983, S. 34): "Ein Ausbrenner ist ein Mensch im Zustand der Ermüdung, der Frustration. Sie wird hervorgerufen, wenn sich der Betroffene auf einen Fall, eine Lebensweise oder eine Beziehung einläßt, die den erwarteten Lohn nicht bringt".

Eine Übersicht über weitere Definitionen des individuenzentrierten Ansatzes gibt ENZMANN/KLEIBER (1989, S. 22/23). Dort findet sich auch der Hinweis auf die mangelhafte Abgrenzung "zu Zufriedenheit, Überdruß, Streß, (Arbeits-)Moral, Angst, Anspannung, Konflikt, Druck, Gereiztheit ('nerve'), Sättigung (boredom), Ermüdung, Belastung (strain) und Depression"[12] (FICKLIN 1983; zit. n. ENZMANN/KLEIBER 1989, S. 21). Die Schilderungen und Beschreibungen sind bildhaft. Sie ergänzen sich bei den verschiedenen Autoren, sodaß es eine allgemeinverbindliche Definition im Rahmen dieses Ansatzes zum Burnout nicht gibt.

4.2 Arbeits- und organisationsbezogener Ansatz

Als arbeits- und organisationsbezogen bezeichnen die Autoren einen Ansatz, der im wesentlichen auf ARONSON/PINES/KAFRY (1983) und MASLACH/JACKSON (1984) zurückgeht. ARONSON u.a. (1983, S. 25) beschreiben: "Ausbrennen ist das Resultat andauernder oder wiederholter emotionaler Belastung im Zusammenhang mit langfristigem, intensivem Einsatz für andere Menschen." ENZMANN/KLEIBER (S.29) fassen (PINES/-KAFRY 1978, S.499) zusammen: "Das Besondere am Streß in helfenden Berufen sei seine emotionale Natur, die mit den Anforderungen an emphatische Fähigkeiten, der direkten emotionalen Konfrontation und intensivem Engagement gegeben sei."
Als Umweltfaktoren im Rahmen dieses Ansatzes werden genannt: "Überforderung, Rollendruck und Rollenambiguität, zu hohe Verantwortung, gleichförmige Routine, Mangel an Autonomie, fehlendes Feedback, fehlende soziale Unterstützung, schlechte Ausbildung und ungenügende Bezahlung. Persönlichkeitsfaktoren sehen sie [die Verteter dieses Ansatzes; die Verf.] in spezifischer Helfermotivation (Berufung), besonderer Sensibilität für soziale Not und emotionale Bedrängnis, klientenzentrierter Orientierung und dem Versuch, Selbstwertgefühle durch Selbstlosigkeit, Sympathie und Verständnis für andere zu erlangen." (ENZMANN/KLEIBER S.29-30)
Eine weitergehende Analyse gesellschaftlicher Rahmen- und Umfeldbedingungen wird dabei nicht angestellt, wenn auch Interventionsvorschläge durchaus in die Richtung einer begrenzten Umweltveränderung gehen. Es werden durchaus "veränderungswürdige Aspekte der Institution und der Arbeitsorganisation (Rollenaufteilung, Job-Enrichment, veränderte Arbeitszeiten, Personalaufstockung, Aufbau von sozialen Unterstützungssystemen und verbesserte Ausbildung)" (ebd. S.31) angesprochen. Die Autoren schlagen "u.a. Überprüfung der selbst- und fremdgesetzten Anforderungen, bewußteren, unterstützenden Umgang mit Kollegen und Freunden, mehr Streben nach Selbstverwirklichung, Analyse der streßhaften Aspekte der Umgebung, mehr Eigenverantwortung und das Erwerben aktiver statt passiver Bewältigungsmechanismen vor" (vgl. ARONSON et.al. 1983, zit. nach ENZMANN/KLEIBER ebd. S. 31).
Als wohl am allgemeinsten anerkannt ist mittlerweile die von MASLACH/JACKSON (1984, S. 134) gegebene Burnout-Definition "...als Syndrom emotionaler Erschöpfung,

---

[12] Neben dem Begriff des Burnout wird auch von "worn-out" (FISCHER 1983, S. 42) und "cooling-out" gesprochen.

Depersonalisierung und reduzierter persönlicher Leistungsfähigkeit, das bei Individuen, die in irgendeiner Weise mit Menschen arbeiten, auftreten kann". Auch sie weisen als Interventionen auf die Notwendigkeit der "Schaffung institutionelle(r) Möglichkeiten des Arbeitsplatzwechsels (Arbeit mit und ohne Klientenkontakt) und zu zeitweiligem Rückzug von der Arbeit mit Klienten, Aufbau sozialer Unterstützungssysteme in und außerhalb der Arbeit und - auf der Ebene des einzelnen - die Einrichtung von Trainingsprogrammen, um den Abbau unrealistischer Erwartungen und das Wahrnehmen, Akzeptieren und den Austausch der eigenen Gefühle in der Arbeit zu fördern" hin (zit. n. ENZMANN/ KLEIBER S. 35). MASLACH/JACKSON sind auch diejenigen, die das bisher am weitesten verbreitete Instrument zur Ermittlung von "Burnout-Symptomen" entwickelt haben, den MBI (Maslach-Burnout-Inventory). Der Fragebogen enthält eine Liste von 22 Fragen, zu denen eine Selbsteinschätzung abgegeben wird. Eine Faktorenanalyse erbrachte eine Lösung mit drei Faktoren: Emotionale Erschöpfung, persönliche Leistungsfähigkeit und Depersonalisierung. Im deutschen Sprachraum haben sich in jüngster Zeit besonders ENZMANN/-KLEIBER (1989) mit diesem Instrument auseinandergesetzt und die Übertragbarkeit auf deutsche Bedingungen überprüft.
In ähnlicher Weise wie MASLACH/JACKSON schlägt auch KAHN (1978) eine Reduzierung des Klientenkontakts und den Aufbau und die Nutzung von Unterstützungssystemen in Verbindung mit natürlichen Netzwerken vor, um psychische Überforderungssituationen zu vermeiden.

Das am weitesten reichende Konzept von Burnout geht wohl auf CHERNISS (1980 a,b, 1982 a,b,c,) zurück, wie auch ENZMANN/KLEIBER in ihrer Darstellung deutlich machen. Er versteht Burnout "als einen Prozeß, in welchem ein ursprünglich engagierter Professioneller sich als Reaktion auf (...) erfahrenen Streß (...) von seiner (...) Arbeit zurückzieht" (ENZMANN/KLEIBER ebd. S. 42). Burnout wird nach dieser Fassung vor allem verstanden als eine Verknüpfung verschiedener sozial-psychologischer Ansätze:

- Von Bedeutung ist einmal die "erlernte Hilflosigkeit" (SELIGMANN 1983) - unter gegebenen Bedingungen des Arbeitsplatzes und der Organisation der Arbeit wird "Ineffektivität", "Wirkungslosigkeit", das Gefühl der andauernden Über- oder auch Unterforderung, des "mit den Dingen nicht fertig Werdens" gelernt.

- Der auf KAHN et.al. (1964) zurückgehende Ansatz des Rollenkonflikts und der Rollenambiguität und die damit verbundenen Modelle von Machtstruktur und betrieblichen, organisationalen Normen werden hinzugezogen: So können "Rollen" von den Beteiligten unterschiedlich definiert und mit divergierenden Erwartungen versehen werden. Rollen können überladen sein; es kann Rollenvielfalt und Rollenunklarheit vorliegen. Rollen können den tieferliegenden persönlichen Fähigkeiten, Motiven und Einstellungen, den eigenen Werten und der Ethik des einzelnen widersprechen. Einen besonderen Typ des Konfliktes benennt CHERNISS mit den widersprüchlichen Anforderungen von Profession und Bürokratie. Er wird "durch den unterschiedlichen Anspruch hervorgerufen, den unvereinbaren Rollenorientierungen des Professionellen (der eigenen Rollendefinition, z.B. Berücksichtigung der Einzigartigkeit des Individuums, Flexibilität, persönliche Initiative) und des Bürokraten (der Rollendefinition durch die Organisation, z.B. Ordentlichkeit, Uniformität, Rechenschaftspflicht, unpersönliches Verhalten) gleichzeitig gerecht zu werden" (professional-bureaucratic-role conflict; zit. n. ENZMANN/KLEIBER ebd. S. 45).

- Rollenambiguität verweist auf die Fähigkeit einer Person, in Anbetracht einer Rolle, die sie einnimmt, mit den unterschiedlichen Signalen und Informationen umzugehen, die sie empfängt. Sie kann über ein höheres oder geringeres Maß an Ambiguitätstoleranz bzw. -intoleranz verfügen; die Autoren dieses Konzepts (FRENKEL-BRUNSWICK) bringen es in Verbindung mit der Bildung von Vorurteil und rigiden Wahrnehmungs- und Einstellungsmustern. Starre und feste, auch klar definierte Rollen, stellen in dieser Beziehung keine sehr hohen Anforderungen. Aber: "Diese Toleranz ist desto wichtiger, je weniger repressiv die Rollen sind, in denen sich das Individuum bewegt. Wenn Rollen nicht mehr aufgezwungen werden und die Art der Verinnerlichung von Normen eine Interpretation zuläßt, wird jedem beteiligten Individuum in weit höherem Maße freigestellt, auch abweichende Erwartungen und Bedürfnisse in die Diskussion über einen Handlungskonsens einzubringen. Dem Individuum wird die Befreiung von rigiden Rollen und Normen für die Bemühungen um eine Ich-Identität wenig nützen, wenn es die Spontaneität, den Wechsel und die Verschiedenartigkeit seiner eigenen Antworten und der der Interaktionspartner auf divergierende Erwartungen nicht ertragen kann." (vgl. KRAPPMANN 1973, S. 155) Damit ist zugleich auf den Zusammenhang von Identitätsbildung und psychischer Belastungsdimension hingewiesen.

- Auf unterscheidbare Quellen für Rollenambiguität hat CHERNISS aufmerksam gemacht. Er erwähnt:
  "1. Informationen betreffend den Umfang einer Arbeit und Verantwortlichkeit
  2. Informationen über Erwartungen der Kollegen
  3. nötige Informationen zur adäquaten Ausführung der Arbeit
  4. Informationen über Aufstiegsmöglichkeiten,
  5. Informationen über Bewertungen durch Vorgesetzte,
  6. Informationen über Vorgänge in der Organisation" (vgl. 1980, S. 90; zit. n. ENZMANN/ KLEIBER, S.46).

- Desweiteren geht der Ansatz von Streß und "occupational stress" in diesen Burnout-Begriff ein, der von CHERNISS besonders unter dem Gesichtspunkt des Ungleichgewichts von Umwelt-Anforderungen und vorhandenen bzw. verfügbaren Ressourcen berücksichtigt wird. Die in diesem Auseinandersetzungsprozeß entwickelten Bewältigungsformen werden häufig mit LAZARUS/ LAUNIER (1981) mit den Stufen der Informationssuche, direkter Aktion, Aktionshemmung und letztlich intrapsychischer Reaktionsweise (Rückzug, Distanzierung, Meidung, Herabsetzung von Ansprüchen, Verantwortlichmachen anderer (zit.n. ENZMANN/ KLEIBER S. 42-43) beschrieben.

- Darüberhinaus werden weitere Ursachen für das Einsetzen des Prozesses zum Burnout genannt: mangelndes Feedback zur Autorenschaft von Erfolg; ein Mangel in der Ansprache eines häufig vorhandenen "motivierenden Potentials", daß nämlich ein Gefühl für die Bedeutsamkeit der Arbeit nicht vermittelt wird; sowohl Unterforderung als auch eine Sättigung ist Belastung durch die Arbeit; eine unklare "Aufgabenidentität" durch Zersplitterung der Arbeit auf verschiedene Berufssparten trägt dazu bei. Übertragen auf den Bereich der Behinderten-Hilfe bedeutet dies, daß die Gesamtaufgaben beispielsweise auf Leitung, Linienvorgesetzte, Betreuer und Team, Fach- und begleitende Dienste, Ärzte, Psychologen und häufig auch Vormünder aufgeteilt werden. Von besonderer Bedeutung sind Formen der sozialen Unterstützung; sie wirkt gleichzeitig als 'Gegenmittel' zu Mißtrauen, Konkurrenz und Konflikten gegenüber persönlichen Werten, Statusbestrebungen, Fähigkeiten und einem machtorientierten Einfluß (ebd. S. 49).

- Selbstverständlich werden innerhalb dieses Ansatzes individuelle Faktoren nicht ausgespart: Persönlichkeitszüge (neurotische Ängstlichkeit, Typ A-Syndrom, Kontrollüberzeugung, Flexibilität, Introversion); berufsbezogene Ziele, Werte und Einstellungen; Leistungsmotivation, Statusorientierung, Orientierung an größtmöglicher Sicherheit; der Einfluß früherer Erfahrungen beeinflußt die Wahrscheinlichkeit des Auftretens von Burnout ebenso wie Ausbildung und zusätzliche Qualifikation, Alter und Geschlecht.

Insbesondere CHERNISS hat zunehmend die Auffassung vertreten, daß der Burnoutprozeß "nicht mit Streß, sondern mit dem Verlust an Verpflichtung und moralischer Zielstellung in der Arbeit" beginnt (CHERNISS/KRANTZ 1983, S.199). Damit ist hingewiesen auf die gesellschaftliche Einbindung des Individuums. Der "Verlust an Verpflichtung und moralischer Zielsetzung" steht in Verbindung mit der Art und Weise, wie "der helfende Mensch in der Welt" steht.

4.3 Historisch-gesellschaftlicher Ansatz

So unterscheiden die Autoren als dritten Ansatz den der historischen und gesellschaftlichen Faktoren, die zum Auftreten von Burnout beitragen. Zusammengefaßt - und gestützt v.a. auf verschiedene Veröffentlichungen von CHERNISS - sind dies unter anderem:

- der "Verfall des Gemeinwesens", also die steigende Anonymität in modernen Gesellschaften;
- das "Vermächtnis der 60er Jahre", worunter v.a. das seinerzeitige hohe Interesse an einer Verbesserung der Lebenslage der materiell und sozial Bedürftigen verstanden wird; Vietnamkrieg, Studentenrevolten und Kapitalismuskritik, eine neue, breitere Überprüfung der gesellschaftlichen Werte sind hier Stichworte;
- die innere Struktur der sozialen Einrichtungen: "Verglichen mit gewerblichen Organisationen sind humanitäre Dienstleistungen in der Entscheidungsbildung in vieler Hinsicht weit stärker zentralistisch und hierarchisch" (CHERNISS 1982c S.3);
- allgemein veränderte gesellschaftliche Normen und Werte;
- eine der Realität der beruflichen Wirklichkeit nicht entsprechende Verklärung über die Eingriffs- und Hilfemöglichkeiten der Helfer, die CHERNISS mit dem Begriff "Professioneller Mystizismus" belegt. Er will damit zum Ausdruck bringen, der Helfer unterliege angesichts der dramatischen Herausforderungen, denen er gegenüberstehe, dem Irrglaube, er sei mit dem richtigen Wissen, den notwendigen Fähigkeiten und persönlichen Qualitäten ausgestattet. Als Ursache dieser Fehleinschätzung und überhöhten Erwartung werden genannt:
    1. Berufszulassung bedeute Kompetenz und unweigerlich Erfolg,
    2. der berufliche Status garantiere persönliche Autonomie und Kontrolle,
    3. Klienten seien kooperativ und dankbar,
    4. die Arbeit an sich sei interessant, bedeutsam und stimulierend,
    5. Mitarbeiter unterstützten einen und seien kollegial.

Auch diese Einflüsse tragen im gesellschaftlichen Umfeld zum Burnout-Prozeß bei, in dem der Helfer unrealistische Erwartungen und Ziele für sich übernimmt. Klienten und Öffentlichkeit bestärken ihn in den überhöhten Erwartungen. Gesellschaftlich besteht kaum Sensibilität für die Qualität des Arbeitslebens des Personals (vgl. CHERNISS 1980c, nach ENZMANN/KLEIBER, S.52f). Mit der Aussage, die Streßformulierung sei "im höchsten Grade mechanistisch", erfolgt denn auch bei CHERNISS sukzessive eine Abkehr von der Einschätzung, die Beschreibung, Analyse, auch die Interventionsmöglichkeiten gegenüber den Formen, in denen das Phänomen auftrete, sei kausalistisch in einfachen "Wenn-Dann"-Relationen bearbeitbar. "Die Metaphern, die wir zur Veranschaulichung des Burnoutphänomens gewählt haben, sind mechanistisch. Beides, Burnout und Streß, sind direkt aus der Technik übernommene Begriffe." (CHERNISS, zit. ebd.)
Mit der Gegenüberstellung zweier das gesellschaftliche, wissenschaftliche und philosophi-

sche Denken und Handeln lenkender Paradigmen, dem wissenschaftlich-technischen Paradigma und dem moralisch-religiösen Paradigma (ebd. S. 59) wird die Analyse der Burnout-Problematik auf eine höhere Ebene gehoben - allerdings auch in eine Polarität. Denn naheliegend ist die Argumentation, die daraus erwächst: die zuvor überwunden geglaubte mechanistische Denkweise schleicht sich dergestalt wieder ein, daß es nun der Verlust der moralischen, ethischen und sozialen Bindungen, der Verlust an Sinn- und Wertbezügen unter dem wissenschaftlich-technischen Paradigma ist, der die Schwächung der psychischen Stabilität der Helfer erzeugt. "Bevor wir Individuen helfen, ihren Verlust von moralischen Vorsätzen in der Arbeit zu überwinden, muß unsere Kultur ihren Verlust moralischer Vorsätze überwinden" (CHERNISS/KRANTZ 1983, S.212, zit.n. ENZMANN/KLEIBER S.55). Und, an anderer Stelle, wiederum unter bezug auf die konkreten Auswirkungen auf das Arbeitsfeld der Helfer: "Die Betonung von rationalem Skeptizismus und Professionalismus, die dem wissenschaftlich-technischen Paradigma inhärent ist, hat die sozialen Unterstützungs- und Bindungsmechanismen unterminiert, die Helfer in humanitären Dienstleistungsinstitutionen vor Streß und Burnout schützen könnten." (CHERNISS 1982a ebd. S.13; zit. n. ENZMANN/KLEIBER ebd. S. 59)

4.4 Das integrierte Burnout-Modell

BURISCH (1989) bringt mit seinem "integrierten Burnout-Modell" insofern eine Erweiterung und Präzisierung des intra-individuellen Geschehens, als er mit der Einbindung des Begriffs der (subjektiven) Autonomie und des Konzepts der Handlungsepisode detailliert die vorliegende Literatur in einen Erklärungsansatz zu integrieren versucht. Nach BURISCH ist Autonomie-Verlust grundsätzlich mit Streß verbunden. Er postuliert, daß ein nachhaltiger Autonomieverlust notwendige Bedingung für den Beginn eines Burnout-Prozesses ist. Auf der Basis dieses Postulats und weiterer Konzepte (u.a. erlernte Hilflosigkeit, Kontrollverlust, Frustration, Streß, Rollentheorie) versucht er, sein integriertes Burnout-Modell aufzubauen: "Ich sehe Burnout in Gang gesetzt durch Autonomieeinbußen in gestörten Auseinandersetzungen des Individuums mit seiner Umwelt, genauer: durch die innere Repräsentation solcher Interaktionen als gestörter und das Scheitern bei ihrer Bewältigung.(...) Das Modell gibt den Versuch auf, Burnout auf eine oder wenige spezifische 'Ursachen' zurückzuführen. Vielmehr wird eine Art Reiseroute skizziert, die von einem gegenwärtigen Ist-Zustand zu einem in der Zukunft liegenden Ziel führt - oder es verfehlt." (ebd. S. 70) Die entscheidenden Vorteile sieht BURISCH darin, "daß es

- sich an der inneren Realität des Ausbrenners orientiert, an dem, was dieser (nicht notwendig bewußt) sozusagen 'proximal' erlebt, während die meisten Burnout-Theorien mit 'distalen' Faktoren wie Überbelastung, Undankbarkeit, Unterbezahlung operieren, deren Wirkung auf das Individuum erst noch vermittelt werden muß;

- so umfassend formuliert ist, daß es im Prinzip alle Arten von Burnout-Prozessen abzubilden gestattet, während die bisherige Burnout-Literatur von Spezialtheorien für Lehrer, Manager-, Therapeuten- etc. Burnout dominiert wird, was eine unnötige Konstrukt-Vielfalt mit sich bringt;
- genügend spezifisch ist, um Abgrenzungen von verwandten Phänomenen zu ermöglichen und Forschung anzuregen." (ebd. S. 70-71)

Das integrierte Burnout-Modell geht aus von der Handlungsepisode. Es schließen sich Fragen nach der Burnout-Genese an. So nennt BURISCH als Kernbestandteile dieses Modells (ebd. 71 ff.):
- Autonomie und Autonomie-Einbuße (Situationskontrolle)
- Streß erster und zweiter Ordnung
- Autonomie-Einbußen durch Konflikte
- ungestörte Handlungsepisode
- gestörte Handlungsepisode (Zielvereitelung, Zielerschwerung, Ausbleiben der Belohnung, negative Nebenwirkungen)
- Bewältigung von Störungen
- kritische Handlungsepisoden.

Problematisch erscheint die Eingrenzung der Betrachtungsperspektive von BURISCH auf das Phänomen des Burnout dort, wo er stillschweigend eine Fokussierung und Isolation auf das Individuum vornimmt. So formuliert er als Arbeitshypothese: "Ausbrenner - erleben subjektiv häufiger und/oder nachhaltiger gestörte Handlungs-Episoden als Menschen, denen das Burnout erspart bleibt, - scheitern häufiger bei der konstruktiven Bewältigung." (ebd. S. 89) Ein weiteres Beispiel: "Wie ich noch ausführen werde, vermute ich bei zum Burnout Prädestinierten gewisse, eine realistische Handlungsplanung behindernde Anomalie des Weltbildes: Eine Neigung zu hochgesteckten Zielen (bescheidenere haben zu wenig Anreizwert), zur Unterschätzung von Aufwand und Zeitbedarf, zum Übersehen von Nebenwirkungen, zur Überschätzung von Erfolgsaussichten ('Wunschdenken'). In manchen Berufen mögen solche Tendenzen durch kollektive Wunsch- und Trugbilder verursacht oder zumindest genährt werden. (...)Für manche Helfer mag auch die Tatsache der Belohnungs-Erwartung aus dem Bewußtsein verdrängt sein, die Höhe dieser Erwartung aber immens. Weiter vermute ich eine Rigidität bei der Setzung von Anspruchsniveaus: Eine Korrektur nach unten wäre die Kapitulation, das Aufgeben eines - wahrscheinlich nie bewußt formulierten - Lebensplans." (ebd. S. 91)
Wir wollen uns vor derartiger "Stigmatisierung" hüten und nicht aus einem komplexen Syndrom eine eindimensionale Zuweisung konstruieren. Denn die im Bereich der Sozialen Arbeit bestehenden Forderungen an den Dienstleistenden und die daraus erwachsenden Probleme - der Personalrekrutierung, der langfristigen Sicherung der Bedarfserfüllung und Leistungserstellung, Fragen der Belastungsminderung und gesundheitlichen Prävention, um

nur wenige zu nennen - können auf diese Weise der eingrenzenden Individualisierung nicht gelöst werden. Die auch von BURISCH für sinnvoll gehaltenen Ansätze zur Beschreibung des Burnout und zur gezielten Intervention, z.B. das des Person-Environment-Fit (vgl. ebd. S. 41f.), dürfen nicht unzulässig verkürzt werden. Es darf daraus nicht eine Anpassung allein der Person an die Maßgabe des *Environment,* also der (Arbeits-)Umwelt werden. Die Passung herzustellen bedeutet aber, Burnout-Phänomene als Hinweis auf allgemeine(re) Belastungsquellen zu verstehen und zu akzeptieren, daß die damit verbundenen Störungen aus der Interaktion zwischen dem organisationalen und sozialen Kontext und den individuellen Komponenten entstehen. Sie können nicht durch einen definitorischen Kraftakt ausgeblendet werden.

Diese wenigen Hinweise sollen hier genügen um deutlich zu machen, daß Streß- und Burnoutprozesse weit mehr sind als auf das einzelne Individuum begrenzte Einschränkungen seiner Wahrnehmungs- und Handlungsfähigkeit, daß sie eine größere Reichweite haben, als den "zunehmenden Verlust an Idealismus und Energie", wie der individuumzentrierte Ansatz das Phänomen noch meinte fassen zu können. Die Charakterisierung als *Syndrom* ist ernst zu nehmen: ein eindimensionales Erklärungsmodell, eine das Phänomen endgültig erklärende Theorie besteht nicht: Je nach dem, aus welcher Perspektive der Betrachter Zusammenhänge schaut, werden andere Strukturen, andere Prioritäten, andere Verursachungsquellen sichtbar.
Die Phänomene des Burnout ergreifen den sozialen Zusammenhalt, die Funktionsfähigkeit sozialer Systeme, sie bedrohen gar - wie Nachrichten zum Pflegenotstand zeigen - Teile der medizinischen und pflegerischen Grundversorgung in der Gesellschaft. Querverbindungen zur kommunikativen Praxis in den sozialen Einrichtungen, zu Organisation und Verfassung der Arbeit, zur überwiegend bestehenden Arbeit der Helfer in Isolation, zur zivilisatorischen und Arbeitskultur zeigen sich. Ein Verständnis der Helfertätigkeit und der Helfersituation kann nur aus einer übergeordneten Perspektive entwickelt werden - aus einer Perspektive, die den funktionalen Wert der Dienstleistungsarbeit und der Dienstleistungsinstitutionen für das gesellschaftliche Gesamt berücksichtigt und verdeutlicht, nicht aber von diesem trennt und das Helfen zu einer "Sache für andere" werden läßt.
Denn anders wäre kaum zu verstehen, warum es nicht eine sehr viel stärkere "Kultur der Intervention" gibt, da bereits im Jahre 1982 CHERNISS (1982c) eine Liste von Eingriffs- und Unterstützungsmöglichkeiten zusammengetragen hat ("Strategien zur Burnout-Prävention", ebd. zit. S. 56). Deren Einbringung, Umsetzung und Integration in die Organisation der Hilfeleistung steht aber aus.

Das Bedeutsame und Bemerkenswerte an der Burnout-Diskussion ist, daß sie offensichtlich notwendig ist, um auf die komplexen Bedingungen, Zusammenhänge und Prozesse hinzuweisen, die mit diesem Begriff zusammenhängen: Die individuellen Lebensprozesse der Beschäftigten mit ihrer persönlichen Geschichte, die in der Arbeitstätigkeit ablaufende

Kommunikation, die Über- und Unterordnungsprozesse, die Dynamik in Gruppen, gesellschaftliche und private Normen und Werte, Leistungserwartungen, Ziele, Vorstellungen, Wünsche, Ängste, Konkurrenz, der Arbeitsmarkt und die Sozialpolitik, die Fortschritte in Wissenschaft, Technik, Industrie, die Medien mit ihren komplexen Wirkungen auf gesellschaftliche Entwicklungs- und Veränderungsprozesse, Fragen der individuellen Sinnstellung und Lebensplanung - kaum etwas für Hilfeleistung und Helferpersonen relevantes ist unter einer übergeordneten Perspektive zu vernachlässigen, will man plausibel machen, welche Beiträge im Burnout-Syndrom zusammenfließen. Die Komplexität, die sich aus dem Zusammenfließen diffus-gesellschaftlicher Ansprüche, organisatorischer Regelungen, unterschiedlicher, konkurrierender Verbandsinteressen, dem Finanzierungsbedarf, der Arbeitsmarkt- und der Beschäftigtensituation ergibt, ist so hoch, daß eine verträgliche Regelung dieser Komponenten zum Wohl der Hilfegeber und der Hilfenehmer außerordentlicher Anstrengungen bedarf.

4.5 Der eigene Forschungsansatz

Menschen sind in ihrem Handeln in besonderer Weise bezogen auf ihre Wahrnehmung der Welt: auf ihre unmittelbaren mitmenschlichen Kontakte, auf ihr soziales und gesellschaftliches Umfeld. Sie orientieren sich an gesellschaftlichen, kulturellen, religiösen Werten und Normen. Sie haben für ihr eigenes Leben und ihre Lebensführung individuelle Pläne und Perspektiven, sie gründen und verankern sich über ihr Tun, vermitteln über ihre Motive sich selbst in die Gemeinschaft der anderen. Ihre Identität besteht in diesem Bündel aus Herkunft und Biographie, Wahrnehmung der Welt und Verankerung in ihr, den eigenen, gesellschaftlich geformten, "gewordenen" Antrieben und Motiven, den Erfahrungen mit sich selbst in Gesellschaft und Arbeitssphäre, den zentralen und peripheren Werten. Aber auch umgekehrt: was die Menschen tun, ist und bildet ihre Identität.

Eine Grundannahme in unserem Verständnis der Belastungssituation der Beschäftigten in Behinderteneinrichtungen ist, daß die mit dem Burnout-Syndrom umschriebenen Symptome vor allem durch *tätigkeitsvermittelte Erfahrungen* begründet sind. Wir gehen davon aus, daß durch diese Erfahrungen auf besondere Weise das Selbstverständnis bzw. die soziale Identität der betroffenen Helfer berührt wird, weil Tätigkeit, Handlungszusammenhang und sozialer Kontext der Betreuungssituation eine Vielzahl individuell nur schwer ausgleichbarer Diskrepanzen enthält. Diese Diskrepanzen können auf unterschiedlichen Ebenen bestehen:

- aus einem Ungleichgewicht zwischen den Fähigkeiten, Kompetenzen und Anforderungen in Bezug auf Qualität oder Quantität geforderter Leistungen;

- aus der Unklarheit von Rolle(n) bzw. konfligierenden, also Konflikte erzeugenden oder Konflikte enthaltenden Rollenzuweisungen und den damit entstehenden Überforderungen. Die Unklarheit und das Konfliktpotential kann sich auch auf relevante Ziele beziehen. Überforderungen sind sowohl begründet durch die zeitliche Dauer, über die eine Person ihnen ausgesetzt ist als auch durch die Intensität (die "Tiefe" einer Beziehung hat demnach eine ähnliche Wirkung wie die "Menge/Anzahl" von professionellen Beziehungen);

- aus dem Aufeinandertreffen eines hohen internalisierten Helfer-Ideals auf seiten der Person und einer mangelhaften Anpassung zwischen Person und Umwelt (v.a. der Hilfe-Organisation);

- aus der Anspruchs- und Erwartungshaltung und der Auftretenswahrscheinlichkeit sichtbarer Erfolge;

- aus ungeklärten und/oder gesellschaftlich differierenden Interessen, Zielsetzungen, Erwartungen und Ansprüchen und den daraus entstehenden Überforderungen der Hilfe-Organisation, die nur, eben "symptomatisch", deutlich werden an den Helfern als den sensibelsten Stellen des Hilfe-Systems.

Die besondere Bedeutung derartiger diskrepanter Bedingungen liegt vor allem darin begründet, daß die personenbezogene Dienstleistung eine "Formalisierung von Erwartungen" wie in der gewerblichen Arbeit erschwert. Eine reflexive Rückbindung an die eigenen persönlichen Motive und Motive und Erwartungen anderer und an situative Handlungsbedingungen ist erforderlich, aber gleichzeitig offensichtlich schwer einzulösen. Jedenfalls ist sie nicht üblich.
Die personenbezogene Dienstleistungssituation ist immer eine, in der fortwährend interaktiv Erwartungen formuliert und ausgehandelt werden. Die Reflexion der eigenen Absichten, Möglichkeiten und Grenzen ist umso mehr erforderlich, als mit der gesellschaftlich sich durchsetzenden Säkularisierung und Demokratisierung des Helferbegriffs Situationen entstehen, die durch ein hohes Maß an Offenheit hinsichtlich des Selbstverständnisses der Helfer gekennzeichnet sind. Für den einzelnen ist nicht mehr eindeutig, was ein "guter Helfer" ist. Dies gilt aber auch im Hinblick auf die erwarteten oder zugelassenen Bedürfnisse und Anforderungen von seiten der Klienten. Die besonderen Tätigkeitsbedingungen der personenbezogenen Dienstleistung, die immer schon darauf angelegt sein müssen, ein "Mindestmaß an Kooperation" (vgl. die bereits zitierte Definition von GROSS) durch die Klienten sicherzustellen, erfordern einen reflexiven Bezug auf die Vorstellungen und Bedürfnisse anderer. Die gesellschaftlich erzeugten und vermittelten Helfermodelle, v.a. die Demokratisierung der Helferbeziehung, ist der Rahmen dafür, daß die Helfer permanent mit grundlegenden Selbstvorstellungen und für das Selbst relevanten Handlungsplänen

konfrontiert werden.
Dies geschieht nicht nur in dem Sinne, daß behinderte Menschen Erwartungen äußern können, die Wert- und Normalitätsstandards der Helfer betreffen. Die Helfer sind auch gefordert, unterschiedliche, häufig *diskrepante Erwartungen und Erfahrungen* so zu integrieren, daß sie sowohl ihrem eigenen Selbstverständnis nach als auch in den Augen der Klienten handlungsfähig bleiben. Die in Dienstleistungssituationen ohnehin bestehende und durch soziale Wandlungsprozesse des Helferbildes geförderte Nähe ist bedeutsam dafür, daß Menschen ausbrennen. Sie beginnen, Menschen wie Objekte zu behandeln, sich zu isolieren, sich psychisch völlig überlastet zu fühlen. Die geforderte Reflexibilität von Dienstleistungssituationen wird unter diesen innerpsychischen Bedingungen auf "Null" gefahren. Die Belastung, eine Vielzahl teilweise sehr unterschiedlicher Erwartungen und Anforderungen zu integrieren und dabei auch noch den eigenen Vorstellungen zu entsprechen, stößt an Grenzen. Die Gesamtbelastung wird zu stark.

Allgemeine Beispiele für derartige Situationen, in denen die dargestellten Diskrepanzen das Risiko der Burnout-Gefährdung in sich tragen, sind: Die Sozialarbeiterin, die angesichts ihres Arbeitsauftrags mit den Hilfeansprüchen und -erwartungen ihres Klientels nicht mehr umgehen kann; die Lehrerin, die angesichts der realen Verhaltensstörungen, Drogengefährdungen, Aggressionen, Leistungsschwächen, familiären Belastungen ihrer Schüler an der Lehrplan-Orientierung des "Geschäfts Schule" verzweifelt; der Krankenpfleger, der der Einsamkeit und Isolation eines Menschen im Krankenbett begegnet und ihm doch nur die Medikamente verabreichen kann; der Angestellte in der Jugend-Strafvollzugs-Anstalt, der unter den vorgefundenen institutionellen Regeln seinen Anspruch eines resozialisierenden Strafvollzugs nicht umsetzen kann; der Betreuer in der Behindertenhilfe, der sich angesichts bürokratischer Gängelung um die Erreichung seines Ziels einer menschenwürdigen Lebensgestaltung gebracht sieht. - Die Liste ließe sich fortsetzen und zeigte doch immer aufs neue den Widerspruch zwischen der individuellen Anstrengung von Personen und ihren begrenzten Möglichkeiten in der Umsetzung ihrer Vorstellungen, Pläne, Ziele.
Den wesentlichen Unterschied zwischen dem Streß- und dem Burnoutbegriff sehen wir in der spezifischen Tiefe, der Dauer und/oder dem Umfang der Interaktionen zwischen Personen. Unter dem Anspruch der Gleichheit zwischen Hilfe-Nehmer und Hilfe-Geber und der gleichzeitig bestehenden, beständigen Erfahrung des Unterschieds, der Abhängigkeit und der Ungleichheit existiert eine besondere, auf die Identität gerichtete Spannung. Das Eindringen in die personale Identität der Betroffenen im Medium der Interaktion und unter dem Einfluß der Interaktionswirkung stellt besondere Anforderungen. Die Wirkung löst sich dabei von der konkreten Interaktion ab. Sie kann eine eigene Dynamik entwickeln und nurmehr als symbolische Repräsentation "der Welt" im Empfinden und Denken des Helfers fortbestehen. Belastung und belastend ist dann potentiell nicht eine *reale* Erfahrung im Alltag, sondern diese psychische Repräsentation, die aus den individuellen Erfahrungen und Bewertungen konstruiert wird.

Den Prozeß des Burnout sehen wir in folgendem Zusammenhang:

- Burnout hat über die Identität des Beschäftigten etwas zu tun mit Lebenszielen, Lebensplänen (LAUDERDALE 1982) und individuellen Vorstellungen über die eigene Handlungsfähigkeit und Handlungskompetenz.
- Die personenbezogene Dienstleistung hat über internalisierte "Hilfe-Konzepte" etwas zu tun mit der Selbstdarstellung, mit der Präsentation eines Selbstkonzepts gegenüber anderen Personen unter fremd- oder selbstgesetzten Bedingungen. Diesem Selbstkonzept tritt in der Dienstleistung ein fremder Wille[13] entgegen. Ausmaß und Weite der Selbstdarstellung wird dadurch begrenzt, daß man sich im Tun nicht auf eine durch Arbeitsteilung reduzierte oder reduzierbare Funktion beschränken kann. Man ist "als Person" gefordert.
- Burnout ist mithin in beruflichen Situationen auch mit den spezifischen strukturellen Bedingungen personenbezogener Dienstleistung verbunden. Der eigene Person-Entwurf - "ich bin dies...", "ich bin so...", "ich erreiche das..." - kann scheitern, trotz großer subjektiver Anstrengung.
- Die Gründe für dieses Scheitern stehen im Zusammenhang mit Individualisierungs- und Organisationskonzepten, die Anforderungen an das eigene Handeln stellen, die nicht einlösbar sind. Diese Konzepte sind ihrerseits verbunden mit gesellschaftlichen und organisatorischen Bedingungen: Wo eine kollektive, gemeinschaftliche Klärung, Definition, Planung und Verhandlung über die Ziele, Abwicklungsmodalitäten und Erwartungen bezüglich zu erledigender Aufgaben notwendig ist, findet ausreichende Kommunikation nicht so statt, daß die mit der Durchführung der Aufgaben gegebenen Umstände und Bedingungen befriedigend einbezogen werden und gestaltbar sind.

Die Fassung dieses Burnoutbegriffs ist über die Einführung des Begriffs der Interaktion relational: er zielt im Rahmen der oben angesprochenen Perspektive ab auf eine Beschreibung von Relationen zwischen

- verschiedenen Facetten (Rollen-Aspekten, Selbstbildern und -vorstellungen) einer Person. Über die Reflexivität der Arbeit löst sich nicht allein der Arbeitsbegriff, die konkrete Tätigkeit tendenziell auf, sondern auch das Verständnis von Identität und Handlungs-Autonomie des einzelnen erfährt und erweitert sich um eine Dimension, die der Reflexivität des Tuns entspricht. Durch diese Erweiterung erscheint uns der Begriff der Autonomie allein nicht angemessen, da er suggeriert, sie sei prinzipiell möglich (vgl. den Autonomie-Begriff bei BURISCH 1989). Da es "richtiges" Verhalten in der Begegnung mit behinderten Menschen nur nach den jeweiligen Maßstäben der Ethik, der Moral, einzelner professioneller Disziplinen gibt, scheint uns Authentizität angemessener. Dies auch im Hinblick auf die notwendige Offenheit für die Gestaltung

[13] Dies ist natürlich nicht beschränkt auf die berufsmäßige Hilfeleistung, sondern gilt gleichermaßen für die im privaten Rahmen erbrachte Hilfeleistung.

der realen Beziehungen des Beschäftigten.

- einer (betroffenen, gefährdeten, "bedrohten") Person und den ihr zugehörigen Attributen (Zielen, Ansprüchen, Forderungen, Erwartungen, Plänen, Fähigkeiten und kommunikativen Fertigkeiten, ihr eigenen Handlungsmustern, personalen Eigenschaften und - physischen, psychischen - Verarbeitungsmodalitäten);
- beschreibbaren institutionellen, organisatorischen, prozessualen (oder chronologischen), strukturellen Bedingungen; und
- beschreibbaren/wahrnehmbaren organisationskulturellen und aus dem gesellschaftlichen Kontext und Klima resultierenden konkreten Bedingungen der Betreuungsarbeit.

Der entwickelte Forschungsansatz läßt sich folgendermaßen kennzeichnen:

1. Der Ansatz ist Beschäftigten-orientiert. Damit präferiert er nicht einen bestimmten theoretischen Ansatz, sondern er versucht, die Phänomene der belastenden Arbeitsbedingungen in Betreuung und Pflege *aus der Perspektive der Alltagserfahrung der Beschäftigten* darzustellen und ein höheres Maß an Plausibilität für die vielschichtige Verursachung psychischer Belastung zu erzeugen.

2. Der Ansatz ist bestrebt, *Kernfaktoren für die Verursachung* herauszuarbeiten, um auf diese Weise einen Ansatzpunkt für Gestaltungsoptionen zu entwickeln.

3. Der Ansatz ist insofern erfahrungsbezogen, als er neben der Einbeziehung vorliegender (psychologischer und soziologischer) Erklärungsansätze bestrebt ist, die *psychischen Phänomene auch als Ausdruck von Dysfunktionalität im Bereich der Organisation*, also in der organisatorischen Regelung des Dienstleistungsprozesses zu verstehen.

4. Die empirisch häufig anzutreffende Erfahrung der Diffusität wird nicht nur als Charakteristikum der Aufgabenkonstellation verstanden, die zu "meistern" ist. Das Tätigkeitsspektrum kann die individuelle Verarbeitungskapazität nicht nur inbezug auf Quantität, sondern auch inbezug auf Qualität (hier: Diffusität) von Belastungssituationen übersteigen. Hinweis darauf ist die in den empirischen Aussagen immer wieder als begrenzt dargestellte Vermittelbarkeit der Belastungserfahrungen. Dieser Tatbestand kann sowohl auf eine mangelnde Sprachkompetenz des *jeweiligen Individuums* hindeuten als auch auf eine *mangelhafte Kommunikationskompetenz der Organisation insgesamt*.

5. Die Erfahrung von Belastungen kann nicht allein als psychisch (in Abgrenzung z.B. von physisch oder auch identitätsbedrohend, also umfassender) verstanden werden. Von daher ist dieser Ansatz getragen von dem Bestreben, die situativen Einflußmomente der Arbeitsrealität der Beschäftigten so auszudifferenzieren, wie es der durch-

schnittlichen subjektiven Wahrnehmung der Beschäftigten in der Betreuungssituation entspricht. In der Konsequenz wäre dies eine Erlösung aus der psychischen Eingrenzung ihrer Erlebenssphäre. Genau dies aber ist Ziel eines ganzheitlichen, umfassenden Ansatzes.

6. Damit wird mit einem solchen ganzheitlichen, systemorientierten Ansatz der Versuch gemacht, die insgesamt mit dem Thema der psychischen Belastung zusammenhängende Organisationssituation zu beleuchten. Gemeinhin werden Fragen der individuellen Belastungswahrnehmung und -verarbeitung als spezifische, abgegrenzte, eben "individualpsychologische" Themen aufgenommen; in der überwiegenden Mehrzahl der Fälle werden sie in der Literatur (vgl. a.a. MARSTEDT/MERGNER 1986) und in der betrieblichen Praxis mehr als *individuelle* denn als *systemische* Komplexe betrachtet. Folge davon ist häufig, daß Funktionseinschränkungen im Arbeitsablauf der einzelnen Stellenbesetzung (dem einzelnen Beschäftigten) eher zugeschrieben werden als der Verknüpfungsstruktur in ihrem letztlich komplexen horizontalen und vertikalen kooperativen Gefüge. Erst unter einer solchen Betrachtungsperspektive werden psychische Belastungen sichtbar (und letztlich verstehbar) als Ausdruck und Folge von Mängeln in der organisatorischen Gestaltungsmacht.

Zusammenfassend halten wir fest: Der Bezugsrahmen des hier vorgelegten systemorientierten Ansatzes sind Handlungsspielräume und die für die Betreuer damit verbundenen Möglichkeiten, auf diese mitgestaltend Einfluß zu nehmen. Bedeutsam ist, daß Handlungsspielräume sowohl auf unterschiedlichen Ebenen wie der gesellschaftlichen, der arbeitsorganisatorischen und individuellen Ebene *entstehen* als auch *verstellt* werden können. Eine Ausblendung der gesellschaftlichen und arbeitsorganisatorischen Rahmenbedingungen würde für Handlungsspielräume schon vom theoretischen Zugriff her auf eine Überforderung der individuellen Handlungs- und Gestaltungsfähigkeit hinauslaufen. Handlungsspielräume als Bezugsrahmen sind deswegen insbesondere im Bereich der personenbezogenen Dienstleistungsarbeit relevant, weil sowohl die Streß- als auch die Burnout-Forschung zeigen, daß die Nichtvereinbarkeit oder auch Widersprüchlichkeit von Handlungsanforderungen bzw. -zumutungen und Handlungsmöglichkeiten eine wesentliche Quelle von Belastungen sind. Die Frage nach Handlungsspielräumen und die dafür maßgeblichen Entwicklungsvoraussetzungen ist vor diesem Hintergrund auch eine nach der Möglichkeit, über individuelle Fähigkeiten hinaus, mit Streß und Burnout-Problemen umzugehen.

Die Probleme und Verwerfungen, die sich aus der Inkompatibilität von Handlungszumutungen und Handlungsspielräume ergeben, werden auf diesem Wege sichtbar und finden nach der Darstellung der empirischen Erhebungen ihren inhaltlich konkreten Ort.

II Empirische Ergebnisse im Zusammenhang von Belastung und Burnout in zwei Behinderten-Einrichtungen

5 Methodisches Vorgehen

Da die Form der Arbeitsorganisation für unser empirisches Herangehen vor diesem Hintergrund eine wesentliche Bedeutung hat, bemühten wir uns im Rahmen des Vorhabens um die Kooperation mit Einrichtungen mit unterschiedlicher Organisations-Struktur. Wir gewannen eine zentral organisierte Einrichtung (ca. 800 Wohnplätze auf einem Zentralgelände) und eine dezentral organisierte (ca. 240 Plätze in stadtteilintegrierten Wohngruppen). Die Wohngruppen-Größen schwanken zwischen 5-8 Bewohnern in der dezentral organisierten und zwischen 6-31 Bewohnern in der zentral organisierten Einrichtung.
Der Auswahl der Wohngruppen widmeten wir erhebliche Aufmerksamkeit: nachdem in beiden Einrichtungen eine breitflächige Informationsphase auf der Ebene der Heimleitungen durchgeführt war, wurden im Falle der zentralen Einrichtung die Abteilungs- und Gruppenleiter der verschiedenen Heimbereiche über Arbeitsweise und Ziele des Vorhabens informiert. Wir wollten einerseits nur solche Wohngruppen-Teams an der Untersuchung beteiligen, die von sich aus eine offene Bereitschaft und Interesse mitbrachten - denen die Teilnahme also nicht "von oben verordnet" war. Andererseits legten wir Wert darauf, daß sich die Wohngruppen möglichst unterschieden hinsichtlich der verschiedenen Variablen sowohl in der Bewohner- als auch in der Mitarbeiter-Struktur[14].
An die Auswahl der Wohngruppen schlossen wir eine Phase der teilnehmenden Beobachtung in den ausgewählten Gruppen an. Die Eindrücke aus den Gruppen wurden protokolliert und dienten später, in der Interviewauswertung, der Ergänzung des sich bei uns entwickelnden Bildes der Arbeitssituation und der Belastungs-Genese. Wir führten mit 14 Beschäftigten narrative Interviews durch (vgl. zu den Ergebnissen Abschnitt 9), mit weiteren 47 halb-strukturierte Interviews. In den halb-strukturierten Interviews gingen wir nach einem Leitfaden vor, der dem Interviewer zwar Themenbereiche vorgab[15], innerhalb der Themenfelder war die Interviewsituation jedoch offen. Nachfragen erfolgten,

---

[14] Bei den Bewohnern: Alter, Geschlecht, Schwere der Behinderung bzw. verbliebener Grad an Selbständigkeit, WfB-Gänger etc. Bei den Beschäftigten: Alter, Geschlecht, Ausbildung, Dauer der Berufstätigkeit, Dauer der Zusammenarbeit des Teams, Verteilung von Teilzeit- und Vollzeit-Kräften, Anzahl von ABM- und ZDL-Kräften u.ä.

[15] Zu diesen Themen gehörte: Beschreibung der Arbeitstätigkeit im Alltag; Kontakt zu und Besonderheiten der Bewohner; Gruppendynamik zwischen den Bewohnern; Kommunikations-, Arbeits- und Koordinationsprozesse im Team; Arbeitskonzepte; Führungs- und Organisationsthemen; individuelle Formen des Umgangs mit Belastungen, Coping-Strategien etc.

solange das Thema noch nicht ausgeschöpft schien. Die Dauer der einzelnen Interviews schwankte zwischen 1,5 und 2,5 Stunden. In jedem Wohngruppen-Team erhielten wir so mehrere, zwar subjektive Bewertungen und Einschätzungen zur Arbeitssituation, die sich aber insgesamt zu einem gruppenspezifisch differenzierten Bild zusammensetzten. In den Gruppen sprachen wir von einer "Landkarte der Arbeits- und Belastungssituation".

Eine Definition und Eingrenzung hinsichtlich des Verständnisses von Belastungen im Bereich der Tätigkeit nahmen wir in den Gesprächen nicht vor. Die in der Arbeitswissenschaft und Arbeitspsychologie lange geführte Diskussion um das "Beanspruchungs-Belastungskonzept" (vgl. u.a. MARSTEDT/MERGNER 1986) nehmen wir an dieser Stelle nicht auf. In den Interviews wurden vorwiegend *Beschreibungen* der Tätigkeit, der Aufgaben und der in der Tätigkeit eingegangenen Beziehungen (zu den Bewohnern, deren Angehörigen, den Kollegen, den Vorgesetzten etc.) erfragt. Erst wenn sich im Gespräch ein "Bild" ergeben hatte, wurde auch nach *schwierigen Bedingungen, besonderen Anstrengungen, als schwierig und belastend empfundenen Situationen* gefragt. Auch in der Auswertung des Gesprächsmaterials waren wir in besonderer Weise aufmerksam, um nicht Klischees und einer eventuell untergründig transportierten "Belastungsideologie" aufzusitzen nach dem Motto: "zu Zeiten des allgemein in den Medien beschriebenen 'Pflegenotstandes' braucht man darüber doch nicht zu reden; daß diese Arbeit belastend ist, das ist doch sowieso klar".

Im Zusammenhang mit der Durchführung der Interviews erfolgte auch der Einsatz zweier Fragebögen, von denen der eine (MBI, Maslach-Burnout-Inventory; vgl. u.a. MASLACH/JACKSON 1986) als Instrument zur Ermittlung von psychischen Belastungen in helfenden Berufen gerne verwendet wird (vgl. zu einer ausgiebigen Rezension ENZMANN/KLEIBER 1989). Der zweite Fragebogen war ein Instrument zur Streßermittlung (Stress at Work Scale, JENNER 1986), das von den Verfassern zum Zweck der zusätzlichen Absicherung der qualitativen Ergebnisse eingesetzt wurde.
Im Anschluß an die Durchführung der Interviewauswertung gingen wir mit den bereits erwähnten "Landkarten" zu Feedback-Gesprächen in die Wohngruppen. Darüber hinaus veranstalteten wir eine Ideen-Werkstatt (sechs jeweils dreistündige Sitzungen) mit Vertretern der Teams. In ihr wurden solche Themen vertiefend diskutiert, die für die Arbeitswirklichkeit der Betreuer wesentlich waren:

1. die Bedeutung der Unterstützung in der Wohngruppenarbeit,
2. das Team - seine Rolle und Konstruktion, Bedingungen seiner Arbeit,
3. die Funktion der Dienstbesprechung,
4. das Problem der Vernetzung der Betreuungsarbeit und deren Aufarbeitung,
5. Bewertungsversuch der Einflußfaktoren im Netzwerk,
6. Ansätze zur Diskussion der Gestaltbarkeit der Betreuungsarbeit.

Die ursprüngliche Zielsetzung, aufgrund der empirischen Untersuchungsergebnisse konkrete organisatorische Veränderungen in den Einrichtungen zu initiieren und möglichst zu begleiten, mußte im Verlauf des Vorhabens aufgegeben werden. Mit fortschreitender Analyse der Daten erwies sich, daß eine Belastungsreduzierung ohne inhaltliche Rahmendaten zur Behindertenarbeit und diese ohne klare organisatorische Regelungen und Kompetenzen auf den unterschiedlichen hierarchischen Ebenen und ein plausibles übergreifendes, final orientiertes Arbeits-Modell nicht umsetzbar ist. So wurden die Anstrengungen in der abschließenden Arbeit verstärkt darauf gerichtet, ein schlüssiges, aber doch offenes Konzept zu formulieren, das die Diskussion über die Bedingungen der Betreuungsarbeit befruchten kann.

In einem nächsten Schritt wurde eine Institutionenbefragung über einen 18 Items umfassenden Fragebogen vorbereitet und durchgeführt (vgl. Abschnitt 10) und es wurde in halbstrukturierten Interviews die mittlere Führungsebene der beteiligten beiden Einrichtungen der Behindertenhilfe einbezogen. Die Zielsetzung dieser Interviews bestand vor allem darin, in direkten Gesprächen eine Einschätzung zur Arbeitssituation der Betreuer zu erhalten, wesentliche Belastungsquellen aus Vorgesetztensicht zu erfahren und damit eine relevante Beurteilungsperspektive einzufangen. Von besonderer Bedeutung war in diesem Zusammenhang, über welches Innovations- und Gestaltungspotential diese Gruppe in den Einrichtungen verfügt. Insgesamt führten wir 14 Interviews mit der Führungsebene (deren Ergebnisse sind in Abschnitt 7 zusammengefaßt; ein Vergleich zwischen Mitarbeiter- und Vorgesetzten-Aussagen findet sich in Abschnitt 8).
Im Zusammenhang mit der Institutionenbefragung führten wir darüber hinaus Gespräche mit Vertretern einiger relevanter Verbände, die im Bereich der stationären Behindertenhilfe tätig sind (Diakonie und Caritas, Arbeiterwohlfahrt, Deutsches Rotes Kreuz, Deutscher paritätischer Wohlfahrtsverband) und besuchten mehrere Einrichtungen im Bereich der alten Bundesrepublik, nach der Vereinigung der beiden deutschen Staaten auch einige Einrichtungen in den neuen Bundesländern.

Bevor wir die qualitative Auswertung der Interviews vorstellen, machen wir einige quantitative Aussagen. Das gewonnene Textmaterial wurde transkribiert und anschließend mit Codierungen versehen. Zu diesem Zweck wurden 15 der 47 vorliegenden halbstrukturierten Interviews ausgewählt, diejenigen nämlich, die als besonders prägnant und aussagekräftig, umfassend und differenziert in der Beurteilung der Arbeitssituation eingeschätzt wurden. Aus unseren theoretischen Überlegungen, eigenen praktischen Erfahrungen und der teilnehmenden Beobachtung leiteten wir eine erste Liste uns wichtig erscheinender Codierungen ab, die dann allerdings mithilfe des Interview-Materials immer wieder ergänzt und erweitert wurde. Die Oberbegriffe für die Codierung gibt die folgende Liste wieder:

Tab. 1 Liste der Oberbegriffe der Codierungen

A	Arbeitsfeld
B	Belastungen
E	Einarbeitung, Ausbildung; (eigene) Entwicklung
O	Organisation
I	Individuelle Ebene
U	Unterstützung

Die weitere Ausdifferenzierung ergab eine Liste von insgesamt 36 Codierungen (vgl. Tab. 2, folgende Seite) die als Kennzeichnungen spezifischer Inhalte über die Interviews gelegt wurden. Diese Codierungen - die summiert einen Textumfang von 14.643 Zeilen ausmachten - wurden in einem über mehrere Wochen sich erstreckenden Diskussionsprozeß entwickelt. In dessen Verlauf wurde immer wieder überprüft, auf welche Weise die Aussagen der Interviewten Beschreibungen, eigene analytische Anteile und subjektive Bewertungen enthielten; bei den ersten 8 Interviews erfolgte eine Codierung durch mehrere unabhängig arbeitende Auswerter, sodaß erst in den daraufhin erfolgenden Klärungsprozessen die Abgrenzung zwischen den einzelnen Codierungen geklärt und ein weitgehend einheitliches Verständnis erzielt wurde. Die Codierungen wurden anschließend in die transkribierten Interviewtexte übertragen[16].

Auf diese Weise wurde eine strukturelle (nach inhaltlichen Schwerpunkten ausgerichtete) Ordnung der Texte geschaffen, die jedoch die Texte selbst nicht veränderte, sondern in ihrem authentischen Zustand beließ. Die Codierungen ermöglichten jederzeit, auf bestimmte Inhaltsfelder sämtlicher vorliegender Interviews nach Maßgabe der Codierungen zuzugreifen. Es wurde eine Abgrenzung zwischen Inhaltsfeldern[17] und Feldern mit einem Bezug zur Belastungsthematik entwickelt (z.B.: gibt ein Inhalt bzw. eine Aussage etwas "Belastendes", etwas "Entlastendes und die Arbeit Unterstützendes", etwas "auf Belastung Reagierendes" wieder?). Der Nachteil der auf diese Weise entstehenden Atomisierung der Interviews wurde dadurch aufgefangen, daß die Texte eben nicht wirklich zerlegt, sondern nur virtuell über die Codierungen gegliedert wurden. Im Verlauf der interpretativen Arbeit konnte der Kontext einer Aussage immer wieder herangezogen werden. Auch die vorhandenen Protokolle aus der teilnehmenden Beobachtung und eigene Praxiserfahrungen wurden im Verlauf des aufwendigen internen Diskussionsprozesses zu einer Verständnisfolie verdichtet, auf der die folgenden Ausführungen basieren. Das so erarbeitete Situationsver-

[16] Als Software in dieser Phase der computerunterstützten Textbearbeitung wurde das Programm "askSam" der North American Software verwendet.

[17] Etwa Themen-Komplexe mit Klientenbezug; mit Teambezug; mit Führungs-/Management-/Organisationsbezug; mit Werte-, Norm- und ethischem Bezug.

ständnis sicherten wir durch Feed-back-Sitzungen mit den Wohngruppen-Teams ab, aus denen die Daten ursprünglich stammten.

Tab. 2 Liste der weiter differenzierten Codierungen

A	Arbeitsfeld	
	Ab	Arbeitsbedingungen, -zeit, räumliche Bedingungen
	Ai	Arbeitsinhalt, (eigentliche) Aufgaben
	Ar	Arbeitsrolle, Einordnung, Identität
	As	Stellenwert der Arbeit, eigener Status
	At	Arbeitstätigkeit, Tätigkeitsbeschreibung
B	Belastungen	
	Bd	Belastung durch "Dienstleist.", Ungewißh. des Erfolgs etc.
	Bh	Belastung durch Bewohner
	Bo	Belastung durch Organisation
	Bp	Belastung durch den privaten Bereich
	Bs	Folgen von Belastungen; "Burnout-Symptome"
	Bt	Belastung durch das Team
	Bv	Belastung durch Vorgesetzte
	Bu	Belastung durch Umwelt, gesellschaftliches Umfeld
E	Einarbeitung, Ausbildung; (eigene) Entwicklung	
	Eb	Einarbeitung, Ausbildung nicht unterstützend für die Praxis
	Eu	Einarbeitung, Ausbildung unterstützend für die Praxis
	Ev	Entwicklungsperspektive, konstruktive Vorstellungen für eine positive Veränderung von "Arbeit"
O	Organisation	
	Oc	Organisationsbindung (v.a. kognitiv)
	Ol	Leitung der Organisation, Führung
	Or	Organisations-Regeln, (auch ungeschriebene)
	Os	Organisations-Struktur, Leitung
I	Individuelle Ebene	
	Ic	Coping-Verhalten, -Stile; Erklärungsmuster (auch Krankheitsverständnis inbezug auf die eigene Person)
	Im	Menschenbild; Ideologie, kollektive Bilder und "Urteile"
	Iw	individuelle Wahrnehmung, indiv. Erfahrungen, Einschätzung
U	Unterstützung	
	Ua	in der Arbeit
	Ui	als Individuum
	Uh	Unterstützung durch Bewohner
	Uo	Unterstützung durch Organisation
	Up	Unterstützung durch das private Umfeld
	Ut	Unterstützung durch das Team
	Uv	Unterstützung durch Vorgesetzte

Nachdem diese Code-Liste aus den ausgewählten 15 Interviews entwickelt worden war, konnten auch die übrigen Texte auf diese Weise codiert werden. Die Codierung ermög-

lichte einerseits eine inhaltliche Ordnung des Textmaterials, sie erleichterte andererseits eine computerunterstützte Auswertung des insgesamt sehr umfangreichen Interviewmaterials und die Interpretation. Auch das nachträgliche Auffinden von Belegstellen wäre ohne Computerunterstützung kaum zu leisten gewesen.
Ohne auf eine detaillierte Diskussion des Auswertungsverfahrens im einzelnen einzugehen, zeigt die nachfolgende Aufstellung der mithilfe der Codierungen erzeugten Liste der Fundstellen, in welchem Verhältnis in den Interviews zu den verschiedenen Themenbereichen Aussagen erfolgten. Auch, wenn die Anzahl von Fundstellen allein eine quantitative Größe ist, die nichts über die inhaltliche Qualität der enthaltenen Aussage vermittelt, so gibt sie doch einen ersten Eindruck der Gewichtung in den Interviews wieder. Auch deutliche Unterschiede zwischen den beiden beteiligten Einrichtungen werden sichtbar (vgl. Tab 3.).

Es sollen noch einige weitere Bemerkungen zur nachfolgenden Aufstellung des durchschnittlichen Umfangs der codierten Textstellen gemacht werden. Innerhalb der Codierungsfelder (A, B, E, O, I, U) besteht eine Hierarchisierung der Codes insofern, als solche Textstellen, die einem differenzierten Code nicht zugewiesen werden konnten, auf einer höheren, also allgemeineren Ebene codiert wurden. Beispielsweise ist die Codierung "Bd" unspezifischer als die Codierung "Bh" oder Bo", sie ist aber spezifischer als die Codierung "B" (vgl. auch die Erläuterungen in Tabelle 2).
Für die Betrachtung der beiden Einrichtungen, die ja nicht nur unterschiedlich groß sind, sondern auch als Vertreter unterschiedlicher Organisationstypen stehen (nämlich zentral versus dezentral), scheinen uns solche Codierungsfelder bedeutsam, die besonders deutliche Unterschiede aufweisen. Wir meinen, daß diese Unterschiede nicht "zufällig" bestehen, sondern auf grundsätzlich unterschiedliche Muster oder Organisations-Programme hinweisen. Die Unterschiede zwischen beiden Programm-Typen (vgl. dazu Abschnitt 12.1) sind zwar rein quantitativ, lassen aber doch Rückschlüsse zu bzw. regen die Bildung von Hypothesen an. Für die weitere Darstellung, Analyse und Interpretation der empirischen Befunde begleiten uns diese Tabellen.

Tab. 3 Zusammenstellung der Fundstellen zu den einzelnen Codierungen (Umfang der Codierungen nach Text-Zeilen[18])

Codierung	Zentr.	Dezentr.	Gesamt	ϕ-zentr.	ϕ-dezentr.
A	35	0	35	1,4	0
Ab	474	618	1092	19	28
Ai	318	229	547	12,7	10,4
Ar	810	489	1299	32,4	22,2
As	266	143	408	9	6,5
At	985	461	1446	39,4	21
B	331	123	454	13,5	5,6
Bd	328	449	777	13,1	20,4
Bh	557	472	1029	22,3	21,5
Bo	226	133	359	9	6
Bp	28	0	28	1,3	0
Bs	248	94	342	10	4,3
Bt	952	421	1373	38,1	19,1
Bv	378	59	437	15,1	2,7
Bu	56	154	210	2,2	7
E	96	17	113	3,8	0,8
Eb	0	145	145	0	6,6
Eu	44	60	104	1,8	1,8
Ev	0	167	167	0	7,6
O	95	0	95	3,8	0
Oc	370	207	577	14,8	9,4
Ol	436	140	576	17,4	6,4
Or	193	0	193	7,7	0
Os	546	207	753	21,9	9,4
I	0	0	0	0	0
Ic	277	301	578	11,0	13,7
Im	119	142	261	4,8	6,5
Iw	333	41	374	13,3	1,9
U	15	0	15	0,6	0
Ua	0	0	0	0	0
Ui	0	12	12	0	0,5
Uh	95	38	133	3,8	1,7
Uo	23	44	67	0,9	2
Up	47	18	65	1,9	0,8
Ut	149	294	448	6,0	13,4
Uv	78	53	131	3,1	2,4

[18] Die in den letzten beiden Spalten angegebenen Zahlen geben den durchschnittlichen Zeilenumfang der aufgeführten Codierungen pro Interview wieder.

Tab. 4 Zusammenstellung ausgewählter Fundstellen aus den Codierungsfeldern; links: Gesamtumfang; rechts: durchschnittlicher Umfang pro Interview

Codierung	Zentr.	Dezentr.	Gesamt	Ø-zentr.	Ø-dezentr.
Ab	474	618	1092	19	28
Ar	810	489	1299	32,4	22,2
As	266	143	408	9	6,5
B	331	123	454	13,5	5,6
Bd	328	449	777	13,1	20,4
Bh	557	472	1029	22,3	21,5
Bo	226	133	359	9	6
Bs	248	94	342	10	4,3
Bt	952	421	1373	38,1	19,1
Bv	378	59	437	15,1	2,7
Bu	56	154	210	2,2	7
E	96	17	113	3,8	0,8
Eb	0	145	145	0	6,6
Ev	0	167	167	0	7,6
Oc	370	207	577	14,8	9,4
Ol	436	140	576	17,4	6,4
Or	193	0	193	7,7	0
Os	546	207	753	21,9	9,4
Iw	333	41	374	13,3	1,9
Ut	149	294	448	6,0	13,4

So ist bemerkenswert, daß es gerade hinsichtlich des Äußerungsumfangs unter der Codierung "Bh" (Belastung durch Bewohner) *keinen Unterschied* gibt, große Unterschiede aber bestehen in fast sämtlichen Feldern, die im Bereich der Kommunikation und Kooperation bestehen: "Bt", "Oc", "Ol", Or", "Os". Besonders ausgeprägt ist dieser Unterschied unter der Codierung "Bv", der besagt, daß der durchschnittliche Umfang der codierten Texte unter dem Merkmal "Belastung durch Vorgesetzte" in der zentralen Einrichtung 15,1 Zeilen umfaßt, in der dezentralen Einrichtung dagegen 2,7 Zeilen. Auch wenn wir berücksichtigen, daß diese Codierungen das Ergebnis der Textselektion durch "die Brille" der Interpreten ist, spiegelt der Umfang doch etwas von den - wenn auch quantitativen - Gesprächsanteilen in den Interviews zu diesem Thema wider.
Auch der Unterschied in der Codierung "Ut" (Unterstützung durch das Team) im Vergleich mit der Codierung "Bt" (Belastung durch das Team) erscheint uns symptomatisch für wesentliche Unterschiede zwischen den beiden Organisationstypen. Sie geben einen Hinweis auf Friktionsrisiken, die mit zentraler Steuerung gegeben sind.

Andererseits werden Codierungen wie "Ab", "Bd", "Eb" und "Ev", aber auch "Bu" in der dezentralen Einrichtung stärker belegt: daraus könnte der Schluß gezogen werden, dort sei die Auseinandersetzung und Reflexion mit den Bedingungen der Tätigkeit stärker ausgeprägt (vgl. Code "Ab" und "Bd" - während in der zentralen Einrichtung die *Beschreibung der Tätigkeit* unter dem Code "At" fast den doppelten Umfang hat); auch die Auseinandersetzung mit den - vor allem qualifikatorischen - Eingangsbedingungen und perspektivischen Entwicklungsbedarfen für das Berufsbild in der Behindertenhilfe (vgl. Code "Eb" und "Ev") werden hier stärker thematisiert.

6 Empirische Ergebnisse: Die Arbeitssituation aus der Sicht der Betreuer

Die Darstellung der Arbeitssituation der Betreuer und ihres Alltags ist ein schwieriges Unterfangen. Wollte man sich darauf beschränken, Tätigkeiten des immer wiederkehrenden Tagesablaufs zu benennen, so stieße man wenigstens auf zwei offensichtliche Begrenzungen: *erstens* würden Tätigkeiten aus dem Zusammenhang gerissen und fälschlich voneinander isoliert, zumal davon auszugehen ist, daß nicht die einzelnen Einzeltätigkeiten, sondern die *Gesamtsituation* erlebt und innerlich verarbeitet werden muß. Stellen wir uns eine morgendliche Gruppensituation vor, so gehört es zum Beispiel zu den Erfahrungen von Betreuern, daß Bewohner nicht aufstehen wollen, wiederholt geweckt und "angetrieben" werden müssen. Es entsteht Zeitdruck durch den Beginn der Schule, der Werkstattarbeit, durch den Schulbus, der nicht wartet. Medikamente müssen verabreicht werden, Frühstücksgewohnheiten der einen Bewohner kollidieren mit Diätplänen anderer, es entstehen Kabbeleien um Zahnbürste oder Rasierapparat. Morgendliche schlechte Laune erfordert besondere Aufmerksamkeit, will man nicht riskieren, die Verfassung eines Bewohners für den gesamten Tag ins "Tief" rutschen zu lassen. Jemand anderes beginnt schon früh morgens darauf zu beharren, daß heute endlich die mehrfach verschobene Geburtstagsfeier stattfinden muß. Bei der nächsten Person erfordert Krankheit oder mit dem Alter aufkommende Gebrechlichkeit - oft gepaart mit Wehleidigkeit - besondere, zeitaufwendige Pflegemaßnahmen... Und alles *gleichzeitig*. Es überlagern sich also viele verschiedene Tätigkeiten *in Beziehungen mit Personen* - mit unterschiedlichen Personen, die verschieden behandelt werden wollen, die ihrerseits sehr verschiedene Qualitäten in den unmittelbaren Kontakt einbringen. Wir müssen uns also ein vielfältig differenziertes Geflecht von Beziehungskontakten vorstellen, in die der Betreuer tagtäglich neu gestellt ist. Zusätzlich ist die Situation häufig dadurch geprägt, daß weitere Kollegen Dienst tun, die ihrerseits andere Schwerpunkte setzen, andere Formen des Umgangs praktizieren. Es kann Konkurrenz entstehen, Neid, Ärger - oder einfach Klärungsbedarf.

Die *zweite* Schwierigkeit besteht darin, daß wir nicht wissen, auf welche Weise die Eingebundenheit in ein so skizziertes Geflecht von Beziehungskontakten auf den Betreuer *wirkt*.

Hinsichtlich der Belastungen läßt sich nur feststellen, daß zwar ein Teil der einzelnen Tätigkeiten beobachtbar ist - aber schon die mit dem Beziehungsgeflecht verbundenen Wahrnehmungsprozesse sind rein psychische Phänomene. Die Belastungen des "psychischen Apparats" gegenüber Erwartungen und Bedürfnissen der Bewohner, Aggressionen, schwersten Behinderungen und Stereotypien, einem spannungsreichen Gruppenklima, den Konsequenzen aus Auseinandersetzungen über unterschiedliche Arbeitsstile im Team oder auch gegenüber der Leitung sind kaum anders als in der direkten Kommunikation mit den Betreuern zu erfahren.

So ist die Frage, was denn der *Gegenstand der Untersuchung* letztlich ist, nur so zu beantworten: Die Tätigkeit des Betreuers ergibt sich aus dem einzelnen konkreten Betreuungsbedarf der Bewohner in einer Wohngruppe. Mit der Betreuungsaufgabe verbundene Belastungen für den einzelnen resultieren aus *Person* und *Situation*. Beide, Betreuer und Bewohner, haben *Vergangenheit*. Sie haben eine individuelle und eine gemeinsame Geschichte, beide sind in sich komplex und stehen in der konkreten Situation in *gegenwärtiger* Wechselbeziehung zueinander. Beide haben *Zukunft*, d.h. über ihre Erwartungen, Ziele, Vorstellungen, häufig auch Visionen, die in die Gegenwart hineinragen, wird ihr Miteinander zusätzlich kompliziert. Hier wird ihr Kontakt geformt: an der Schnittstelle zwischen dem, was war, was gerade ist, was dann kommt. Und immer sind sie eingebunden in die Situation, die sie zusammenbringt, in der der eine lebt, in der der andere arbeitet.
Der entwickelte Untersuchungsansatz zieht sich nicht auf theoretische Konstrukte und Erklärungsmodelle zurück, um individuelle Belastungsverursachung zu identifizieren, sondern ist bemüht, die Wahrnehmungen und die Beurteilungskompetenz der Betreuer selbst zur Diagnose von Belastungsquellen im Arbeitsfeld einzusetzen. (Vgl. MARSTEDT/MERGNER 1983)

Das Auswertungsverfahren der strukturierten Interviews wurde im vergangenen Abschnitt vorgestellt, soll aber hier um einen zentralen Aspekt ergänzt werden: erst im Prozeß der Interpretation der Interviews konnten wir - aus der intensiven Auseinandersetzung mit den Texten heraus - eine klare Vorstellung zur inhaltlichen Gliederung der Aussagen entwickeln. Immer wieder war zu entscheiden, wie codierte Textstellen - also solche, die wir im Hinblick auf die Belastungsthematik für wichtig gehalten hatten - "richtig", also plausibel und nicht im Widerspruch zur praktischen Erfahrung, miteinander zu verknüpfen sind. Über mehrere Stufen der Interpretation entwickelte sich eine solche Verdichtung, die dem Anspruch an Plausibilität genügen konnte und dabei nicht der Gefahr der unzulässigen Vereinfachung erlag. Denn "Diffusität" der Arbeitssituation, Komplexität aus den sozialen, professionellen und organisationsbezogenen Einflüssen formt Bedingungen, die einen wesentlichen Beitrag zum Belastungserleben der Beschäftigten darstellen (vgl. auch MARQUARD/RUNDE 1988).

Die Ergebnisse unserer Interpretation der Arbeitssituation der Betreuer fassen wir in den folgenden Abschnitten zusammen. Sie haben die Funktion, wesentliche Bereiche der Betreuungstätigkeit zu verdeutlichen:

- die Gestaltungsoffenheit der Arbeitstätigkeit und die "Privatisierung" des Arbeitshandelns (vgl. auch Abschnitt 11.4),
- die emotionale Betroffenheit,
- die weitgehende Ambivalenz im Hinblick auf die sozialen Unterstützungsmöglichkeiten durch a) die Vorgesetzten und b) die Gruppe der Kollegen (das Team).

Natürlich bestehen Wirkkräfte und Abhängigkeiten zwischen diesen Bausteinen; sie werden im Fortgang der Analyse weiter verfolgt. Wir kennzeichnen in den nachfolgenden Abschnitten das Arbeitsfeld (6.1), beschreiben die Auswirkungen auf die emotionale Betroffenheit der Beschäftigten und ihre individuelle Identität (6.2), befassen uns mit wichtigen Aspekten des Führungsprozesses (6.3). Sodann behandeln wir die Team-Situation als Bedingung der Arbeit (6.4) und analysieren die bei Betreuern vorgefundenen Formen des Umgangs mit ihrer Belastung (6.5). Die besondere Gestaltungsaufgabe für die Wohngruppen-Mitarbeiter erwächst auch aus der Problemtiefe und Diffusität der Tätigkeit (6.6).

6.1 Einige Charakteristika des Arbeitsfeldes

Aus vielen Aussagen geht hervor, daß man häufig "gar nicht wisse, was so anstrengend" sei, denn man habe "eigentlich doch gar nichts geschafft". Häufige Reaktion auf die Aufforderung, die Aufgabe in der Behinderten-Hilfe zu beschreiben, ist ein einfacher Ausruf: "Oh Gott..." oder "Das ist ein abendfüllendes Programm". Auch Sprachlosigkeit oder Aussagen wie: "Das weiß ich alles nicht", "Das ist 'ne gute Frage", "Also, das ist völlig unterschiedlich", "Huh, ja...", "Das ist schon 'ne sehr umfangreiche Frage" oder "Das ist ja so viel".
Die Aufforderung, den Arbeitsalltag zu beschreiben, führt zu regelrechten Dammbrüchen, bei denen nur Bruchstücke dem späteren Bericht vorgeschaltet sind: "Was mach ich hier? (Lachen) ...Tja,... im Moment mach ich sehr viel Büroarbeit... Oh Gott, das ist so viel... viel Arbeit ist mit der Rollstuhlfahrerin, die A. aufs Klo setzen und... Waschen, Anziehen... Behandlung von Fußpilz, Schwimmen gehen... Essen machen... aufräumen, Wäsche waschen... manchmal Fahrrad fahren... Streit mit anhören, Streit mit schlichten... viel Durchhängen aushalten von den Bewohnern, das ist im Moment ziemlich wichtig oder viel... tja mehr fällt mir im Moment nicht ein, was ich mach."
Diese wenigen Beispiele weisen bereits darauf hin, daß die Betreuung eine unendliche Vielfalt von Einzeltätigkeiten umfaßt. Sie ist in vielen Teilen sehr hausarbeitsnah oder -

wir folgen hier Ilona OSTNER (1979) - in vielen Einzelaspekten noch sehr "naturgebunden". Lebensprozesse sind an das Auftauchen von Bedürfnissen und Aktions-Notwendigkeiten gekoppelt; sie sind dem je einzelnen verpflichtet, sind schlecht planbar. Die Tätigkeiten in der Betreuung ändern sich aus dem Moment heraus; manchmal zerfließt die Arbeit, was sich wiederfindet in Bemerkungen wie "...ich weiß gar nicht, was ich den ganzen Tag mache". Deutlich wird die Naturgebundenheit vor allem in den Erzählphasen, in denen gegen die Aktionsorientierung des Mitarbeiters ein Widerstand ins Feld tritt, z.B. ein Bewohner auch bei mehrmaligem Wecken nicht aufsteht. Oft tritt dem Mitarbeiter ein eigener Wille entgegen und die Kooperation wird situativ aufkündigt. Der Behinderte will das Verkehrsmittel (den Schulbus) plötzlich nicht betreten, er sperrt sich. In solchen Fällen tritt die Behinderung des Bewohners als eine Behinderung der Funktionsfähigkeit des Betreuers, der Arbeitsablauf im Team, in der einzelnen Interaktion, wird gestört oder unterbrochen. Der eigene Wille des Bewohners wird zum dysfunktionalen Störaspekt und muß "bearbeitet", nicht selten gar aus Zeitmangel "gebrochen" werden, obwohl andererseits ausgesprochenes Ziel ist, die Willensbildung der Bewohner zu förden.

Aufgabenelemente, die im Tagesablauf der Beschäftigten immer wiederkehren und auch von anderen Autoren (KOLBE u.a. 1982, SCHREIBER 1980) beschrieben werden, sind:

- Wecken, Waschen, Baden, Rasieren etc.
- Frühstück/Mahlzeiten
- Medizin stellen
- Betten machen
- Toilettengänge
- Wäsche sortieren, waschen, legen
- Genußmittel zuweisen
- Arztbesuche
- Pflege (medizinisch)
- Küche, Kochen
- Einkaufen etc.
- Verwaltungsarbeiten
- Freizeit-Aktivitäten planen und durchführen

Viele dieser Tätigkeiten sind scheinbar rein sachliche Verrichtungen (Küche, Wäsche, Aufräumen, allgemeine Sauberkeit und Hygiene). Viele Tätigkeiten erfolgen "am" Klienten. Die sogenannten sachlichen Tätigkeiten können aber aus einer anderen (bewohner- und integrationsorientierten) Perspektive auch anders betrachtet und verstanden werden. Sie erhalten dann einen Doppelcharakter, sind sachbezogen (Wäsche legen, Einkaufen) und gleichzeitig kann der Bewohner in die Tätigkeit einbezogen, zur Unterstützung aufgefordert werden, er soll mitmachen: "Also meine Aufgabe sehe ich eigentlich darin, den Leuten, also die hier wohnen, möglichst viel Selbständigkeit zu ermöglichen, also das heißt unter anderem, daß ich sie einbeziehe in die Arbeiten, die ich eigentlich für sie mache. So oft, wie ich kann. Also, und wenn es länger dauert. Oder wenn ich hinterherlaufen muß und gucken muß, ist es denn auch passiert? Hat er das gekonnt oder nicht." (011) Damit ist ein Thema angesprochen, das sich durch alle von uns geführten Gespräche hindurchzieht: Zwischen den Tätigkeiten, die von den Interviewten als ihre Alltagsaufgaben beschrieben werden (vorwiegend Hausarbeit, Pflege, Organisation des Alltags) und dem, was sie als ihre "eigentliche" Aufgabe begreifen (Lebensbegleitung, die Betreuung im weiteren Sinne: Interaktion mit dem Bewohner, seine Förderung und Entwicklung gezielt zu unterstützen), besteht eine *erhebliche Diskrepanz*. Sie befinden sich also in einer fortwährenden, latenten Grundspannung zwischen dem IST und dem - wenig klar formulierten - SOLL. Schon hier besteht Ambivalenz, mit der jeder für sich allein umgehen lernen muß und die nach unseren Erkenntnissen und Erfahrungen zwischen den Beteiligten wenig thematisiert wird.

Auf der Suche nach dem, was das Besondere der Tätigkeit ausmacht, stoßen wir immer wieder auf Situationen, die in zweierlei Hinsicht "besonders" sind: sie sind entweder besonders offen, unstrukturiert, diffus; oder sie sind besonders hektisch, intensiv, fordernd. Meist sind sie beides. Dazwischen liegt der Alltag mit einer schier unbegrenzten Vielfalt an Varianten. Der Alltag enthält Phasen des Nichts-Tuns, der Langeweile und Monotonie, der Leere und des unbefriedigenden Unausgefüllt-Seins. Zeiten, in denen es sich nicht mehr "lohnt, noch etwas neues zu beginnen" gehören dazu und Zeiten, in denen es notwendig ist, eine vergangene Phase (der intensiven Auseinandersetzung, des Konflikts, des fordernden Einsatzes) innerlich zu verarbeiten.
Eine innere Strukturierung der verschiedenen Bezüge in der Arbeit bietet sich nicht an, sie muß aus dem Gesamtrahmen analytisch erschlossen werden. Die Situation, anhand derer wir die Vielfalt der Bezüge aufzeigen wollen, ist folgende: In einer Wohngruppe mit stark verhaltensauffälligen und mehrfach behinderten Frauen wird nachmittags regelmäßig Kaffee getrunken. Alternativ wird Saft angeboten, häufig ein paar Kekse oder Zwieback, manchmal zusätzlich ein Stück Obst. Der Bedarf vor allem an Getränken ist grenzenlos. Die Frauen "sollen" eine, höchstens zwei Tassen des jeweiligen Getränks zu sich nehmen. "Das war früher eine Gruppe, wo es ganz klare, ganz harte Strukturen gab. Das hat sich jetzt in dem letzten Jahr halt aufgelockert und da gab es oft Spannungen so, die es jetzt auch noch gibt. Halt so diese Kaffeegeschichte. Früher gab's nur zwei Tassen Kaffee. Jetzt gibt es auch schon 'mal sechs oder sieben. Gut, daß ist jetzt bei einzelnen wieder zurückgenommen worden, weil, man hat gemerkt, es geht doch nicht. Aber da kann man sich immer wieder so auseinandersetzen. Da gibt es ganz oft so Streitpunkte halt. Es gab mal so ein Schlagwort hier: *Strukturen* und dem gegenüber steht *Bedürfnisorientierung;* ist das halt gut oder ist das nicht gut? Wie weit sind die Grenzen? Und da bringt halt jeder seine eigenen Werte, seine eigenen Lebensvorstellungen, denk' ich, mit 'rein. Die dann oft nicht harmonieren."(031; Hervorheb. d. Verf.)

Offensichtlich wird hier ein Stück Orientierungswandel in der Arbeitshaltung umschrieben, der viele Teams, Themen und Arbeitsbereiche in der Behindertenhilfe betrifft. Eine alte, eher traditionelle Orientierung - hier beschrieben mit "ganz klare, ganz harte Strukturen" - wird abgelöst durch eine Orientierung, die sich um eine Auseinandersetzung und Klärung

des Normalitätsbegriffs in Anbetracht der Behinderungen bei Menschen bemüht. Wie viele Tassen Kaffee sind vertretbar, angemessen; auf wie viele können sich die Mitglieder eines Teams einigen? Ist die Grenze bei 4, 5 oder 6 Tassen?[19] Offensichtlich hat sich hier durchgesetzt, 7 sei bereits zuviel. Aber mit welcher Begründung kann dem "Hunger" nach Kaffee begegnet werden? Was ist dem anderen - dem Bewohner - als Erklärung, als Argument entgegenzuhalten, da ja sprachliche Verständigung trotz der Behinderung der Bewohner möglich scheint? Aber reicht Sprache aus, um für diese Situation Verständigung sicherzustellen? Wir müssen diese Frage verneinen. Das Modell des Verbots ist zu den Akten gelegt. Die Suche nach einer professionellen Begegnungsweise stößt im Team immer wieder auf unterschiedliche Standorte von distanzierter Restriktivität (= wenig Kaffee) bis hin zu offenem, kaum geregeltem Umgang mit geäußerten Bedürfnissen im Vertrauen darauf, daß sich die Bedürfnisintensität bei den Frauen normalisieren werde (=keine Beschränkung im Kaffeekonsum).
Eine Analyse dieser Kaffee-Situation führt uns zu mehreren bedeutsamen Aspekten, die in der Situation selbst, ihrer (Anstalts-/Vor-)Geschichte, ihrer Organisations-Bedingtheit, ihrer Person-Gebundenheit (Bewohner und Betreuer) aufgehoben sind. Dabei ist uns wichtig darauf hinzuweisen, daß diese situationsgebundenen Aspekte selbstverständlich unabhängig vom aktuellen Thema (dem "Kaffee") strukturell mitgegeben sind und nahezu jede Tätigkeit und jedes Thema derart "mehrbödig" aufgeschlossen werden kann.
Zum einen ist die Situation gekennzeichnet durch die Notwendigkeit der Entscheidung zwischen den grundsätzlichen, bereits angesprochenen Orientierungen (*Kustodialisierung vs. Bedürfnisorientierung*). Vom Rollenverständnis des Beschäftigten her betrachtet entspricht das eine einer kontrollierenden Haltung dem Bewohner gegenüber, das andere einer das Bedürfnis der Bewohner einbeziehenden, das Bedürfnis reflektierenden Haltung.

Die praktische Auslegung dessen, was die Bestimmung der Arbeit ist, z.B. in diesem Falle die Normalisierung, bleibt so lange jedem selbst überlassen, wie eine Übereinkunft über das, was dieser Begriff meint, nicht erzielt ist. Die Bestimmung der Arbeit im Rahmen von Begriffen wie Normalisierung, Integration und Lebensbegleitung bricht sich jedoch an unterschiedlichen Bezugspunkten der Auslegung: "...ich möchte hier jedem einzelnen Bewohner, und nicht nur dem Bewohner, sondern auch dem Mitarbeiter ein Diener sein." (014) "In meinem Fall ist das so, daß ich da das Wort Gottes als Maßstab hab, daß ich mich

---

[19] Die Bedeutung dieser scheinbar banalen Fragestellung kann man erst auf dem Hintergrund der Institutionsgeschichte nachvollziehen: Aus dem traditionellen Umgang mit Kaffee ist in der Einrichtung entstanden, daß der Kaffee innerhalb der Bewohner - möglichst noch "richtiger" Kaffee - die Funktion eines Status-Symbols hat. Symbolisch also gilt: "Je mehr Kaffee du (als Behinderter) erhältst, desto 'normaler', 'erwachsener', 'ernster genommen' bist du." - Wodurch die Behandlung des Themas in der Realität der Wohngruppe sehr viel komplizierter ist, als wir es hier darstellen können.

danach richte, wie z.B. 'einer trage des anderen Last', 'liebe deinen Nächsten wie dich selbst', und auch der Bewohner ist ja mein Nächster. So, wie Sie mein Nächster sind. Und meine Aufgabe ist, den Nächsten zu lieben, und wenn man das tut, wie man Arbeiten durch Arbeit erlernt, so lernt man Lieben durch Lieben. Und Beten durch Beten." (014)
Äußerungen wie diese, die sich so deutlich auf eine christliche Grundüberzeugung stützen, sind relativ selten. Eher wird versucht, das Offensichtliche in einen stringenten Kanon richtiger Handlungen zu bringen, indem alltagsorientiert Bedürfnisse behinderter Menschen wahrgenommen und unter Berücksichtigung eigener oder als allgemein definierter Interessen und Bedürfnisse interpretiert, berücksichtigt und umgesetzt werden: "Und mehr Normalisierung, mehr Kontakt zu den Leuten nach draußen haben. Wir sind bemüht, das zu machen. Deswegen machen wir auch jedes Jahr Freizeiten." (015).
"Ja, also erstmal, ich orientier' mich daran, was für mich wichtig ist, und ich möchte also, wie andere Leute mit mir umgehen, denk ich mal, und ich orientier' mich da auch natürlich an meiner Erziehung und setz' Maßstäbe an, wie z.B. nicht Schlagen und möglichst ruhig bleiben, versuche zu diskutieren, auf die Bedürfnisse eingehen, nicht abzublocken und nicht immer nur mich zu sehen, und vor allen Dingen auch meine autoritäre oder meine Position in bezug auf die Hierarchie jetzt nicht auszunutzen..." (051)
"Woran ich mich orientiere, vielleicht an diesem Mischmasch aus pädagogischem Fundus und Lebenserfahrung, Berufserfahrung, Absprachen, Auseinandersetzungen mit Kollegen, Teambesprechungen, die man irgendwo im Kopf hat. Und ich denk mal, daß ich schon zu jedem Bewohner auch eine Vorstellung habe, wie ich mit ihm umgehe und, also mal reagiere ich auf ihn, ohne daß..., das fällt mir so bei einigen ein, daß ich so weiß, daß ich mir so vergegenwärtige, wie sie so geworden sind, wie sie sind, wie sie aufgewachsen sind, und daß ich mich schon versuche in meinem Verhalten daran zu orientieren, oder: Wo ist bei ihnen die Störung, welche Erwartungen habe ich, und die kann ich ganz klar dann nicht haben..." (091).
"Ich hab' so für mich die Vorstellung, daß ich sie so sein lassen will, wie sie sind. Und, wobei das natürlich Grenzen hat, nicht, nämlich, wenn sie anfangen, andere zu belästigen oder Grenzen überschreiten, dann wird es Einschränkungen geben. Das geht nicht, weil, die wohnen zusammen, und das ist im normalen Leben einfach auch so, und ich denke, das ist auch wichtig, daß so jeder auch sieht, daß da andere sind, und daß er Rücksicht nehmen muß..." (093).

Spiegeln derartige Aussagen den Versuch wider, Normalisierung, Integration oder auch Lebensbegleitung alltagspraktisch umzusetzen und dabei eigene Normalitätsvorstellungen zum Maßstab zu machen, gibt es auch Auslegungen, die jede Form der Auseinandersetzung vermissen lassen: "Also im Grunde genommen beschäftigen wir die Leute. Also im Grunde genommen auch ein bißchen bei Stimmung halten." (062)
Daß in ein und derselben Einrichtung unterschiedliche Bezugspunkte für die Orientierung in der Behindertenarbeit genannt werden, läßt darauf schließen, daß die Einrichtungen der

Behindertenbetreuung selbst keine klaren und positiven Konzeptionen dessen, was in den Betreuungseinrichtungen geschehen soll, verfestigt haben. Das Schwinden des "Propriums" der sozialen Arbeit ist einer der Faktoren, die ein kulturelles Vakuum in der Arbeit selbst hinterlassen.

Der Versuch, dieses kulturelle Vakuum über inhaltliche Arbeitskonzepte auszufüllen, ist gleichfalls mit erheblichen Schwierigkeiten verbunden.
Die von uns interviewten Mitarbeiter betonen fast ausnahmslos, daß es keine zielorientierten Konzepte in ihren Wohngruppen gibt und auch keine daraus abgeleiteten Aufgabenbeschreibungen. Erstaunlicherweise gilt diese Aussage auch für solche Wohngruppen, die zum Teil jedes Jahr extra dafür vorgesehene "Konzepttage" veranstalten. Hier wird zwar diesbezüglich diskutiert, aber im Endeffekt resultieren daraus nur einige hausgemachte Rezepte, die das Umgehen mit besonderen Verhaltensauffälligkeiten einzelner Bewohner regeln. Fast ausnahmslos wird diese sogenannte "Fallarbeit" als Konzeptarbeit deklariert.
"Von Konzept war nie die Rede. Wird wohl auch nie eins kommen in X. Da sehe ich keinen Grund mehr (Lachen). Vielleicht liegt irgendwo eins. Vielleicht kriegen manche auch eins vorgelegt, aber... Vielleicht erarbeiten sich manche Gruppen irgendeins, aber dazu müßte man eben dann ja Gruppe sein oder Team sein. Und das ist, denk ich mal, hier noch nicht. Ist auch nicht möglich bei der Zusammensetzung jetzt. Auch unter den Umständen." (012)
"Na, aber so'n richtiges Konzept, daß wir uns hier hingesetzt haben, und wir haben für jeden irgendwie mal ein Konzept ausgearbeitet und gesagt, das wäre auf den und den zugeschnitten. Ich habe einmal was aufgeschrieben, wo ich denke so, daß das so'n bißchen jeden betrifft. Das hab ich im Urlaub zusammengemacht, aber das haut irgendwie nicht richtig hin." (062)
"Irgendwas an Konzept oder so, daß man sagt, so, wir könnten hier mal überlegen, ob wir diese ganze Gruppe hier mal ganz anders aufziehen. Ob wir vielleicht planen, hier auszuziehen, oder ob das Ganze hier irgendwie gemischt wird, daß hier vielleicht mal weibliche Personen reinkommen, oder so. Habe ich leider bisher noch nichts gehört." (062)
"Tja, also, 'n Konzept, würde ich sagen, gibt es bei uns nicht, mal ganz hart gesagt. Wir verfolgen vielleicht alle das Ziel, unseren Frauen es so schön wie möglich zu machen und soviel wie möglich zu ermöglichen, also sprich auch, bei uns gehen einige Frauen tanzen oder zur Musiktherapie oder abends zum Kinoabend hier im X-Saal, oder was es da alles gibt. Und wir ermöglichen, wir versuchen, ihnen das zu ermöglichen, daß sie dahin gehen können, daran teilnehmen können." (073)
"Also, ne Konzeption gibt es noch nicht, das heißt, wir... also jetzt noch nichts Schriftliches, was wir in der Hand haben. Aber wir haben schon im letzten Jahr und in diesem Jahr über Zielsetzungen gesprochen, also wir haben auch jetzt in diesem Jahr bis auf zwei Bewohner so alle wirklich durchgesprochen. Ist so Stand. Und Zielsetzungen, nicht, wo wir sie hinbringen wollen, was wichtig ist, nicht, daß wir, so einheitlich auch eine, eine ein-

heitliche Linie finden in der Führung, nicht." (094)
"Also, was die Geschäftsleitung von uns erwartet, ist, daß wir irgendwann, ich doktor da schon jahrelang dran rum, irgendwann mal ein schriftliches pädagogisches Konzept vorweisen. Aber... ja, wir haben schon diverse Anfänge gestartet. Also ich denke, so 'n Globalkonzept haben wir schon. Aber ich finde es einfach wichtig, eigentlich, für jeden einzelnen Bewohner ein Konzept zu erstellen. Und da fangen wir also jedes Jahr wieder von vorne an, weil sich die Voraussetzungen einfach total geändert haben... Gut, das Konzept steht irgendwie. Selbständigkeit und Sich-wohl-Fühlen und solche Sachen. Aber das dann mit Inhalten zu füllen, ist sehr schwierig. Ja, weil das immer wieder neue... neue Situationen sind, vor die man gestellt ist. Ja, das erwarten die eigentlich von uns, denke ich." (124)
"[Ein Konzept] gibt es, ja. Es gibt ein Gruppenkonzept. Bloß... also, ich hab da für mich mein Konzept so. Was ich am Tag schaffen will, was ich mir vornehme, was gemacht werden muß und was ich gerne machen möchte. Und versuch' das so unter einen Hut zu kriegen. Weil dieses Gruppenkonzept ist auch, glaube ich, nicht, nicht für diese Gruppe oder es ist auch schon etwas älter oder so. Irgendwie so. Weil ich hab' da auch, ehrlich gesagt, noch nicht reingeguckt." (220) - "Gibt es nicht. Ne, gibt es bei uns nicht. Also es sind immer viel Diskussionen, und wir sind auch nicht immer einer Meinung. Wir werden jetzt, ich glaube, in ein oder zwei Wochen, werden wir unseren ersten Konzepttag haben. Dort werden wir, ja, vielleicht irgend etwas erstellen, oder auch nicht." (032) - "Erstmal orientier' ich mich gar nicht (Lachen). Da geh' ich so hermeneutisch vor, erstmal beobachten. Dann Daten sammeln, analysieren, und dann langsam interpretieren. Und dann daraus Schlüsse ziehen." (043) - "Das geht'n bißchen hier unter. Also... ich arbeite nun nicht sehr lange hier in dieser Wohngruppe... aber so'ne richtige Konzeption habe ich hier noch nicht so feststellen können. Das geht eigentlich hier'n bißchen unter, glaube ich. Im Grunde genommen ist so eigentlich die Konzeption, die Frauen ziemlich selbständig zu machen. Schätze ich. Aber das ist meine Einschätzung. Und durch die eigentlich geringe Zeit, die man dafür aufbringen kann,... fällt das eigentlich so'n bißchen unter'n Tisch. Das kommt 'n bißchen zu kurz..." (044). - "... aber weiß ich nicht, denke eigentlich, daß ich viele Dinge einfach instinktiv mache." (073)

Auch Gründe für das Fehlschlagen konzeptueller Durchstrukturierung des Helferhandelns werden genannt: "Wie gesagt, ich bin seit sechs Jahren in dem Verein und erlebe seit sechs Jahren im Grunde auch so eine Regression. Es geht immer weiter bergab, und so hat die Y. [die Einrichtung] eine Grundkonzeption für die Wohngruppen, die nach jahrelanger Gruppenarbeit von einer Gruppe, die sie gemacht hat, erstellt und fertiggestellt wurde, jetzt - vor einem halben Jahr - im Grunde genommen mittlerweile hinfällig ist, weil dieser Konzeption wird die Arbeit, die wir machen, nicht mehr gerecht. Weil, es wird - es ist ganz offensichtlich - es wird immer mehr ein Wirtschaftsbetrieb, der ganze Laden. Es wird immer mehr auf wirtschaftliche Ziele gearbeitet oder, wir müssen immer mehr unter

wirtschaftlichen Aspekten arbeiten, als unter pädagogischen Aspekten und, ja, es macht mir schon teilweise ganz schöne Bauchschmerzen..." (092)
"... das Grundkonzept ist natürlich erst einmal, daß man sich gesagt hat, daß man den Leuten hier bestimmte Zufriedenheit bietet, den Bewohnern, nicht... und darüber hinaus sind natürlich schon mehrere Konzepte, oder irgendwelche Planungen so gemacht worden, was man eben noch darüber hinaus machen kann. Nur, das ist eben alles sehr theoretisch verfaßt und auch sehr theoretisch am grünen Tisch entschieden und im Endeffekt in der Praxis wenig durchführbar... in der Praxis sieht's dann eben alles sehr viel anders aus. Wenn dann zwei Leute krank sind und einer im Urlaub, kann man das ganze Konzept über den Haufen schmeißen." (023)

Diese und viele ähnliche Aussagen belegen die Grundtendenz der Haltung gegenüber Konzepten in der Wohngruppenarbeit: Sie sind gut und wichtig, allerdings nicht für die tägliche Arbeit tauglich. Die tägliche Arbeit erweist sich für die meisten Mitarbeiter als nicht in ausreichendem Maße greifbar und planbar, um das, was die tägliche Arbeit strukturieren soll, gegen das mehr oder weniger intuitive Sich-Verhalten in der Mitarbeitergruppe zu behaupten. Das "Grundkonzept Wohlfühlen" in der obigen exemplarischen Aussage deutet lediglich auf für die Bewohner zufriedenstellende Abläufe der Dienstleistung, nicht jedoch auf deren Inhalte hin. Diese Inhalte können in hausarbeitsnahe Tätigkeiten und in einen "eigentlichen Anteil Behindertenhilfe" unterschieden werden, wie er im Begriff der Lebensbegleitung zum Ausdruck kommt. Der Anteil der hausarbeitsnahen Tätigkeiten trägt alle Merkmale, die für die Anerkennung einer Tätigkeit als Arbeit entscheidend sind: Sichtbarkeit, Bemeßbarbeit von Einsatz und Effekt, Ausweisbarkeit der Ergebnisse. So verstandene Konzeptionen haben gute Chancen, in der täglichen Praxis eingelöst zu werden. - Jedoch, die anfallenden sichtbaren Tätigkeiten als Hinweis auf ein Konzept der intendierten, auf die Betreuung und Förderung der Bewohner abzielenden Behindertenhilfe zu nehmen, wäre zu kurz gegriffen. Die Mitarbeiter bleiben in der Schilderungen dessen, was sie als ihre Arbeit in den Wohngruppen auffassen, weitgehend diesem materiellen Anteil verhaftet. Die Bestimmung, Bearbeitung und Ausweisung des "eigentlichen", auf die Begleitung und Förderung der Bewohner bezogenen Anteils der Arbeit erweist sich für die Mitarbeiter als schwierig. Offensichtlich entzieht sich die hier gemeinte Betreuung der unmittelbaren Beschreibung.

Nun ist dies eine berufliche Situation: Was soll beruflich, d.h. im Sinne eines (Dienstleistungs-) Auftrages geschehen? Zielorientierungen für die Arbeit mit Behinderten, etwa - wie wir es in den Interviews immer wieder gehört haben - die "nach mehr Selbständigkeit in der Lebensführung" der Klienten, nach "Normalisierung" und "Integration", sind allgemein und unspezifisch. Sie geben eine grobe Richtung vor, sind aber für eine unmittelbare Handlungsorientierung im Alltag weder ausreichend noch hilfreich. So ist die *Arbeitssituation in hohem Maße bestimmt von der Ungewissheit*, was denn jeweils in der konkreten

Situation gewollt sei und wie lange es *so* gewollt sei. Wo sind die Grenzen dessen, was der (unbestimmt gegebene) Arbeitsauftrag noch abdeckt, wo wird ein Eingreifen und Korrigieren erwartet; wie kann dieses Eingreifen gegen andere Tätigkeiten und Kontakte gewichtet werden? Diesen gegenüber der *Organisation* unausgesprochenen Fragen stehen diejenigen Fragen gegenüber, die die *eigene Person des Dienstleistenden* betreffen: wo ist die Grenze dessen, was er/sie professionell und psychisch verkraften kann?
Auch die Auffassungen der Team-Mitglieder und der Grad ihrer Unterschiedlichkeit, auch die Form der Austragung dieser Unterschiedlichkeit zwischen den Team-Mitgliedern, die Offenheit, latente oder direkt zum Ausdruck gebrachte Vorwürfe und Kritik stellen eine Handlungsbedingung dar, die als *Mikro-Klima innerhalb der Betreuer-Gruppe (des Teams)* eine nicht zu unterschätzende Bedeutung für das konkrete Handeln gegenüber dem Bewohner hat, für die eigene Handlungs- und Frustrationsstabilität des Beschäftigten.
Endlich gehen in die Situation Aspekte mit ein, die auf einer *basalen Ebene des Kontakts* zwischen Betreuer und Bewohner von Bedeutung sind. Sie verhalten sich unmittelbar zueinander, evozieren gegenseitig Gefühle, Empfindungen, Ängste, Irritationen, erzeugen Stimmungen.

6.2 Emotionale Betroffenheit und individuelle Identität

In dieser so gekennzeichneten Situation bestehen für den einzelnen wenig klare Kriterien, über die er seine eigene Handlungsweise ausrichten, an denen er sich orientieren kann. Die Arbeit ist sehr geprägt von den konkreten Bedingungen, der Persönlichkeit des einzelnen Beschäftigten, des Teams, der Bewohner und der Zeitstruktur, den Ansprüchen, den häufig knappen Ressourcen, dem Mangel an klarer und vereinbarter Konzeption, der Vielfalt des Möglichen, der Dynamik in der täglichen Interaktion.
Der Anspruch des Betreuers, sich als Person einzubringen, entkleidet ihn weitgehend der Möglichkeit, sich über eine Rolle (im Krankenhaus gibt es die Rolle der Krankenpfleger/innen; in der traditionellen Behindertenhilfe gibt es den Pfleger) zu definieren. Die professionellen Rollen und Handlungsmuster sind im Bereich der Behindertenhilfe noch nicht sehr weit ausgearbeitet und spezifiziert. Folge davon ist, daß es in der psychischen Abgrenzung zu erheblichen Problemen kommt.
Tätigkeiten in diesem Bereich der personenbezogenen Dienstleistung sind, das machen die bisherigen Überlegungen deutlich, in starkem Maße dadurch gekennzeichnet, daß die *Ebene der konkreten einzelnen Handlung* (Bewohnerkontakt, Verwaltungsarbeit, hausarbeitliche Verrichtungen, Informationsaustausch u.ä.) immer mit einer anderen, *immateriellen Ebene* verwoben ist, auf der es um Fragen der persönlichen Maßstäbe, um "gute" oder "schlechte" Behindertenarbeit - also Kompetenz - geht, um Mit-Menschlichkeit, Professionalität, Zielsetzung, Konzept, Verantwortung und Ethik.

Der hohe Bedarf an "moralischer und existentieller Selbstreflexion" (vgl. auch Abschnitt 11.4) besteht demnach in der notwendigen Stützung des einzelnen Beschäftigten gegenüber der Unabgeschlossenheit und schlechten Abgrenzbarkeit in der Interaktion mit den Behinderten. Dies wird an folgenden Beispielen aus den Interviews deutlich. Sie signalisieren ein hohes Maß an emotionaler Beteiligung und machen sichtbar, in welchem Umfang die persönliche Betroffenheit in der Arbeit die Grundlage des alltäglichen Handelns bildet: "Ja, für mich ist das eigentlich so, daß ich über die Arbeit so über mich selbst nachdenke. So, mein eigenes Handeln und Denken reflektiere. (...) Da merke ich, wie stark so die Art, wie ich arbeite, abhängt von meiner eigenen Einstellung. Daß es da nicht irgendwelche Regeln gibt, so und so macht man das, sondern naja, das hängt unheimlich von mir ab. Was die Bewohner dürfen und was sie nicht dürfen, das hängt auch wirklich von der Mitarbeitergruppe ab."(134)

Der bereits erwähnte Anspruch, sich als Person einzubringen, wendet sich für viele Mitarbeiter zum spezifischen Charakteristikum der Arbeit, die Ausbildung wird als zweitrangig eingestuft: "Also, ich denke mir, ganz allgemein ist das 'ne Arbeit... Das ist so'ne Feelings-Arbeit, finde ich. Das ist also so, du kannst das nicht lernen, du kannst nicht lernen, mit behinderten Menschen zu leben oder mit behinderten Leuten etwas zu machen, sondern das muß so... es muß aus dir 'raus kommen. Was du lernen kannst ist so, das, so das Wissenschaftliche dahinter, den Hintergrund, den kannst du verwissenschaftlichen. Da kannst du dir also gewisse Problemfeldanalysen betreiben. Du kannst dir überlegen, warum könnte er sich so verhalten. Aber so dieses eigentliche Ding, einfach so mit den Leuten klarkommen, das ist 'ne Sache, die aus dem Bauch kommt."(053)

Es besteht bei den Mitarbeitern durchgängig die Meinung, daß die Ausbildung - dies gilt weitgehend unabhängig von den konkreten Inhalten, die ihnen vermittelt worden sind - für diese Tätigkeit nicht wirklich vorbereitet. In den Interviews herrschen solche Aussagen vor, die entweder davon berichten, die Ausbildung sei "eigentlich nutzlos" gewesen, oder sie sei interessant gewesen, weil man "für sich etwas gelernt und erfahren habe" - aber nicht als Vorbereitung auf "diese Arbeit". Es existieren für "diese Arbeit" zunächst keine bestätigenden Anhaltspunkte für die "Richtigkeit" eigenen Handelns, außer den je individuellen Erfahrungen von außerhalb des Arbeitsumfeldes; die Konstruktion der Identität als Betreuer ist aus dem eigenen privaten Erfahrungsbereich geschöpft : "...daß ich für mich versuche, hier in der Arbeit genau derselbe zu sein, der ich sonst zu Hause im privaten Bereich auch bin. Das heißt, wenn ich ärgerlich bin, dann zeige ich auch meinen Ärger, und wenn ich mich freue, dann zeige ich meine Freude auch. Weil ich denke, daß also für mich so grundsätzlich Ehrlichkeit und sich nicht hinter irgendwelchen Masken da zu verstecken das beste ist, was man hier den Männern irgendwo geben kann".(051) Die Bedeutung der Individualität des einzelnen wird auch an folgendem Hinweis sichtbar: "...ich selber und die anderen übrigen Mitarbeiter, sie bringen sich ein. Also ist es mir irgendwo 'ne Überzeu-

gung, ein inneres Überzeugtsein, was mich veranlaßt, dieses oder jenes zu tun oder nicht zu tun."(051)
Aus dieser Konstitution der Arbeit heraus ist es nicht möglich, eine Arbeitsrolle aufzubauen, ohne daß die eigene Wertschätzung und das Selbstwertgefühl hierin ebenfalls Eingang finden. Die Abgrenzung des Arbeitshandelns gegenüber persönlichen Motiven, das Umgehen mit der eigenen Betroffenheit, wird dort zur Leistung, wo eben nicht auf verläßliche professionelle Routinen zurückgegriffen werden kann. Erfolg wie Mißerfolg werden unvermittelt erlebt: "Ja, Belohnung ist für mich einfach, daß ich Erfolg hab', daß ich hingehen kann und... Hab' ich das Gefühl, die Bewohner waren heute guter Laune und sie haben mich bemerkt und haben mich lieb und... Das ist für mich die Belohnung. Also, viel... Selbstbestätigung bekommt man auch. Beziehungsweise gibt es auch Tage, wo du dann keine Selbstbestätigung kriegst, sondern das Gegenteil. Wo du dann nur noch daran zweifelst, was man noch alles falsch machen könnte."(052)

Da die charakteristische Überschneidung von Arbeit und Zusammenleben, die von den Beschäftigten in der täglichen Arbeit fordert da zu sein und zu verstehen, und die ihnen gleichzeitig aufbürdet, mit ihrem eigenen Bedürfnis nach innerer Distanzierung allein umzugehen, nicht aufzuheben ist, resultiert aus ihr eine Anforderung ganz eigener Art: "Das Schwierigste ist, wenn man neu ist, daß die Leute dermaßen eigenartig sind und halt auch auf einen zugehen oder einen anmeckern oder so 'was..., daß man das psychisch aushält. Und wenn jemand sich die Arme aufbeißt oder den Kopf gegen die Wand schlägt, daß man, daß man das begreift. Dann kann man sich also viele, viele Gedanken machen, warum und wieso und was hab ich falsch gemacht und was hat mein Kollege falsch gemacht und warum ist er so. Und man kann das von allen Seiten sehen und man wird nie zu irgendeinem Ergebnis kommen, weil man das einfach nicht sagen kann. Deswegen ist für mich wirklich das einzige Ziel hier, daß die Leute guter Laune sind und lachen. Weil das ist sonst... das ist einfach also... sich in die Leute so hinein zu versetzen, ist teilweise unmöglich. (...) Und ich weiß nicht, ob das nicht auch noch gefährlich ist, wenn man... aber man muß sich da hinein versetzen, aber man kommt also zu keinem Ergebnis. Ich glaube, daß jeder Kollege eine völlig andere Sicht hat... Da überlappt sich nichts. Da kann man nicht irgendwie sagen, der ist soundso, weil er den und den Schaden hat, sondern das ist alles... also, kann man nichts nachvollziehen. Das ist für mich das Schwierigste."(052)

Der Helfer stößt mit seinen Ansprüchen an die Arbeit immer wieder an die Grenzen seiner eigenen Wirksamkeit. Seine psychischen Kräfte sind auch dann gefordert, wenn es um "kleine" Entscheidungen, um das alltägliche Verhalten "zwischen Tür und Angel" geht: "Die Belastungen sind, denk' ich mal, es ist so, wenn ich hier arbeite, hab' ich in dem Moment, wo ich hier bin, ganz selten das Gefühl, daß mir da 'was über den Kopf wachsen könnte oder daß die Belastung mal zu groß werden könnte. Wenn ich dann fertig bin und mich in die S-Bahn setze, dann merk' ich irgendwie schon, daß... (Lachen), daß ist auch ganz gut, daß du da mal... daß das mal vorbei ist. Ich denke nämlich, eine ganz entscheidende Belastung ist hier, daß man ständig irgendwelchen kleinen Entscheidungen ausgesetzt ist, reagiert man nun auf das, was der Bewohner sagt, reagiert man nicht 'drauf; wie reagiert man, wie geht man mit dessen Aggressivität um, was tue ich, wenn zwei Bewohner sich anpöbeln, wie reagier' ich 'drauf? Wie reagier' ich auf Ungerechtigkeiten seitens der Bewohner. Es ist 'ne ganze Menge von so kleinen Entscheidungen zu treffen und ständig, also da kommst' auch nie davon weg und da geht immer was vor im Gehirn, nicht? Das erfordert immer wieder ein Sich-Hineinversetzen in die Situationen. Das ist anstrengend. Das merk' ich denn hinterher, also, bei jeder einzelnen kleinen Entscheidung merk' ich's nicht so sehr, also da ist es völlig klar, wenn zwei Leute hier, aggressiv werden oder so, sich erst 'mal necken, und denn weiß man nicht, geht's in's Schlagen oder so 'was, da weiß ich genau, was ich zu tun habe. Ich geh' zu einem bestimmten Zeitpunkt dazwischen, wenn es nach meinem Gefühl das Richtige ist. Und trotzdem steh' ich davor und es läuft ziemlich viel ab in meinem Gehirn, so und so; die Summe, diese ganzen kleinen Dinge, denk' ich 'mal, daß die am Schluß 'ne ziemliche Belastung ausmachen."(123)

Es ist ebenso Inhalt der Arbeit, persönliche Einstellungen immer wieder zu reflektieren und gegebenenfalls anhand des Erlebten zu revidieren, sich Tabus zu stellen, seiner eigenen Begrenzungen gewahr zu werden - auch und besonders dann, wenn Konfrontation und Konflikt nicht mehr ausgewichen werden kann. Auch der Umgang mit Sexualität gehört dazu: "Also, ich weiß für mich, daß es mir auch wirklich manchesmal sehr viel Mühe gekostet hat und sehr viel Überwindung gekostet hat, mich damit auseinanderzusetzen. Wenn ich so mitbekam, daß eben halt auch hier so Männer untereinander Kontakt hatten, sexuellen Kontakt hatten. Und teilweise auch eben halt so die, die... meinen Vorstellungen nach jedenfalls so diese Kälte und diese Brutalität irgendwo, wie das geschah, nicht? So, wirklich nur so dieser nackte Trieb, und so Wärme oder Gefühl und Geborgenheit oder so, die war nicht dabei. Also, es hat mich schon Mühe gekostet, mich da überhaupt auch so,... 'ne Stellung zu beziehen, mich da irgendwie überhaupt, ja, mich selber auch zu hinterfragen, was denke ich eigentlich dazu, was empfinde ich dazu, nicht? Und ich glaube, daß es manchen Mitarbeiter gibt nach wie vor, der da auch wirklich große Probleme hat, vielleicht auch Gewissenskonflikte hat. Ich weiß es nicht."(051)
Die letzten beiden Sätze des Zitates machen noch einmal deutlich, daß gerade dann jeder Mitarbeiter in seinem Urteil und seinem Handeln auf sich selbst gestellt ist, wenn die von ihm miterlebte Situation konflikthaft ist oder tabuisiert wird. Je mehr er in der Arbeit persönlich involviert ist, je mehr ihn etwas berührt, desto isolierter und individueller geschieht auch die Verarbeitung der erlebten Situation. Die Schwierigkeiten, die sich aus der Arbeit ergeben, werden unter der Voraussetzung, daß ein distanziertes Verhältnis zu den Bewohnern oft weder gewollt ist noch gewahrt werden kann, regelmäßig zu *persönlichen* Konflikten: "Ja, und bei den anderen Bewohnern, das Gegenbeispiel zu [Bewohnerin] X. ist für mich Y., zu der hab' ich ein sehr distanziertes Verhältnis, weil sie, also ich

komme irgendwie mit ihr nicht klar und deshalb laß' ich sie wahrscheinlich auch nicht so an mich 'ran und sie nervt mich sehr schnell und da bin ich dann mehr wie so 'ne Erzieherin. Ich finde mich dann selber immer ziemlich blöd, so, wie ich mich benehm', aber die reizt mich auch einfach so. Sie ruft solche merkwürdigen Reaktionen bei mir hervor, obwohl ich sie manchmal auch so verstehen kann. (...) Damit kann ich sehr schwer umgehen."(134)

Schon in den letzten Beispielen zeigte sich der Widerstreit zwischen der stringenten Selbstkonstitution einer persönlichkeitszentrierten Rolle als guter Helfer und der Konfrontation mit den jeweils hervorgerufenen Gefühlen. Das nächste Zitat schildert diesen Konflikt eindringlich. Hier findet ein Abschleifen statt, ein Nachlassen der Aufmerksamkeit, ein Schwächer-Werden und Aufgeben der "inneren Überzeugung": "... also ich weiß, daß diese Bewohnerin mich unheimlich, ich weiß gar nicht, ob sie mich wirklich gerne mag, aber ich bin einfach wahnsinnig wichtig für sie, bin unendlich präsent für sie und sie gehört für mich zu den Bewohnerinnen, wo ich an sich ganz gern etwas mehr Abstand habe. Weil ich persönlich relativ wenig mit ihr anfangen kann. Und klar, es gibt durchaus Situationen, wo ich's ganz toll finde, mit ihr zusammen zu sein, wo wir irgendwelche Sachen machen. Wo sie, ja, auch viel Lebensmut, ganz viel Lebensfreude [zeigt] und wo ich einfach denke, es ist toll. Es macht ganz viel Spaß mit ihr jetzt im Moment. Aber wo vom Grundsätzlichen, wo ich nicht so wahnsinnig viel Interesse daran hab'. Und wenn also diese Frau, ja, zum Beispiel sehr oft so ganz, so auf körperliche Nähe geht und wo ich absolut nicht mit klar komm', dann sei es, daß wir irgendwo nebeneinander sitzen und sie mich anfaßt so... prrrr, mich einfach anfaßt, so Bein, Arm, Rücken, und sonstwo, wo es mich oft schaudert, nicht? Wo ich denk: oh, ich kann das jetzt nicht haben so, überhaupt nicht. Wobei ich es ihr auch dann sagen kann. So, bitte, laß man gut sein. Irgendwie. Aber ich kann doch immer wieder, weil ich es ihr sehr oft sage, weil ich es sehr oft nicht abkann, immer wieder so empfinde, so, Scheiße. So, das ist genau, was sie jetzt gern dringend braucht. Sie braucht jetzt einfach dieses Gefühl, in den Arm genommen zu werden, es ist jemand da, das braucht sie jetzt und du kannst es ihr nicht geben. Und mich eben dabei erwische, wenn sie mich krallt, daß ich sie in den Arm nehme oder im Arm habe und eigentlich denke: So, ich will das jetzt gar nicht. Und dann komme ich mir vor, wie das letzte Schwein. Echt, die totale Sau. Es ist einfach gelogen, was ich dann mache."(092)

Es ist aber nicht nur die beizeiten notwendige Distanzierung und das Verschwimmen der Grenzen zwischen dem, was der Bewohner fordert und dem, was der Helfer geben will und kann, was auf die Dauer belastet. Der Kontakt zum behinderten Menschen und die Einbindung in eine Beziehung zu ihm führt zu einer Vielzahl starker, zum Teil ambivalenter Gefühle. Angst vor Aggression, eigener Hilflosigkeit, Sinn- und Perspektiven-Verlust, Haß- und Ekelgefühle, die eigene Einsamkeit und Aspekte der eigenen Unvollkommenheit können hervorgerufen werden auf eine Weise, wie sie kaum bei anderen beruflichen Tätigkeiten zu erwarten ist.

In bezug auf die unmittelbaren psychischen Belastungen ist der Beschäftigte allein auf seine individuelle Kompetenz angewiesen: "...also ich hab drei Monate in der X-Gruppe gearbeitet und hab' da arge Schwierigkeiten mit dem einen Bewohner gehabt, und das hat mich irgendwie ganz... ganz fertig gemacht. Da bin ich abends nach Hause gegangen und ich hab' da nur von geredet, ich hab' davon geträumt, und war also wirklich völlig im Eimer und bin hier morgens hergekommen, mochte schon gar nicht mehr diese Tür da aufschließen, aber ich wußte die Ursache. Da mußte ich nicht irgendwie so' was wegdrücken, daß da was Psychosomatisches 'draus wird, sondern ich wußte, warum ich mich so verhalte, und hab' auch dementsprechend reagiert. Also ich hab's gemerkt und auch 'rausgelassen, indem ich denn geweint hab' oder indem ich gesagt hab', ich geh' 'raus und fahr hier 'ne Runde um den Block oder so."(062)

"Also, am schwierigsten für mich in der Arbeit ist mit den Bewohnern, wenn ich... also, wenn ich eigentlich für mich das Gefühl hab' so, geschlaucht zu sein und hier herkomme oder auch schon hier bin... und merke, daß sie... sehr geladen sind. Also, ganz schön Aggressionen haben. Und merke, daß ich gar nicht mehr ruhig bleiben kann, daß ich da mit... wenn also Menschen aggressiv werden, dann möchte ich eigentlich meine Ruhe haben. Also, wenn ich kaputt bin, dann möchte ich nichts hören, nichts sehen. Ist egal, wer das ist, ob das nun die Leute hier sind oder woanders... Und ich muß aber. Ich muß und merke auch, wenn ich mich einfach so zurückziehe, desto näher kommen sie und wollen mich auch greifen. Und das ist mir zu viel. Das ist für mich 'ne Situation, die ich sehr... also, wo ich dann so manchmal merk', das geht so an meine Grenze 'ran, wo ich gar nicht mehr will. Also, wenn ich merke so, X., die zerrt und zerrt und provoziert immer mehr und mehr und ich dann merk', ich will gar nicht. Ich will einfach nur in Ruhe gelassen werden. Ich werd' aber nicht in Ruhe gelassen. Und das, also, das sind schon so Drahtseilakte. Also, das ist eigentlich das, was für mich so am schwierigsten ist. Also so, wenn ich selber mir gar keinen Freiraum mehr schaffen kann. So, wo ich denn 'mal sagen kann 'So, jetzt schalte ich ab und dann komm' ich dann 'n bißchen ruhiger wieder.' Also nicht einfach 'mal sagen kann 'Jetzt bleibe ich zu Hause und jetzt ruhe ich mich aus und dann komm' ich wieder und dann bin ich auch wieder da.'"(112)

In welchem Ausmaß Mitarbeiter mit ihrer Selbstkonzeption in den Arbeitsprozeß involviert sind und dabei - oft unbewußt - die Grenzen ihrer psychischen Belastbarkeit überschreiten und ihnen dieser Tatbestand erst anhand von psychosomatischen Symptomen klar wird, zeigt der folgende Sachverhalt. In Verbindung mit einem Herpes-Syndrom stellt eine Beschäftigte fest: "Dann hatte ich mal wieder so 'ne Auseinandersetzung mit ihr [einer Bewohnerin], wo sie mich überhaupt nicht los ließ, sie redet und redet und redet und ich damals noch nicht so die Kraft hatte, mich ihr zu entziehen. Sie fängt dich ein, und sie spricht auch so ganz vehement und, weißt Du, Du hast auch wirklich den Eindruck, ihr

Innerstes kommt nach außen und denn konnte ich einfach nicht sagen 'Du nervst mich, ich kann nicht mehr', ja, das wagte ich damals noch gar nicht. Und wie gesagt, bei dieser Auseinandersetzung klingelte das, fing das schon wieder an. Es fing an zu jucken, und da ging natürlich eine Jalousie hoch, und ich wußte, aha, das ist das Zeichen, ja, und seitdem bekomme ich immer mehr Signale, und ich weiß: Schluß! Ja, und hier lerne ich wirklich so Grenzen zu setzen; zu sagen 'Du tust mir weh. Im Moment kann ich es nicht vertragen, daß Du so unentwegt auf mich einredest, wie sehr das, was Du sagen willst, ganz wichtig ist für Dich, aber im Moment kann ich Dir nicht mehr zuhören.'"(094)
Diese Betreuerin hat gelernt, die Alarmsignale von Körper und Psyche zu entschlüsseln und rechtzeitig auf Distanz zu gehen. Sie entzieht sich dem umfassenden Zugriff durch Bewohner, flieht bewußt kurzzeitig der Umklammerung, um ihre eigene Unversehrtheit zu bewahren. Dieses Problem von erforderlicher Nähe und notwendiger Distanz ist im Alltag nur schwer auszubalancieren, weil mehrere Komponenten aufeinandertreffen. Zum einen enthält der Arbeitsauftrag das tägliche Mit-Leben mit den Bewohnern, er verlangt, sich nicht zu distanzieren, die Bewohner in ihrer Andersartigkeit zu akzeptieren oder sie doch zu "ertragen".
Und doch besteht immer wieder das Bedürfnis nach Distanzierung. Der Mitarbeiter sucht und braucht umso mehr Möglichkeit zur Distanzierung, je direkter und enger die empfundene Nähe, die Umklammerung durch den Bewohner ist. Dieser trachtet häufig umso mehr nach Nähe - weil er sie für sein Wohlempfindden braucht -, je distanzierter er den Mitarbeiter erlebt. Er verstärkt die Umklammerung in dem Ausmaß, in dem seine Verlustangst steigt. Folge ist die immer weiter zunehmende, vehemente Abwehr und Flucht des Betreuers vor den so weitgehenden, ja, "totalen" Besitzansprüchen des Bewohners. Dieser sieht seine Verlustangst nun real bestätigt.
Den meisten Mitarbeitern gelingt es nur selten, sich aus diesem Teufelskreis auf eine für sie selbst akzeptable Weise zu entziehen. Oft ist das mit schweren Schuldgefühlen verbunden: "Ich entziehe mich gerade dann, wenn der andere mich am meisten braucht!" - Das Herauslösen aus einer solchen Umklammerungsphase im Betreuungsprozeß kollidiert gleichzeitig mit den eigenen Ansprüchen an einen "guten Helfer", daß es oft nur gelingt, wenn die Betreuer sich durch psychosomatische Krankheit "Legitimation" verschaffen, um die gewünschte und notwendige Distanz herzustellen. Für den einzelnen ist es außerordentlich schwierig, mit dieser Problematik von Nähe und Distanz professionell umzugehen. Es ist ein langer Lern- und Erfahrungsprozeß, der vielfacher Unterstützung durch Team, Vorgesetzte und Organisation bedarf.

Besonders deutlich wird dieses Problem dann, wenn die Grenzen des sich selbst gestatteten Verhaltens in der Arbeit überschritten werden müssen, wenn z.B. eine körperliche Auseinandersetzung entgegen der eigenen Friedfertigkeit bestritten wird, um überhaupt einen Zugang zu jemandem zu finden. Man geht bewußt auf die vom Bewohner gewollte Aggression ein in der Hoffnung, daß es die Beziehung - so paradox es klingen mag -

voranbringen kann. Die körperliche Auseinandersetzung dient in solchen Fällten dazu, dem Bewohner zu verdeutlichen, daß man bereit ist, dessen Wut und Aggression mit ihm durchzustehen, ihn auch in diesen Situationen zu "begleiten". Darüber hinaus ist der Umgang mit Aggressionen aber oft auch mit ganz realen Ängsten verbunden. Das folgende Zitat verdeutlich die gesamte physische und psychische, letztendlich existentielle Bedrohung von Mitarbeitern: "Für mich ist das [schwierig], wenn die Leute wirklich so aggressiv werden. Das ist, da hab' ich vorher nie Kontakt zu gehabt und das ist, denk' ich, also für mich ist es das Schwierigste. Wenn jemand so wirklich mit voll geballter Wut irgendwie auf Dich losgeht, und überhaupt nicht diese Hemmschwelle dazwischen hat, nicht, also der 'drauf kloppt, als wenn's um irgendwas geht. Und daß ich hier teilweise denn nur um mein Leben rennen muß oder so."(062)
Die eigene Identität, die Basis, auf der die Mitarbeiter agieren, ist auch bedroht, wenn durch Überforderung und Konfrontation in der Arbeit die Defizite vor Augen geführt werden und die Mitarbeiter sich selbst in ihrer Begrenztheit in Frage gestellt sehen: "Ich hab ganz erhebliche Probleme mit ihm [einem Bewohner]. Es ist sehr... schwierig so, es ist mehr 'ne psychologische Situation. Sehr depressiver Mann. Ich bin auch ein Stück weit irgendwie depressiv.(...) Und also ich, ich muß da richtig mit Begleitung und Supervision gegen ankämpfen, daß ich nicht (...) so zermahlen werde. Oder auf jeden Fall, daß ich da in Spiele einsteige, die... das Maß der Betreuungssituation und auch 'ner gesunden Situation so verlieren... Ich muß da sehr aufpassen. Aber ich hab' das im Blick und die Kollegen haben's im Blick und die sagen's mir auch. Und ich bin da auch sehr ansprechbar und... Also, mein Problem, ich sehe es [dann] nicht... Es ist mir ein sehr vertrautes Muster (...) und ich gehe da im Stechschritt, mit wehenden Fahnen gehe ich dort so unter, wenn ich nicht ganz so eben vorsichtig bin... Ja, man hat natürlich persönliche Vorlieben.(...) Und es berührt mich. (...) Und es ist mir oft dann, nicht peinlich, ist nicht das rechte Wort. Ich kann einfach nicht zuhören, denn ich muß abschalten, weil ich sonst dermaßen aggressiv werde, also, ich muß richtig 'raus. Also, es ist nicht immer und nicht in allen Situationen,(...) aber ich kann mit ihr [einer anderen Bewohnerin] nicht so gut... und meine pädagogischen Bemühungen, die prallen so an ihr ab."(121)
Die immer wiederkehrenden Belastungen und die Enttäuschung über die Begrenzung der eigenen Wirksamkeit führen schließlich nicht nur zur Desillusionierung. Auf Dauer ist ein Abstand-Nehmen unvermeidlich. Das Ziel aber, sich persönlich in dieser Arbeit zu engagieren, bleibt bestehen: "Also, es geht den Leuten einfach dreckig hier. Man gibt sich zwar Mühe, aber es geht den Leuten einfach dreckig, das, das belastet einen. Das belastet einen... wenn man sieht, daß das Leben wirklich so dermaßen monoton ist. Also, es ist traurig, sich das anzugucken. Es gibt wirklich... Man muß aufpassen, daß man sich nicht all zu viele Gedanken macht, was man... was besser sein könnte oder was schlecht ist. Muß man wirklich aufpassen, sonst... also, das muß man verdrängen, sonst kann man hier nicht arbeiten. Das ist einfach... wenn man sich das also objektiv anguckt, ist das also wirklich traurig. Das belastet."(052)

Wir haben mit den zitierten Interviewpassagen verdeutlichen wollen, in welchem Maße die gesamte Person des Behindertenbetreuers permanent gefordert ist. Seine Emotionalität und Identität wird bis in tiefe Dimensionen hinein berührt und häufig zur Disposition gestellt. Er ist sein eigenes "leibliches Arbeitsmittel". Bei dieser Tätigkeit steht der einzelne unter dauernder Spannung, müssen fast täglich seine psychischen Reserven mobilisiert werden, damit er nicht "abstürzt", damit er sich selbst seine innere Integrität bewahrt und er dem schleichenden Zusammenbruch seiner Persönlichkeit entgeht.
Es werden Grenzerfahrungen gemacht, die sich einer wissenschaftlich-theoretischen Beschreibung und Erklärung entziehen. Sie können möglicherweise in ihrer existentiellen Tragweite nur von denen nachvollzogen werden, die selbst ähnliche Erfahrungen gemacht haben. Dennoch wollen wir mit den folgenden vier Zitate den Versuch einer Vermittlung unternehmen. Sie veranschaulichen die Tiefe psychischer Belastungen - bis an die eigenen Grenze. Wir lassen die längeren Passagen bewußt unkommentiert.

"Es ist für mich immer wieder belastend, wenn es zu Aggressionsausbrüchen kommt. Seien es Autoaggression, oder eben halt auch Aggressionen gegen Gegenstände oder gegen die eigene Person, in dem Fall jetzt meine Wenigkeit. Das ist nach wie vor das, was mir am meisten zu schaffen macht. Die Aggression... Also, es ist schon vorgekommen, daß ich auch körperlich irgendwelche Blessuren davon getragen habe. Also, ich kann mich erinnern, ich hatte mal, den Daumen hatte ich völlig ausgerenkt, der war dann in einer Gipsschiene gewesen. Oder eben halt Kratzwunden oder Beiß- und Bißwunden oder sowas. Das ja, aber das ist für mich irgendwo alles nicht so schlimm, das kann ich wegstecken und irgendwie härtet man da auch so ein bißchen ab. Viel schlimmer ist für mich wirklich die psychische Belastung. - ...Mußte ich hier die Erfahrung machen, leider, vielleicht auch nicht leider, das weiß ich gar nicht so genau, daß es mitunter einfach nicht anders geht, als auch auf eine körperliche Auseinandersetung mit den Bewohnern, mit den Behinderten einzugehen und sie gemeinsam durchzustehen. Weil es manches Mal doch die einzige Möglichkeit war, dadurch auch wieder mit den Bewohnern Kontakt aufzunehmen und den Kontakt dann irgendwo weiter fortzusetzen. Das hat mich psychisch sehr, sehr viel Überwindung und sehr viel Kraft gekostet. Und manchmal denke ich für mich, daß ich so ein bißchen auch so von mir selber oder von meiner eigenen inneren Überzeugung irgendwo verloren habe. Ja, das belastet mich, das belastet mich einfach. Etwas zu tun, was ich eigentlich nicht will, was eigentlich nicht meine Überzeugung ist, meine innere. Und trotzdem dann auf körperliche Aggressionen von Seiten des Bewohners einzugehen, mit dem Wunsch, mit der Hoffnung, es kann die Beziehung irgendwo nur voranbringen oder es ist für den Bewohner auch irgendwo eine Erfahrung, die er mit mir dann macht, daß ich nicht vor ihm kneife oder Angst habe oder wie auch immer, daß ich bereit bin, mit ihm zusammen seine Aggressionen und seine Wut und wie auch immer durch zu stehen.
...Die Auseinandersetzung, die auch wirklich so, wirklich von ihm ganz gezielt kam. Also, er hat das wirklich ganz klar signalisiert, du, ich will mich jetzt mit dir auseinandersetzen.

Körperlich. Und das, das war für mich also wirklich..., da habe ich doch so manchesmal abends, wenn ich dann zu Hause war, so im Nachhinein noch geflattert und gezittert und auch Angst gehabt, wirklich Angst gehabt. Und das kann ich nicht so einfach so schnell wegstecken. So, so wirklich so eine Stelle oder so, ja, da tut man Salbe drauf oder was weiß ich, da kann ich mit umgehen. Aber so mit diesen psychischen Belastungen, das ist schon schwierig. (...) Und deshalb im allgemeinen vermisse ich hier oben in der Gruppe auch einen Raum, wo wir uns einfach mal zurückziehen können für zehn Minuten oder für eine viertel Stunde, um wirklich mal in Ruhe eine Tasse Kaffee zu trinken oder mal eine Zigarette zu rauchen. So passiert es nur und ständig immer irgendwie im Kontakt mit den Männern. Die Männer haben die Möglichkeit sich zurückzuziehen, sie haben jeder ihr Einzelzimmer, wir haben es nicht. Ich denk aber, daß das einfach erforderlich ist, daß wir auch uns mal zurückziehen können. Oder auch, wenn wirklich mal so Konflikte da waren. Daß es eine Auseinandersetzung gab, eine körperliche Auseinandersetzung. Ich denke, da muß dem Mitarbeiter auch die Möglichkeit eingeräumt werden, daß er für zehn Minuten mal ganz alleine sein kann. Um vielleicht, was weiß ich, abzuheulen oder sonst irgendwie was. Abzuheulen, ja. Einfach so dieses so rauszulassen. Also, ich kenne es von mir, wenn ich mit irgendeinem Bewohner eine körperliche Auseinandersetzung hatte. Für mich ist das immer sehr befreiend gewesen, wenn ich hinterher weinen konnte. Und ich kann am besten weinen, wenn ich dann für mich ganz alleine bin. Also, ich hab mich dann oft hier runter in den Keller verzogen[20], wenn ich es konnte. Oder ich bin auf die Toilette gegangen oder so. Einfach so, um diesen ganzen Druck und diese ganze Anspannung rauszulassen. Hab ich geheult und eine geraucht und dann ging es wieder." (051)

"Also am meisten Schwierigkeiten macht mir wirklich so, wenn ich mit den Bewohnern eben irgendwas, wenn da irgendwie Streit ist, dicke Luft und ich aus dem Dienst gehe und weiß, die oder die ist nun bestimmt total böse auf mich und ich eigentlich auch weiß, ich muß das jetzt durchstehen irgendwie und ich muß sie jetzt auch böse sein lassen, weil, wenn ich das jetzt wieder zurücknehme, dann ist der ganze Effekt dahin. Aber denn so zu Hause zu sitzen und zu wissen irgendwie, daß ist noch nicht das Ding, daß ist noch nicht beendet und das kommt morgen wieder auf mich zu und so abzuwarten, wie sie am nächsten Tag drauf ist und ob sie das auch so verarbeitet hat, wie ich gehofft habe, daß sie das verarbeitet, das ist manchmal, also da grübelt man denn abends noch. Und was auch unheimlich schwierig ist, das sind gerade so im Moment unsere schwächeren Frauen, also, wenn die eine so einen Schreianfall kriegt so eine Stunde lang und nur ständig die selben stereotypen Sätze und Worte wiederholt und wenn man sie anfaßt, also nur boxt und schlägt. Und unsere Krebskranke, die also so wahnsinnig viel jammert und nicht mehr laufen kann und immer wenn man irgendwas... wenn sie schlecht drauf ist, irgendwie

---

[20] Aus Platzmangel innerhalb der Wohngruppe war das "Dienstzimmer" in die Kellerräume verlegt worden!

schlecht geschlafen hat und mehr Schmerzen hat, denn nur da sitzt und jammert, wenn man irgendwas von ihr will und wenn sie dann nichts ißt und man sich so Gedanken macht irgendwie mit essen und trinken. Weil, man muß ja auch irgendwas zu sich nehmen, wenn man weiterleben will. Das sind eigentlich so für mich dann doch eher die größten Probleme bei der ganzen Sache. Mehr hab' ich aber nicht." (071)

"Also, was ich einfach so im großen und ganzen doch immer noch so als belastend oder gefährlich oder was auch immer ansehe, ist dieser Konflikt, in dem wir stehen, daß wir irgendwo immer so ein Stück Familienersatz sind, sein sollen, nicht sein wollen, nicht sein können, es dennoch sind. Und was ich vorhin sagte, mit diesen zwischenmenschlichen Beziehungen, wo ich oft denke, wir sind echte Schauspieler, also auch noch. Und ich damit teilweise schon zu kämpfen habe... Also wenn mir von Bewohnern gesagt wird, du bist doch mein Freund und so was, und ich mich dann so völlig beschissen fühle, weil ich denk, so, ja, ich bin dein Freund und heute abend um 10 endet unsere Freundschaft. Und morgen um 3 fängt sie wieder an. Das ist einmal ein Punkt und daß ich manchmal das Gefühl habe, so gerade in Situationen, so, das sind Situationen, wie Du sie auch gerade mal miterlebt hast, wo die Bewohner alle aus der WfB nach Hause kamen. Kaffeetisch! Was denn heißt, erstmal wirklich einfach da zu sein, ein offenes Ohr zu haben, weil, die haben unendlich viel erlebt am Tag und, ja, haben ein wahnsinniges Mitteilungsbedürfnis. Erzählen, erzählen, erzählen, und das bedeutet also wirklich so nachmittags von um 4 bis um 5, halbsechs an sich so präsent zu sein, Kaffeetrinken, einfach da sein und, ja, so seelischer Ascheimer zu sein. Wo alles reingeschmissen wird. Also, wo ich merke, daß ich auch an meine Grenzen stoße, wo ich echt das Gefühl habe, so, ich kann es einfach nicht mehr. Ich kann es nicht mehr hören. Wo wirklich 'bla bla bla' passiert, so, wirklich aus meiner Sicht 'bla bla bla' passiert, aus deren Sicht ist es ganz wichtig, ist mir klar. Aber wo alles auf mich einredet, und wo ich auch wirklich da sitze und das Gefühl habe, ich steige jetzt ein bißchen aus mir aus, ich schwebe irgendwo über dem Raum und sehe mich da so sitzen und denke so, was machst du da eigentlich? Oder auf einmal das Gefühl, ich ertrage es nicht mehr. Ich kann es nicht mehr, ich kann mir dieses Gesülze jetzt nicht mehr anhören. Es geht einfach nicht mehr und ja, wo ich manchmal echt darüber lachen kann und sagen kann, oh Gott, was läuft hier eigentlich ab. Und es macht mit mir auch wirklich so, daß ich denke, es haut nicht mehr hin und ich dann teilweise auch raus muß. Also, es passiert relativ selten, aber ich dann teilweise wirklich auch gehe und sage, so, 5 Minuten weg. So, also Situationen, wenn... so, ja, wie gesagt, wenn alles auf mich einlabert. Oder, ja, manchmal Bewohner bestimmte Verhaltensweisen haben, wirklich zu reden, zu reden, zu reden - was behinderungsbedingt ist - und wirklich soviel Mist reden, wirklich echten Mist reden, so, wo ich auch nichts mit anfangen kann, wo ich einfach nur noch denke, oh, Scheiße. Hör bitte auf. Und wo ich aber weiß, es ist behinderungsbedingt. Es geht nicht anders, sie kann nicht anders reden. Und das ist teilweise eine extreme Belastung, die ich auch erst im Laufe der Zeit so feststelle, wo ich, wenn mir das jemand erzählen würde, ohne daß ich das selbst erfahren hätte, würde ich sagen, naja gut, ist vielleicht ein bißchen nervig, aber das kann so nicht so extrem belastend sein. Ich empfinde es als so wahnsinnig belastend... Und ich denk, das ist ein Punkt, der ist ganz wichtig, daß der einem in der Ausbildung vermittelt wird. Weil, du stößt so stark an deine Grenzen, du stößt so, du gerätst so stark in Selbstzweifel irgendwann, du hast das Ziel, du hast das große Ziel, so, der soll jetzt irgendwann so ganz toll und fit und selbständig und klar leben können und irgendwann merkst du, das ist völlig unmöglich. Und da zweifelst du an dir, nicht daran, daß der irgendein Scheißschicksal hinter sich hat. Sondern du zweifelst an dir, an deiner Fähigkeit bzw. Unfähigkeit. So, was hab ich falsch gemacht."(092)

"Was für mich auch eine unglaubliche Belastung ist, ist halt die M., von der ich vorhin schon geredet hab, weil, ja, die hat aus irgendwelchen Gründen mich auserkoren als ihre beste Freundin und, die weiß überhaupt nicht, was Freundschaft ist. Die hängt mit einer Affenliebe an mir, die so dermaßen an den Nerven zerrt, daß ich, diese Frau braucht nur reinkommen und guten Tag sagen, dann ist es schon vorbei, nicht, dann bin ich schon bedient. Und ich wirklich versuche, ihr aus dem Weg zu gehen wo ich kann, aber was ja ganz schwierig ist, weil sie mit allen Dingen, die sie will, die los sind, zu mir kommt. Wenn ich Sachen ablehnen oder nicht wissen will, sie jedes Mal eine unendliche Diskussion mit mir haben will, warum ich denn so bin, aber sowieso nie zuhört, wenn man erzählt, warum man so ist, weil die, ja, die hat, ich weiß das auch nicht, also die ist, die ist wirklich mein Trauma, die Frau. Das ist schon so weit, ich fahre jetzt nach P. [Ort im Ausland] mit V. und einem Bewohner, daß ich ihr das nicht erzähle, weil ich Sorge habe, daß sie mitfährt. Ich total im Streß bin, weil ich fahre in drei Wochen los, und ich weiß ganz genau, ich muß ihr das irgendwann erzählen, weil sie wird es soundso mitkriegen und das wird so furchtbar für sie sein, daß ich sie so hintergangen habe und ich mit mir total ringe, wie ich ihr das erzählen soll, weil ich habe solche Befürchtungen, daß sie mitfährt, weil das ist für mich sofort ein Grund nicht mitzufahren... Und, also wenn die mitfährt, steige ich sofort aus, fahre ich nicht mehr... Weil die oft Sachen macht, nur weil ich sie mache und alles, was ich mache, egal, was ich mache, ist soundso richtig, ich kann den größten Scheiß verzapfen, ich kann wirklich so häßlich zu ihr sein, es ist in Ordnung. Jedesmal, wenn ich in den Dienst komme, sagt sie, du siehst heute aber schön aus. Ich kann auch einen Müllbeutel anziehen, findet sie mich auch noch schön. Weil, das ist wirklich so, das ist einfach nicht mehr ehrlich, da kommt, also wenn ein anderer Bewohner zu mir sagt, das finde ich toll, was du anhast, dann weiß ich, das findet er wirklich toll. Und denn sind zehn andere Sachen, die findet er scheußlich, aber das hat ihm gefallen, dann kann ich mich total freuen. Wenn sie das sagt, da kann ich mich nicht darüber freuen, weil, sie findet, das hat nichts damit zu tun, daß sie die Sachen toll findet, also daß ich wirklich für sie der beste Mensch aller Zeiten bin... Und das auch überhaupt nicht in Griff zu kriegen ist. Also, ich habe da schon unendliche Gespräche mit ihr geführt und ich inzwischen auch überhaupt keine Energie mehr habe, so da mit einzusteigen, also gar nicht. Und das ist für mich eine ziemlich große Belastung, weil, da bin ich wirklich so dermaßen hinter meinen Grenzen auch und ziehe das eigentlich nur durch, weil ich es durchziehen muß. Also diese Frau wäre für mich ein Kündigungsgrund. Auf jeden Fall!"(093)

Noch deutlicher kann es kaum ausgesagt werden, wie sehr Mitarbeiter in für sie spezifischer Weise Belastungen ausgesetzt sind, denen sie in ihrer Vielfalt und Massivität nicht entgehen können. Man "steigt aus sich aus", "schwebt irgendwo über dem Raum", "sieht sich so dasitzen und fragt sich: 'Was machst du da eigentlich?'". Die Selbstzweifel sind umfassend. Ein anderer verliert in den Auseinandersetzungen ein Stück seiner selbst, seiner inneren Überzeugung, so daß er anschließend nur noch "abheulen" kann. Die entgegengebrachte "Affenliebe" zerrt derart an den Nerven, daß es "zum Kündigungsgrund werden" könnte. Eine weitere Betreuerin verliert sich in einer nahezu absurden Situation, in der sie sich Gedanken darüber macht, wie sie eine zum Tode geweihte Krebskranke zu Essen und Trinken motivieren kann: "weil, man muß ja auch irgendwas zu sich nehmen, wenn man weiterleben will." Und nach der Aufzählung mehrerer belastender Momente schließt sie: "Mehr hab' ich aber nicht."
Diese Beispiele sind keineswegs extreme Ausnahmen. Es sind auch nicht Schilderungen einiger "schwacher" Mitarbeiter, sondern im Gegenteil sind es Aussagen engagierter, immer wieder reflektierender, sich selbst fordernder Betreuer. So und ähnlich werden alltäglich Arbeitsanforderung von der Mehrzahl der Behindertenbetreuer erlebt.
Die Identität, die Persönlichkeit der einzelnen wird - dies ist auch Folge des sozialen Wandels in der personenbezogenen Dienstleistung (vergl. Abschn. 11.1) - vermehrt zur eigentlichen Ressource, auf die sich die institutionalisierte Behindertenarbeit stützt. Diese Ressource ist im Laufe der Arbeit einem Erosionsprozeß ausgesetzt, der auf Dauer (oft sehr schnell) zur Erschöpfung der Beschäftigten beiträgt. Zumal dann, wenn der einzelne nicht durch angemessene Formen der Unterstützung seitens der Einrichtungen aufgefangen wird.

6.3 Die Ambivalenz des Führungsprozesses und der Mangel an sozialer Unterstützung

Die Komplexität, Diffusität bzw. Vielgestaltigkeit der beruflichen Arbeitssituation, denen die Mitarbeiter im Alltag ausgesetzt sind, wurde bereits erörtert. Eine Analyse des Führungsprozesses aus der Perspektive der Beschäftigten wird im folgenden Teil dargestellt. Ein dabei sich herausschälender wichtiger Faktor ist die fehlende soziale Unterstützung im Führungsprozeß - er muß auch im weiter unten aufgezeigten theoretischen Rahmen gesehen werden (vgl. Abschnitt 11).
Auch auf eine weitere belastende Komponente soll hier eingegangen werden, die fast durchgängig im Alltag vorhanden ist - die Ambivalenz der Beziehungen im Führungskon-

takt. Zum Ausdruck kommen in den Aussagen der Mitarbeiter Haltungen und Bewertungen des Führungsprozesses, die jedenfalls einen bedeutsamen Anteil an der Belastungsgenese haben. Bereits eine quantitative Auswertung aller unter der Codierung "Unterstützung durch Vorgesetzte" und "Belastung durch Vorgesetzte" zusammengestellten Interviewaussagen verdeutlicht ein starkes Mißverhältnis zwischen den beiden Polen Unterstützung und Belastung. So ist die Anzahl der Aussagen zum Thema "Belastung durch Vorgesetzte" fast doppelt so groß, wie die Anzahl der Interwiewpassagen zum Thema "Unterstützung durch Vorgesetzte". Hierbei ist die Länge der Beiträge noch nicht berücksichtigt. Sie würde die Diskrepanz noch deutlicher werden lassen (vgl. Tabelle 3, Abschnitt 5). Quantitativ könnte man daraus schließen, daß sich ca. 1/3 der Mitarbeiter unterstützt fühlen, während die anderen 2/3 sich nicht unterstützt fühlen, die übergeordneten hierarchischen Ebenen gar als belastend empfinden. Bei genauerer Betrachtung ist diese These jedoch nicht haltbar. Zwar gibt es einerseits den Mitarbeiter, der sich durchgängig unterstützt fühlt und den Kontakt zum Vorgesetzten grundsätzlich positiv einschätzt: "Inwieweit ich mich unterstützt fühle?... Eigentlich so in allen Bereichen, in denen ich Schwierigkeiten habe. Wir reden dann miteinander." (094). Andererseits gibt es denjenigen, der die Frage nach Unterstützung total verneint und ein negatives Verhältnis zum Vorgesetzten signalisiert: "Unterstützt? Gar nicht! Überhaupt nicht! Ich fühl' mich eigentlich nur boykottiert irgendwie."(032). Dieser Mitarbeitertypus mit einer klaren Position - positiv oder negativ - ist jedoch eher die Ausnahme. Die Mehrzahl der befragten Mitarbeiter äußern eine zwiespältige Beurteilung des Vorgesetzten. Dies soll im folgenden näher dargestellt werden. Die Ambivalenz in der Beurteilung der Vorgesetzten steht wohl in erster Linie damit im Zusammenhang, daß die Betreuer einerseits nach Selbständigkeit und Autonomie streben - andererseits beklagen sie, daß sie sich gerade in Momenten, die eine Entscheidung erfordern, alleingelassen fühlen. Dieser Widerspruch taucht in vielfältiger Weise in den Interviews auf.

Innerhalb einer streng hierarchisch strukturierten Organisation mit klar definierten Aufgabenbeschreibungen und Rollendefinitionen und den daraus abgeleiteten Befugnissen und Kompetenzen haben *Anordnungen* - im Sinne von Entscheidungen - für den einzelnen Mitarbeiter und das Mitarbeiterteam eine den Handlungsspielraum beschneidende, andererseits aber auch entlastende Funktion. Fehlen jedoch klar formulierte Organisationsziele, Aufgaben- und Rollenbeschreibungen, oder sind diese aufgrund des Wandels diffus, unklar, widersprüchlich, so werden die traditionellen hierarchischen Ebenen nur noch *formal* akzeptiert. *Inhaltlich* erhalten informelle Strukturen, auch eigene Überzeugungen eine zunehmende Bedeutung. Anordnungen "von oben", die aufgrund des Auseinanderklaffens von formalem und informellem Zusammenhalt nicht mehr plausibel sind, erscheinen als *Willkürakte*, wenn dieser Prozeß weit fortgeschritten ist. Sie werden dann leicht als Machtdemonstrationen angesehen - besonders dann, wenn die untergeordnete Ebene in den Entscheidungsprozeß nicht einbezogen wird, oder wenn sie wegen bestehender Infor-

mationsdefizite Entscheidungen nicht nachvollziehen kann. Aus solchem Zusammenhang heraus werden Anordnungen und Entscheidungen nicht als etwas unterstützendes, entlastendes wahrgenommen, sondern als zusätzliche Belastung und als Angriff auf die eigene Kompetenz. Sie werden widerwillig ausgeführt, nicht selten umgangen oder bewußt boykottiert.
Dem gleichen Ursprung - unklare Ziele, in Entscheidungsprozesse nicht einbezogen zu sein, mangelnde Aufgaben- und Rollenklarheit, unklare Kompetenzen - entspringt bei den Beschäftigten das Gefühl, ihrerseits boykottiert zu werden und vom Vorgesetzten in entscheidenden Situationen allein gelassen zu werden. Konkret auf den Alltag bezogen heißt dies, daß ihnen dort Unterstützung fehlt, wo sie selbst aufgrund unklarer Vollmachten und Kompetenzen keine Entscheidung treffen können. Verantwortung mögen sie bei unklaren, auch widersprüchlichen Zieldefinitionen nicht übernehmen, denn es gibt keine "richtige" Lösung oder Entscheidung. Handeln und Verhalten der Mitarbeiter sind unter diesen Bedingungen jederzeit durch jedermann anfechtbar. Unter Umständen spielen irrationale Argumente, "schlechte Laune", die "Gunst der Stunde" eine Rolle, die die Situation für die Beschäftigten unberechenbar macht. "Wenn man das 'ne Zeit lang gemacht hat [in einer Vertreterposition zu arbeiten], gewöhnt man sich dran und... ich nehm's mir dann sehr schnell an. Es ist denn meins, mein Ding auch. Und wenn dann der Abteilungsleiter wieder da ist, dann ist das alles überhaupt nicht mehr mein Ding. Das hat mich... ist... das hat mich sehr genervt."(012) - "Es wird immer sehr viel vorgeschrieben, wenn schlechte Laune ist."(023)

Informationsdefizite und mangelnde Mitsprache in Entscheidungsprozessen führen zu Anordnungen, die für die Mitarbeiter nicht nachvollziehbar sind und deshalb als willkürlich und praxisfern erscheinen. Sind solche Anordnungen "von oben" schon eine den Alltag belastende Komponente, so verstärkt sich dieser Einfluß, wenn als *unberechtigt empfundene Forderungen* hinzukommen. Der ohnehin an der psychischen und physischen Leistungsgrenze arbeitende Betreuer fühlt sich überfordert und entzieht sich solchen Forderungen. Als Folge davon gerät er unter Legitimationsdruck: er muß detailliert begründen, warum er den Forderungen nicht entsprochen hat. Das empfindet er als Zumutung und als Angriff auf seine Glaubwürdigkeit. Er reagiert entsprechend wütend und aggressiv: "Also, es ist so... manchmal hab ich so den Eindruck, daß so... von uns, nicht nur von mir, so Dinge abgefordert werden, die die Leute aus der Geschäftsstelle selber gar nicht leisten würden. Und sie auch gar nicht bereit sind, sich anzugucken und sich mal hier hinzulegen, mal zwei Nächte hintereinander, dann würden sie sich vielleicht wirklich andere Gedanken machen und nicht fragen, was man sich dabei gedacht hat, 'ne ganze Nacht aufzuschreiben und nicht nur zwei Stunden, obwohl man halt die ganze Nacht nicht schlafen konnte und den nächsten Tag kaputt ist und übernächsten auch, weil man überhaupt nicht mehr im Rhythmus drin ist. (...) Und zum Beispiel auch in den Nächten, wenn die Kollegen nicht schlafen können, daß man nicht hundert Begründungen schreiben

muß, warum das so ist, sondern daß man sich verdammt noch mal damit zufrieden geben muß. Daß es eigentlich 'ne Frechheit ist, finde ich so, daß man das auch noch begründen muß."(112)
Wenn dann noch Erfahrungen hinzukommen, daß eigene, besser gesagt: gruppenbezogene Forderungen nur so "runtergewischt" werden, kommt es zu *Konflikten und Frontenbildung*. Geschäftsführung und zentrale Verwaltung werden zu hemmenden, belastenden Gegnern anstatt zu den Arbeitsprozeß unterstützenden, kooperierenden Partnern. Für den Mitarbeiter erscheint die Situation schizophren. Einerseits soll er eine positive lebensfreundliche Atmosphäre in der Wohngruppe aufbauen, die auf familienähnlichen, normalen Beziehungen beruht. Er soll auch eine wohngruppenübergreifende Gestaltung von Arbeit und Leben mit den Bewohnern bewerkstelligen. Andererseits werden ihm die dafür notwendigen Ressourcen nicht zur Verfügung gestellt bzw. er muß hart auf einer reinen Sach- und Arbeitsebene um sie kämpfen: "Und... ja, wenn man, oder wenn wir hingehen und manchmal Forderungen stellen, wie zum Beispiel, ob man sich nicht mal was mit den Fentern[21] hier überlegt, damit das mal 'n bißchen leiser ist. Und also so, daß so runtergewischt wird, so nach dem Motto, als würde man denen eigentlich nur Geld aus der Tasche ziehen wollen. Also nee... daß ich manchmal den Eindruck habe, daß es einfach nicht verstanden wird, daß auch 'n Interesse besteht so für diese Gruppe, sondern daß das dann ganz plötzlich irgendwo auf so'ner Arbeitsebene abläuft. Aber auf der anderen Seite eigentlich erwartet wird, daß es gerade so nicht laufen soll. Also, da wird auch nicht offen drüber geredet."(112)
Derselbe Mitarbeiter argumentiert etwas später im selben Zusammenhang scheinbar widersprüchlich: "Also es gibt schon Dinge,... daß ich zu irgendeinem Problem, was wir mit 'nem Bewohner hier haben, wenn ich das denn so sage, wie ich das sehe, da schon auch Unterstützung kriege, wenn das in Ordnung ist. Oder wenn ich halt auch Situationen hier erlebe, wo ich total hilflos war, dann hab' ich eigentlich nicht für mich das Gefühl gehabt, hier so fallengelassen worden zu sein. Also, hatt' ich auch schon den Eindruck, daß ich sehr wohl da wirklich auch Unterstützung gekriegt habe. Also nicht, daß ich so mit Magenschmerzen nach Hause gehen mußte. Also, das brauch' ich nicht. Also, da... fühl' ich mich schon ganz gut aufgehoben."(112) Das scheinbar Widersprüchliche, Ambivalente in den Aussagen löst sich durch das eingeschobene "wenn das in Ordnung ist" wieder auf. Aber wann weiß man als Mitarbeiter in einer unstrukturierten Situation, wo weder Aufgaben noch Ziele klar definiert sind schon, wann etwas in Ordnung ist oder nicht.

Werden Forderungen gestellt oder "oben" Anordnungen getroffen, die als unberechtigt oder störend empfunden werden, die also nicht innerhalb der einzelnen Teams durch Diskussion und Mitsprache angenommen worden sind, so ist die Akzeptanz naturgemäß

---

[21] Wegen starken Verkehrslärms bestand hier die Forderung, in das Wohnhaus der Gruppe doppelverglaste Fenster einbauen zu lassen.

gering. Die Wahrscheinlichkeit, daß sie im Alltag unterlaufen werden, wird damit groß. Dies ist oft der Ausgangspunkt für eine unheilvolle, sich wechselseitig verstärkende Konfliktdynamik. Da die Aus- und Durchführung solcher Anordnungen ausschließlich extrinsisch motiviert ist, erfolgt sie nicht selten nur dann, wenn eine offensichtliche Verweigerung Sanktionen nach sich ziehen würde. Ausschließlich extrinsisch motivierte Handlungen bedürfen deshalb der fortwährenden *Überwachung und Kontrolle*. Das führt zu immer ausgeklügelteren Strategien der Mitarbeiter zur Umgehung der Kontrolle. Folge davon sind wiederum effektivere Kontrollmaßnahmen usw. Der Kontrollbedarf der Vorgesetzten wächst im gleichen Ausmaß, wie Abwehr und Gegenstrategien entwickelt werden. Und umgekehrt: je umfassender Kontrolle eingesetzt wird, um so ausgefeilter und subtiler werden die Gegenmaßnahmen. Kontrolle zieht Empörung nach sich: "Wenn sie rumkommen, ohne sich anzumelden. Oder was ich unmöglich finde, ist... Wir schließen ja immer die Gruppe ab. Und dann schließt sie die Gruppe einfach auf, ohne vorher zu klingeln. Das finde ich unmöglich. Fühl' ich mich kontrolliert und... sehr stark, ja, sehr stark kontrolliert. Also, da krieg ich immer einen zuviel.(...) Und das finde ich unmöglich. Das ist das Schlimmste, was man mir antun kann."(042)

Selbst, wenn dem einzelnen Mitarbeiter klar ist, daß der direkte Vorgesetzte ebenso in einen Rahmen eingebunden ist, er als "kontrollierter Kontrolleur" fungiert und selbst "zwischen den Stühlen sitzt", er ihn deshalb also in "seiner Rolle" gar nicht "richtig ernst nimmt", wird dennoch die Tatsache der Kontrolle als negativ und stark belastend empfunden: "Ja, also ich kann sie irgendwie in ihrer Funktion, oder in ihrer Rolle nicht richtig ernstnehmen, weil, ich denke, daß sie irgendwie auch nur so'ne Art Kontrollfunktion haben und ich aber praktisch irgendwie permanent so mit ihnen konfrontiert werde, irgendwie; in was für 'ner schwierigen Situation sie eben auch sind und daß sie eben auch immer zwischen zwei Stühlen stehen, also zwischen Gruppe und was weiß ich, eben Heimleitung oder Anstaltsleitung... Und ja wirklich nur so von oben eingesetzt worden sind, als Puffer oder so, damit das eben nicht an der Spitze ankommt, oder so."(032)

Die ambivalente Beziehung zum Vorgesetzten, das Hin- und Hergerissen-Sein zwischen positiven und negativen Gefühlen wird deutlich, wenn man eine andere Aussage des Mitarbeiters daneben stellt, der wenig zuvor den kontrollierenden Vorgesetzten ("Das ist das Schlimmste, was man mir antun kann") noch total ablehnte: "Ja, auch Zuwendung bekomme ich. Zuwendung und so'n gewisses Akzeptiert-Sein. Und das, was ich tue, daß das okay ist. So, daß ich nicht so doll denke, oh, Scheiße, was hab' ich jetzt schon wieder angestellt oder so 'was, das ist überhaupt nicht mein Beruf, da hab' ich mich irgendwie vertan bei der Ausbildung. So, das bekomme ich eigentlich so immer wieder zurück. Und auch, so, ja, eigentlich sehr viel an Zuwendung und auch Zuhören und... So, wenn ich irgendwelche Probleme hab' so. Das ist denn immer ganz schön."(042) - Zuwendung, Akzeptiertsein, Unterstützung und Ernst-Genommen-Werden bei eigenen Problemen sind zentrale Anliegen im Führungskontakt wohl gerade deshalb, weil die Arbeit selbst häufig ein positives Feedback nicht liefert.

Etwa zwei Drittel aller befragten Mitarbeiter verneinen die Frage nach *Unterstützung* bzw. beklagen sich über fehlende Unterstützung durch den direkten Vorgesetzten. In den folgenden Zitaten können wir leider nur die verbale Seite der Aussagen wiedergeben. Drastischer war oft der nonverbale Ausdruck. Vom leidvollen Aufstöhnen und eindeutiger, unterstreichender Mimik bis zu abwinkender oder wegwerfender Gestik war die Bandbreite der Ausdrucksmöglichkeiten. Die Frustration war den Gesichtern abzulesen: "Unterstützt? Gar nicht. Überhaupt nicht. Ich fühl' mich eigentlich nur boykottiert irgendwie."(032) - "Zur Zeit bin ich nur wütend auf die, nur wütend. Und ich bin zur Zeit auch nicht gut auf die zu sprechen. Ich bin froh, daß mein unmittelbar Vorgesetzter im Augenblick im Urlaub ist, sonst würde ich, glaube ich, diese ganzen Tage nur im Clinch mit ihm sein."(051) - "Also von X., das ist nun mein nächster Vorgesetzter, fühl' ich mich nicht unterstützt, überhaupt nicht. Also da ist es weder so noch so, das ist mir egal, ob er da ist oder ob er nicht da ist. Dann war hier, kam als nächstes die Abteilungsleitung, da hab' ich auch ein Problem mit gehabt."(062)

Die Ambivalenz in der alltäglichen Interaktionen wird deutlicher, wenn man auch dieser Aussage eine andere gegenüberstellt, die derselbe Mitarbeiter wenig später macht: "Also, ich kann, wenn ich Schwierigkeiten in X. hätte, könnte ich zu Y. gehen und dem das sagen, dann würd' er mir helfen, aber wenn es eine Schwierigkeit zwischen ihm und mir ist, dann können wir ganz schlecht darüber reden."(062)
Dieses "einerseits und andererseits" kommt auch in den nächsten beiden Interviewpassagen zum Ausdruck, die wiederum vom gleichen Mitarbeiter stammen: "Also ich geh' mal an den Anfang, da hab' ich diese Unterstützung ganz massiv vermißt, hab' mich sehr oft überfordert gefühlt, weil ich einfach Entscheidungen treffen sollte, die ich nicht treffen konnte. Jetzt ist es so, daß ich die Schwierigkeit habe mit der Abteilungsleitung. Es gibt Aufgaben, die er übernimmt und es ist aber nicht immer ganz eindeutig, welche Aufgaben übernimmt er und welche sind ganz klar meine Aufgaben. Manchmal machen wir das doppelt, manchmal frage ich nach, hat er es schon erledigt, gegenüber einer dritten Person und er ärgert sich dann, daß ich das jetzt nochmal gemacht habe, gar keine böse Absicht, aber es ist nicht geklärt. Andererseits, wenn es nicht geklappt hat, dann heißt es, das ist meine Arbeit, ich muß das machen. Das sehe ich schon als ein Problem an."(011) - Dagegen steht scheinbar im Widerspruch: "Gut finde ich, daß er auch viel, sag' ich mal, Verwaltungsarbeit mir letztendlich abnimmt, also zumindest in der Rolle, in der ich im Moment, so wie ich hier bin, oder so, wie ich hier eingesetzt werde, die ich sonst überhaupt nicht schaffen könnte. Die würden mir einfach abgehen. So, ob das jetzt Berichte sind, an die Behörde, oder es fängt schon an beim Kopieren, wer geht kopieren?"(011)

Ein immer wieder auftauchendes Problem im Zusammenhang mit Anordnungen besteht darin, daß sie für den Mitarbeiter oft nicht nachvollziehbar sind. Sie werden häufig nicht rechtzeitig in Entscheidungsprozesse einbezogen. Ihnen werden wichtige Informationen vorenthalten, die Grundlage der Entscheidung und Anordnung sind. Die Reaktionen bestehen aus Abwehr, Abblocken, Unterlaufen der Anordnungen. Die Legitimation und Rechtfertigung vor sich selbst - sowohl des einzelnen Mitarbeiters als auch des Teams - besteht oft darin, daß man dem Vorgesetzten mangelnde Kompetenz in der Hinsicht vorwirft, er habe "keine Ahnung vom Alltag", agiere *"praxisfern"*; es komme aufgrund fehlender *"Basiskenntnisse"* zu Fehlentscheidungen. Sicherlich gibt es diesen Vorgesetzten, der aufgrund organisatorischer Überlastung und Verwaltungsarbeit kaum dazu kommt, sich einen regelmäßigen Einblick in den Wohngruppen-Alltag zu verschaffen. Seine Entscheidungen sind aus Sicht der Wohngruppe "am grünen Tisch" gefällt und der Vorwurf der Praxisferne mag dann zu Recht bestehen. Aus Wohngruppenperspektive erscheint seine Entscheidung als Fehlentscheidung.

Andererseits müssen die Vorgesetzten entsprechend ihres Aufgabenbereiches einen weiteren Überblick haben und bei ihren Entscheidungen andere Kriterien und Maßstäbe anlegen als die Teams. Sie kommen aufgrund der anderen Verknüpfung von Informationen und Tatbeständen zu anderen Prioritätensetzungen, die mit denen der einzelnen Wohngruppe konkurrieren. So können Entscheidungen zugleich richtig *und* falsch sein, weil es von der jeweiligen Perspektive abhängt, zu welchem Ergebnis man kommt. Was aus Sicht des Subsystems "Wohngruppe" als Fehlentscheidung oder Ungerechtigkeit erscheint, ist aus Sicht der höheren Ebene unter Umständen die "richtige" Entscheidung. Die Berücksichtigung eines anderen Zusammenhangs wird aber wenig an diejenigen vermittelt, deren Detailprobleme daraufhin ungelöst bleiben müssen oder sich sogar verschärfen.

Analog dazu müssen die Begriffe Praxisferne und Basiskenntnisse relativiert werden. Sie sind nur in Beziehung zum jeweiligen Umfeld, der jeweiligen Systemebene zu sehen, auf der das Subjekt agiert. Der einzelne Mitarbeiter ist genauso weit von der "Basis des Vorgesetzten" entfernt, wie der Vorgesetzte von der "Mitarbeiterbasis". Prinzipiell ist diese Tatsache nicht negativ an sich, sondern in einem gut funktionierenden System sinnvoller Teil von Arbeits- und Aufgabenteilung. Negativ und belastend ist dieser Umstand erst dann, wenn die zum gegenseitigen Verständnis notwendigen Informationen fehlen, wenn es zu Desinformation kommt und damit Kooperation verhindert, Motivation abgebaut, Mißtrauen aufgebaut wird. Es kommt zu gegenseitigen Vorwürfen, Anklagen und Schuldzuweisungen: "Ich bin ja gar nicht rechtzeitig informiert worden" oder: "Er hat sich nicht die Mühe gemacht, sich zu informieren." Dabei wird übersehen, daß es z.T. an jedem selbst liegt, ob er in einer Passivrolle verharrt oder ob er aktiver Teil des Informationsprozesses ist. Will man Informationen haben, muß man sie sich holen, wenn sie nicht gebracht werden. Und anders herum, will man, daß der andere wichtige Informationen erhält, muß man sie ihm bringen, wenn er sie sich nicht holt.

Wird dann allerdings der Informationsaustausch einseitig abgebrochen, das Gespräch verweigert, so muß dies als akuter Hinweis auf eine gestörte Beziehung gewertet und dann nach positiver Veränderung gestrebt werden. "Ich empfinde es schlichtweg als sehr anmaßend, den Zeigefinger zu erheben, ohne sich ein Bild darüber zu verschaffen. Wofür

erhebe ich denn eigentlich den Zeigefinger, ohne die Hintergründe zu kennen, ohne sich die Mühe zu machen, sich zu informieren."(051) - "Und da hab' ich denn nur gesagt, also, da würde ich gerne noch mal so'n bißchen intensiver drüber reden und das Gespräch suchen. Und der gute A. sagte dann eben, nein, das brauchen wir nicht, Herr Z. das will ich nicht, fertig aus."(051)
In einem derartigen Klima von gegenseitigem Mißtrauen ("... und ich bin irgendwie so unserer Gruppenleitung im Moment auch ziemlich mißtrauisch gegenüber" (032)), von Kontrolle, Unterlaufen von Anordnungen, von Abwehr ungerechtfertigt erscheinender Forderungen kann es nicht ausbleiben, daß einer den jeweils anderen in seiner Rolle nicht (mehr) akzeptiert, *ihn nicht mehr ernst nimmt*. Der Mitarbeiter in der Gruppe fühlt sich nicht ernstgenommen durch seinen Vorgesetzten und nimmt ihn seinerseits auch nicht mehr ernst: "Ich fühl mich auch manchmal ein bißchen verarscht von den Leuten. So zum Beispiel, daß hier Arbeitsgruppen gebildet wurden, wo der... die Stellenbeschreibung für Heim- und Gruppenleiter erstellt werden sollen. Die Stellenbeschreibungen müssen längst feststehen. Ich kann mir nicht vorstellen, daß die jetzt erst erarbeitet werden sollen. Da fühle ich mich also ein bißchen verarscht. Und ansonsten, die treten auch nicht in Erscheinung."(012) - "Aber es ist für mich einfach auch so die Tatsache, Karriere machen. Und das macht mich, das macht mich wütend."(051) - "Ich denke für mich einfach, daß da auch der Vorgesetzte so für mich da ist. Er muß sich das schon gefallen lassen, wenn ich wütend bin, und ich denke, er müßte dann auch so die Bereitschaft haben, sich in seiner Art da mit mir auseinanderzusetzen. Also, ich erwarte einfach, daß er mich ernst nimmt. Das ist schon 'n ganz klares Ding. Nur, manchesmal hab ich eben das Gefühl, daß er das nicht tut."(051) - "Und dann hat man immer gleich das Gefühl, buff, wozu zerbrichst du dir überhaupt den Kopf und machst dir also die wahnsinnigen Gedanken und wenn denn hinterher gleich gesagt wird, so können wir das nicht, und das und das, und überhaupt."(071)

Klar dürfte sein, daß unter solchen Bedingungen eine Basis für gemeinsames, kooperatives Handeln kaum besteht. Einzelkämpfertum und private Lösungen gewinnen die Oberhand, innovative Ansätze werden im Keim des gegenseitigen Mißtrauens erstickt. Wie ungesund und psychisch belastend solch ein Arbeitsumfeld ist, veranschaulichen drastisch folgende Aussagen: "Und ich mein', der, der am meisten getreten wird, ist immer der Unterste, und das sind wir. Irgendwo kommt's denn ja immer an."(071) - "Weil ich denk, jeder sitzt da irgendwie auf seinem Stuhl und rettet, was zu retten ist. Erstmal so für sich. Und was mich daran ganz doll stört, daß ist irgendwie immer noch dieses Motto: 'Wir sitzen irgendwie alle im selben Boot' oder so. Was überhaupt nicht stimmt. Und unterstützt fühl' ich mich auch nicht." (032)
Widersprüchlichkeiten im Fühlen und Denken, auf verbaler und Handlungsebene spiegeln die vorfindbare Realität wider, in denen sich die Mitarbeiter befinden. Dort, wo alles im Wandel begriffen ist - Wertewandel, Paradigmawechsel, Dezentralisierungstendenzen,

Abbau hierarchischer Strukturen etc. -, traditionelle Handlungsorientierungen zunehmend obsolet werden, Alltagshandeln vorwiegend auf der Basis privater Lösungen stattfindet, weil neue Handlungs- und Orientierungsrahmen noch nicht zur Verfügung stehen, Ziellosigkeit einhergeht mit Erfolglosigkeit, Diffusität und Problemüberflutung die Normalität des professionellen Alltagsgeschehen darstellt, muß es zwangsläufig zu Widersprüchlichkeiten und ambivalentem Verhalten der Beteiligten kommen.

6.4 Das Team als Entlastungs- und Belastungsquelle

Wie im vorangegangenen Abschnitt fällt auch hier der erhebliche Unterschied zwischen den positiven und negativen Aussagen bei der Auswertung auf. Während es zum Thema "Unterstützung durch das Team" lediglich 32 Fundstellen in den Interviews gibt, finden wir zum Thema "Belastung durch das Team" 83 Textpassagen. Die Berücksichtigung des Umfangs der einzelnen Stellungnahmen würde diesen Unterschied noch deutlicher in Erscheinung treten lassen (vgl. Tab. 3, Abschnitt 5). Insgesamt weist er auf die exponierte Stellung des "Team"-Themas hin. Das Team muß als wesentliche Belastungsquelle für die Beschäftigten angesehen werden und bedarf deshalb einer gründlichen Analyse.
Diese Analyse ist in Verbindung mit der im theoretischen Teil formulierten These der privaten Handlungsorientierung zu sehen. Einerseits ist der Kooperations- und Kommunikationsbedarf über Ziele und Inhalte sehr hoch, andererseits aber erschwert der vor diesem Hintergrund eingebrachte hohe Anteil "privater" Lebensanschauungen in den Arbeitsprozeß diese Kooperation und Kommunikation, da immer auch Bestandteile der Identität der Betroffenen berührt werden. Die ambivalente Einstellung zur Teamarbeit - Unterstützung vs. Belastung - muß in diesem Bezugsrahmen gesehen werden. Mehr noch, die Konzeption der Teamarbeit selbst wird zur Privatsache. Eine wesentliche Konsequenz dieser sehr widersprüchlichen Situation kann sein, daß Teambildungsprozesse - verstärkt durch organisatorische Rahmenbedingungen - nicht zustandekommen. Für das Arbeitshandeln entstehen damit wiederum "Privatisierungs-Konsequenzen" - mit allen nachteiligen Folgen für die Belastungsspirale.
Ähnlich wie bei der Einschätzung der Vorgesetzten ist es auch hier so, daß es Vertreter einer nur positiven oder nur negativen Position hinsichtlich der Unterstützungs- bzw. Belastungswirkung des Teams kaum gibt. Aufgrund der vorhandenen Ambivalenz ist es nicht sinnvoll, die beiden Themenbereiche - Unterstützung und Belastung - getrennt abzuhandeln. In der Realität ist beides da, bedingt sich wechselseitig, ergänzt sich. Der Abschnitt ist in drei Teile gegliedert: "Team oder Nicht-Team", "Zusammenarbeit vs. Einzelkämpfer", "Offenheit und Angst".

Team oder Nicht-Team

Die Frage, ob eine Gruppe von Mitarbeitern als Team angesehen werden kann, ist nicht eindeutig mit ja oder nein zu beantworten, wenn nicht gleichzeitig der Teambegriff definiert wird: welche Bedingungen müssen erfüllt sein, damit von einem Team gesprochen werden kann? Ist es bereits hinreichend, wenn mehr als eine Person mit einer Sache beschäftigt ist, oder muß etwas Gemeinsames im Sinne von Kooperation dazu kommen? Von welcher Qualität muß die Kooperation sein? Gehört ein gemeinsames Ziel dazu? Wie klar und ausformuliert, wie eindeutig muß dieses Ziel sein? Wie weit muß eine Einigung über den Weg zur Zielerreichung vorhanden sein oder genügt es, wenn nur eine grobe Richtung besteht und eingehalten wird? Ist ein Team erst dann ein Team, wenn jeder Beteiligte gleich viel Motivation, Zeit, physische und psychische Ressourcen bereitstellt und einbringt? Welche zeitliche Kontinuität (dabei sein, dabei bleiben) ist Voraussetzung? Muß grundsätzlich nicht nur an der gleichen Sache, sondern auch am selben Ort gearbeitet werden, damit man von Teamarbeit sprechen kann? Gehört der Gruppenleiter grundsätzlich zum Team oder nicht, da er mit seiner Vorgesetzten-Rolle einer anderen hierarchischen Ebene angehört usw.?

Diese Liste von Fragestellungen zum Teambegriff und zur Teamarbeit ließe sich erweitern. Aber wir meinen, daß bereits dieser Ausschnitt sehr anschaulich die Unklarheit und die Unabgegrenztheit illustriert, in der sich der einzelne Mitarbeiter in der Praxis befindet. Jeder "weiß", daß im sozialen Bereich "Teamarbeit" Voraussetzung für einen gelungenen Arbeitsprozeß ist, und jeder hat dies als Anspruch an sich und seine Kollegen im Kopf. Aber kaum jemand kann die Kriterien, die erfüllt sein müssen, benennen. Da sie nicht konkretisiert werden, hat jeder zwangsläufig seine private Vorstellung von dem, was ein Team ausmacht und wann aus seiner Sicht Teamarbeit vorliegt: "Wir haben keins. Also, unter Team verstehe ich ein Miteinander-Arbeiten. Etwas mehr als so zehn Arbeiter auf einem Haufen. Und, hier, oder, ja, bei uns stehen so... wir sind zu unterschiedlich und es ist niemand da, der uns zusammen... es ist nichts, was uns zusammenschweißt. Obwohl wir eigentlich alle die gleiche Arbeit machen sollten, macht sie halt hier jeder anders und jeder hat Interessen. Dazu kommt diese ewige Hektik. Also ist das nichts mit Team hier."(012) - "Ja, was heißt Team. Team ist immer so im Ganzen gesehen. Also, im Team arbeiten wir eigentlich wenig zusammen. Es sind immer nur einzelne Personen, mit denen wir zusammenarbeiten, halt in Zweier-, maximal in Dreier-Gruppen. Und das heißt immer, wenn man in den Dienst kommt, sich auf den jeweiligen Kollegen einzustellen und... ja, Schwierigkeiten so dabei sind halt einfach, 'nen gemeinsamen Nenner irgendwo zu finden, so, was die Arbeit betrifft." (131) - "Dadurch, daß wir acht Personen sind, empfinde ich es oft als sehr schwierig... den Zusammenhalt im Team. Wir sehen uns zu selten und manchmal ist es sogar, daß, bedingt durch Urlaub und Fortbildung, wir uns auch selbst auf Mitarbeiterbesprechungen nicht alle sehen, und daher hat man dann oft zu dem einen oder

anderen weniger Kontakt, oder manchmal ist es so, daß ich, ja, mit X. zum Beispiel, nur einmal im Monat zusammenarbeite."(072)
Offensichtlich wird durch diese Aussagen, daß schon organisatorische, dienstplantechnische Voraussetzungen verhindern, daß ein Teamgefühl aufkommt. Die enge Planstellensituation im Zusammenhang mit Schichtdienst, Teilzeitarbeit, Aushilfen und hoher Krankheitsrate bedingt eine ständig wechselnde Arbeitsgruppen-Zusammensetzung mit der Auswirkung, daß sich der einzelne immer wieder anderen Kollegen gegenübersieht, auf die er sich jeweils in seinem Arbeitsablauf, seiner Arbeitsauffassung und seinem Rhythmus einstellen muß. Dies verlangt ein hohes Maß an Flexibilität. Viel psychische Energie muß aufgewendet werden, die dann der eigentlichen Arbeit - der Beschäftigung mit dem Bewohner - fehlt. Man muß sich auf den jeweiligen Kollegen und seine Arbeitsweise einstellen. Nichts ist selbstverständlich, Routine im positiven Sinne von "Sich-aufeinander-Verlassen" kann kaum aufkommen (wenn ich diese Aufgabe erledige, macht der Kollege jenes, ohne daß es vieler Worte bedarf). Erhöhter Informationsaustausch wird erforderlich, weil man nicht kontinuierlich, sondern sporadisch zusammenarbeitet. Wenn man dann noch mit Kollegen Dienst hat, die einem nicht sympathisch sind ("man mit ihnen nicht kann"), ist es nicht verwunderlich, wenn teilweise sehr krasse Aussagen erfolgen. So antwortet ein Mitarbeiter auf die Frage, was denn gut läuft in bezug auf das Team sehr eindeutig: "Das kann ich nicht sagen, nichts. Nichts. Seh' ich so. Sehen meine Kollegen sicherlich anders, aber es ist so."(012)
Ein anderer konstatiert: "Ich rege mich jedenfalls über die Bewohner längst nicht so auf, wie über die Mitarbeiter. Aber das ist wohl überall so... Und in den ganzen Gruppen, in denen ich vorher war, da gab es komischerweise ständig immer irgendeine Person, die also so irgendwie Unruhe in die Gruppe bringt, oder irgendwie welche Intrigen spinnt oder was weiß ich, und das muß wohl so sein. Denk ich mir. Das ist also ewig in jeder Gruppe so."(023)

Eigentlich müßte man davon ausgehen, daß die skizzierten Rahmenbedingungen dem Anspruch nach gemeinsamen Orientierungen durch Teamarbeit im Wege stehen und einen Teambildungsprozeß verhindern. Aber auch hier gibt es andere Einschätzungen und Entwicklungen. Obwohl es "sehr verzwickt und ziemlich chaotisch" ist und "schwer, schwer, ganz, ganz schwer", wird Teamarbeit andererseits gleichzeitig "positiv", "reizvoll" und als "Reichtum" erlebt: "Die Arbeit im Team, die ist manchmal sehr verzwickt und ziemlich chaotisch, was aber auch 'n... also positiv auf der einen Seite ist, weil das Team eigentlich ziemlich offen ist, so für eben alle möglichen Anregungen und Auseinandersetzungen." (032) - "Schwer. Schwer. Ganz, ganz schwer. Und von daher auch ganz, ganz reizvoll. Also in bezug auf Teamarbeit muß ich wirklich, muß ich jetzt einfach mal so meinem Berufsstand auch mal ganz doll auf die Schulter klopfen und sagen, wir haben eine so beschissene Berufsausbildung und müssen hier teilweise Sachen leisten, die sehr extrem sind, finde ich. Also weil wir müssen, wie gesagt, es sind zehn Mitarbeiter mittlerweile und klar, sind

zehn Individuen und es stellt auch keiner (...) die Anforderung an uns, daß wir alle gleich arbeiten und alle gleich sind, aber letztlich müssen wir irgendwo einen gemeinsamen roten Faden verfolgen. Und das bedeutet extreme Auseinandersetzung."(092)
"Ich denke, für mich ist das einerseits wirklich die Schwierigkeit des Teams, daß wir alle wirklich so unterschiedlich sind, aber für mich ist es auch einfach so der Reichtum des Teams. Und den möchte ich gerne irgendwie positiv umsetzen. Ich denke, da ist so sehr viel, ja, 'ne große Vielfältigkeit und, daß das uns eigentlich... den Männern einfach gut tut, daß sie so viel verschiedene Typen von Menschen vor sich haben und mit denen zusammenarbeiten oder besser zusammen sind."(051)

Wieviel Kraft, Ausdauer und Energie es bedarf, trotz der aufgezeigten Bedingungen zu einem Team zusammenzuwachsen, wie arbeitsintensiv und schmerzhaft solch ein Teambildungsprozeß[22] ist, der letztlich mit wenig Unterstützung auskommen muß, soll durch folgendes Zitat belegt werden: "In meiner Ausbildung ist es nie angesprochen gewesen, aber das erfordert einfach auch 'ne wahnsinnige Auseinandersetzungsbereitschaft und Auseinandersetzungsfähigkeit, die also wirklich sehr oft echt an die... sehr hart an die Grenzen geht. Und ich speziell auf unser Team einfach jetzt sagen kann, so, wir sind jetzt seit fast drei Jahren zusammen, es hat zwei Jahre lang geknallt an allen Ecken und Kanten, also wirklich auch, wo es so weit ging, daß, ja, ich für mich gesagt habe, so, ich will das nicht mehr, ich kündige, ich gehe, das geht nicht mehr und wir uns dennoch irgendwo, irgendwo, echt, nicht aufgegeben haben und immer weitergemacht haben oder nicht immer weitergemacht haben, sondern neu angesetzt haben. Und wirklich in Auseinandersetzungen gegangen sind und das mittlerweile wirklich toll läuft. Und das finde ich unheimlich toll und darauf bin ich als, ja, Teil dieses Teams, unheimlich stolz. Das ist unheimlich... wirklich sehr schön."(092)

Zusammenarbeit vs. Einzelkämpfer

Im letzten Teil wurde die Frage aufgeworfen, inwieweit eine Voraussetzung für Team und Teamarbeit die Zusammenarbeit an einer gemeinsamen Sache mit einem vereinbarten Ziel auf einem abgesprochenen Weg ist. Dort wurde die strukturelle, organisatorische Ebene angesprochen. Nun geht es eher um die inhaltliche Dimension der Zusammenarbeit. Dort konnte aufgezeigt werden, daß durch strukturelle Aspekte wie wechselnde Gruppenzusammensetzung, fehlende Kontinuität in der gemeinsamen Arbeit, dem dadurch bedingten erhöhten Informationsbedarf und der Anpassungs- und Einstellungsproblematik die

---

22 Zwar haben in den meisten Gruppen, die wir interviewt haben, Diskussionen und Gespräche zu diesem Thema stattgefunden. In den meisten Fällen haben sie jedoch bisher nicht zu mehr geführt als zu rudimentären Ansätze dessen, was man einen bewußt gestalteten Teambildungs-Prozeß nennen könnte.

Zusammenarbeit erschwert wird. Der Teambildungsprozeß wird dadurch belastet und der Vereinzelung der Teammitglieder wird Vorschub geleistet.
Geht man davon aus, daß die Intensivierung der Teamarbeit und die Teambildung dadurch behindert wird, daß man sich selten begegnet und kaum Zeit hat, sich auszutauschen und kennenzulernen - mit der Auswirkung, daß jeder mehr oder weniger im Alltag allein "vor sich hinwurschtelt" und nur das aus seiner Sicht Nötigste erledigt und zum Einzelkämpfer wird -, so verstärkt sich dieser Mangel noch durch fehlende inhaltliche Gemeinsamkeiten und konkrete Ziele: "Also, ich denke, insgesamt machen wir zu wenig. Zum Beispiel Zielbesprechungen. Was haben wir eigentlich für Ziele? Sondern jeder wurschtelt so vor sich hin und versucht, das noch mit dem Kollegen oder den Kollegen, die auf der Gruppe sind, abzuklären. Aber wir als, sag ich mal, als Gesamtabteilung haben es nicht, also ich hab es zumindest noch nicht klar formuliert vernommen. Sondern es kommt halt irgendwie so zwischendurch mal rein. Man soll's doch, und es soll doch so sein oder so. Also ich hab auch nicht irgendwie ein Konzept oder so' was aufgefunden, als ich hier anfing, sondern es gibt halt das allgemeine Konzept von X. [der Einrichtung], was Behindertenarbeit bedeutet und daran versucht man sich zu orientieren. Und das ist natürlich sehr, sehr weit gefaßt."(011)
"Mit verzwickt und chaotisch mein' ich eben, daß so ganz viele verschiedene Einflüsse eben da sind, weil eben ganz viele verschiedene Leute da sind, nicht. Die kommen eben alle aufeinander oder so, und [das wird] denn eben auch zugelassen, ja, da hab ich sowieso, also erstens haben wir kein Konzept, zweitens ist es eben verdammt schwierig, eins zu erstellen und eben auch hier durchzubringen, und drittens sind wir eben auch, ja, wie ich schon gesagt hab, ein ziemlich offenes Team. Und weil eben keine richtige Grundlinie drin ist, also... finden oft irgendwie so, so, was heißt kleine Streitereien, sind das gar nicht mal richtig. Aber eben so viele Auseinandersetzungen auch statt oder so."(032)
Bei fehlender Zielkonkretisierung und mangelnder Zeit für Absprachen und inhaltlicher Auseinandersetzung kann es nicht ausbleiben, daß es im Arbeitsprozeß zur "Privatisierung", nicht nur des Handelns, sondern auch der Konflikte kommt: "Es ist irgendwie kein Team. Hab ich so das Gefühl. Wenn es zu Schwierigkeiten kommt oder so, dann fliegen hier immer gleich die Fetzen. Und denn sind hier so Dinge passiert, wo ich auch gesagt hab, also, ich mach' hier meinen Stremel, zieh' ich hier durch, und denn ist das gut."(062)
Unter solchen Bedingungen reduziert sich Teamarbeit auf Zusammenarbeit auf unterstem Niveau - oder sie findet nur dort statt, wo eine konkrete Absprache und Aufgabenverteilung bereits vorliegt: "Also, es gibt Ziele, die, selbst für die Abteilung, die waren einfach typisch. Es muß eine gewisse Ordnung herrschen, ob das jetzt in den Schränken ist, oder beim Betten machen oder sonstiges. Das war so, und das ist für die Abteilung, das ist mein Eindruck, wichtig. Andere Ziele, damit mein' ich jetzt so, speziell Förderung von Bewohnern, die muß ich mir eigentlich selbst überlegen."(011)
"Also, ich denk, was ziemlich gut geht, ist zum Beispiel so, daß so Sachen, wenn die also aufgeschrieben sind und man weiß, es liegen Termine an, daß die auch erledigt werden,

daß die wahrgenommen werden. Daß also das ganz selten passiert, daß das irgendwie verschlampt wird."(112)

"Was gut geht... sind schon einige organisatorische Sachen, wie zum Beispiel auch, sich mit Behördenangelegenheiten befassen. Es gibt immer also hier auch Leute zwischen, die so 'was gerne machen und es gibt andere, die machen das nicht so gerne, dafür machen die was anderes." (112)

Diese Art von Zusammenarbeit und Zusammenhalt ist insofern bedeutsam, als darin so etwas wie ein "implizites" Teamverständnis zum Ausdruck kommt. In den meisten Fällen sind es jene Alltagsroutinen, die sich im Laufe gemeinsamer Jahre wie von selbst ergeben haben oder aufgrund guter privater Kontakte zu einzelnen Kollegen zustande gekommen sind: "Ja, oft, daß so vieles so Hand in Hand geht, nicht. Daß wir oft gar nicht mehr darüber reden müssen, wer was macht, sondern es ist... der Blick ist einfach da. Ja, man sieht, aha, der und der ist im Gespräch und, ja... oder auch zu wissen, wenn ich im Gespräch bin mit jemandem, ja, daß alles andere weiterläuft."(094) - "Also es gibt schon auch Dinge, wo ich den Eindruck hab, daß wir uns gegenseitig so ergänzen. Also, der eine macht lieber das und der andere macht das und da muß auch nicht unbedingt großartig drüber gesprochen werden. Also, das ergibt sich halt so."(112) - "Das ist einer der schwierigen Aspekte. Ja... So, gut finde ich, daß ich mich so auf diesen anderen Mitarbeiter schon verlassen kann. Daß irgendwie, ja, daß der Tagesablauf einfach läuft und das Aufgaben, zu denen ich am Tag irgendwie nicht komme, daß die auf jeden Fall gemacht werden." (131)

Wie schwer es andererseits ist, die unterschiedlichen inhaltlichen Auffassungen von Behindertenarbeit zu diskutieren und konsensfähig zu machen, zeigen folgende Zitate. Nicht zufällig liegen diese Beispiele auf einer recht einfachen Sach- und Alltagsebene. Auf dieser Ebene bestehen trotz unterschiedlicher Ansichten und Auffassungen offensichtlich noch am ehesten Aussichten auf Einigung. Zwar stehen auch hier persönliche Einstellungen und Emotionen zur Debatte. Dies aber eher auf einer Ebene, auf der die Aufgabe inhaltlicher Positionen noch nicht als identitätsbedrohend wahrgenommen wird: "Ja, da entwickelt sich gerade was. Da ist gerade eins am... so am Gären. Da kommt gerade ein so'n Thema. Und zwar bei der einen Bewohnerin, X., die wuselt immer so beim Essen, nebenbei matscht sie so. Und da spaltet sich das jetzt so langsam in zwei... beziehungsweise zwei Lager oder ein Lager... eine Person und ein anderes Lager, so ungefähr. Weil die eine Gruppe ist der Meinung, daß das so'ne Entwicklungsphase ist, auch wenn das zurück..., also, auch wenn das 'ne Zurückentwicklung ist. Und die andere [Position] ist, das gehört sich nicht, nee, am Essen, so mit dem Essen zu mantschen."(042)

"So, die unterschiedliche Frustrationstoleranz, was hauswirtschaftlichen Dreck in der Küche angeht. Da weiß ich, hab' ich mich vor Jahren mal mit 'ner Kollegin unheimlich aufgeregt, daß ich immer diejenige welche bin, die in Abwechslung mit der anderen Kollegin, also am Wochenende immer die Küche gescheuert hat, so Backofen, Herd etc., was denn da so anlag, und denn haben wir das irgendwann mal wutentbrannt auf 'ner Dienstbesprechung präsentiert."(071)

"Das ist also schwierig, nicht, da gibt's also oft denn auch am Tisch so beim Essen denn, ja, wann sagt man nun, nein, oder wann schickt man X. 'raus, wenn er überhaupt nicht hört oder, also so diese Grenze, die ist bei jedem irgendwie etwas anders, bei jedem Mitarbeiter, nicht, würd' ich mal sagen. Also, man hat da schon Mitarbeiter, die gleich eigentlich so, genauso denken, wie man selber, aber trotzdem gibt's da immer so Schwierigkeiten und dadurch passieren denn auch Sachen, die denn anders laufen... Nicht, oder ich bin denn aber im Grunde genommen ganz anderer Meinung so, nicht, also mich kann so leicht denn auch keiner so, um... ja, überzeugen davon, und da, ich hab' da einfach 'ne andere Ansicht, so, über Essen und viel essen und wenig essen zum Beispiel, nicht, und das ist natürlich schwierig und da denn mitzumachen, denk ich so, das glaub ich so."(114)

Sind dennoch trotz aller Gegensätzlichkeiten Einigungen und Absprachen zustande gekommen, zeigt sich in der Realität oft sehr schnell, wie brüchig der Kompromiß war und auf welch schwacher Grundlage der Konsens beruhte. Die Zugeständnisse werden in der konkreten Situation allzu leicht wieder unterlaufen. Letztlich werden doch wieder die je "privaten Lösungen" praktiziert: "Also, bei uns ist immer so das Zauberwort, wir müssen Absprachen einhalten. Und wir merken immer und immer wieder, die Absprachen, ja, sie werden sehr unterschiedlich eingehalten. Sie werden wohl eingehalten, aber doch sehr unterschiedlich irgendwie, nicht. Und diese Unterschiede, ja, die liegen irgendwo so in... in dem Bezug des einzelnen Mitarbeiters zum Bewohner, und wenn man dann bemüht ist, darüber zu sprechen und dann gibt's eben halt auch Kritik und kritische Äußerungen und so, dann ist [es] häufig so, dicht machen, ihr wollt mir wohl was madig machen oder so." (051) - "Du mußt ein ganz, ganz klares Programm haben und wenn sich alle dran halten, ist so 'was auch durchzuführen. Aber es halten sich nicht alle dran. Weil es auch unterschiedliche Auffassungen sind."(062) - "Wo wir uns auf irgendwas geeinigt haben nach längerer Diskussion, was denn natürlich nicht die ganze Gruppe der Mitarbeiter mittragen kann, wie es abgesprochen worden ist, weil man ja immer irgendwo 'n Kompromiß sucht und da gibt's denn schon mal Spannungen, daß irgendwie einer das nun gar nicht so gerne einsieht, oder so nur widerwillig mitzieht und ihm das nicht so ganz gefällt."(071)

Die Tatsache, daß vieles nicht diskutiert wird oder Alltags-Bagatellen zum Thema hochstilisiert werden, es häufig sogar dann schon "an allen Ecken und Kanten" kracht, deutet auf tieferliegende und existenziellere Ebenen in der Auseinandersetzung im Team hin. Nebenkriegsschauplätze dienen auch zum gegenseitigen Frustrations- und Aggressionsabbau mit dem zweifelhaften Vorteil, daß die "eigentlichen" Inhalte verdeckt bleiben, häufig nur am Rande sichtbar werden. In dem Maße, in dem Bewohner und Alltagsfragen in den Mittelpunkt der Auseinandersetzung gestellt werden, wird vermieden, daß der einzelne Betreuer mit seiner Persönlichkeit zum Thema wird. Die Diskussion des nächsten Punktes kann dazu beitragen, diese hier noch allgemeinen Aussagen zu überprüfen und zu vertiefen.

Offenheit und Angst

An kaum einer anderen Stelle wird die innere Ambivalenz so deutlich geäußert wie bei der Frage nach der Umgehensweise miteinander und der Offenheit im Team[23]. Über alle Interviews hinweg ist zu beobachten, daß jeder den Wunsch hat, "sich mehr mit den Kollegen auszutauschen", "offener über alles reden zu können", "mehr Zeit für persönliche Gespräche zu haben", "sich auch mal die Meinung sagen zu können" usw. Trotz der Meinung, es sei "schon viel besser geworden" - manchmal mit Hilfe von Supervision[24] -, wird die fehlende Zeit zur teaminternen Kommunikation als Manko empfunden, den es abzustellen gilt: "Es sind, auf den Punkt gebracht, meistens Beziehungsprobleme, oder so Austauschprobleme zwischen den Mitarbeitern. Das ist unheimlich wichtig, aber kommt meistens zu kurz."(071) - "Ich glaube, daß wir uns immer noch zu wenig mitteilen gegenseitig. Also, ich merk das immer so am Dienstbuch, wenn da seitenweise nichts drin steht. Es geht besser auf Dienstbesprechungen, da reden wir mehr so, aber das reicht nicht."(112) Der Wunsch nach mehr Offenheit als Grundvoraussetzung für ein besseres Miteinander, gegenseitiges Verstehen und Akzeptieren ist die eine Seite. Die andere ist genau das Gegenteil, nämlich die Angst vor der Offenheit und das bestehende Mißtrauen: was passiert mit mir, wenn ich mich offener äußere? Gleichzeitig haben die Betreuer Angst davor, "etwas kaputt zu machen", den anderen zum Gegner zu haben, daß "er wütend ist und mich nicht mehr mag", wenn man allzu offen Themen anspricht und Kritik äußert. Kritik wird vorrangig als etwas Negatives, potentiell Vernichtendes angesehen und empfunden. Nur in seltenen Fällen wird sie als positiv, aufbauend, unterstützend empfunden: "Ja, vielleicht, weil wirklich viele Leute ängstlich sind und Angst haben, vor, ja, Auseinandersetzungen. Daß man eben Angst hat, daß da was kaputt geht, oder so. Ich denk, was ich auf der einen Seite auch verstehen kann, weil, es ist natürlich irgendwie total toll, wenn du irgendwie so 'was, so'n geschlossenes Team hast, gerade in so 'ner Arbeit hier. Bist ja auch wirklich auf jeden einzelnen irgendwie angewiesen, nicht. Und weil er vielleicht Angst hat, irgendwas zu verlieren, oder so, dabei. Daß die anderen dann irgendwie wütend sind, und daß sie dich nicht mögen, oder... Das ist der eine Punkt, denk ich, und der andere, denk ich, daß hier wirklich auch viele Leute mit vielen Ängsten einfach arbeiten, oder so. Und

---

[23] Obwohl aufgezeigt werden konnte, daß für die meisten der von uns untersuchten Gruppen der Team-Begriff im eigentlichen Sinne eher unangebracht ist, wollen wir ihn dennoch benutzen, da er im Sprachgebrauch der Gruppen verankert ist.

[24] Der Ruf nach Supervision ist ebenfalls sehr ambivalent. Einerseits wünscht, erhofft und verspricht man sich Hilfe für die Arbeitssituation, andererseits befürchtet man, daß dadurch Problemtiefen erreicht werden, die angstbesetzt sind und deshalb unangesprochen, zugedeckt bleiben sollen. Ergebnis in der Praxis ist, daß Supervision verbal bejaht, praktisch aber häufig verneint und abgelehnt wird.

dann eben auch so'ne Unehrlichkeit sich selber gegenüber. Also sich das nicht so zugestehen wollen oder so, nicht."(032) - "Aber wenn es um so'n bißchen pikantere Sachen geht, so, dann merk' ich, daß sie so alle auseinander gehen. Dann mag keiner richtig irgendwas sagen, und dann wird es auch meistens unter den Mitarbeitern gleich ziemlich aggressiv, wo denn einer sagt, nee, da will ich jetzt nicht drüber reden und ich zieh' mich da zurück und daß sie alle nicht auf'n Punkt kommen, das machen sie schon."(062) - "Das war eben auch das, was ich so meinte, wir haben also immer so ein, zwei mal im Jahr so Phasen, wo es irgendwie überhaupt nicht mehr geht, und wo denn also wirklich alle merken, daß die Spannung in der Luft hängt und irgendwie so keiner [sich] traut, irgendwie was zu sagen und jeder ganz vorsichtig ist, um ja nicht grad das Wort zu sagen, was nun alles zum Explodieren bringt."(071)
Selbst, wenn der einzelne sich traut, etwas "mal peu-à-peu" anzusprechen, ist sofort ein ängstliches Gefühl damit verbunden: "Also, das ist, wo ich so den Eindruck hab, das kann ich mal peu-à-peu, kann ich irgendwie was sagen, aber im Grunde hab ich so das Gefühl, muß ich aufpassen, daß ich das nicht hintenrum irgendwo dann wieder zurück so kriege. Und das ist, finde ich, eigentlich traurig."(112) Folgeerscheinung eines solchen Teamklimas ist ein vorsichtiger, abtastender Umgang miteinander: immer zum Rückzug, zur Flucht bereit. Dabei sind Ursachen keinesfalls nur im Zwischenmenschlichen zu suchen. Vielmehr ist dieses Klima als ein Konglomerat von individuellen, zwischenmenschlichen, strukturellen und organisatorischen Aspekten zu verstehen. Es kommt nie richtig zum Streit, zur Auseinandersetzung, nicht zuletzt auch deshalb, weil dadurch offensichtlich werden könnte, daß man nicht "das beste Team der Welt" ist, sondern nur eine Gruppe ängstlicher, sich selbst illusionierender, in vielen Fällen auch alleingelassener Einzelkämpfer.
"Ich denke, daß wir alle ziemlich vorsichtig miteinander umgehen. Also darum streiten wir uns auch nicht so oft. Was für Themen?... Ja, es sind solche Themen, es ist... es gibt... es kommt dann irgendwie nicht zu so richtigem Konflikt, aber wir haben zum Beispiel nie versucht, Sachen durchzusetzen, also jetzt nach oben durchzusetzen. Wenn wir eben schlecht besetzt sind, oder so. Da gibt es eben unterschiedliche Auffassungen. Und ich denk, wenn man da mal so ganz ehrlich drangehen würde, oder so, dann würde es Konflikte geben. Also, hat es vor einiger Zeit auch bei uns gegeben. Also wenn die Situation so war, daß wir praktisch sagten, dreiviertel Jahr oder ein Jahr so 'rumgelaufen sind und immer gesagt haben, wir sind das beste Team der Welt oder so, und wir verstehen uns alle und alles ist irgendwie klar und ich glaub', man hat da ganz viel so verschönt irgendwie. Insofern eben am ganz bestimmten Punkt so, so... also, hat es dann einfach geknallt, nicht. Und das ist dann irgendwie auch ziemlich derbe geworden. Aber so mit Enttäuschungen und, was ich auch gesagt hab, dann [hab'] ich meine Konsequenzen jetzt daraus gezogen und [ich] mich auf bestimmte Sachen jetzt irgendwie nicht mehr einlasse oder so. Aber es ist irgendwie ganz merkwürdig bei uns, es kommt nicht richtig zum Streit."(032)

Ein anderer Mitarbeiter beschreibt die Situation in seiner Gruppe ähnlich: "Wenn jeder seine festen Aufgaben hätte, würde es keine Streitereien geben. Es gibt ja auch keine Streitigkeiten, es ist so, weißt du, so, wie soll ich das sagen? Es ist einfach manchmal nur so das Gefühl, als wenn hier so ein Konkurrenzverhalten zwischen einigen Leuten läuft... Denn kriegst du voll den Buhmann zugeschoben und die ganzen Kollegen fangen dich überhaupt nicht auf. Na, und reduzieren das nicht dadrauf und sagen, so, der [Bewohner] hat einfach'n schlechten Tag gehabt, und irgend etwas hast du gemacht oder ich hab' irgendwas gemacht, was den schlecht drauf gebracht hat, sondern dann wurdest du gleich immer so'n bißchen in die Ecke gestellt... Aber da merk' ich so, daß, wenn hier irgendeiner Schwierigkeiten hat, der wird also gleich in den Regen gestellt. Nicht. Und das finde ich nicht besonders gut. Aber ich wüßte keine Gruppe, wo das anders ist. Oder, ich denke, es ist überall das gleiche."(062)
Die in den Mitarbeitern vorhandenen ambivalenten Gefühle sollen durch ein weiteres Zitat verdeutlicht werden. Einerseits will man (endlich!) den Streit, die Auseinandersetzung und vermutet bzw. weiß, daß es auch hilfreich wäre, wenn Emotionen und Gefühle freigesetzt werden könnten, und andererseits vermeidet man zwanghaft solche Situationen: "Und dann geht man ins Gespräch und man versucht darüber zu streiten. Und im Grunde genommen, wir streiten nicht, sondern wir tauschen's nur aus. Aber das Streiten wäre einfach mal hilfreich. So nach dem Motto, meine Güte, wir können uns ja alles sagen, wir können uns wirklich gegenseitig da die harten Kritiken an den Kopf werfen, wenn es denn danach irgendwo auch wieder sich setzt und wir vielleicht wirklich auch [hinkriegen], daß die Emotionen mit rauskommen, das meine ich. Daß wirklich die Gefühle auch so rauskommen. Und da tun wir uns wirklich schwer mit. Ich denke auch, das liegt zum Teil noch daran, daß wir damals, wenig konkrete Hilfe oder Anleitung bekommen haben so von der Abteilungsleitung, uns da zu üben."(051)

Es hat den Anschein, als bestehe hier eine unausgesprochene, unbewußt wirksame Regel, über die eine Verknüpfung hergestellt wird zwischen der Tiefe der Probleme - dem, was angesprochen oder was vermieden wird - und der Offenheit, mit der sie verhandelt werden. Die von uns vorgenommene analytische Trennung in eine *strukturelle, organisatorische (Team oder Nicht-Team)*, eine *inhaltliche, zielorientierte (Zusammenarbeit vs. Einzelkämpfer)* und eine *individuelle, persönliche Ebene (Offenheit und Angst)* spiegelt jeweils die unterschiedliche Tiefe der Schichten wieder und damit die Rangfolge, in der Themen im Team angesprochen werden.
Auf der strukturellen, organisatorischen Ebene kann man sich oft und intensiv ("daß die Fetzen fliegen") auseinandersetzen sich dafür auch Zeit nehmen. Auf der inhaltlichen, zielorientierten Ebene nimmt die Bereitschaft dazu schon ab, man "hat ja zu wenig Zeit". Dabei ist hier noch zu unterscheiden zwischen den Fällen, in denen es *nur* um Bewohner geht und solchen, in denen es auch um eigene Anteile geht. Geht es "nur" um den Bewohner, nimmt man sich die Zeit, im anderen Fall aber kaum.

Sehr vorsichtig und eher vermeidend bewegt man sich auf der persönlichen Ebene. Ab einer bestimmten Tiefe geht es um existenzielle und ganz persönliche Bedürfnisse und Motive. In einer Atmosphäre von gegenseitigem Vertrauen und Akzeptanz sind diese Themen eher ansprechbar; in einem von Angst und gegenseitigem Mißtrauen geprägten Klima sind schon die Voraussetzungen für einen solchen Austausch außerordentlich hindernd.
Wir meinen, man kann erst dann von einem *Team* sprechen, wenn der Teambildungsprozeß soweit gediehen ist, daß alle drei Ebenen möglichst angstfrei[25] angesprochen werden können, wenn man sich bei "Abstürzen" gegenseitig auffängt, wenn man sich mit seinen individuellen Stärken und Vorlieben konstruktiv ergänzt und Schwächen akzeptiert werden können. Dies ist ein weiter Weg, der im Rahmen der Arbeit in sozialen Organisationen unseres Erachtens ohne vielfältige, konkrete Unterstützung und Hilfe von außen (d.h. von außerhalb des Teams; Maßnahmen der Organisations- und Personalentwicklung, Praxisbegleitung, Supervision) nicht leicht und mit Erfolg begangen werden kann.

6.5 Individueller Umgang mit psychischer und physischer Belastung

Sowohl für das Team als auch für den einzelnen Mitarbeiter werden angemessene Unterstützungsleistungen zum Umgang mit psychischer und physischer Belastung seitens der Institutionen kaum angeboten. In den Ausbildungscurricula ist es nur selten fester inhaltlicher Bestandteil. Ebenso wenig ist es Thema im Rahmen der konkreten Einarbeitung vor Ort. Wie können die Betreuer wieder "loswerden", was sie an belastenden Erfahrungen im Alltag machen? Das Umgehen mit psychischen und physischen Belastungen, ihre Aufarbeitung, Bewältigung und somit auch die Erhaltung und Wiederherstellung der eigenen Arbeitskraft ist "private Angelegenheit".
Der Betreuer ist damit nicht nur in der Bewältigung der anfallenden Aufgaben (den Bewohneraspekten) und der Koordination dieser Aufgaben im Team (den Organisationsaspekten) auf sich gestellt, er ist nicht nur sein eigenes "leibliches Arbeitsmittel", sondern in dieser Hinsicht ist er auch sein zuständiger Manager, Arzt und Servicemann. Er muß in seiner arbeitsfreien Zeit wirksame spezifische Strategien entwickeln, um dem Erosionsprozeß an seiner Persönlichkeit Einhalt zu bieten. Während der Arbeitszeit wird dafür weder Zeit noch Raum zur Verfügung gestellt.
Alleingelassen mit der Reproduktion seiner selbst sucht er mehr oder weniger ziellos nach Möglichkeiten der Ablenkung und Entspannung: "Ich bin da noch am Basteln. Ich weiß es immer noch nicht richtig. Also, einmal gehe ich nach Feierabend nach Hause und setze

---

[25] Mit angstfrei meinen wir, daß vor allem ohne äußeren Druck (Gruppendruck) und Zwang (durch Vorgesetzte), also freiwillig die tieferen Ebenen zum Ausdruck gebracht werden können.

mich vor den Fernseher, solange, bis ich eingeschlafen bin. Wenn die Sonne scheint, lege ich mich auf den Balkon, bis ich eingeschlafen bin. Ich versuche zu schlafen." (012)
Einfaches Warten auf den entspannenden Schlaf ist oft das einzige, was möglich erscheint. Aktivitäten darüber hinaus reichen oft nur bis zum Fernseher oder bis zur nächsten Kneipe: "... und da hab ich gesagt, verdrängen oder Augen zu und durch. Ja, das ist irgendwie so eine Überlebensstrategie. Oder abends, was weiß ich, in die Kneipe zu gehen oder so. Oder Bier zu trinken, Wein zu trinken. Also jetzt nicht jeden Abend, aber das ist eben auch so eine Art... so, von Entspannung. Oder phasenweise ganz schön oft fernsehgucken oder sowas. So mit halbschlechtem Gewissen. Ja, weil, ich mein, es ist natürlich doof, da zu sitzen und zu wissen, du läßt dich jetzt berieseln, aber es ändert ja nichts an der Situation. Aber weißt du, kurzfristig ist es für dich irgendwie so das Beste. Oder was für mich erstaunlicherweise manchmal irgendwie auch ganz gut ist, z.B. wenn es ganz laut hier war, nicht. Und es ist ganz oft bei uns so laut, dann abends nochmal in so ein Konzert zu gehen, wo es auch ganz laut ist. Also da praktisch noch einen drauf zu kriegen oder so. Was aber auch nicht immer der Fall ist, aber das sind so, ja, fast so wie Aggressionen abbauen. Oder ich weiß nicht, was das ist. Ja, das sind alles so Mechanismen." (032)

Man braucht noch "einen drauf", gewissermaßen mit dem "Holzhammer", um abschalten zu können, um angestaute Aggressionen loszuwerden. Man sitzt mit "halbschlechtem Gewissen" vor dem Fernseher und läßt sich berieseln oder macht überhaupt "Nichts", wie das nächste Zitat zeigt: "... und mal so überhaupt nichts hören zu Hause, keine Musik, kein Fernsehen, gar nichts und auch so wirklich gammeln und nichts machen, nur faul sein, Beine hochlegen und irgendwie den Tag vorbeiziehen lassen so am Wochenende... Aber irgendwie denk ich mir, ich brauch' das denn auch, so wirklich in meiner Wohnung und Tür zu und Telefon abnehmen und dann Ruhe haben. Und meistens fühl ich mich denn auch relativ ausgeruht und fit wieder, wenn ich dann wieder anfange." (071)
Ist es dieser sich selbstverbrauchende Dienst, der dem Betreuer häufig kaum eine andere Möglichkeit zur Reproduktion läßt, als sich durch Inaktivität zu entspannen und aufzutanken, um für den nächsten Tag wieder fit zu sein? Oder ist es auch Mangel an persönlichen Handlungsalternativen, der den einzelnen auf die unbefriedigenden Strategien wie Fernsehen ("berieseln"), Alkohol ("in die Kneipe zu gehen") oder Nichtstun ("wirklich gammeln und nichts machen") beschränkt?
Wahrscheinlich spielt beides zusammen: Je anstrengender der Dienst, umso weniger ist der einzelne in der Lage, die Freizeit noch aktiv zu gestalten. Man wird zurückgeworfen in eine passive Konsumentenrolle, die aber nur scheinbar Entspannung bringt. Zur Reproduktion der Arbeitskraft ist sie kaum dienlich. Schon gar nicht ist man in solchen Situationen fähig, anderes oder gar neues zu entwickeln. Man greift zurück auf Gewohnheiten und eingefahrene Muster. Neues Verhalten, und hier vor allem aktive Alternativen, können nur erlernt und ausprobiert werden, wenn dazu Raum und Zeit gegeben wird, wenn eigene Kräfte investiert werden können.

Dort, wo der einzelne Betreuer über keine oder nur wenige sinnvolle (Bewältigungs-)Möglichkeiten verfügt, braucht er ebenso die Hilfe seitens der Organisation, wie er sie auch im Arbeitsbereich benötigt. Eine mittel- und langfristige Personalentwicklung muß auch den Bereich der "Reproduktion der Arbeitskraft" als wichtige Aufgabe im Blickfeld haben. Was im einzelnen sinnvolle Aktivitäten sein können, ist individuell unterschiedlich. Dennoch gibt es einige allgemeine Grundmuster für Entspannung und Reproduktion. Sie können erlernt werden, um in Streßlagen abrufbereit zur Verfügung zu stehen und somit eine Erweiterung des Repertoirs darstellen neben Fernsehen, Alkohol trinken und Nichtstun.
Einige Grundmuster aktiver Regeneration werden in einigen wenigen Interviews genannt: "Und ich versuche dann immer, so kleine Momente für mich persönlich rauszufischen. Also meinetwegen 2 Stunden abends, wenn ich mal alleine bin, leg ich eine schöne Platte auf, mach ein Feuer im Kamin, oder sowas. Oder ich spiel eine Runde Schach oder irgendwie. Das ist z.B. auch ziemlich unheimlich wichtig, daß ich einmal in der Woche mit einem Kollegen, der hier auch arbeitet, eben eine Partie Schach spiele. Setz' mich hin, spiel' eine Runde Schach, dann denk' ich an nichts mehr, nur noch ans Schachspielen, nicht. Und das sind denn so streßfreie Momente eben." (023)
Oft sind es kleine "Momente", die aktive Entspannung bringen. Auch die folgende Interviewpassage macht deutlich, daß es nicht unbedingt große Dinge sein müssen, die veranstaltet werden: "Also ich muß sagen, ich wohn' so fast draußen auf dem Land. Das ist optimal. Also, für mich ist es wirklich so, wenn ich nach Hause fahr, habe ich da den Garten und ringsherum ist es ruhig und dann höre ich höchstens lauter Kinder. Das ist für mich... es ist ganz viel grün und ich kann Fahrrad fahren, kann rausgehen, begegne auch wirklich nur, was weiß ich, alle halbe Stunde mal 'nem Auto. Das ist für mich optimal. Es ist also... ich hab mir letztendlich das in meinem Privatleben so geschaffen, so eigentlich auch diesen Ausgleich hierzu. Also, ich denke, wenn ich also hier in der Stadt wohnen würde, ich würde verrückt werden. Das könnte ich gar nicht. Dann könnte ich diese Arbeit nicht machen." (112)

Offensichtlich ist es wichtig, einen Ausgleich zur Arbeit zu haben, der sich auf ausgleichende Aktivitäten bezieht, aber auch das Wohnumfeld mitumfaßt. Auch eine andere Interviewpartnerin wohnt auf dem Lande: "Aber wenn ich dann zu Hause bin, [ist es wichtig] daß ich es mir irgendwie gemütlich mache, daß ich schöne Musik höre, ich mag gern klassische Musik, daß ich mit dem Rad fahre, ich wohn' auf dem Land und dann mach ich schöne Radtouren, auch mal ein bißchen weiter, also daß ich denn ganz andere Dinge irgendwie mache als hier, nicht. So, ja... daß ich so mit anderen Frauen zusammen bin. Da bin ich in so einer Gruppe, mit denen ich dann 'was mache." (131)
Es fällt auf, daß hier keinesfalls etwas besonderes veranstaltet wird. Eher sind es alltägliche Formen der Gestaltung arbeitsfreier Zeit. Umso bemerkenswerter ist, daß diese Formen eher die Ausnahme als die Regel sind. Es fehlt gerade dann der entscheidende Antrieb - weg von der Passivität, hin zur Aktivität -, wenn man psychisch erschöpft ist.

Erschwert dann ein wenig ausgeprägtes Handlungs-Repertoir den mühelosen Zugriff auf bewährte Formen der Entspannung und Erholung, so ist die Konsumhaltung vorprogrammiert. Das damit verbundene schlechte Gewissen mindert den Erholungswert zusätzlich. Zwar findet auch hier physische Erholung statt, doch fehlt die wichtige psychische Komponente. Ganzheitliche Regeneration wird erschwert.
Das Risiko der Erschöpfung, des Ausbrennens, erhöht sich in dem Maße, in dem befriedigende aktive Strategien nicht vorhanden sind. Daraus Schlüsse zu ziehen und entwicklungsförderliche Veränderungen herbeizuführen, ist sowohl Aufgabe des einzelnen, aber auch Verpflichtung für die jeweilige Einrichtung. Eine präventive Personalarbeit wird den Mitarbeiter damit nicht alleinlassen.

Aber nicht nur psychische Belastungen bedürfen der aufmerksamen Beachtung im Arbeitsbereich der Betreuer. Auch für den Umgang mit den physischen Beschwerden müssen nach wie vor professionelle Strategien entwickelt werden. Zwar gibt es nur relative wenige Aussagen zu rein somatischen Beschwerden und Erkrankungen in unserem Interviewmaterial, aber wir führen einige an, um gerade auch die enge Verknüpfung von physischen und psychischen Belastungen deutlich zu machen. So sind es die schmerzende Füße vom vielen Herumlaufen und die Rückenbeschwerden, die als typisch genannt werden: "Meine Füße tun mir manchmal weh, weil ich halt zu viel rumlaufe." (011) - "Und die körperlichen Beschwerden, okay, die sind natürlich nicht von der Hand zu weisen. Auf so einer Gruppe, wie wir sie hier haben, also man geht schon mal mit Rückenschmerzen zum Arzt oder was. Und hat auch also so bestimmte Muskelgruppen, die einem abends schon mal weh tun... Also, die körperliche Komponente ist schon ganz schön stressig hier." (023)

Der Verdacht, daß gerade auch bei Rückenschmerzen und weiteren Beschwerden der Skelettmuskulatur psychische Verspannungen mitwirken, drängt sich auf, wenn man die am meisten genannten Beschwerden, die Kopfschmerzen betrachtet: "Also, so psychosomatisch, denk' ich, daß ich ab und an mal so mit Kopfschmerzen nach Hause gehe. Daß ich mich über irgendwas geärgert habe... oder daß ich Rückenschmerzen habe. Aber das liegt eben daran, daß ich die Frauen nicht heben kann oder was..., daß mir das einfach zu schwer ist. Und daß... darüber zerbrech' ich mir eben den Kopf und krieg dann Kopfschmerzen sozusagen." (042) Viele der Mitarbeiter ordnen ihre somatischen Beschwerden auch selbst als psychische Erscheinung ein. Der Schnupfen sagt ihnen, daß sie "die Nase voll" haben, das schmerzende Nasenbein ist Anzeichen für Angespanntheit, Druck und fehlende Freiräume: "Ja, und wenn es mir, also wenn es mir ganz schlecht geht, dann werde ich meistens ja auch krank. Also, ich bin letztes Jahr, als ich hier anfing, bin ich dreimal krank gewesen, was sehr untypisch ist für mich. Und zwar jedesmal Grippe. Also quasi die Nase voll. Und eben so schlimm, daß ich eben Fieber hatte und auch zu Hause bleiben mußte. Und wo ich auch sagen kann, das hab' ich gebraucht und das war gut, daß ich zuhause sein konnte... Naja, und wo ich, also, wenn ich ganz doll angespannt bin, dann

hab' ich unter meinem Nasenbein [und am] Kiefernbein, da hab' ich Schmerzen. So, das ist für mich das beste Zeichen eigentlich, daß ich total unter Druck stehe." (011)
"Also, ich merke, wenn ich meine Freiräume mir hier nicht holen kann für mich... dann kann das schon passieren, daß ich krank werde. So. Das kann passieren." (112)

Ob man dann dem Druck, der Angespanntheit, der Grippe, dem Schnupfen nachgibt, sich seinen Freiraum holt, in dem man sich krank schreiben läßt, ist *auch* Einstellungssache, die der eigenen Motivation bzw. Demotivation untersteht: "Also, das weiß ich nicht. Ich denk' mir, das ist auch 'ne Einstellungssache, nicht, ab wann man sich krank fühlt, ab wann man sich krankschreiben läßt. Aber es ist, glaub' ich, wirklich so'ne Einstellungssache, ob man sich wegen ein bißchen Schnupfen und 'n bißchen Husten eben gleich ins Bett legt und zu Hause bleibt oder ob man das läßt." (071)

Daß es besser wäre, sowohl für den einzelnen Mitarbeiter als auch längerfristig für die Institution zu einer anderen Umgehensweise mit Krankheiten zu kommen, man sich also nicht einen (somatischen) Schnupfen "holen" muß, wenn man die "Nase voll" hat und sich nicht krank schreiben lassen muß, wenn man einfach Luft braucht, ist auch eine Forderung seitens mancher Mitarbeiter: "Also mein Anliegen ist es eigentlich, daß Mitarbeiter es nicht nötig haben müssen, sich krankschreiben zu lassen, wenn sie einfach mal sagen, 'ich brauch' Luft'." (112)

Der Vorteil für die Organisation läge in einem *gesünderen Klima*, einem ehrlicheren Miteinander, in einer offener zum Ziel erhobenen Gesundheits-Prävention. Es ist der Vorgesetzte mit seiner Fürsorgepflicht gefragt. Er sollte sich auch präventiv um die Gesundheit der Mitarbeiter kümmern - nicht erst dann, wenn der einzelne ausgefallen ist. Positive Führung heißt somit nicht zuletzt, den Betreuer im Umgang mit der psychischen und physischen Belastung aktiv zu unterstützen, den teambezogenen Austausch über dieses wichtige Thema stärker zu fördern.

6.6 Problemtiefe und Diffusität in der Behindertenarbeit

Im Zusammenhang mit unserer Einschätzung des Arbeitsfeldes, der in ihm vorgefundenen Tätigkeitsabläufe und ihrer Bedingungen kommen wir zu der Schlußfolgerungen, daß wir einem in der internen Diskussion lange bevorzugten Begriff, nämlich dem der *Diffusität* (Rollen-, Aufgaben-Diffusität) nun einen anderen Stellenwert zuweisen müssen. Als Erklärung hatte uns lange gegolten, daß die Diffusität der Tätigkeiten, der Arbeitsrollen, der von uns angetroffenen Situationen in den Wohngruppen quasi als Störfall und Konstruktionsfehler in der Arbeitsorganisation aufzufassen sei.

Diffusität deutet ja darauf hin, daß derjenige, der sich als Beobachter von einem Gegenstand ein Bild zu machen sucht und es als diffus beschreibt, kein klares Bild von diesem Gegenstand herstellen und kein klares Urteil über ihn abgeben kann. Rollendiffusität liegt dann vor, wenn der Beobachter klare Rollen erwartet, das Erwartete aber nicht vorfindet. Er bewertet und beschreibt die Rollen dann als "diffus". - Nach unseren anfänglichen Vorstellungen sind in diesem Arbeitsfeld zwar diese diffusen Elemente enthalten, aber es scheint angemessen, sie nicht länger als Störfall zu begreifen - mit der impliziten Aufforderung, sie durch Eingriffe zu beseitigen. Vielmehr wollen wir diese Diffusität erst einmal anerkennen als das, was sie ist: *Sie ist der Normalfall des Alltags*. In allen Interviews taucht das Phänomen auf, und in allen Wohngruppen konnten wir diese Diffusität beobachten. Wenn aber Diffusität der Normalfall ist, müssen wir uns fragen, ob unser Rollen- und Aufgabenverständnis gegenüber dem konkreten Aufgabenfeld, den darin arbeitenden und lebenden Menschen angemessen ist.
Die beobachtete und in den Interviews beschriebene *Aufgaben- und Rollen-Diffusität* hat verschiedene und komplexe Ursachen. Einige sollen hier skizziert werden:

1. Im Arbeitsfeld bestehen wenig konkrete Vorgaben. Die Aufgaben sind nur insoweit klar, als sie definiert und geplant sind: die Organisation der Pflege und Versorgung (z.B. die Mahlzeiten und die Körperhygiene). Der Arbeitsauftrag insgesamt ist wenig klar umrissen, besonders in seinen bewohnerorientierten, interaktiven Teilen: was zu bearbeiten ist, was passieren soll, was in welcher Qualität, in welcher Zeit, mit welchem Aufwand getan werden soll. Mit anderen Worten: die Parameter der Aufgabenerfüllung sind in wesentlichen Punkten ungewiß; viele Parameter sind abhängig von der Beziehung zum Bewohner.

2. Dort, wo Vorgaben bestehen, sind sie entweder abstrakt, oder sie bestehen aus Formulierungen, die einen lediglich weiten Rahmen abstecken. Als konkrete Arbeitsgrundlage sind sie in der Regel ungeeignet. *Vorgaben* können allerdings auch informelle Regelungen, eingeschliffene Routinen und traditionelle Arbeitsweisen sein. Sie sind dann nach dem Muster "So machen wir es hier", oder "So haben wir es hier schon immer gehalten" gefaßt. Zur Klärung des eigenen Rollenverständnisses für die Beschäftigten geben auch diese Handlungsbegründungen wenig konkrete Anhaltspunkte, jedenfalls keine Sicherheit vermittelnde Basis zur eigenen Orientierung.
   Gegenstand der Arbeit sind auch entwicklungsbezogene Veränderungen im Alltag der Bewohner und der Wohngruppe. Gerade dann sind deutliche, klare, für die Mitwirkenden verbindliche Orientierungs-Grundsätze notwendig. Das gilt zumal, wenn das junge Lebensalter die Mitarbeiter dazu verleitet, illusorisch überhöhte und wenig realistische Fernziele anzustreben, die den Bewohner überfordern oder seiner Behinderung nicht gerecht werden. Ein eigenes Bewußtsein des Wertes traditioneller Elemente hat sich bei jungen Betreuern oft noch nicht herausgebildet. In beiden Fälle - dem der

nicht mehr hinterfragten Routine und dem des berufsunerfahrenen Neulings - sind die Art von Vorgaben, die wir gefunden haben, nämlich die informellen, wenig geeignet, dem Beschäftigten Sicherheit und Stabilität zu geben.

3. Es bestehen Probleme mit der Aufgabenkontrolle, die umso eher Schwierigkeiten aufwirft, je mehr das Team ein autonomie-orientiertes Aufgabenverständnis hat. Es mögen äußere Regelungen zur Teamarbeit existieren und Rahmenbedingungen (wie Dienstplan, Arbeitsvertrag) abgesteckt sein. Sie sind aber zuwenig bezogen auf die inneren Gehalte der Betreuungsarbeit in der Wohngruppe, auf Ziele, Perspektiven, Arbeitsformen untereinander und gegenüber dem Bewohner, auf die konkreten Inhalte. Autonomie-Orientierung des Teams braucht einen Verhandlungsraum der Beteiligten, um die Ergebnisse nicht immer wieder dem Zufall zu überlassen. Sehr häufig braucht das Team dazu Verhandlungs- und Aushandlungs-Unterstützung. Ein autonomie-orientiertes Aufgabenverständnis entwickelt sich unter den von uns vorgefundenen organisatorischen Bedingungen nicht als geplante, von Organisation und Führungsebene unterstützte Strategie einer vorausschauenden und problembewußten Personalentwicklung, sondern vorwiegend als Reaktion der Teams auf das Gefühl, in der "Alltagsarbeit letzten Endes doch allein" zu sein. Es ist tendenziell eher mit einer resignativen Arbeitshaltung verbunden, die vorhandene Ressourcen nicht fördert und nutzt, sondern eine latente Belastung begründet. - Schwierig und problematisch ist diese Arbeit ja gerade deswegen, weil in diesen "Verhandlungen" die privaten Anteile der Person nicht ausgespart werden können.

4. In allen Interviews sind Aussagen außerordentlich selten, die eine positive Unterstützung der eigenen Arbeit durch Leitungspersonen oder die Organisation insgesamt zum Inhalt haben. Das ist um so wichtiger, als die Arbeit selbst ein Gefühl und Bewußtsein des Erfolgs wenig vermittelt[26]. Es gibt kaum Kriterien, um vor sich selbst eine Arbeit als erfolgreich zu bewerten. Innerhalb der Teams ist eine positive Unterstützung manchmal anzutreffen, dann aber eher als zufälliges Ergebnis einer "glücklichen Konstellation" der Teammitglieder, die aufgrund persönlicher Haltungen (Symphathie und Solidarität) füreinander einstehen. Die Leitungsebene enthält sich in der Regel einem konstruktiven Feed-back.

5. Ein offizielles Arbeitsmodell existiert auf diese Weise nicht. In den Interviews ist davon die Rede, man "wurschtele sich so durch". Im Bewußtsein der Mitarbeiter heißt dies offensichtlich, daß sie sich mit dem, was sie als ihre Arbeitstätigkeit begreifen, in der Organisation nicht als aufgehoben empfinden. Sie tun diese Arbeit, ohne sich im

---

[26] Natürlich ist der Kontakt zu den Behinderten in vielen Fällen *auch* befriedigend und kann dann Erfolg vermitteln.

klaren darüber zu sein, ob ihre so erbrachten Leistungen anerkannt, akzeptiert, geschätzt werden. Der Begriff des "Durchwurschtelns" spiegelt etwas von dem wider, was die Organisation[27] ihnen offensichtlich signalisiert. Sie liefert kein klares Bild ihrer Erwartungen und wendet nicht sehr viel Mühe auf, um Kriterien zu formulieren, nach denen eine deutliche Anerkennung des Arbeitshandelns erreichbar ist. So erscheinen die erbrachten Leistungen als so "la-la", "mehr schlecht als recht", eben so "durchgewurschtelt". Lob besteht darin, daß nicht gemeckert wird, Anerkennung resultiert lediglich daraus, daß man "nicht aufgefallen" ist.

6. Diese Bedingungen erzeugen ein spezifisches Orientierungs-Vakuum. Da eine äußere und eindeutige professionelle Strukturierung nicht gegeben ist, und auch wenig einfache Handlungsmuster im Team entwickelt werden (können?) - etwa nach dem Muster: passiert dies und das, handeln wir so oder so -, die einfach aufgrund ihrer Plausibilität einen überzeugenden Begründungswert haben, entsteht eine Situation, in der jedes Team-Mitglied seine eigenen biographisch erworbenen und professionell erarbeiteten Überzeugungen, Erfahrungen und Methoden[28] auf den Marktplatz der wohngruppeninternen Handlungs- und Gestaltungs-Möglichkeiten wirft.

Neben abstrakten Zielformulierungen, aus denen jeder seinen eigenen Stil zu begründen können meint (und es tatsächlich auch kann!), gegenseitigen Affinitäten in der Alltagsbewältigung und ideologischen Beinahe-Übereinstimmungen treffen hier auch die unterschiedlichen Wahrnehmungsmuster, Charaktere, Persönlichkeits- und Handlungs-Stile aufeinander. Deren "Management" wäre schon unter sehr viel günstigeren strukturgebenden Bedingungen und wesentlich größerer Zielklarheit schwierig genug. So aber, in einem offenen sozialen Raum, ausgerichtet über ein nur wenig konkretisiertes Arbeitskonzept, in dem allgemeine humane, auch christliche Vorstellungen formuliert sind, entstehen Konfrontationen, die innerhalb des Teams häufig nur schwer bearbeitet werden können. Das heißt, sie wären nur schwer kontrollierbar, wenn sie behandelt, ausgetragen werden müßten. Ungeschriebene Organisations-Regeln ("Laß Du mir meinen Stil, dann rede ich Dir in Deinen auch nicht rein"; aber einschränkend dazu: "Diese Regel gilt nur innerhalb gewisser Grenzen; schlägst Du über die Stränge, so mußt Du mit meinem Einspruch rechnen") puffern unterschiedliche Auffassungen und Überzeugungen der Mitarbeiter voneinander ab und verhindern schlimmeres. Allerdings tragen sie auch dazu bei, daß der Teambildungsprozeß stagniert. So sind die

[27] Das ist hier von uns gemeint vor allem in Bezug auf die einzelne Organisation; aber gilt es möglicherweise auch für die Behindertenhilfe insgesamt?

[28] Auch hier ist die Realität schillernder, als wir es hier wiedergeben können: was einer tut, und womit er Erfolg in der Interaktion hat, kann bei einem anderen scheitern.

unmittelbaren Arbeitsbedingungen in den Teams nur in Ausnahmefällen frei von latenten, die Arbeit belastenden Konflikten.

7. Zur Diffusität gehört auch, daß es eben nicht nur eine Diffusität als Vielfalt des zu Erledigenden gibt, die einzelnen Aufgaben von sich aus keine Prioritäten nahelegen, sondern auch insofern, als die einzelnen Personen, die am Geschehen in der Wohngruppe beteiligt sind, die Diffusität ihres eigenen Lebensprozesses[29] mit einbringen. Es treffen die Vielfalt des Möglichen im Aufgabenspektrum auf die Vielfalt des Möglichen aus Sicht des *einzelnen Mitarbeiters*. Diffusität heißt also auch, es durchkreuzen sich unterschiedliche Ebenen der Vielfalt. Die Beschäftigten sind allein mit ihrem Engagement - und davon haben wir ingesamt viel beobachten können. Für diese schwierige Aufgabe der Strukturierung des Arbeitshandelns und der notwendigen Koordinierung sind sie sehr oft überfordert.

In den Interviews wird fast durchgängig davon gesprochen, daß es einen *Kanon von strukturierten Aufgaben* gibt und einen *Aufgabenteil, der nicht als Kanon* festgelegt ist. Dieser Teil ergibt sich aus dem, was "so anliegt", wozu Lust, Interesse, Bedürfnis, wozu Kraft besteht - also aus dem situativ Gegebenen. Dieses situativ Gegebene wird allerdings oft unterschiedlich wahrgenommen. Was immer ein Mitarbeiter im Rahmen dieses nicht strukturierten Aufgabenteils tut, er muß damit rechnen, daß es in den Augen eines anderen Anlaß gibt, Rechtfertigung und Erklärung zu verlangen. Es läßt sich wohl die Hypothese aufstellen, daß die oben genannten Regeln noch eine weitere Ergänzung haben: "Du mußt damit rechnen, daß ich - was immer Du tust - Dich zur Rede stelle, daß ich Dich zur Rechenschaft ziehe, daß ich Öffentlichkeit herstelle".

In diesem Zusammenhang scheint denkbar, daß Formen der Inaktivität, der Lähmung, des Phlegmas, die wir manchmal beobachten konnten, hierin zum Teil ihre Begründung haben. Es könnte sein, daß nahezu jede Tätigkeit eines Team-Mitglieds, die nicht abgesprochen ist und die nicht im Rahmen des strukturierten Aufgaben-Kanons verrichtet wird, mit dem Risiko der im Zweifel unangenehmen Forderung verbunden ist zu erklären, warum man denn nun gerade dies (und nicht etwas anderes) getan hat. Abgesehen von eindeutig abgesprochenen Tätigkeiten führt diese so beschriebene vielgestaltige Situation im Team dazu, daß letztendlich jedes Team-Mitglied tun kann, was es will - solange es die unausgesprochenen beiden Organisationsregeln in etwa beachtet.
Neben der Diffusität - wir sollten nun besser von Vielgestaltigkeit der Arbeits sprechen - spielt offensichtlich ein Geflecht von Ambivalenzen eine wichtige Rolle. Sie bestehen nicht nur (wie oben ausgeführt) gegenüber den Vorgesetzten und den Kollegen im Team, son-

[29] Dies gilt insbesondere für die jüngeren Mitarbeiter, die noch auf der Suche nach *ihrem* Lebensweg sind.

dern sie sind der Arbeit selbst immanent. Da der lenkende Einfluß der Leitung eine nur untergeordnete Rolle spielt, gibt es die *Ambivalenz zwischen "Helfen" und "Kontrollieren/-Erziehen"*, die grundsätzlich mit dieser Art sozial-helfender Tätigkeiten verbunden scheint. Es besteht desweiteren eine *Ambivalenz zwischen der unklaren Auffassung der Mitarbeiter*, in der konkreten Tätigkeit frei zu sein und die Arbeit nach eigenen Vorstellungen gestalten zu können und der Erfahrung, auch dann allein zu sein, wenn Unterstützung gebraucht wird. Diese Ambivalenz ist besonders gegenüber der Hierarchie und den Leitungsorganen ausgeprägt. Sie muß durchaus im Zusammenhang mit dem überwiegend unklaren Führungskonzept gesehen werden, dem wir begegnet sind.
Drittens existiert eine *intrapsychische Ambivalenz bei den Mitarbeitern* der Wohngruppen und ihren Vorstellungen und Ansprüchen an eine humane Arbeits-Situation. Sie wollen befriedigende, Erfolg vermittelnde Tätigkeitsbedingungen und einen Kontakt zu den Bewohnern, der annehmend und unterstützend ist, der aber auch Grenzen setzt. Die unterschiedlichen individuell geprägten Verhaltensstile, die - dies müßte allerdings eingehender überprüft werden - relativ unabhängig von der konkreten fachlichen Qualifikation zu sein scheinen und eher eine Frage des Charakters, der eigenen Biographie, übergreifender Einstellungen sind, führen zu Situationen, in denen subjektiv nicht mehr deutlich ist, ob man sich diesseits oder jenseits der unausgesprochenen Organisations-Regeln befindet. Die Ambivalenz besteht also darin, daß der Mitarbeiter sich im konkreten Einzelfall regel-konform verhalten kann oder nicht. Tut er das nicht, kann er sehr viel stärker seinen momentanen Stimmungen folgen, mehr aus dem Kontakt zum Bewohner heraus agieren, mehr seinem Interesse und seiner Lust folgen. Hier aber gerät er unter Umständen in Widerspruch zum herkömmlichen Arbeitsverständnis ("Du sollst arbeiten und nicht tun, was Dir Spaß macht"; oder, deutlicher und vielleicht überspitzt: "Es ist wichtiger, daß Du arbeitest als daß du Spaß mit dem Bewohner hast"). Der Gegensatz von Arbeit und Lust wird hier zur Arbeits-Hemmung: denn der Bewohner hat natürlich eher dann Spaß an einer interaktiven Tätigkeit, wenn der Mitarbeiter etwas tut, zu dem er selbst Lust hat.

6.7 Zusammenfassung

Wir wollen die bisher dargestellten empirischen Ergebnisse zusammenfassen und zuerst einige *Charakteristika des Aufgaben- und Tätigkeitsfeldes* nennen:

1. Die Arbeit in der Betreuung und Lebensbegleitung von Behinderten ist in wesentlichen Teilen nicht planbar; sie ist "naturgebunden", folgt Lebensprozessen, muß sich auf Bedürfnisse einstellen und sich mit ihnen auseinandersetzen. Die *Kooperation mit dem Bewohner* ist nicht von vornherein gegeben; vielmehr muß sie immer wieder neu hergestellt werden. Die Arbeit ist aus sich selbst heraus prinzipiell unendlich, d.h. unabgeschlossen: man ist nie fertig. Der Zielhorizont der Tätigkeit weitet sich in der

Tätigkeit selbst mit aus: je intensiver der Kontakt zu einem behinderten Menschen ist, desto deutlicher wird, was noch alles zu tun wäre.

2. Die Aufgaben in der Betreuung der Behinderten haben einen Doppelcharakter, nämlich einen Sach-Bezug (Verwaltungs-, hauswirtschaftliche und organisatorische Aufgaben) und einen Person-Bezug (Lebensbegleitung, Betreuung, Pflege, Förderung, soziale Entwicklung).

3. In weiten Bereichen strukturiert die Behinderung der Bewohner den Arbeits- und Tätigkeitsvollzug der Beschäftigten. Im Zusammenhang damit besteht in der Regel eine konkrete Gruppen-Dynamik in der Wohngruppe, die auch die Beschäftigten mit einbezieht.

4. Die Beschäftigten empfinden eine erhebliche Diskrepanz zwischen ihrer realen Tätigkeit und den eigentlichen Aufgaben, die sich stärker auf die Förderung und soziale Begleitung der Bewohner beziehen sollte, zu denen sie aber - aus ihrer Sicht vorwiegend aus Zeitmangel - zu wenig kommen. Hier besteht eine strukturelle Schizophrenie: Sie arbeiten ständig an der Voraussetzung (wenn wir Hauswirtschaft und Gruppen-Organisation so bezeichnen) für etwas anderes, nämlich die direkte Betreuung und Lebensbegleitung der Bewohner, zu dem sie viel zu selten kommen und deshalb wenig Befriedigung und Sinnerfüllung finden. Es besteht darüber hinaus eine Diskrepanz zwischen diesen inhaltlichen Vorstellungen über die Zielsetzung ihrer Tätigkeit und der faktischen Zielsetzung, die darin besteht, "irgendwie klar zu kommen", "irgendwie durchzukommen".

5. In der Spaltung des Alltags in einen strukturierten (vor allem das Aufstehen und Zu-Bett-Gehen, die Mahlzeiten und feste Termine sind hier zu nennen) und in einen unstrukturierten Teil (Freizeit, Feierabend nach Beendigung der WfB) sind die Beschäftigten in unterschiedlichem Maße auch auf die psychischen Behinderungen der Bewohner zurückgeworfen (depressive, aggressive Lebenshaltungen). Sie müssen in beiden Teilen mit den Beeinträchtigungen der Bewohner umgehen.

6. In ihrem konkreten Handeln und Verhalten sehen sich die Betreuer einer Vielfalt von Bezügen ausgesetzt, die ihnen eine eigene Orientierung erschweren: neben der Spannweite zwischen eher professionellen Arbeitsmodellen (z.B. Kustodialisierung versus Bedürfnisorientierung) besteht ein permanenter Zwang zum Umgehen mit der in vielen Arbeitssituationen gegebenen Unbestimmtheit und Ungewißheit. Innerhalb jedes Teams bestehen Normen, Arbeits-Traditionen und -Routinen, die unterstützenden, aber auch einengenden Charakter haben können. Wohngruppen-übergreifend existieren administrative, arbeits-organisatorische und einrichtungs-spezifische Regelungen,

die zu berücksichtigen sind. Der Beschäftigte selbst ist sein wichtigstes Arbeitsmittel, er muß sich an seinen eigenen inneren Werten, physischen und psychischen Kräften und Überzeugungen ausrichten und auf diese Weise im Geflecht der unterschiedlichen Bezüge seine Berufsidentität immer wieder neu schaffen.

7. Es gibt wenig konkrete Kriterien zur Selbst- und zur Fremd-Beurteilung der Tätigkeit des Beschäftigten. Es gibt kein Arbeitsmodell, das als "objektives Ideal", als "the best way", gelten kann, es sei denn, das Team entwickelt für den ganz konkreten Betreuungsbedarf der eigenen Wohngruppe ein solches Arbeitsmodell und verwirklicht es. Als Hindernis steht sowohl dem Team als auch dem einzelnen eine Vielfalt an eigenen, z.T. widersprüchlichen Erfahrungen, Überzeugungen, Befürchtungen und Ängsten, Einschätzungen der eigenen und fremder Kräfte und Interessen entgegen. Es ist für die Beschäftigten schwierig, für sich einen Erfolg in der Arbeit zu definieren, da dieser oft auch ambivalent ist. Zum Beispiel sehen sich die Mitarbeiter als Folge der Zunahme von Eigenständigkeit und der Erweiterung des Lebensraumes eines Bewohners einer quantitativen und qualitativen Veränderung ihrer Aufgaben ausgesetzt. In der notwendig werdenden Auseinandersetzung müssen neue Rollen ausgehandelt werden.

Aus diesen Bedingungen ergeben sich wesentliche Hinweise für die weitere Analyse der Tätigkeit auf Gruppenebene:

8. Da Vorgaben wenig konkret und die Aufgabenparameter ungewiß sind, ist eine Folge, daß das konkrete Handeln und Verhalten der Mitarbeiter stark persönlich gefärbt ist: Das Umgehen mit Bewohnern beruht häufig nicht auf gruppeninternem Konsens und orientiert sich selten an konkreten Zielen. Vielmehr ist es geprägt von der "Gunst des Augenblicks", von der mehr oder weniger zufällig gelingenden "glücklichen Konstellation" von Umständen, Stimmungen und Gegebenheiten.[30]

9. Entsprechend sind die Mitarbeiter in unterschiedlichem Maße latenten, beizeiten offenen Spannungen ausgesetzt, die auch daher rühren, daß ein auf Konsens beruhendes Arbeits- und Begegnungskonzept fehlt. Dies wird einerseits als Mangel empfunden und beklagt, man habe zuwenig Zeit, ein Wohngruppenkonzept zu erarbeiten. Unterschwellig wird in nahezu allen Teams ein schlüssiges Konzept als "Arbeitsideal" angesehen. Andererseits wird dieses Thema auch tabuisiert: bei der Erstellung eines solchen Konsensmodells müßten die teilweise sehr weit auseinanderliegenden Meinungen, Vorstellungen und Ansprüche zutage treten und offen ausgehandelt werden. Um eine Ausein-

---

[30] Andererseits liegt gerade hier die Schnittstelle zwischen Arbeit und Leben: die Unvorhersehbarkeit, die Unplanbarkeit, die Ungewißheit und das flexible Umgehen mit ihr ist weniger ein Kennzeichen von *Arbeit* als von *Leben*.

andersetzung zu vermeiden, wird ein fehlendes Konzept oft geradezu als Garant größtmöglicher Handlungsfreiheit uminterpretiert, der Konzeptmangel zum bewußt gewollten Konzept erhoben.

10. Die *Rahmenbedingungen des Teams* erleichtern die Zusammenarbeit seiner Mitglieder nicht:
    - Die Teambildungs- und Entwicklungsprozesse werden nicht unterstützt;
    - gemeinsame Team-Besprechungszeiten werden zwar turnusmäßig, Regel-orientiert (d.h. unabhängig vom Thema z.B. wöchentlich zwei Stunden) durchgeführt, aber nach unseren Erfahrungen nicht geplant und "Problem"-orientiert. Nicht selten bleiben sie ganz aus mit der Begründung, es dürften "keine weiteren Überstunden" entstehen;
    - die mit der Schichtarbeit verbundene zeitliche Versetzung, die z.T. sehr unterschiedlichen Arbeitszeit-Verträge, die unterschiedliche Qualifikation der Mitarbeiter, die angesprochene Aufgabendiffusität und die unklaren Arbeitsziele belasten die team-interne Kommunikation, Kooperation und Koordination, ohne daß Hilfsmittel zur Verfügung stehen;
    - die Mittel- und Personal-Ausstattung wird nach dem Urteil der Beschäftigten bürokratisch vorgenommen. Sie ist kaum verhandelbar und inhaltlichen Argumenten wenig zugänglich;
    - gegenüber Fachdiensten empfinden sich die Beschäftigten als Bittsteller. Sie haben nicht den Eindruck, daß dies Stellen oder Bereiche zur Unterstützung ihrer Betreuungsaufgaben sind.

11. Die angesprochenen Charakteristika der Arbeits- und Team-Situation scheinen besonders bedeutungsvoll in Bezug auf die *Einarbeitung neuer Mitarbeiter*. Sie erhalten kaum adäquate Hilfe und Unterstützung, um in ihr neues Tätigkeitsfeld hineinzuwachsen. Die Praxis ist - wie aufgezeigt - "natürlich", urwüchsig, wenig durchdacht, immer wieder ein Weg von Versuch und Irrtum. Erst eigene Fehler und Erfahrungen, auch Frustrationen, verhelfen zu einer praxisgerechten Arbeits-Orientierung. Auf diese Weise wird es umso schwieriger, im Selbst- und Rollen-Verständnis der Mitarbeiter und in den Team-Strukturen etwas zu verändern, neue Elemente zu integrieren. Der status-quo wird aufrecht erhalten und gestützt, die ungeschriebenen Regeln der Organisation werden im kulturellen Raum des Teams vermittelt, als Norm etabliert und perpetuiert - auch dann, wenn sie nicht zweckdienlich sind.

12. Der *Stellenwert der Fortbildung, des Erfahrungsaustausches und der gegenseitigen Anregung* ist zu gering. Supervision ist immer noch auch ein "finanzielles" Thema. Sie ist (aber auch) durchaus mit persönlichen Ängsten verbunden.

13. *Führungs- und Leitungsprozesse* (Anleitung, Kontrolle, Unterstützung, Feed-back, Beratung in Problemfällen) sind schwach ausgeprägt. Die Kommunikation zwischen den Wohngruppen und der nächsthöheren hierarchischen Ebene beschränkt sich weitgehend auf die Abklärung finanzieller und dienstplanbezogener Angelegenheiten. Die Vermittlung von Alltagserfahrungen und ein dadurch gegebener Kommunikationszusammenhang hat wenig Raum. Die vorhandene Distanz zur Praxis führt auch dazu, daß den Mitarbeitern Entscheidungen häufig als wenig angemessen für den eigenen Arbeitsalltag erscheinen.

14. Die *Mitarbeiter fühlen sich im Arbeitsalltag alleingelassen.* Arbeitsaufgaben werden delegiert ohne entsprechende Kompetenzen. Es herrscht weitgehende Ambivalenz zwischen der geforderten Handlungsautonomie im Rahmen der Wohngruppenarbeit und der Abwehr von Verantwortung.

15. *Unterschiede zwischen der zentral und der dezentral organisierten Einrichtung* sind auf den ersten Blick wesentlich (vgl. auch Tab. 4, Abschn. 5). So ist Belastung, wenn wir sie nach den Quell-Feldern Bewohner, Team, Vorgesetzte und Organisation differenzieren, in beiden Einrichtungstypen unterschiedlich verursacht. Tendenziell werden unter dezentralen Arbeitsstrukturen Belastungen eher als durch Bewohner und die Auseinandersetzungen mit ihnen verursacht wahrgenommen. Im Bereich der zentralen Einrichtung spielen organisations-begründete Belastungen eine bedeutendere Rolle.[31] Deutliche Unterschiede bestehen in der Einschätzung der eigenen Einrichtung zwischen den Beschäftigten der Großinstitution und der dezentral organisierten Einrichtung. Dort ist die Konstruktion (Dezentralität, Wohngruppen mit weitgehend geglückter Stadtteil-Intergration, Eigenständigkeit in den Tagesfragen) und die damit zusammenhängende Philosophie für die Mitarbeiter plausibler, nachvollziehbarer und mehr akzeptiert.

16. Coping, also das Umgehen mit den Folgen der psychischen Belastungen im Betreuungsalltag, ist als organisatorische Aufgabe bisher nur wenig entwickelt. Individuell sind prinzipiell zwei Formen des Copings ausgeprägt. Eine eher passive Weise, sich Ablenkung und Entspannung zu verschaffen (Fernsehen, Kneipengang, Nichts-Tun), steht einer eher bewußt gestalteten, aktiven Weise gegenüber (z.B. Schachspielen, Musikhören, Fahrrad fahren, das Aufhalten in freier Natur).
Eine gezielte Unterstützung der Betreuer durch die Einrichtungen - durch Aufmerk-

[31] Auf eine weiterführende Erklärung für diesen Unterschied gehen wir hier nicht ein; es läßt sich aber die Vermutung begründen, daß die größere organisatorische Komplexität in der zentralen Einrichtung eine psychodynamisch größere Wirksamkeit hat, als dies auf den ersten Blick scheint.

samkeits-Lenkung diesem Problembereich gegenüber, etwa in der Phase der Einarbeitung oder durch generelles Daraufhin-Arbeiten, einen eigenen Coping-Stil zu entwickeln - wird in den Gesprächen mit den Mitarbeitern nicht deutlich. Es bestehen keine etablierten Settings.

17. Bei allen Befragten besteht ein deutliches Empfinden *der mangelnden gesellschaftlichen Anerkennung* ihrer Tätigkeit und der *Unterbezahlung*.

Aufgrund der Einschätzung der komplexen Verflechtung dieser Bedingungen in der Betreuung, die relevant ist nicht nur als Ergebnis der eigenen empirischen Analyse, sondern wohl auch der psychischen Repräsentanz in der Wahrnehmung der Beschäftigten entspricht, scheint es sinnvoll, den Begriff der *Gesamtbelastung* wieder aufzunehmen bzw. ihn zu bestätigen: Es können aufgrund der vielfältigen gegenseitigen Querbezüge zwischen den oben angeführten Themen der Zusammenfassung kaum punktuelle Einzelmaßnahmen herausgegriffen werden, wenn es um die Formulierung relevanter Gestaltungs-Empfehlungen geht. Der Begriff der Gesamtbelastung legt nahe, ein stärkeres Gewicht darauf zu legen, daß die Wohngruppe, das Team und die in ihm notwendigen Aufgaben-Klärungen und -Vollzüge stärker in ihrem System- und Prozeß-Charakter verstanden werden und daraus Schlüsse für eine persönlichkeitsverträgliche und stabilisierende Organisation und Gestaltung der Arbeit abgeleitet werden.

Das interdependente Gefüge der verschiedenen Einflußebenen, die zur Gesamtbelastung beitragen, läßt Einzellösungen im Sinne von längerfristiger Problemlösung scheitern, wenn nicht parallel dazu das Umfeld auf Mikro- und Makroebene mitverändert und die Prozesse der einzelnen Subsysteme aufeinander abgestimmt werden. Denn es kommt besonders auch dann zu Konflikten (im Team, mit Vorgesetzten) und damit zu Belastungen für die Beschäftigten, wenn neuheitliche Zielvorstellungen der Behindertenarbeit auf tradierte Strukturen treffen und ein Überdenken der Ressourcenverteilung erforderlich wird.

7 Die Einschätzung der Arbeitssituation durch die mittlere Führungsebene

Im zurückliegenden Abschnitt haben wir verschiedene Aspekte der Belastungsproblematik der Beschäftigten aufgezeigt, analysiert und diskutiert. In diesem Abschnitt wollen wir nun die Aussagen der mittleren Führungsebene zu den entsprechenden Belastungsbereichen herausarbeiten. In einer Gegenüberstellung werden wir Ähnlichkeiten und Differenzen der beiden Gruppen darstellen und weiterführende Überlegungen anschließen. - Die mittlere Führungsebene umfaßt die direkten und die nächsthöheren Vorgesetzten der Betreuer im Gruppendienst. Sie haben Verantwortung für den Betreuungsprozeß der Bewohner und Personalverantwortung für die Beschäftigten.

Wir nehmen eine Betrachtung der folgenden Belastungsfelder unter dem Gesichtspunkt der Einschätzung und Bewertung durch die mittleren Führungskräfte vor. Wir fragen nach (1) der Belastung der Mitarbeiter durch die Bewohner, (2) der Belastung durch die Teamsituation, (3) der Belastung durch (fehlende) Unterstützung durch Organisation und Führungsebene, (4) der Belastung durch mangelnde Einarbeitung, Aus- und Fortbildung und schließlich (5) nach der Belastung durch (fehlende) Gruppen- und Arbeitskonzepte.

7.1 Belastung der Mitarbeiter durch die Bewohner

Im Kapitel 6.2. "Emotionale Betroffenheit und Identität" haben wir psychische Belastungen aufgezeigt, die für die Beschäftigten aus der Interaktion mit den Bewohnern resultieren. Auch in den Interviews der mittleren Führungsebene finden wir Aussagen, die diesen Tatbestand bestätigen und ein multifaktorielles Verständnis der Belastungssituation durch die Vorgesetzten erkennen lassen. Der subjektiv wahrgenommene Belastungsgrad wird als Mischung aus individuellen und institutionellen, aus psychischen und physischen Komponenten gesehen: "Ja, das ist eine ganze Menge. Also, ich denke, die Mitarbeiter haben ja unterschiedliche Voraussetzungen, was da so die fachliche Seite angeht. Und meiner Meinung nach besteht ein Zusammenhang zwischen fachlicher Sicherheit und ob etwas als belastend empfunden wird. Und, wenn man das an Beispielen sagen darf, wenn ich also eine Situation etwa wie in XY [einer Abteilung der Einrichtung; d. Verf.] habe, und dort bestand also eine Pflegesituation mit medizinischen Problematiken, dann begann eine große Unsicherheit. Das wird dann auch vermutlich als ziemlich belastend empfunden. So lange, bis man wieder eine Sicherheit kriegt. Ich denke, das ist in Situationen, wo es um psychisch Kranke geht und man eigentlich gar nicht weiß, was los ist, auch ein Problem. Das wird auch ein Problem sein für neue Mitarbeiter, wenn sie überhaupt nicht wissen, was da läuft, wenn es sich um geistig behinderte Menschen handelt. Und je mehr Klarheit darüber besteht, desto größer, glaube ich, kann die Sicherheit werden, mit der Situation umzugehen. So, das ist jetzt bezogen auf die Bewohner. Dann denke ich, ist so ein Punkt die Frage der Beziehungen, die also auch zwischen Bewohnern und Mitarbeitern eine Rolle spielen, wo alles dieses mit wieder hineinwirkt. Ich denke, da spielt dann auch eine Rolle die Frage von Sympathie und Antipathie, von, ja, Ästhetik. Da spielen die Fragen der Normen eine Rolle, ob ich erwarte, daß der sich angepaßt verhalten soll oder ob ich selbst ein Verständnis der Arbeit habe, wo ich einfach mich anpassen muß an die Situation, die mir von den Bewohnern entgegenkommt. Weil sie einfach so sind. Solche Fragen spielen eine Rolle." (mfe01)

Wie wir bereits dargestellt haben, wird den Vorgesetzten seitens der Mitarbeiter immer wieder vorgeworfen, sie hätten "keine Ahnung" von den Schwierigkeiten und Belastungen des Gruppenalltags. Nach der Analyse der Interviews der Vorgesetzten müssen wir fest-

halten, daß dies eher emotional geleitete denn rational begründete Vorbehalte sind. Sie werden in ihrer Pauschalität der Realität nicht gerecht. Zwar fällt auf, daß kaum eine der befragten Leitungspersonen die physischen Belastungsmomente wie Tragen, Heben etc. ansprechen - hier mag der Vorwurf der Gruppenmitarbeiter zum Teil berechtigt sein[32]. Andererseits wird auch auf Mitarbeiterebene, von Ausnahmen abgesehen, der physischen Belastungskomponente ein zweitrangiges Gewicht eingeräumt (vgl. auch die Auswertung der Institutionenbefragung, Item 16; Abschnitt 10). Insoweit besteht zwischen den beiden Gruppen eine Übereinstimmung, daß nämlich die psychischen Belastungsaspekte letztlich die wesentlichen sind.
Dafür einige weitere beispielhafte Aussagen: "Bei den Bewohnern, denk' ich, spielt eine ganz wesentliche Rolle, daß die Gruppen zur Zeit noch relativ homogen besetzt sind, also mir fällt da so spontan ein die YZ, wo dann wirklich auch richtige Brecher [sehr aggressive und starke Bewohner; d. Verf.] drin sind. Das macht denn bei den Mitarbeitern ja so etwas wie eine Angstsituation aus und durch diese, ja, massive Situation, der sie da ausgesetzt sind, entsteht mit Sicherheit eine ganze Menge Streß. Das muß jetzt nicht ein Brecher sein, daß sind genau so gut Gruppen, wo es also keinen einzigen gibt, der sprachfähig ist. Das ist eine nahezu unerträgliche Situation für den Mitarbeiter." (mfe10)
Noch deutlicher wird die Einschätzung - daß es nämlich vor allem Extremsituationen sind, die als besonders belastend erscheinen - in folgendem Zitat: "Also, ich muß das abstufen. Ich denke das, was mir aus den Gruppen zu Ohren kommt und was ich auch selber in Gruppen erlebt habe ist, daß die größte Belastungssituation immer dann gegeben ist, wenn starke Verhaltensauffälligkeiten zu verzeichnen sind, ich sag mal, Gewaltausbrüche oder andere Formen von Verhaltensauffälligkeiten, die für die Mitarbeiter schwer zu handhaben sind, wenn auf der anderen Seite in Folge von körperlichem Abbau sich Verschlechterungspotentiale bei Bewohnern aufbauen, wo wir Gefahr laufen müssen, daß uns jemand verstirbt. Das, ich sag mal, das macht die Mitarbeiter an. Da sind sie... das arbeitet in ihnen. Wie gehe ich auf der einen Seite mit den Gewaltausbrüchen von Bewohnern um? Wie gehe ich damit um, wenn jemand in der Wohngruppe zu sterben droht? Das sind, denk' ich, ganz massive Belastungssituationen, die ich mit als die belastendsten einschätzen würde. Routinemäßige Pflege und Hilfe bei Bewohnern, die vielleicht stark körperbehindert sind, ist, denk ich, nicht die hauptsächliche Belastung..." (mfe13)

Der Zusammenhang von Verhaltensauffälligkeiten und/oder (Auto-)Aggressionen der Bewohner und dem "nicht damit umgehen können", der daraus resultierenden Angst und Hilflosigkeit seitens der Mitarbeiter und den damit entstehenden Schuldgefühlen, den eigenen Ansprüchen nicht gerecht werden zu können, wird durchgehend von der mittleren Führungsebene als Hauptbelastungsquelle beschrieben: "Dann haben sie Schwierigkeiten

---

32 Selbst wenn die Vorgesetzten eigene Praxiserfahrungen hatten, mag die zeitliche und räumliche Distanz zu dieser Wahrnehmungsdifferenz führen.

mit einer Bewohnerin, die Schwierigkeiten mit aggressivem Verhalten hat; mal geht es wunderbar und manchmal tauchen da so Angstproblematiken auf, die sicherlich sehr belastend sind... Also ich denke, daß ist eine große Belastung für so ein Team, dann natürlich auch ständig." (mfe06)

Ähnlich sieht es eine weitere Person der mittleren Führungsebene: "Und das Gleiche trifft auch zu in Bezug auf Aggression, also mit stark auffälligem Verhalten. Sei es jetzt Autoaggression, indem sich jeder, also jemand sich selber Gewalt antut oder, ich sag mal, Gewalt gegen Sachen wendet oder womöglich noch andere Bewohner oder Mitarbeiter angreift. Das sind auch Situationen, wo, ja, wo mitunter Hilflosigkeit, Verzweiflung oder auch einfach mitunter Angst auftritt, und das ist, denk ich, belastend. Diese Situation schildere ich auch deshalb, weil ich in den Gruppen, mit denen ich zu tun habe, konkret diese Situation als sehr belastend empfinde. Ich weiß nicht, wie das in anderen Gruppen aussieht, aber in den Gruppen, mit denen ich zu tun hab', behaupte ich mal, das ist mit das Belastendste, was ich eigentlich so wahrnehme und womit die Mitarbeiter wirklich zu kämpfen haben." (mfe13)

Eine andere Aussage zeigt die Problematik auf, die entsteht, wenn Bewohner plötzlich neue, ungewohnte Verhaltensweisen zeigen, für die die Mitarbeiter noch keine Strategien entwickelt haben: "Da haben sich auch Verhaltensauffälligkeiten bei einem Bewohner in letzter Zeit eingestellt, der wirklich sehr psychotisch reagiert und der auch die Mitarbeiter vor große Probleme gestellt hat, weil er plötzlich Handlungsweisen und so ein Handlungsrepertoire zeigt, das sie bei ihm nicht gewohnt waren und mit dem sie ganz schlecht umgehen konnten." (mfe13)

Hervorgehoben wird von der mittleren Führungsebene auch die psychische Belastung und Frustration, die aus der oft auftretenden Kluft zwischen den eigenen Ansprüchen der Mitarbeiter und der Realität des Alltags resultieren. Die Mitarbeiter haben Ideen, wollen "etwas unternehmen, etwas machen" und dann kommt sehr häufig "Unvorhersehbares" dazwischen: "...So, und nun kann es eben sein, daß zwei etwas machen wollen außerhalb der Wohngruppe, die Begleitung brauchen. Gut, kann man sagen, ein Mitarbeiter geht mit diesen zweien los. Die restlichen sechs sind in der Wohngruppe, einige können allein auch was machen. Nun kann es aber passieren, daß noch eine weitere Untergruppe oder nur ein einzelner ebenfalls was außerhalb der Wohngruppe machen möchte oder machen muß, Arzttermine z.B.. Geht ja immer vor Freizeitgestaltung und schon muß die Mitarbeiterin oder der Mitarbeiter sich einmal entscheiden, was muß er machen. Häufig gibt es gar keine Entscheidung, denn bei Arztterminen, da gibt es keine Diskussion, das muß gemacht werden, also Freizeit fällt hinten runter und das muß den Bewohnern deutlich gemacht werden. Ihr könnt nicht aus den und den Gründen. Und daß dadurch nicht irgendwelche Aggressionen entstehen. Daß da auch nicht so Unglücklichsein entsteht. Das immer wieder

den Bewohnern nahe zu bringen, du mußt Rücksicht nehmen, weil... und das nächste Mal bist du wieder dran, das belastet erheblich. Und das kann auch eine Mitarbeiterin, die ein bißchen Selbstbewußtsein hat und die auch so ein Stück, ja, ausgeglichen ist, kann es sehr gut machen, und jemand, der unsicher ist und der ängstlich ist, der schafft es grundsätzlich schwieriger und hat dadurch noch sehr viel größere Belastungen." (mfe11)
In einem weiteren Interview wird dieser Zusammenhang zwischen den Ansprüchen der Mitarbeiter und der "Machbarkeit" in der realen Situation ebenfalls deutlich: "...und daß sie selber eben sehr hohe Ansprüche haben, die Mitarbeiter, was sie jetzt mit einzelnen Bewohnern machen wollen und dann fällt das aus den verschiedensten Gründen aus. Und sie tragen sich dann herum, ich weiß nicht was, mit einer Mischung aus Schuldgefühlen und Wut und .. ja, Frust." (mfe06)

Den eigenen Ansprüchen nicht gerecht werden zu können, die erfahrene Hilflosigkeit und Angst im Umgang mit Verhaltensauffälligkeiten und Aggressionen - das ist der eine Teil der psychischen Belastung. Eine Erweiterung besteht darin, daß jedes Verhalten/ Handeln - vor allem auch in den erwähnten Extremsituationen - gegenüber anderen (Kollegen, Vorgesetzten, Eltern) gerechtfertigt werden muß. Aus den folgenden Aussagen wird deutlich, daß die mittlere Führungsebene auch diese Problematik im Blick hat: "...daß Bewohner ja auch erhebliches Fehlverhalten haben. Wir haben da die Aggressiven, die ganz schnell mal... ausrasten. Daß Mitarbeiter darauf Rücksicht nehmen müssen. In welchen Bereichen sind solche Momente, wo der Bewohner wieder aggressiv werden kann? Da sind die autistischen Menschen, die wir in unseren Wohngruppen haben. Immer zu wissen, wie gehe ich mit ihm um, um ihm nicht zu nahe zu kommen, aber auch nicht zu sehr distanziert. Wie gebe ich ihm die Orientierung? Was ist gestern gewesen? Muß ich darauf Rücksicht nehmen, damit er heute den Tag gut übersteht? Das, denk ich, ist die größte Belastung, dieses unterschiedliche Verhalten von Bewohnern und auf die dann auch adäquat einzugehen, ohne daß man also, wozu dann leicht mal geneigt wird, so dies laizze faire so im ganz kleinen, ja, ich laß es lieber laufen, bevor er jetzt schon wieder ausrastet, ich gebe ihm nicht die Grenzen. Aber dann ein schlechtes Gewissen haben, denn auf der nächsten Dienstbesprechung muß ich mich rechtfertigen, warum ich die Grenzen nicht gesetzt habe. Ja? Das sind, also denk ich, in bezug auf Bewohner die größten Probleme." (mfe11)

Nicht nur vor den eigenen Kollegen und der Leitungsebene, sondern vor allem auch gegenüber den Eltern und Vormündern müssen die Mitarbeiter ihr Handeln rechtfertigen (dies gilt eher für die dezentrale Organisation[33]): "... denn da müssen sich die Mitarbeiter ja sehr, sehr oft rechtfertigen, häufiger als uns gegenüber, ja. Wir müssen Mitarbeiter in Schutz nehmen vor den Eltern, weil mal wieder irgendetwas aus Sicht der Eltern nicht

---

[33] Wobei hier wohl weniger die Organisationsform "dezentral" eine Rolle spielt, als vielmehr die aktivere Elternschaft.

geklappt hat. Der Bereich der Sauberkeit, Ordnung, immer wieder ein Thema, wo Mitarbeiter sich doch sehr, sehr häufig rechtfertigen müssen und immer wieder beweisen müssen, daß sie dazu entweder keine Zeit hatten oder aus welchen Gründen sie es nicht gemacht haben, ja. Und da gibt es also viele Punkte, die immer wieder kritisiert werden. Und das belastet Mitarbeiter, weil sie wissen, wenn ich jetzt mit dem Bewohner das und das mache, wenn die Mutter oder der Vater oder Eltern dann zu Besuch kommen, dann gibt es deswegen wieder Ärger. Also er möchte das zwar, der Bewohner, aber, laß ich es nun zu oder laß ich es nicht zu? Wissen Sie? Immer zwischen den Stühlen. Immer eine Gratwanderung, sag ich dazu häufig. Sie sind ständig, oft auf dem Grat in ihren pädagogischen Verhaltensweisen. Mache ich es dem Bewohner recht, können die Eltern schimpfen oder auch die Geschäftsführung, natürlich auch wir, wie gesagt, wie konntet ihr denn jetzt schon wieder das Wochenende verreisen und kommt mit soundsoviel Überstunden nach Hause, das geht doch nicht, ja. Diese Rechtfertigungssituation, das ist sicherlich häufig arg belastend für die Mitarbeiter."(mfe11)

Dieser permanente Rechtfertigungszwang und das "zwischen den Stühlen" sitzen dürfte ein wichtiges Element, ein Teil der Überdosis an Belastung sein, das den Burnout-Prozeß beschleunigt. "Kontrollverlust" ist hier das Stichwort in der Streß- und Burnout-Literatur. Die ganze Dimension (Tragweite und Tiefe) der psychischen Belastung wird noch deutlicher, wenn Ausnahmeerscheinungen (in diesem Fall ist Tod und Sterben gemeint) eintreten, die im Konzept gar nicht "vorkommen": "... sondern sowas, was wirklich den Rahmen sprengt, was auch also in unserem Konzept, ja, nicht so per sé vorkommt, daß jemand uns stirbt, das ist eine Sache, wirklich eine Ausnahmeerscheinung, die den Mitarbeitern... wirklich, das macht denen zu schaffen. Da geraten auch viele in eine Krise, sozusagen, 'das halt ich nicht mehr aus oder das schaffe ich so nicht'..." (mfe13)

Zusammenfassend halten wir fest, daß die mittlere Führungsebene die wesentlichen Belastungsmomente, die dem Mitarbeiter aus dem Umgang mit Bewohnern erwachsen, kennen und sich in deren Beurteilung in Übereinstimmung mit den Aussagen der Mitarbeiter befinden. Allerdings hat die mittlere Führungsebene wohl mehr die "Extreme" und "Ausnahmen" im Blick, während die Mitarbeiter daneben auch die Ständigkeit der Belastungen im Alltag aufzeigen. Damit hängt auch das Wechselspiel zwischen Intensität und Häufigkeit von Belastungen in der Betreuungssituation zusammen. Diese andere Art der Betroffenheit resultiert aus der größeren Nähe der Mitarbeiter zu den Bewohner bzw. aus der Distanz der mittleren Führungskräfte zur alltäglichen Praxis. Der wesentliche Unterschied besteht in der anderen Qualität: ob man - wie es die Mitarbeiter im Gruppendienst tun - mit den Bewohnern *mitlebt,* oder ob man an vorgesetzter Stelle diesem Alltag nicht unmittelbar ausgesetzt ist und von daher wohl in der Regel auch weniger unmittelbar dem psychisch Anstrengenden des Bewohnerkontaktes. Diese Unmittelbarkeit ist von vielen Interviewpartnern - vor allem allerdings von den Betreuern - immer wieder als "nicht vermittelbar" bezeichnet worden. Im Durchschnitt werden Vorgesetzte aufgrund ihrer größeren Distanz zum Wohngruppenalltag die Situationen dort wohl eher kognitiv beurteilen und damit weniger sinnlich wahrnehmen. Über diesen Unterschied wird aber wenig kommuniziert. - So ist der Alltag, und so ist die unterschiedliche Funktion, Stellung und Perspektive.

7.2 Belastung durch die Team-Situation

Obwohl wir in den Interviews grundsätzlich nachgefragt haben, wie die Führungskräfte die Teamsituation einschätzen und welche Belastungen für die Betreuer im Gruppenalltag aus der Zusammenarbeit mit ihren Kollegen ihrer Einschätzung nach resultieren, erhielten wir relativ wenig detaillierte Auskunft. Es ist wohl allen Befragten klar, daß die Teamsituation eine große Rolle spielt: "Diese Situation der Mitarbeiter, also die Teamsituation untereinander, die spielt natürlich eine unheimlich große Rolle. Also, vielleicht ist es gut, mal so verschiedene Aspekte abzuleuchten. Also einmal spielt ja eine Rolle... die Herkunft, der berufliche Hintergrund, der Ausbildungshintergrund und die damit verbundenen, ja, soll man sagen Normen oder Ausbildungsinhalte, die natürlich auch ein bißchen konkurrierend gegeneinander stehen. Also solche Dinge wie Geschlecht, Alter, Berufserfahrung spielen sicher auch eine Rolle." (mfe01)

Geschlecht, Alter, Berufserfahrung, Ausbildung, Bezahlung, Dauer der Gruppenzugehörigkeit (Dienstalter), Konkurrenz und Rechtfertigungszwang mit ihren jeweiligen Implikationen sind die Einflüsse, aus denen sich - aus der Perspektive der mittleren Führungsebene - Belastungsmomente durch das Team ergeben.
Die folgenden beiden Zitate können in etwa stellvertretend für diese Sichtweise stehen. Zu einer Mitarbeitergruppe mit mehreren neuen Betreuern heißt es: "Ja, dann denk ich, ist es ein relativ neues Team. Es ist immer sehr viel Fluktuation gewesen. Ich weiß nicht, was das denn alles auslöst. Die unterschiedlichen Temperamente und unterschiedliches, erstmal Ausprobieren-Wollen und dann [im Gegensatz] schon die etwas älteren Hasen, die ein halbes Jahr da sind und schon wissen, daß das scheitert oder nicht scheitert. Also schon Engagement, aber irgendwie fehlt so das Traditionelle. Oder einfach, obwohl es nun ja eben ein neues Team ist, die Leute eben auch nach ein, zwei Jahren nicht mehr können. Ich denke, das kommt denn auch noch verstärkend hinzu, das heißt, jetzt ist auch schon wieder so ein Punkt da, wo einige Mitarbeiter zwei, drei Jahre da sind und wirklich alle sind oder sich so fühlen und nicht mehr wollen und nicht mehr können, und es ändert sich doch nichts. Und Leute, die noch Power haben und andere, die schon ein Stück resigniert haben. Das alles zusammen ist sehr schwierig. Das Engagement würde ich den Leuten nun aber damit nicht absprechen, auch die schon länger da sind, sondern da ist ein bißchen auch so ein Ausgebrannt-Sein und man.hat eben zum zehnten Mal die schwierige Situation

in der Gruppe zu Papier gebracht oder sonst irgendwo den Vorgesetzten um Hilfe gebeten und es ist dann doch wieder nichts passiert. Es gibt sicherlich noch andere Gründe, aber das sind so die Hauptgründe, die mir einfallen." (mfe05)
Eine andere Leitungsperson faßt die Teamproblematik folgendermaßen zusammen: "Ja, das ist einmal das, was ich ja schon sagte, daß, also ich [als Mitarbeiter, d. Verf.] muß mich jede Woche einmal in der Dienstbesprechung möglicherweise vor meinen Kolleginnen und Kollegen rechtfertigen, wenn ich eine bestimmte Sache gemacht habe oder nicht gemacht habe. Ja, da gibt es so viele Beispiele, wo Mitarbeiter sehr hart sein können zu den Kollegen, wenn da was besprochen wird. Das soll jetzt konsequent durchgeführt werden, ich denke da gerade an eine Gruppe, in der ein autistischer Mensch wohnt und eine Mitarbeiterin hat es mal wieder nicht geschafft, hat es in dem Moment echt nicht geschafft und schon wird dann kritisiert. Ja, das, denk ich, ist häufig sehr belastend und ich sage es auch oft in Dienstbesprechungen. Mitarbeiter neigen dazu, sich gegenseitig heftig zu kritisieren, aber sie schaffen es nicht, einer Kollegin, einem Kollegen mal in der Teamsituation zu sagen, du, das hast du letzte Woche hervorragend gemacht. Das war toll, wie hast du das geschafft. Das höre ich in Dienstbesprechungen ganz, ganz selten. Das zweite, denke ich, was so im Team an Problemen ist, und was auch sicher belastend ist, sind diese unterschiedlichen Berufsgruppen, die einserseits auch befruchtend sein können, aber auch belastend sein können, weil die pädagogisch ausgebildeten Mitarbeiter häufig sehr viel Kraft aufwenden müssen, um ihr Verhalten, um ihre Vorgehensweise den Nichtausgebildeten deutlich zu machen, zu erklären und sie auch davon zu überzeugen, daß sie die gleichen Verhaltenweisen oder ähnliche übernehmen müssen, weil sie manchmal ja nicht so ganz mit dem normalen Menschenverstand, sag ich mal, nachzuvollziehen sind. Wieder das Beispiel der autistischen Menschen, die auch viel Orientierung brauchen. Ja, Orientierung, ohne daß man da hart [ist], sondern einfach konsequent, aber liebevoll konsequent, sag ich immer, was immer das auch ist, ja. Und das können z.B. unsere Zivildienstleistenden häufig nicht verstehen, weil die das Wort Freiheit natürlich als was ganz wichtiges nehmen und das auch häufig mißverstehen im Bereich der behinderten Menschen. Das, denke ich, ist bestimmt etwas - sagen auch die Mitarbeiter häufig -, wo sie dann schon wieder viel Kraft aufwenden mußten, um überzeugend zu wirken." (mfe11)

"Einfach konsequent, aber liebevoll konsequent, (...) was immer das auch ist": Der junge, unerfahrene Zivildienstleistende hat u.E. in solchen Beispielen nur Stellvertreterfunktion für *alle* Kollegen. Denn nicht nur er hat Schwierigkeiten mit solchen Sprachbildern wie "liebevoll konsequent". "Was immer das auch ist" - steckt nicht in diesem Nebensatz eine der wesentlichen Ursachen der Privatisierung des Alltagshandelns, der Teamschwierigkeiten, der Vorgesetztenproblematik? Jeder weiß und weiß von den anderen, daß sie wissen, was unter "liebevoller Konsequenz" zu verstehen ist. Es bedarf also scheinbar keiner Kommunikation, keines (Wissens-)Austausches mehr, da ja stillschweigender Konsens herrscht. Erst in konkreten Situationen, nachdem solche Sprachbilder, symbolische Ausdrucksformen für das sinnlich Erlebte oder sinnlich Gemeinte im Sinne von Privatisierung (die aber eben auch solcherart kollektive Verständigungsdimensionen mit einschließt) handelnd gefüllt worden sind, stellt man den inhaltlichen Dissens vorwurfsvoll kritisierend fest.

Eine weitere Problematik, aus der Teamkonflikte resultieren, ist durch die unterschiedliche Bezahlung angelegt: "Der Ausbildungsunterschied, den sprachen wir eben schon an. Ja, jetzt kommt ein ganz komisches Ding hinzu. Das ist die Bezahlung. Das muß man da mit reinnehmen... Ein, ja, ein Verstärker, der jetzt... es gibt ja mittlerweile in den Gruppen, zwischen den Mitarbeiter [unterschiedliche Eingruppierungen]. Der eine ist Erzieher und erfüllt die Bedingungen, die nun IVb bescheren und der andere ist ATE [Angestellte in der Tätigkeit eines Erziehers; d. Verf.] oder Kinderpfleger und erfüllt die Bedingungen nicht, ist genauso alt, hat genau soviele Kinder, muß genau dieselbe Arbeit machen. Das ist ja gefährlich, was man jetzt sagt, aber das ist so. Effektiv ist es so, wenn man den Stellenplan in der Gruppe anguckt und die Gehaltsdifferenz beträgt 1.000,00 DM am Ende des Monats. Das ist Belastung, das ist wirklich Belastung und Frust, weil, wenn es vorher schon nicht gut war, das Gefälle, hat es durch den Sprung von Vb nach IVb oder Vc nach IVb ja nochmal einen ziemlichen Satz gemacht. [...] Aber es ist im Grunde genommen eine Entscheidung, die von außen reingekommen ist und hier jetzt wie eine Bombe tickert. Und sie kann entweder explosionsartig hochgehen oder sie fördert den Prozeß der allmählichen Abschleifung der Motivation bei denjenigen, die eben nicht in den Genuß kommen. Das ist ein Prozeß, den man, denke ich, sehen muß, und das ist sicherlich eine Belastung."[34] (mfe04)

In unserer Befragung wurden von dem ein oder anderen Interviewpartner einzelne Aspekte pointierter hervorgehoben. Aber insgesamt stehen obige Zitate für die meisten Aussagen der Führungskräfte. Die Tatsache, daß die Zivildienstleistenden zur Erläuterung der Unterschiede in den Teams oft herangezogen werden, scheint darin begründet zu sein, daß sie für alle Variablen stehen, die zu Unstimmigkeiten im Team führen können:

- sie sind jung und fragen nach (Generationskonflikt),
- sie sind neu und unerfahren ("Alte Hasen" vs. "Neue"),
- sie haben keine spezielle Berufsausbildung (Konflikte durch unterschiedliche bzw. gar keine Ausbildung),
- sie sind männlich (Geschlechtsrollen-Problematik),
- sie sind flexibel und risikofreudig (bewegen sich und argumentieren nicht nur auf sicheren, eingetretenen Pfaden), sind häufig rhetorisch geschickt und verunsichern dadurch manche Team-Mitglieder.

---

[34] Angemerkt sei hier, daß zwischenzeitlich eine Beruhigung dieser Situation eingetreten ist. Aufgrund eines Arbeitsgerichtsurteils wurden Angleichungen tarifrechtlich verankert und der Gruppe der ATEs Nachqualifizierungsmöglichkeiten zugesichert.

Welche Ängste und Irritationen der Zivildienstleistende in dieser Stellvertreter-Rolle hervorruft, die auch nicht allein durch die Person des einzelnen erklärbar sind, wird durch folgende Aussage deutlich: "Also, ich sagte ja schon vorhin, daß die einzigen, die annähernd für unsere Arbeit ausgebildet sind, die Heilerzieher und die Erzieher, - die wir ja mehr beschäftigen, Heilerzieher gibt es ja nicht so viele, arbeiten auch gut die Erzieher, darum gehts nicht, sondern einfach, daß ich denke, sie sind häufig unsicher und sie sind natürlich auch in der Regel nicht so verbal geschult wie unsere Zivildienstleistenden, die nach dem Abitur zu uns kommen, ja. Und damit gibt es diese Konflikte. Auch diese Ängste von fachlich ausgebildeten Mitarbeitern, einem Zivildienstleistenden oder einer Gruppe, sie stehen ja häufig einer Gruppe von Zivildienstleistenden gegenüber, die nun verbal sehr gut sind. Sehr, sehr hart fragen können, die alles hinterfragen können und [damit] die Verunsicherung hervorrufen. Das hat sicher was mit der Ausbildung zu tun, natürlich auch mit dem Generationskonflikt. Die Zivis sind ja doch relativ jung und eine Reihe von Mitarbeitern sind Ende zwanzig, Anfang dreißig, manche auch älter. Und da gibt es natürlich dann auch schon diese Projektion von Zivildienstleistenden in die Elterngenerationen rein. Und das macht Probleme, klar." (mfe11)
In bezug auf die Zivildienstleistenden - wie auch sonst gegenüber neuen Mitarbeitern und Außenstehenden - fungieren die Betreuer immer auch als Vertreter der Einrichtung. Sie tragen das System mit durch die Art, wie sie es vertreten. Das Ausmaß ihrer Identifikation - nicht mit der Aufgabe, sondern mit der konkreten Einrichtung und deren Strukturierung der Aufgaben - macht sie angreifbar, verunsichert sie.

Abschließend weisen wir auf einen weiteren belastenden Aspekt hin, der allerdings auch aus der Sicht der mittleren Führungsebene eher von "außen" als Konfliktpotential ins Team gebracht wird. Es ist dies die spezielle Stellung der Gruppenleitung gegenüber der Einrichtungs-Hierarchie: "...oder ich kann Ihnen sagen, auf welchen Ebenen ich Probleme bislang gesehen habe. Da ist zum einen das Problem innerhalb von Gruppen [und deren] Hierarchieprobleme[n] mit der Heimleitung. Daß die Mitarbeiter mitunter nicht akzeptieren können, daß für uns von der Geschäftsführungs- und Geschäftsstellenseite aus innerhalb so einer kleinen Gruppe auch eine Hierarchie besteht. Nämlich wir sagen ja, die Gruppenleitung hat die Sozialpädagogin in der Funktion einer Heimleitung inne. Die trägt für uns in weiten Kreisen der Arbeit große Verantwortung. Die sprechen wir an, wenn was schiefläuft; wenn die Kasse nicht stimmt, wenn uns von externer Seite zu hören kommt, da läuft was nicht in der Gruppe. Das kann natürlich bei den Mitarbeitern mitunter deswegen zur Verunsicherung führen, weil im Innenleben so einer Wohngruppe die Heimleitung ja eigentlich bestrebt ist oder oftmals bestrebt ist, so eine Art Wir-Gefühl da zu produzieren. Und an der Stelle wird dieses Wir-Gefühl von außen insofern zerstört, als wir sie herankriegen und ich nicht bereit bin, mit einem Zivildienstleistenden z.B. am Telefon irgendein gravierendes Problem zu verkaspern, sondern denn sage ich, ich möchte bitte Frau soundso sprechen als Leitung und spreche mit ihr darüber, weil ich auch im Prinzip erwarten muß, daß sie mir fachlich, ja, mehr Auskunft oder eine differenziertere Auskunft geben kann, als ein junger Mann, der vielleicht grad' zwei Monate in der Gruppe arbeitet. Das ruft mitunter bei, ja, ich sag mal, bei Teamgefährten der Gruppe Irritationen hervor, wenn ich z.B. eine Erzieherin an der Strippe habe, die mir das vielleicht nach ihrem Gutdünken genauso gut sagen kann wie die Heimleitung, muß ich mich der Frage stellen, ja, warum soll ich denn nicht antworten, warum die Heimleitung und ich führ, ja, ich muß denn Gespräche führen und sagen, ja, ich möchte aber mit der Heimleitung aus dem und dem Grund sprechen, weil es die und die Sache betrifft und sie letztendlich auch die Verantwortung für die Gruppe in der und der Hinsicht hat. Nimm das bitte zur Kenntnis. Ich sag das jetzt nicht so direkt, sondern ich sag' denn, gib sie mir mal bitte, ich möchte mit ihr drüber sprechen. Ja, und das weckt dann mitunter so ein bißchen Schwierigkeiten. Ich kann mir auch vorstellen, daß in den Gruppen dann Schwierigkeiten auftreten können, ja, wenn die Heimleitung da vor Ort nicht richtig Farbe bekennt. Wenn die wirklich vorgibt, sie schmort mit allen im gemeinsamen Saft und dann treten Konflikte auf und siehe da, die allgemeine Gleichheit entpuppt sich doch als Ungleichheit." (mfe13)

Das Interesse der mittleren Führungsebene an einer Gruppen- bzw. Heimleitung, das durchaus zu Teamkonflikten führt, kommt deutlich zum Ausdruck: "Da gibt es auch sicherlich ein Eigeninteresse, es macht mir das Leben auch sehr viel einfacher, wenn ich einen Ansprechpartner habe und wenn ich dem Informationen geben kann und bei dem eben auch anfragen kann, ob die Informationen weitergegeben worden sind und, und, und." (mfe05)

Daß durch dieses Eigeninteresse an einem formal definierten Ansprechpartner Probleme - damit Belastungen - in das Team gebracht werden, ist - so unsere Beobachtung - der mittleren Führungsebene nur in Ansätzen bewußt. Ein aktives Gestalten dieses wichtigen Bereiches der führungsbezogenen Interaktion haben wir in der erforderlichen Tragweite im Untersuchungsfeld nicht gefunden. Diese Problematik müßte viel mehr Diskussionsthema sein und dürfte nicht auf einer eher oberflächlichen Argumentationsebene neutralisiert werden: "Ja, dann kann es zu noch viel größeren Irritationen kommen. Also, da ist mir auch eine Gruppe im Moment im Kopf, wo praktisch, ja, ich sag mal, eine Palastrevolution stattgefunden hat. Wo also in bezug auf eine Leitung von Seiten ihrer Mitarbeiter uns gegenüber gesagt wird, ihr habt überhaupt keine Führungsqualitäten, was macht ihr hier eigentlich, mit der kann man überhaupt nicht zusammenarbeiten. Die behindert nur unsere Arbeit, aber befördert sie nicht, löst die mal ab. Sag ich, nun, so leicht geht es auch nun wieder nicht. Erstens hat sie einen Arbeitsvertrag, zum anderen sind wir mit ihr, müssen wir mit ihr erstmal drüber reden, was da läuft, aber dann wird plötzlich verlangt, wir kommen mit unserer Leitung nicht klar, macht mal was. Also so im Schnellschußverfahren. Und daran verzehrt sich dann auch so ein Team. Die reden nämlich auf ihren Dienstbesprechungen denn nur noch pausenlos über ihre Binnenstruktur, anstatt die Probleme in der Gruppe mal in den Griff zu kriegen." (mfe13) - Verständnis dafür, daß natürlich im Kreis der teaminternen Probleme die innere Dynamik und Hierarchie besondere Priorität hat und durchaus eine hohe Wechselbeziehung besteht zwischen der bewohnerorientierten Arbeitsfähigkeit eines Teams und seiner kooperativen Verfassung, spricht aus dieser Aussage allerdings nicht.

Eine andere Leitungsperson argumentiert mit der traditionellen Regel: "...ich neige eher dieser mehr regelorientierten Richtung zu, die ich dort sehe, aber ich denke, ich könnte mich auch so mit dem anderen arrangieren, wenn das denn nun tatsächlich mal die rote Linie für einen längeren Zeitraum wäre und dieses dauernde Hüh und Hot, was ich da sehe, das ist also, denk ich, nicht gut. Ich kann mir andere Gruppen vorstellen, wo es auch keinen offiziellen oder festen Gruppenleiter geben muß. So in der derzeitigen WG X kann ich mir das nicht vorstellen." (mfe05)

Die Team-Situation wird von den mittleren Führungskräfte einerseits durchaus angemessen beleuchtet - andererseits wird sie aber auch individualisiert. Konflikte und Teamschwierigkeiten erscheinen ihnen als Folge der unterschiedlichen Charaktere und Merkmale einzelner Personen, die in der Wohngruppe aufeinandertreffen. Die Verflechtungen zwischen Individuum, Gruppe und gegebener Organisationsstruktur mit ihrer formellen und informellen Hierarchie und ihren Beziehungen, den Einflüssen des Organisationsklimas wird kaum angesprochen.

Es fällt auf, daß die Vorgesetzten bei aller Individualisierung die tieferen Dimensionen der psychischen Belastung - wie Mißtrauen, Hilflosigkeit, Verzweiflung, Angst voreinander - wenig als belastungsrelevante Momente der *Teamsituation* problematisieren: Welche Wirkung hat es, wenn eine ganze Gruppe - ein *Mikro-Kosmos*, wie es eine Wohngruppe ist - kontinuierlich unter solchen Belastungen steht. Entweder halten die Vorgesetzten diese Dimension der Ständigkeit nicht für wirklich bedeutsam - weil die Mitarbeiter selbst untereinander nicht darüber sprechen, oder weil sie, erst recht in Anwesenheit eines Vorgesetzten, nicht darüber sprechen -, oder aber sie können es deswegen nicht mehr thematisieren, weil sie selbst ihrerseits bereits so sehr von diesem Phänomen vereinnahmt und gefangen genommen sind, daß es jenseits ihrer eigenen Bewußtseins- und Wahrnehmungsschwelle liegt. Dies würde bedeuten, daß, weil "diese Arbeit nun mal so ist", man sie auch "so" akzeptieren muß: es besteht keine Alternative. Weil keine Alternative besteht, ist es auch nicht sinnvoll, nach Alternativen Ausschau zu halten. Wenn andere Formen nicht denkbar sind, so braucht man sie auch nicht zu denken. Wenn es keine Möglichkeiten der Unterstützung gibt - "weil diese Arbeit *so* ist" -, dann kann man die Betreuer in dieser Arbeit auch nicht unterstützen.

7.3 Belastung durch (fehlende) Unterstützung der übergeordneten Ebenen

Wir wenden uns nun der Frage zu, aus welcher Perspektive die mittleren Führungskräfte die Bedeutung und Möglichkeiten zur Unterstützung der Betreuer beurteilt. Welche Übereinstimmungen oder Diskrepanzen bestehen zur Sichtweise der Mitarbeiter?
Auffallend ist zunächst auch hier eine ambivalente Beurteilung gegenüber der Unterstützungs-Thematik. Sie reicht von: "Ich glaube nicht, daß es letztendlich an Unterstützung fehlt" (mfe11) bis: "Ich denke, das ist weitaus unterbelichtet." (mfe01) Prozentual besteht ein ähnliches Verhältnis zwischen positiver zu negativer Einschätzung wie bei den Mitarbeitern (1/3 zu 2/3). Damit liegt eine quantitative Übereinstimmung und Bestätigung zwischen den Vorgesetzten und den Betreuern vor.
Aussagen dazu sind einerseits: "Also ich sag mal, ich glaube nicht, daß es letztendlich an Unterstützung fehlt. Es ist sicherlich immer ganz schwierig, die richtige Unterstützung für das Team oder das Problem zu finden. Es fehlt nicht, daß wir sagen, diese Unterstützung gibt es nicht. Das, glaub ich, kann ich sagen, in Einzelfällen sicherlich mal, aber sonst nicht." (mfe11) - Eine andere Leitungsperson führt folgendes aus und beschreibt damit gleichzeitig einen sehr wichtigen Aspekt von Unterstützung: "Also Unterstützung für die Gruppe, also für die Mitarbeiter, denk ich, ist sowas wie ein Austausch miteinander, vielleicht auch mal ein Austausch mit einer Nebengruppe, also mit anderen Mitarbeitern, die man von irgendwo her kennt, sich darüber auch mal auszutauschen einfach. Ich versuche selber auch, für die Mitarbeiter eine Unterstützung zu geben, indem ich auch regelmäßig immer mal so in die Gruppen rein gehe, einfach so sage, Mensch, hallo, wie gehts. Oder ich bring Post vorbei oder ich frag, ob sie was brauchen oder was auch immer. D.h. so ein Stück, ja, ich bin da. Wenn ihr was wollt, könnt ihr kommen. Und auch sage, hier ist mein Büro, nicht nur die Gruppenleiter können hier reinkommen, sondern es kann jeder, der mal was hat, einfach hier auch anklopfen. Und das ist das, was ich versuche. Ansonsten läuft natürlich mein Kontakt hauptsächlich über den Gruppenleiter und ich versuche den Gruppenleiter zu stützen bei seiner Arbeit, in Form von, neben der Vorgesetztenfunktion natürlich, so in Form von Beratung, von Unterstützung..." (mfe09)

Die Frage, was denn eigentlich Unterstützung im konkreten Alltag für den Mitarbeiter und das Team bedeutet - ob es nicht gerade diese Art ist: "Ich bin da, wenn ihr was wollt, könnt ihr kommen" -, die meist von den Mitarbeitern vermißt wird und somit die spürbare, erfahrbare positive Nähe des Vorgesetzten und damit eine verläßliche, eben "institutionalisierte" Form der Unterstützung, soll weiter unten detailliert erörtert werden.
Mit der Frage der Bedeutung von Unterstützung auf das engste verbunden ist die Art, wie sie erfahren wird: die Quantität (Häufigkeit und Dauer) des Kontaktes zwischen einem Vorgesetzten und einem Team sagt nicht unbedingt etwas über die Qualität (Intensität des Austausches, Kompetenz) der Unterstützung aus. Es ist zu vermuten, daß Erfahrungen und Gefühle des "Allein-gelassen-Seins" bei den Mitarbeitern unter anderem daraus

resultieren, daß ihre Vorgesetzten meist relativ selten zu einer Dienstbesprechung erscheinen: "Rundrum ist es so, daß ich versuche halt auch, wenn es mir möglich ist, einmal im Monat auf die Wohngruppe zur Dienstbesprechung zu kommen." (mfe08) Darüber hinaus aber eben nur dann, wenn konkrete Probleme vorliegen. In solchen Fällen wird oft die nächst höhere Ebene gleich mitgebracht: "Unterstützung zum Teil auch durch die Regionalleitung. Bei handfesten Problemen sind die schon bereit, auch mit auf die Wohngruppe zu kommen, dort Stellung zu beziehen." (mfe08)
Die Ambivalenz wird deutlich, wenn die eben zitierte Leitungsperson fortfährt: "Unterstützung fehlt vor allem, meines Erachtens, in Situationen, die eskalieren, das heißt, hab ich z.B. jemanden, der manische Züge hat und es kommt zum Eskalieren, sind in der Regel die Kollegen, die dort arbeiten und diese Situation schon länger kennen und solche Phase mal mitgemacht haben, ganz klar überfordert in dem Maße, und sie müssen praktisch aus ihrem Personalpool das ganze Ding überbrücken. Sie können sich halt nochmal irgendwo rückversichern beim psychologischen Dienst oder was weiß ich, aber sie müssen halt diese Situation überbrücken und da fehlt, meines Erachtens, eine Entlastung für die Kollegen. Das heißt, entweder eine personelle Unterstützung mit jemandem, der sich auskennt mit diesen Sachen, oder so auf ambulanter Ebene oder was weiß ich, und aber auch irgendwie jemand, der sich von der Kenntnis dieser Geschichten mit den Kollegen unterhält, ihnen sagt, irgendwie, was dort passiert, ist bei dem Bewohner [krankheitsbedingt]; ihm auch einfach durchs Reden so die Unsicherheiten, die Ängste nimmt und einfach dadurch eine Entlastung schafft." (mfe08)
Die unterschiedlichen Beurteilungen treten deutlich hervor, wenn andere Führungspersonen aussagen, daß die Mitarbeiter mit ihren Problemen letztendlich alleingelassen werden und nirgendwoher Unterstützung bekommen: "Fehlen von Unterstützung ist immer dann für mich so klar, wenn ich selber nicht weiter weiß, also wenn wir in so einer Gruppe zusammensitzen und wir drehen uns da ratlos im Kreis, weil wir alles durchdacht haben und wir kommen nicht weiter und keinem fällt denn eine Patentlösung ein und ich muß die Gruppe dann zurücklassen und sagen, ich muß mich jetzt selber mal erkundigen. Ich kann euch jetzt vor Ort nichts anbieten. Das tut mir ziemlich weh, weil ich weiß, bei denen brennt es und ich lauf weg und sag, ich guck selber erstmal, ihr hört von mir." (mfe13)
Wurde hier die Problematik der fehlenden Unterstützung noch in bezug auf die individuelle Ebene betrachtet, so zeigen die folgenden Aussagen die Dimension des institutionellen, organisationalen Einflusses auf die Befindlichkeit des einzelnen: "Es kommt hinzu auch: XY als hierarchischer Laden. Er wird von vielen, von den meisten eigentlich abgelehnt, man fühlt sich unwohl hier, man hat viel versucht, für die Frauen (die Bewohnerinnen; d. Verf.) was zu erreichen und eigentlich fühlen die Kollegen sich alleine gelassen, das heißt, wenn man mal Hilfe braucht, dann kommt keiner und ist keiner da. Und auf der anderen Seite merkt man aber diesen hierarchischen Laden XY eben ganz deutlich."(mfe05)
Noch deutlicher ist folgendes Zitat: "Ich hatte mal so ein Gespräch mit einer Mitarbeite-

rin, die ging hier raus und sagte: 'Sie haben ja eigentlich nur gesagt, daß keiner zuständig ist.' Und das ist, glaube ich, das habe ich auch bei Y. [der Betreuerin; d. Verf.], also wie sie sich hier auch im Gespräch gegeben hat, bei ihr als ein ganz großes Frustationserlebnis wahrgenommen, daß sie den Eindruck hat, sie kann hier mit allen sprechen, sie hat mit XYZ gesprochen, sie hat mit ihrem Wohnstättenleiter gesprochen, die Gruppenleitung und dann war sie bei mir und hatte den Eindruck gewonnen, keiner ist hier kompetent in der Regelung der Probleme. Und das stimmt, weil es kein von allen Beteiligten anerkanntes System oder keine Strategie gibt, die miteinander abgesprochen ist, wie wir denn mit Problemsituationen umgehen wollen und an welche Stelle wir sie dann auch bringen, daß sie auch eine Antwort finden." (mfe10)

Das Fehlen eines "anerkannten Systems", die "nicht vorhandene Strategie", wird von Leitungspersonen bemängelt, wenn sie darauf hinweisen, daß es kein "Konzept gibt, also keine gezielte Vorgehensweise" bezüglich Unterstützung und Beratung: "Ich kann darauf nur antworten, daß es ja verschieden ist. Daß es da eben kein [...] Konzept gibt, also keine gezielte Vorgehensweise. Es passiert alles ungezielt und ist abhängig von den individuell gewachsenen Fähigkeiten, Kompetenzen einzelner, was für eine Einschätzung sie haben, wie denn Gruppen angeleitet und begleitet werden müssen und Unterstützung angeboten werden müßte. Das ist nach meiner Ansicht zu verankern in der Hierarchie, daß klar ist, daß Mitarbeiter Unterstützung erstmal überhaupt brauchen, und daß sie nicht hier mit einer Ausbildung ankommen und reingeworfen werden und alles können, sondern daß sie in eine bestimmte Situation kommen, die sich ständig wandelt. Täglich gibt es in den Gruppen verschiedene Situationen, es treten Krankheiten auf und es treten Engpässe im Personal, im Dienstplan auf und es muß ständig eine Flexibilität sein. Und es wird irgendwie vorausgesetzt, daß da jeder flexibel drauf reagieren kann und eigentlich müßte in der Hierarchie von oben nach unten eine systematische Beratung sein, die unten bei dem Bewohner ankommt in der Weise, daß immer die Lebensqualität entsprechend verändert werden kann und den Bedürfnissen der Bewohner oder der Bewohnergruppe entspricht." (mfe10)

Es besteht aber auch die gegensätzliche Einschätzung, daß nämlich sehr wohl konkrete Unterstützung angeboten wird, die strukturell und konzeptionell angelegt ist: "Naja, Unterstützung halt eben durch die begleitenden Dienste, die man in Anspruch nehmen kann, wo man denn Termine kriegt halt. Also auf Dienstbesprechungen machen das die Kollegen in der Regel so, daß sie zu konkreten Fragen Kollegen einladen, das heißt vom ärztlichen Dienst, vom psychologischen Dienst, zum Teil aus der Verwaltung, wenn es da Schwierigkeiten gibt oder was weiß ich." (mfe08)
Im Sinne dieser unmittelbaren Unterstützung verstehen sich viele der Führungspersonen auch als beratende Instanz - als "Berater" und "Hinterfrager" -, die durch ein Mehr an Informationen und Übersicht, über die sie verfügen, helfen kann: "Und da empfinde ich

mich schon so, muß ich ganz deutlich sagen, auch als ein Stück Berater. Ich hab' andere Informationen dadurch, daß ich in mehreren Gruppen tätig bin. Ich hab' andere Informationen dadurch, daß ich mehr Informationen sicherlich auch aufgrund meiner Funktion hier bekomme. Und ich verstehe mich schon so, daß ich das weitergebe, diese Information oder diese Neuerungen oder was da auch immer ist. Und ich verstehe mich auch als Hinterfrager in den Gruppen. Das wissen die Gruppen, daß ich gerne hinterfrage, einfach um ihnen auch ein Stück weiterzuhelfen in ihren Gedankengängen. Von daher sehe ich das auch als ein Stück Entlastung." (mfe11)

Dieses Hinterfragen im Sinne eines konstruktiven Gedankenaustausches ist jedoch eher die Ausnahme. Die Unterstützungsleistung der mittleren Führungsebene ist meist begrenzt: es können Adressen und Anlaufstellen für konkrete Problemstellungen benannt werden, es können Mittel für Fortbildung und Supervision bewilligt werden: "Ich denke, wir bieten auf der einen Seite eine ganze Reihe von formalen Unterstützungen an. Wir sagen ja, daß die Mitarbeiter berechtigt sind, Fortbildungen zu den Problematiken zu belegen, die so ihre Gruppe besonders angehen. Wir gewähren ihnen, nach Absprache, Supervision. Wir gewähren auch über diese Supervision hinaus, selbst wenn eine Gruppe sie gerade gehabt hat und wir eigentlich meinen, daß sie eine Pause zu machen hätte, Krisenintervention, indem wir sagen, ja, dann müßt Ihr euch denn doch mal bei der und der Beratungsstelle informieren, euch noch mal zusammensetzen zu einer Gruppensitzung über ein ganz bestimmtes Thema. Ich denk, das ist es dann auch schon. Alles andere sind Streicheleinheiten, die sich generell darauf beziehen, daß sie vielleicht ein bißchen mehr Urlaubsanspruch haben als bei anderen Trägern oder... Was anderes fällt mir dazu nicht ein. Aber ich denke, auf der Formalebene sind Fortbildung und Supervision unsere Angebote an sie, ihnen über Schwierigkeiten hinwegzuhelfen." (mfe13)

Unbestreitbar einhellige Meinung ist - sowohl auf Führungs- als auch auf Mitarbeiterebene - daß Fortbildung und Supervision wichtige Unterstützungs-Instrumente darstellen. Doch es gibt Schwierigkeiten, die schwerwiegender in der zentral organisierten Institution vorhanden sind: "Ja, also mir geht es so, ich bin eine Freundin von Supervision und habe immer versucht, die Gruppen, in denen ich gearbeitet habe, davon zu überzeugen, daß es notwendig ist, mit einer oder zwei Personen, die eben Distanz haben, über Probleme zu reden. Und Supervision kostet entweder ganz viel Geld, oder es wurde dann gesagt, der psychologische Dienst ist hier. Wir haben hier soundso viel Psychologen. Ihr könnt auf die zurückgreifen. Und das Problem ist gewesen, daß viele Kollegen die Psychologen und Psychologinnen kennen und gesagt haben, wir haben da kein Vertrauen. Das andere ist denn ja mehr hier auch so ein - eher so ein Strukturproblem, also es arbeiten hier Psychologen, und die werden eben teilweise nicht angefordert, weil die Kollegen oder Kolleginnen sagen, wir haben schlechte Erfahrungen, die Psychologin hat damals intern das nach außen getragen. Das wollen wir nicht. Da ist also ganz viel Mißtrauen zum Teil, von Kollegen und Kolleginnen, die eben auch schon länger in XY arbeiten. Da sind bestimmte

Geschichten passiert und das sind denn eben Kollegen, die sagen, Supervision ist in Ordnung, wir möchten das auch gerne, aber bitte extern und dann brauchen wir dafür soundsoviel tausend Mark. Und das wird denn auch beantragt und die Supervisionsmittel werden wie alle anderen Mittel auch dann immer sehr zurechtgeschnitten, so daß denn ein Drittel von dem Beantragten überbleibt. Sag ich mal so. Und damit ist dann der Frust wieder vorprogrammiert, weil damit reicht das Geld nicht, einige Gruppen, weiß ich, machen denn einmal ein Supervisionswochenende. Ganz gefährlich. Da werden denn Sachen aufgerissen, alle gehen nach Hause und es wird langfristig nicht aufgearbeitet." (mfe07)

Der angesprochene Unterschied wird deutlich, wenn eine andere Leitungsperson - aus der dezentral organisierten und kleineren Institution - berichtet: "... kriegen sie die Unterstützung von Supervision nach Wunsch. Das wird bei uns nicht verpflichtet, sondern daß, wenn Mitarbeiter, ein Team sagt, es möchte Supervision haben, dann kann es sie bekommen, allerdings zeitlich begrenzt immer, einmal aus finanziellen Gründen, aber auch aus inhaltlichen Gründen. Das muß ich ganz fair sagen, daß es nicht nur aus finanziellen Gründen ist, sondern daß ich auch der Meinung bin, Supervision soll ein Instrument sein, das uns weiterhilft, zu bestimmten Punkten, die wir in der Arbeit im Moment nicht mehr allein bewältigen können. Aber dann muß es abgeschlossen sein und dann sollten wir auch wieder alleine das schaffen und nicht, daß es so ein ständiges Instrument ist. Da hat es bisher, meines Wissens, nie eine Ablehnung gegeben bei uns. Wir wollen schon wissen warum, also Supervision, was wollt ihr angehen, den Mitarbeiterbereich oder Bewohnerbereich oder Elternbereich, das möchten wir schon wissen, wir möchten keine Einzelheiten wissen, das ist klar. Es soll auch in der Mitarbeitergruppe bleiben. Ja, und dann suchen sie sich ihren Supervisor. Das find ich auch als eine sehr positive Seite, daß eben nicht irgendein Supervisor, den wir anstellen, dann den Gruppen vorgegeben wird, sondern daß die sich ihren Supervisor suchen." (mfe11)
An diesen beiden Aussagen zeigt sich zweierlei. Zum einen ist es wohl nicht nur der größere finanzielle Spielraum[35], der den Unterschied in der Vergabepraxis von Supervisionsmitteln zwischen den beiden Einrichtungen begründet, sondern auch ein anderes inhaltliches Verständnis vom Wert und den notwendigen Bedingungen, das mit der Akzeptanz angebotener Unterstützungs-Maßnahmen verknüpft ist. Anders ist nicht erklärbar, daß für Supervision interne Kräfte eingesetzt werden. Die Priorisierung ökonomischer Kriterien unter Absehung von vorliegenden Akzeptanz-Bedingungen trägt im vorliegenden Fall zu dem Empfinden bei, für notwendig gehaltene Erfordernisse der Unterstützung in der Arbeit würden nicht ausreichend berücksichtigt. Die vermeintliche Effizienz - nämlich

[35] Sicherlich bestehen hier große Unterschiede hinsichtlich der Gesamtsumme. Ob sie aber auch vorhanden sind, wenn man sie prozentual in bezug auf die "Personalkosten" berechnet, entzieht sich unserer Kenntnis.

die beabsichtigte Nutzung und Einbindung des vorhandenen Psychologischen Dienstes - schlägt um in eine Verstärkung der Distanz der Beschäftigten zur Organisation. Dort, wo konstruktives Miteinander und Vertrauen begründet werden soll, wird negative Erfahrung, Mißtrauen und Frustration erzeugt. Der unterschwellig zum Ausdruck gelangende Konflikt, das Mißtrauen gegenüber der angebotenen Ressource, wird nicht aktiv bearbeitet.

Ähnlichen Vorbehalten unterliegt das interne Fortbildungsangebot. Auch hier wird zum Teil Kritik geäußert: "...würde z.B. gerne die Kollegen viel mehr motivieren Fortbildung zu machen und in die Richtung zu arbeiten, was anzuleiern. Ich ärgere mich häufig über das Fortbildungsangebot, was hier intern angeboten wird, weil da sind einige Sachen drin, die, denk ich, an dem Bedarf der Kollegen und Kolleginnen vorbeigehen." (mfe07) In der dezentral organisierten Einrichtung scheint, jedenfalls z.T., ein offeneres Denken vorzuliegen: "Also ich denke, wir haben da einen etwas großzügigeren Begriff von beruflicher Fortbildung. Zum Beispiel haben wir selber mal initiiert, eine Fortbildung zum Thema 'Umgang mit aggressivem Verhalten' oder mit 'abweichendem Verhalten' in den Gruppen [anzubieten]. Die Fortbildung hatte aber eigentlich zum Thema, wie sehe ich mich mit meiner Person, mit meiner Geschichte eigentlich in dieser Arbeit. Das waren wesentliche Inhalte dieser Fortbildung. Also, das Thema Aggression hat da eben nur eine untergeordnete Rolle gespielt, sondern es hat, in erster Linie ist es darum gegangen, so eine Art Selbstreflexion herbeizuführen. Das war eine kleine Gruppe von sechs bis zwölf [Personen, die] waren immer in diesen Fortbildungskreisen. Die haben wir hier selber initiiert, wo sich wirklich Mitarbeiter voreinander und auch mit fachlicher Begleitung Rechenschaft über ihr Handeln und über ihre Befindlichkeit und auch über ihren Werdegang abgelegt haben. Das hat jetzt zunächst mal nichts mit der Arbeit zu tun, wenn ich erzähle, welche Vaterprobleme ich habe und warum ich Helfer geworden bin. Dann ist das eine Sache, die meiner Seele gut tut, aber die wir, von der wir glauben, daß sie auch den Mitarbeitern gut tut, um in der Arbeit besser klarzukommen. Das sind aber Ausnahmen. In der Regel gucken wir darauf, daß die Fortbildung schon in irgendeiner Form inhaltlichen Charakter haben sollte zu der Arbeit, die da geleistet wird vor Ort." (mfe13)

Ist Unterstützung konzeptionell nicht angelegt, institutionell nicht verankert, oder genügen die Inhalte und Formen der Unterstützung dem praktisch vorliegenden Bedarf nicht, oder werden angebotene Hilfen nicht angenommen und verweisen damit auf organisationsinterne Spannungen und latente Konflikte, so kann es nicht ausbleiben, daß derartige Erfahrungen der Betreuer das Organisationsklima nachhaltig beeinflussen. Sie werden langfristig zu innovationshemmendem Kulturgut, wie die drastische Aussage eines Vorgesetzten zeigt: "Es ist hier nicht üblich, etwas einzufordern. Also in der Hierarchie wäre das so, wenn die Teammitarbeiter von dem Gruppenleiter was einfordern, müßte er das annehmen, zu seinem Thema machen und dann, wenn es notwendig ist, in der nächsten hierarchischen Ebene anklopfen, wenn er das allein nicht lösen kann und dann müßten die das zusammen

beraten und Lösungen erarbeiten. Wenn die das nicht schaffen, brauchen sie die nächste Hierarchie[-Stufe], dann müßten die es da einfordern und die Ebene müßte es von der Spitze einfordern. Und wenn die nicht antworten kann, muß es von der Behörde eingefordert werden. Und dieser Mechanismus ist hier, meiner Ansicht nach, total Tabu. Jeder denkt, daß seine Einschätzung nicht kompetent ist. Der in der Hierarchie jeweils Darüberstehende ist oft hilflos in der Form der Beratung. So prallt das dann aufeinander und dann gibt es so eine Pattsituation und dann geht das nicht weiter. Und diese Erfahrung führt dazu, daß keiner mehr fordert, weil immer alle in dieser Erfahrung leben, also es bringt sowieso nichts. Ja, wir können hier unsere Probleme benennen und benennen, aber es ist keiner kompetent." (mfe10)
Eine andere Führungskraft beschreibt die Situation - die sich immer wiederholende Erfahrung der Mitarbeiter - ähnlich: "So, ich denke, daß da der ganz große Frust sitzt. Es sind diverse Abfragen gelaufen, auch die neuen Leitungskräfte wurden gleich vereinnahmt. Da ist ein ganz tolles Papier entstanden, wo die Gruppensituation beschrieben worden ist, wo auch konkrete Anträge drin standen, also nicht nur lamentieren und 'wie schlimm', sondern wie kann man es verändern und was ist nötig, also eigentlich genau das, was so die Bosse haben wollen. So, und da hat die WG X wirklich ganz toll - das ist jetzt ein Jahr her - aber ein ganz tolles Papier erstellt. Und wo auch genau die Situationen beschrieben sind und wo genau die Forderungen drin sind und wir haben es denn auch geschafft, die beiden [Leitungspersonen] hier zuhaben, aber vom Ergebnis her ist es dann wieder nichts gewesen." (mfe05)
Es stellt sich die Frage, ob nicht diese Formel: "Es ist hier nicht üblich, etwas einzufordern" sprachliche Manifestation eines Klimas ist, das in sich selbst so gebrochen ist, daß die zum Ausdruck kommende Ambivalenz in den Aussagen, Urteilen und Empfindungen der Betroffenen - Betreuer wie Vorgesetzter - innerhalb der Unterstützungsproblematik eben Widerspiegelung dieses Bruches selbst ist. Einerseits wird "wirkliche" Unterstützung und Hilfe vermißt -und hier sind sich die mittlere Führungsebene und die Mitarbeiter weitgehend einig. Andererseits wird diese Unterstützung "gegeben" (Führung) und "kommt an" (Mitarbeiter). Diese Ambivalenz ist verbunden mit der Wahrnehmung des Empfindens - eigentlich müssen wir sagen: der Tatsache - daß das mit der Unterstützungsproblematik zusammenhängende Thema insgesamt nicht ausreichend strukturiert ist. Ist Unterstützung und Hilfe nicht als integrierter und kenntlicher Bestandteil einer Organisation und ihrer Kultur, eines Gesamtkonzepts ihrer Arbeitsweise und ihres Selbstverständnisses deutlich und verankert, so entsteht das in dieser Analyse an vielen Stellen sichtbare Bild der Betreuer, die sich "allein-gelassen" fühlen.

Problematisch ist auch ein weiterer, mit der Unterstützungsgewährung zusammenhängender Aspekt der eigenen Betroffenheit: Kommt ein Team mit der Arbeitssituation aus eigenen Kräften nicht klar, so muß es 1. dies intern für sich als eigene Hilfsbedürftigkeit definieren; 2. muß dies als Forderung an den Vorgesetzten formuliert und kommuniziert werden; 3. muß nun entschieden werden, ob daraus ein interner Beratungsbedarf zwischen dem Team und dem Vorgesetzten oder ein externer Beratungsbedarf (Supervision) für das Team entsteht; 5. müssen die dafür erforderlichen Mittel durch den Vorgesetzten eingeworben werden; 6. muß der Vorgesetzte sich im Rahmen des latent bestehenden Verteilungskampfes in seinem Leitungskollegium erfolgreich für diese Mittelzuteilung einsetzen. In diesem Verfahren ist der Vorgesetzte betroffen, gefordert und in seinen Führungs- und Fürsorgekompetenzen angesprochen. Aber kann er es sich leisten, sich mit einem virulent bestehenden Unterstützungsbedarf eines Teams zu befassen, wenn dadurch die Grenzen seiner eigenen Kompetenz und seiner eigenen Reichweite deutlich werden könnten?

Die Grenze zwischen der noch möglichen und der nicht mehr möglichen Unterstützung ist im vorgegebenen Rahmen nicht deutlich. So erscheint Unterstützung als ein freiflottierendes Potential, als eine Manövriermasse, die in begrenztem Maße zur Verfügung steht. Auch sie wird unter solchen Bedingungen zur "Privatsache". Sie *kann*, aber *muß* nicht gewährt werden; sie *kann* (je nach vorangegangener Erfahrung), aber *muß* nicht abgefordert werden von den Mitarbeitern. Da es keine klaren Kriterien gibt, was an akzeptierten Unterstützungsressorcen und -Verfahren zur Verfügung steht, wird die Unterstützungspraxis weitgehend auf private Hilfevorstellungen bezogen und beschränkt. Hierin liegt der andere Teil der Ambivalenz begründet, der in den Mitarbeiteraussagen zum Ausdruck kommt. Die Unterstützungspraxis wird zum Äquivalent der "Privatisierung des Alltaghandelns". Die Interdependenz zwischen "Privatheit der Unterstützung" und "Privatisierung des Arbeitshandelns" wird weiter unten (vgl. Abschnitt 11) wieder aufgegriffen.

7.4 Belastung durch Mängel in Einarbeitung, Aus- und Fortbildung

Von den Mitarbeitern haben wir durchgehend erfahren, daß die Berufsausbildung nicht "wirklich" auf die konkrete Praxis vorbereitet und wenig hilfreich ist - dies gilt unabhängig von der jeweiligen Ausbildung (Krankenpflege, Erzieher, Heilerzieher, Sozialpädagogen, Sonderpädagogen). In der Regel haben die Betreuer im Alltag durch "trial and error" gelernt, was Behindertenarbeit wirklich ist. Nicht selten mußten neue Mitarbeiter bereits nach wenigen Tagen als vollwertige Kraft ihren Part im Dienstplan übernehmen. Psychische Belastung geht also angesichts der konkreten Praxis zu einem erheblichen Teil zurück auf die nicht wirklich vorbereitende Ausbildung und fehlende Einarbeitung.
Auf dem Hintergrund dieser Tatsache ist bemerkenswert, daß die daraus resultierenden Unsicherheiten für den neuen Mitarbeiter von der mittleren Führungsebene in den Interviews nur am Rande problematisiert werden. Wir finden nur eine einzige diesbezügliche Aussage, die allerdings sehr selbstkritisch ist: "Die Mitarbeiter, die jetzt den Neuen einführen, denke ich, also, so weit ich das erkennen kann, ist das nicht ausreichend geregelt bei uns. Also, die Systematik der Einführung, weil es nicht klar ist, was, bzw. es

ist nicht einmal klar, wie sich die Situation des Neuen eigentlich psychologisch darstellt. Das heißt, man vergißt leicht, daß das ja eine relative Streßsituation sein kann. Man vergißt auch, wie so Anwärmungs- und Anpassungsgeschichten in der Regel laufen. Und ich denke auch, daß häufig einmal eine Überfordung passiert, dadurch, daß man glaubt, der kann sofort alles mitmachen. Und es ist nicht klar, was er alles mitmachen kann. Das heißt, es gibt aus meiner Sicht, jedenfalls in XY muß ich das für mich sagen, keine Systematik der Einführung neuer Mitarbeitern, sondern das läuft einfach, wie es läuft. Und das ist ein, glaube ich, ein ziemlich massives Defizit, weil man möglicherweiser auch dort Chancen verpaßt, einer, na, wie soll ich sagen, einer Bahnung von Entwicklungen auch für die Arbeit dort. Was im einzelnen, weiß ich nicht so genau. Ich denke, das ist auch unterschiedlich, je nach der Situation der Gruppe. Aber meiner Meinung nach fehlt noch insgesamt eine systematische Einführung in die Gruppensituation. Dieses, was wir an Einführung in das System hier in XY haben, ist ja keine Einführung in die konkrete Arbeit. Und das ist noch zu stark abhängig von den zufälligen Situationen in den Gruppen hier." (mfe01)

Daß die mangelhafte Einarbeitung von den Mitarbeitern wesentlich häufiger und expliziter angesprochen wird, ist sicherlich durch ihre unmittelbare Betroffenheit begründet. Unabhängig von den Interviewaussagen wissen wir jedoch aus vielen Gesprächen, daß das Thema Einarbeitung auf der Leitungsebene erhebliche Bedeutung hat. Deshalb verstehen wir das obige Zitat nicht als die Meinung eines einzelnen. Große Einigkeit besteht wohl darüber, daß die unterschiedlichen Berufsausbildungen kaum auf die bestehende Praxis vorbereiten und daraus ein wesentliches Belastungsmoment resultiert. Dies wird auch von den Vorgesetzten zum Ausdruck gebracht: "...so daß ich inzwischen der Meinung bin, es müßte eigentlich eine neue Ausbildung kreiert werden. Eine Ausbildung, in der einmal die behindertenspezifischen Probleme mehr gelehrt werden, aber auch gerade in der Frage der Psychologie: Was bedeutet eigentlich, erwachsen zu sein? Und wie gehe ich erwachsen mit einem erwachsenen Menschen um, der aber Hilfe braucht, der also abhängig ist von mir, ja. Das wäre sicherlich eine sinnvolle Sache. Wir haben diese Ausbildungen nicht, und ich weiß gar nicht, ob sie jemals kreiert wird[36]. Ich hoffe es sehr. So ist es unsere einzige

---

[36] Dieser wichtige Aspekt wurde auch in den "Denkanstößen einer Arbeitsgruppe der Verbände evangelischer Einrichtungen" (vgl. ARBEITSGRUPPE 1990) diskutiert: "Wenn der Anspruch professioneller Arbeit besteht und u.a. ein wichtiges Element der Mitarbeitergewinnung sein wird, muß qualifikationsgerechtes und qualifikationsbewahrendes Wissen vermittelt werden. Das kann mit der Ausbildung nicht abgeschlossen sein. Es stellt sich die Frage, ob die Berufsbilder, in denen ausgebildet wird, überhaupt noch anforderungsgerecht sind, bzw. ob sie es jemals waren. Notwendig ist jedenfalls eine Stärkung der persönlichen und professionellen Kompetenz, die Übernahme von Bildungselementen aus der Erwachsenenbildung, da z.B. die Menschen mit Behinderungen weitgehend Erwachsene sind - und auch die Auszubildenden." (ebd. S.27)

Möglichkeit, daß wir Mitarbeitern durch Fortbildung, also ein Stück mehr theoretisches Hintergrundwissen vermitteln können." (mfe11) Ein anderer Vorgesetzter formuliert diesen Aspekt drastischer: "Da kommen Leute von der Erzieherfachschule oder haben Sozialpädagogik studiert, haben vorher kaum oder gar keinen Behinderten gesehen und kommen dann in so einen Laden wie die Wohngruppe X." (mfe05)
Der aus den Schwächen der Berufsausbildung resultierende Fortbildungsbedarf wird deutlich hervorgehoben: "Ja, was das Ausmaß von beruflicher Fortbildung angeht, da, denk ich, sind die drei Berufsgruppen nach wie vor bedürftig, alle drei. Die, die vielleicht die Heilerzieherausbildung gelernt haben, um auf dem aktuellen Stand der Thematik zu bleiben oder spezifische Inhalte vielleicht zu verstärken oder doch mal unter anderem Blickwinkel zu betrachten, die, die überhaupt noch keine Inhalte von Behindertenpädagogik gelernt haben oder vom Umgang mit behinderten Erwachsenen, die sind um so bedürftiger. Und das trifft ja leider auch auf Leute zu, die die Fachhochschule für Sozialpädagogik absolviert haben. Selbst, wenn sie sich dem Studienschwerpunkt 'Arbeit mit Behinderten' zugewandt haben, ist das meistens nur ein Bruchstück ihrer ganzen Ausbildung. Also das ist nach wie vor aktuell, klar." (mfe13)
Diese übereinstimmende Beurteilung von mittlerer Führungsebene und Mitarbeitern, daß es bisher kaum eine für die Praxis ausreichend qualifizierende Ausbildung gibt, führt dazu, daß Fortbildung zu einer wesentlichen Komponente wird - gerade auch zum Abbau von Belastungen. Der Ruf nach Fortbildung zum Schließen theoretischer Lücken und als Handlungshilfe für die Praxis ist in neuerer Zeit differenzierter geworden. Zwar haben "Autismus-Seminare", "Umgang mit Verhaltensauffälligkeiten", "Epilepsie" und dergleichen nach wie vor ihre Daseinsberechtigung. Sie dürfen jedoch nicht alleiniges Angebot sein. Deutlich wird dies im Zusammenhang mit der Forderung nach einem neuen "Mitarbeiter-Typus": "...der neue Typus Mitarbeiter, oder der geeignete Mensch, qualifizierte Begleiter, Lebensbegleiter... das ist, denke ich, ein Typus Mitarbeiter, der sehr viel selbständiger ist..." (mfe04).

Zu Recht wird damit auch eine neue Form von Fortbildung angemahnt: "Auf jeden Fall muß ganz gezielt geguckt werden auf den Teil 'Berufsbegleitendes Fort- und Weiterbildungsangebot.' Auf den Teil auch, wo es nicht qualifizierte Mitarbeiter betrifft. [...] Und zwar müssen die Inhalte dieser Bildungsangebote angeguckt werden und unter Umständen dann verändert werden. Denn wenn ich rede von einer neuen Ausbildung, von einem neuen Verständnis von Behindertenbegleitung, rede ich über andere Inhalte, rede ich über ein anderes Verständnis von Menschen, und das muß dann auch vermittelt werden." (mfe04)

Bei einigen Führungskräften setzt sich darüber hinaus die Einsicht durch, daß neben einer neuen internen Fortbildungskonzeption weitere Aspekte zum Abbau von Belastungen hinzukommen sollten, die im engeren Sinn nicht die Berufsaus- und Fortbildung betreffen, sondern solche Maßnahmen, die die psycho-hygienischen Bedingungen der Arbeit betreffen: "Ich hänge auch ganz doll so an dem Thema Weiterbildung, Fortbildung. Erstmal, um die Kollegen kompetenter und sicherer zu machen in der Arbeit und dann auch so der Aspekt Psychohygiene. Wir haben in der WG X neulich über Bildungsurlaub gesprochen und von den Anwesenden hatte noch nie jemand Bildungsurlaub genommen... mich eingeschlossen, ja. Und ich denke, ich kann mich erstmal fachlich kompetent machen, ich kann also Fortbildung machen und ich kann aber auch sagen, so, jetzt mach' ich auch mal zwei Wochen Bildungsurlaub und dann komm' ich wieder, habe was für mich gelernt und habe wieder Kraft geschöpft. Komm' wieder, bringe etwas mit, Erfahrungen, bringe etwas ein." (mfe07)

Insgesamt machen diese Aussagen deutlich, daß die mittlere Führungsebene in ihren Forderungen mit denen der Mitarbeiter im wesentlichen übereinstimmt. In der Praxis ist es aufgrund der engen Planstellensituation in den Gruppen schwierig, Fortbildungsangebote wahrzunehmen. Oft müssen sie kurzfristig wieder abgesagt werden, weil vor allem die Krankheitsrate, aber auch andere Bedingungen (Urlaub, anderweitige Engpässe) dies erfordern, wenn der Dienst anders nicht aufrechterhalten werden kann. In solchen Fällen besteht häufig eine Diskrepanz zwischen der verbalen Bereitschaft und Beurteilung einerseits und der konkreten Unterstützung durch die mittlere Führungsebene andererseits.

7.5 Belastung durch (fehlende) Gruppen- und Arbeitskonzepte

Nach der Analyse der Mitarbeiter-Interviews haben wir festgehalten, daß in kaum einer Gruppe konzeptionell gearbeitet wird. Es liegen entweder veraltete, überholte Konzepte vor oder sie sind so weiträumig formuliert, daß sie keine Praxisrelevanz besitzen. Häufig war man "gerade dabei", sie zu überarbeiten oder man erarbeitete gerade ein neues Konzept[37]. - Dieser Tatbestand ist der mittleren Führungsebene keineswegs unbekannt: "Ja, wir hatten ein Konzept. Ein bewußtes oder unbewußtes oder es gibt also gegenläufige Konzepte, die jeweils in den Köpfen der Mitarbeiter unterschiedlich sind. Ob es zusammenspielt oder nicht, ist relativ zufällig in vielen Gruppen. Hat auch etwas mit Durchsetzung zu tun, mit heimlicher Führerschaft in den Gruppen." (mfe01) Eine andere Interviewaussage macht deutlich, daß es anscheinend auch ohne ein dezidiertes Konzept geht: "Ich weiß nicht, ein Konzept, ein dezidiertes Konzept oder so gibt es da nicht, aber es ist alles...

[37] Dies "gerade dabei sein" oder "noch nicht ganz fertig sein" entpuppte sich bei näherem Nachfragen zum Teil als ein Zeitraum von mehreren Monaten bis hin zu über 2 Jahren. Diese enorme Zeitspanne kann auch damit erklärt werden, daß man ja nach einem impliziten Konzept zurecht kommt und damit kaum eine Notwendigkeit besteht, das explizite schneller zu erstellen.

es ist so eine Arbeit, daß es den Bewohnern eben im Rahmen einer bestimmten Ordnung oder so gut geht. So, das ist deren Ziel. Also es wird dort sehr viel mehr [Wert] auf gemeinsame Geschichten gelegt, es wird sehr viel Wert auf Ordnung und Sauberkeit oder so gelegt." (mfe03)
Es ist für uns erstaunlich, wie wenig wichtig die Konzeptfrage auf mittlerer Führungsebene genommen wird: "Die haben wohl jetzt, also weiß ich auch nur aus Erzählungen, Konzepte entwickelt, nämlich sowas wie z.B., also ein Gruppenkonzept, Gastwohnplätze mit reinzunehmen, also erstmal hier auszuziehen insgesamt, Gastwohnplätze dazu und denn sowas, wie im Stadtteil eine Beratung für Eltern mit Behinderten, weil die Mitarbeiter in der XY [einer Wohngruppe; d. Verf.] sich sehr kompetent auch fühlen, sehr viel Erfahrung mit diesen schwerstbehinderten Kindern haben. Das war das Konzept und es ist wohl auch relativ fertig gewesen, aber ist denn irgendwann in der Schublade gelandet, wie das mit so vielen Konzepten hier passiert ist und ist nie weiter verfolgt worden." (mfe09) Bei solchen Erfahrungen ist aber auch leichter erklärbar, weshalb es auf der Ebene der Wohngruppen kaum entwickelte Konzepte gibt. Das Bedürfnis danach wird nach unseren Erfahrungen durch die Organisation viel zuwenig aufgenommen, die Arbeit daran zu wenig gefördert, Konsequenzen solcher Überlegungen zu wenig in den Arbeitsvollzug umgesetzt.

Wie wenig die Frage des Konzeptes bisher überhaupt diskutiert wird, zeichnet sich auch indirekt dadurch ab, daß sowohl auf Mitarbeiterebene als auch auf mittlerer Führungsebene nicht geklärt scheint, was grundsätzlich unter dem Begriff Konzept zu verstehen ist. Wie weit oder wie eng gefaßt, wie abstrakt oder konkret soll es sein? Es wird alles, was auch nur annähernd in Richtung planvollen, abgesprochenen Vorgehens deutet oder als vage Zukunftsvorstellung gelten kann, als Konzept bezeichnet[38]: "Die Frage der Konzepte, der bewußten Konzepte, ist glaube ich in XY [der Einrichtung] erst am Anfang. Immer mal versucht, aber nicht systematisch entwickelt. Und von dort her gibt es eigentlich wenig, glaube ich, bewußte Konzepte, die allen Mitarbeitern gleichermaßen in den Köpfen sind. Oder abgestimmte, untereinander abgestimmte Konzepte. Es gibt ein paar Ideen in den Gruppen und bestimmte Schwerpunkte, glaube ich in manchen Gruppen. In einigen Gruppen ist auch sehr deutlich von außen ablesbar, was für Konzepte dort vorherrschen. Versorgungskonzepte oder Begleitungskonzepte oder eben Individualisierungsversuche oder so etwas. Aber ich denke, in XY ist das weit unterbelichtet noch." (mfe01)
Wurde eben noch von Versorgungs-, Begleitungs- und Individualisierungs-Konzepten gesprochen, so wird diese begriffliche Unschärfe in der nächsten Aussage noch erweitert,

[38] Hier mag allerdings auch die Tatsache hineinspielen, daß man sehr schlecht öffentlich zugeben kann, daß man kein Konzept für die Arbeit hat. So wird dann alles mögliche, was danach aussieht, vorgetragen. Dies gilt wohl mehr für die mittlere Führungsebene, da auf Mitarbeiterebene eher die Bereitschaft bestand, zuzugeben, daß man ohne Konzept arbeitet.

in dem dort ein Betreuungskonzept hinzukommt: "Das sind die Ansprüche, dann aber auch, daß sie da ein Zuhause haben, daß sie Abwechslung haben oder sowas. Ja, das ist so..., denke ich so, das Konzept, das Betreuungskonzept oder so. Da stoßen sie häufig an ihre Grenzen, das ausreichend leisten zu können." (mfe03)
Es werden zum Teil Gruppenkonzepte mit Absprachen und Maßnahmen für einzelne Bewohner gleichgesetzt bzw. "verwechselt": "... wir haben dann auch verlangt, daß für jeden einzelnen Bewohner einer Gruppe so etwas gemacht wird. Da sind also, auf die Gruppen bezogen, Konzepte schon gemacht worden. Interessante Konzepte auch. Und zum Teil so differenziert, in der Aufgabenstellung, daß so etwas, denke ich, auch Qualität fordert, was die Mitarbeiterschaft betrifft." (mfe04)

Nun ist wohl wichtig, den Entwicklungsstand der einzelnen Bewohner zu diskutieren, um darauf aufbauend die möglichen nächsten Entwicklungsschritte zu entwickeln. Insofern gibt es fließende Übergänge zwischen Absprachen bezüglich einzelner Bewohner und konzeptionellen Überlegungen zur Gesamtgruppe. Im Idealfall wäre ein *Gruppenkonzept* zu formulieren, das die jeweiligen Entwicklungsschritte der Bewohner flexibel integriert. Im folgenden Zitat könnte dies angedeutet sein: "Ja, das Konzept. Wir sind gerade dabei neu zu gucken, wo steht der einzelne und welche Entwicklungsschritte wären jetzt eigentlich die nächsten, bezogen auf einzelne Bewohner, aber auch bezogen auf die Wohnsituation." (mfe04)

Aufgrund unserer Praxiserfahrung und der Gruppenfeedback-Gespräche sind wir diesbezüglich skeptisch. Das "Wir sind gerade dabei, neu zu gucken" scheint eher Legitimationscharakter zu haben für ein nicht vorhandenes Konzept. Die Konzept-Abstinenz hat viele Facetten, die dann wohl auch zu den ambivalenten Einstellungen zum Problemfeld Konzept beitragen. So wird zum einen übereinstimmend - auch hier eine Ähnlichkeit zu Aussagen der Mitarbeiter - die Wichtigkeit von Konzepten hervorgehoben. Sie können Hilfe und Orientierung geben: "Ja, also ein Konzept ist schon sehr hilfreich, weil es da Orientierung gibt. Das ist nur die Frage, wie so ein Konzept erstellt wird." (mfe11)
Eine weitere Aussage betont eben diesen Orientierungsaspekt, selbst dann, wenn sich der einzelne Mitarbeiter nicht vollständig damit identifizieren kann: "Das ist ganz wichtig und ich glaube, daß das jedem einzelnen Mitarbeiter, auch wenn er sich manchmal mit dem, was da besprochen worden ist, wie wir nun vorgehen, manchmal nicht mit zufrieden ist oder sich damit nicht identifizieren kann. Und trotzdem, er weiß, wie es gemacht werden soll. Also er weiß, wann er rausgeht aus der Orientierungslinie, aber er weiß, wo sie ist. Das halt ich für ganz wichtig. Aber das, denk ich, muß eine Leitung wirklich mit ihren Mitarbeitern erarbeiten."(mfe11)
Zum anderen scheint der Balanceakt auf dieser Orientierunglinie nur schwer leistbar zu sein. Einerseits soll der Rahmen nicht zu weit gesteckt, andererseits nicht zu rigide und starr sein: "An diesem Konzept haben wir sehr lange schon gearbeiten, an diesen Konzep-

ten, sag ich mal, sie sind auch im Entwurf soweit fertig, sie müssen jetzt von den Kollegen noch abgestimmt werden. Aber ich weiß nicht, wenn ich das so lese, ob es wirklich eine Orientierung gibt, ob der Rahmen nicht doch viel zu weit ist, als daß Mitarbeiter sich ein Stück wiederfinden." (mfe11)

Das Ringen um das für eine Wohngruppe bzw. ein Team mögliche Konzept ist nicht nur sehr zeitintensiv und mühsam, sondern erfordert auch ein konstruktives, innovationsförderndes Klima. In vielen Fällen ist das Konzept, wenn es dann endlich erstellt ist, vom konkreten Alltag bereits wieder eingeholt. In einigen Fällen erfolgen detaillierte Aussagen, die eine zukunftsorientierte Konzeptarbeit skizzieren: "... also es gibt Gruppen, die haben sich wenig Gedanken gemacht eigentlich über die Zukunft oder so, und jetzt läuft es so, daß die Überlegung von mir ist, ich denke, auch von anderen Kollegen, daß man schon so etwas haben möchte, wie Konzepte für jede Wohngruppe, das heißt, die zusammen bzw. in den Gruppen erarbeitet werden. Und bei uns ist es so, in unserer Wohnstätte, daß wir das Ganze so in Richtung Wohnstättenkonzept kanalisieren wollen, das heißt wir haben darüber gesprochen, und wir haben uns darüber Gedanken gemacht irgendwie, daß ein Gesamtkonzept für eine Wohnstätte, das ja im Prinzip nicht bindend sein soll, aber zumindest so eine Richtungsvorgabe für uns alle ist, was ja auch Sicherheit gibt irgendwo, daß wir der Meinung sind, ein Gesamtkonzept hängt eigentlich von allen Einzelkonzepten ab, weil eins hat Auswirkungen auf das andere, zumindest in der Vorgehensweise, welche Schritte macht man zuerst. Und, ja, gut, da haben wir halt angefangen. Die Gruppen, die schon Konzepte haben, Überlegungen oder Perspektivplanung oder so, die haben das vorgetragen und die anderen arbeiten daran, zumindest in Ansätzen. Das ist allerdings auch nicht so einfach." (mfe08)

Deutlich wird auch an folgendem Beispiel, wie wichtig es ist, die Gruppen nicht alleinzulassen mit der konzeptionellen Arbeit, weil sie damit - vor allem wohl auch zeitlich - überfordert sind. "Wir haben nicht für jede Gruppe ein Konzept. Das hatten wir mal angefangen, als wir noch wenige Wohngruppen hatten. Da hieß es in den Anweisungen, innerhalb eines Jahres nach Eröffnung habt ihr ein Konzept zu erstellen. Und dann haben wir festgestellt, daß sich die Wohngruppen, je mehr es wurden, sich die alten Konzepte von den anderen Wohngruppen geholt haben und gesagt haben, ach, das ist eigentlich ganz gut, das schreiben wir ab. Und da war, bin ich der Meinung gewesen, das hat keinen Sinn mehr. Das bringt nichts, weil, dann setzt man sich auch nicht mehr auseinander damit, sondern das müssen wir in der Dienstbesprechung wirklich leisten, weswegen wir ja auch einmal im Monat an Dienstbesprechungen teilnehmen. Aber wir müssen ein Rahmenkonzept erstellen, in dem unsere Wohngruppen in ihrer Art, also Wohngruppen, in denen Werkstattfähige zusammenleben und Wohngruppen, in denen ausschließlich Schwerst-Mehrfachbehinderte leben, wo sich die Mitarbeiter wiederfinden, aber wo sie auch noch sehr viel Möglichkeiten haben, so auf ihre einzelne Gruppe bezogen, ja, ein

Konzept, ohne daß es schriftlich festgehalten wird, eine Art zu arbeiten entwickeln können. Daß da nichts statisch ist. Das halte ich für sehr gefährlich." (mfe11)

Daß es in vielen Fällen allerdings bei solchen Ankündigungen bleibt und sie selten umgesetzt werden, liegt in vielen Faktoren begründet, von denen einige bereits oben dargestellt worden sind: Sie liegen auch in der Organisationsstruktur, oft aber auch außerhalb der Reichweite der Organisation, in gesellschaftpolitischen Bedingungen der Arbeit (vgl. auch Abschnitt 11). Dies wird von den Befragten auch so eingeschätzt, wie die folgenden Zitate deutlich machen: "Also, daß da auch gar nicht genügend Spielraum ist und daß sie [die Mitarbeiter; d. Verf.] auf Hilflosigkeit bei Vorgesetzten gestoßen sind und ich denke, daß diese Kette eine Unzufriedenheit, eine hohe Belastung, eine psychische Belastung darstellt. Und daß gleichzeitig, wenn man mit einer Ausbildung, mit einem Anspruch an bestimmte Formen der Lebensbegleitung von Behinderten [hierher] kommt... dann die Organisationsstruktur dazu - dieser gewaltige Überbau an administrativen Tätigkeiten und Redundanzen - daß das auch zu Frustation führen muß, wenn man entsprechend eines bestimmten Anspruchs immerzu gestoppt wird im Handeln, durch organisatorische Bedingungen." (mfe10)

Als Beispiel für außerorganisatorische Fakten könnte folgender Hinweis dienen: "Der Punkt ist in der Konzeption benannt als Spannungsfeld, so haben wir das halt mal so genannt, weil wir genau wissen, daß es immer wieder vorkommt und wir auch genau wissen, daß die Konzeption an der Stelle eigentlich Makulatur ist. Wenn nämlich arbeitsvertragliche oder arbeitsrechtliche Dinge mit konzeptionellen oder pädagogischen Dingen zusammen oder verquickt werden sollen, das ist eigentlich eine ungesunde Mischung. Und das haben wir in Form von Benennung eines Spannungsfeldes angesprochen. Aber ich meine, wir gehen wahrscheinlich immer idealtypisch eher von dieser anderen Geschichte aus, daß wir sagen, die können ja so viel machen, die haben ja so viel Freiheiten, und wir müssen, denk ich, mehr Gewicht darauf legen, ja, daß es da auch Grenzen gibt... Oder es sind arbeitsrechtliche Spielregeln, wie Arbeitszeitordnung, Pausenregelung, die uns ja auch bindet, denn ich kann eigentlich von Mitarbeitern nicht verlangen, daß sie zwölf Stunden Dienst machen, ohne eine Pause einzulegen, wenn ihnen in dieser Zeit was passieren sollte und wir oder sie werden gefragt, wann haben sie zuletzt eine Pause gemacht, und dann, 'die Pausen kennen wir gar nicht', sind, denk ich, wir dran, weil wir gegen geltendes Recht verstoßen haben." (mfe13)

Zum Abschluß soll ein Teilbereich konzeptioneller Personalentwicklungs-Planung hervorgehoben werden: "Wie ist es in der Personalplanung, also bei jeder Einstellung ist zu gucken, welche Fähigkeiten sind im Team schon vorhanden, welche brauchen wir noch? Wer muß im nächsten Jahr ein Angebot an Fortbildung kriegen, weil er Interesse hat, die und die Tätigkeit demnächst in dem neuen Konzept zu übernehmen. Diese gezielte

Begleitung der Teams, die ja auch, wenn man sich an den Interessen der einzelnen Mitarbeiter orientiert, Fähigkeiten weiterentwickelt, glaub ich, das würde mehr zur Zufriedenheit führen. Und dieses fehlt alles. Und das fehlt von oben angefangen. Der Vorstand kümmert sich in diesem Sinne nicht um die Regionalleiter, die Reginonalleiter nicht um die Wohnstättenleiter, die Wohnstättenleiter in diesem Sinne nicht um Gruppenleitung und die Gruppenleitung in dem Sinne nicht ums Team und die können wiederum nicht richtig gucken, was brauchen denn die einzelnen Behinderten und wie sind die Bedingungen zu verändern. Und ich glaube, weil dieses nicht analytisch betrachtet wird und gar nicht systematisch darauf reagiert wird im Handlungsfeld, ist eine große Frustation vorhanden. Und es wirkt wie Chaos." (mfe10)

So besteht Hilflosigkeit und Frustration als Grundstimmung auf nahezu allen beteiligten Ebenen. In dieser Situation gibt es - und dies ist nicht rhethorische Überspitzung - für den einzelnen Betreuer im Grunde genommen nur die Alternative zwischen resignativer Anpassung an die bestehenden Bedingungen der Unübersichtlichkeit oder das Festhalten am Alten und Gewohnten: "Das heißt, die leben mit dieser Situation, sie leben auch positiv mit der Situation. Ich denke, das ist nicht im Sinne von Streß belastend, sondern eher so, manche Dinge kann man machen, andere kann man nicht machen. Vielleicht könnte man auch mehr machen, aber das ist nicht so viel, daß das ganze umgedreht werden müßte. So erlebe ich es jedenfalls." (mfe01) - "Und dann gibt es da noch einen Teil von Leuten, die keine Veränderung mehr wollen, weil das, so wie es jetzt ist, am wenigstens belastend erscheint. Weil das eindeutig ist und in den Abläufen klar und Veränderungen eigentlich nur stören könnten..." (mfe01)
Neben der Resignation bzw. dem Haften am Vorhandenen und der inneren Kündigung - für deren Motiv die Führungskräfte nach den beschriebenen Äußerungen auch Verständnis aufbringen können - besteht noch die tatsächlich vollzogene Kündigung: "Ich sag mal, diejenigen, die also was anderes wollen, sind schon gar nicht mehr da. Und haben auch eigentlich nur eine Überlebenschance von 6 Monaten bis zu 2 Jahren." (mfe01)
Auch hier stellen wir weitgehende Übereinstimmung in der Wahnehmung und Bewertung der Arbeitssituation zwischen Führungsebene und den Mitarbeitern fest. In ihrer Kenntnis der Sachlage liegen beide Gruppen nicht weit auseinander. Leider allerdings verfügen auch die Führungskräfte offensichtlich nicht über Möglichkeiten und Mittel, sich aus der resignativen Haltung zu lösen.

8 Psychische Belastungen aus unterschiedlichen Perspektiven: Betreuer und Führungskräfte

Die Interview-Ergebnisse aus den beiden Gruppen - den Beschäftigten in den Wohngruppen und ihren Vorgesetzten - haben wichtige Hinweise zu einem verbesserten Verständnis von Belastungen in diesem Bereich sozialer Dienstleistung erbracht. Die Außenperspektive läßt wesentliche Unterschiede in der Bewertung der Arbeitssituation und der Belastungen kaum sichtbar werden. Dort, wo Auffassungs- und Beurteilungsunterschiede bestehen - etwa in der Frage, ob die Bewohner mehr oder weniger zur täglichen Arbeitsbelastung beitragen -, scheinen sie eher gradueller Natur zu sein, wenn auch Einzelmeinungen von dieser allgemeinen Einschätzung abweichen.
Im Rahmen eines Vergleichs der beiden Gruppen, in den ihre Aussagen, ihre Funktion und ihre Kompetenzen - aber auch die Begrenzung ihrer Handlungsspielräume - mit einfließen, wird die Thematik der Gestaltungsnotwendigkeit weiter zu analysieren sein. Die Ähnlichkeit der Einschätzungen darf nicht darüber hinwegtäuschen, daß eine deutliche, manchmal weitreichende Spaltung zwischen den beiden Gruppen zu beobachten ist. Denn wichtige Themenbereiche sind innerhalb der Einrichtungen nach unseren Untersuchungsergebnissen nicht ausreichend kommunizierbar:

- Es gibt einhellig bekannte Mängel und Belastungen, die im wesentlichen klar benannt werden und mit denen formell umgegangen wird.
  Zum Beispiel gehören zu diesen Themen
  - die nicht befriedigend gelöste Frage der Einarbeitung der Mitarbeiter,
  - die Frage der Verbesserung der Ausbildung und Fortbildung insgesamt; es fehlen aber Ressourcen und weitgehend Strukturen zur Bearbeitung der entsprechenden Themen.

- Es gibt bekannte Mängel und Belastungen, die kaum oder vorwiegend unterschwellig kommuniziert werden. Diese Themen werden informell behandelt.
  Zu diesem Bereich gehören nach unserer Einschätzung Themen, die sich befassen
  - mit der Verbesserung der Psycho-Hygiene der Beschäftigten,
  - mit der Verbesserung der Innovationsfähigkeit der Einrichtung,
  - mit der Bedeutung von bewohner- und wohngruppen-bezogenen Konzepten bzw. der Folgen diffuser Konzepte,
  - mit unklarer, für die Betroffenen häufig undurchsichtiger Personalplanung,
  - mit diffusen Zuständigkeiten und einem in der Regel rigiden Gestaltungsrahmen und unklaren Gestaltungsregeln in bezug auf Handlungs- und Entscheidungsspielräume für die Beschäftigten.

- Es gibt Themen und Zusammenhänge, die vorwiegend nicht benannt und kommuniziert werden, deren Inangriffnahme und Bearbeitbarkeit von daher für die Beteiligten jeweils jenseits des Wahrnehmungs- und Handlungshorizonts bleiben.
  Zu diesem Bereich gehören Themen, die betreffen
  - den allgemeinen Kommunikationsfluß,
  - den Umgang mit Ängsten, Befürchtungen, tatsächlichen oder vermeintlichen Bedrohungen, Gefühlen der Unzulänglichkeit, Ohnmacht, Überforderung (aber auch Unterforderung), Resignation,
  - Distanz, Mißtrauen, Isolation, Ziele.

Die empirischen Ergebnisse aus der Analyse der Interviews fassen wir in den folgenden Feldern zusammen. Ausgehend von wichtigen Belastungsmerkmalen der Arbeitssituation (Feld I) verdichten wir die Betrachtung zum Team (II), zum Führungsprozeß (III), zur innerbetrieblichen Sozialisation (IV) hin zur Bedeutung der Konzepte (V) als immaterieller Grundlage der Betreuungstätigkeit.

8.1 Feld I: Emotionale Betroffenheit und individuelle Identität der Betreuer

Die Analyse der Arbeitssituation der Beschäftigten konzentrierte sich zu Beginn unserer Untersuchung auf die Aufgaben- und Rollendiffusität, die mit der Betreuungstätigkeit verbunden ist. Psychische Belastungen in der Arbeit entstehen in bezug auf die Bewohner - angesichts zwar quantitativ, aber kaum qualitativ vorgegebener Anforderungen - vorwiegend durch das hohe Maß an Gestaltungsoffenheit, die mit dem Gruppendienst verbunden sind. Die einzelne Einrichtung schafft und verursacht so zu einem erheblichen Teil, was wir nun als *Umfeldbedingung des eigenen Handelns* zu berücksichtigen versuchen: den vorwiegend diffus geäußerten Mangel an klarer Zielperspektive, die fehlende Unterstützung durch Vorgesetzte und Organisation, das in weiten Bereichen gestörte oder doch belastete Vertrauen der Mitarbeiter in eine angemessene Beurteilung der eigenen Arbeitssituation durch die anderen (Vorgesetzte, Leitungsebene, Gesellschaft, Staat). Die Diskussion um Kultur und Klima innerhalb der Organisation wird an späterer Stelle (vgl. Abschnitt 11) als Verständnisfolie zusätzlich hilfreich sein.
Genau genommen sind die in diesem Abschnitt miteinander in Beziehung gesetzten Dimensionen - emotionale Betroffenheit und individuelle Identität einerseits, die Belastung der Mitarbeiter durch Bewohner andererseits - nur dann miteinander zu vergleichen, wenn man den darin eingeschlossenen Perspektivenwechsel akzeptiert. Der Mitarbeiter in der Betreuungssituation *erlebt sich in dieser seiner Arbeitssituation*. Diese Situation ist nicht durch das aktuelle Geschehen, die gerade ablaufende Beziehungs- und Handlungs-Episode allein begrenzt, sondern durch die *subjektive Situationsdefinition des Beschäftigten* und seinen damit gegebenen *subjektiven Situationshorizont.*

Die organisationskulturelle Formung und Überformung seiner Handlungsbedingungen - zu der alles gehören kann, was an Einflüssen und Erfahrungen denkbar ist: seine Sozialisation in der Einrichtung, seine Erfahrungen der Einarbeitung, seine Erfahrungen von Kontrolle und Hilflosigkeit, und zwar sowohl seiner eigenen als auch der Hilflosigkeit der Institution, Erfahrungen mit Anspruchsformulierung und Anspruchserfüllung, die formelle und die informelle Kommunikation, die Bedeutung und Gültigkeit von Normen, die Sinnhaftigkeit und Plausibilität von Regeln, Verfahren und Entscheidungsprozessen. Alles dies ist im sinnlichen Erleben nicht wirklich trennbar von den Belastungen durch Bewohner. Die häufig geäußerte Einschätzung, mit den Bewohnern "komme man schon klar", belastend sei vielmehr "alles andere", muß auch verstanden werden als Hinweis darauf, daß die Arbeitssituation tatsächlich erlebt und begriffen wird als ein Geflecht vielfältiger, sehr unterschiedlicher Anforderungen und Erwartungen. Diese können schon analytisch nur sehr schwer, nicht aber im individuellen Empfinden getrennt werden in bewohner-verursachte und nicht bewohner-verursachte Belastungen.

Interaktionen mit Bewohnern können für die Betreuer im Gruppendienst aufgrund ihrer unmittelbaren sinnlichen Qualität auf eine solche Weise belastend sein, daß sie sich der sprachlichen Vermittlung sowohl innerhalb als auch außerhalb der Organisation entziehen. Ohne eine Vermittlung aber können Inhalte nicht angemessenen berücksichtigt und konstruktiv verarbeitet werden. In der Regel sind die Betreuer auf sich allein gestellt, wenn es darum geht, die von ihnen gemachten belastenden Erfahrungen zu verarbeiten. Ihr privates Umfeld ist nach ihren Aussagen daran nicht interessiert; manchmal werden sie bewundert ("...daß Du das kannst!"), aber im großen und ganzen besteht eine strikte Trennung zwischen Arbeits- und Privatbereich. Aufgefangen werden sie jedenfalls dort nicht. Eher haben sie auch hier das Gefühl, daß "das sowieso keiner richtig versteht".
Der Vorwurf der Betreuer, die Vorgesetzten verfügten über nur mangelnde Kompetenz und originäre Erfahrung in der Arbeit mit Behinderten, mag ihnen in einigen Fällen berechtigt erscheinen; wir interpretieren diesen Vorwurf jedoch mehr als mittelbare Folge der Schwierigkeit, sich über die erlebte Situation so verständigen zu können, daß Entlastung möglich wird. Denn besteht der Eindruck, man könne sich über wesentliche Erfahrungen nicht mehr verständigen, die in die Tiefe der persönlichen Identität hineinreichen, wie dies für eine Unmenge täglicher Interaktionen mit stereotypen Kommunikations- und Handlungsmustern geistig und psychisch behinderter Menschen gelten kann, so führt das zu psychischer Isolation. Kann man sich nicht verständigen, so ist es zu dem Urteil, man finde für eigenes Handeln, für eigene Empfindungen, für die eigene Verfassung, für eigene Erschöpfung bei den Vorgesetzten kein Verständnis, nicht mehr weit. *Sich verständigen* und *Verständnis finden* bedingen einander.

Die an die Vorgesetzten gestellte Frage, inwieweit die Betreuer durch "die Bewohner belastet" seien, ist also eine Fokussierung auf ein Element, dem die Betreuer im Alltag gegenüberstehen. Die Vorgesetzten sind nicht unmittelbar, sondern in der Regel mittelbar betroffen durch diese Quelle der Belastungen: sie gehen deshalb *eher kognitiv* damit um, nehmen Belastungen aus einer Außenperspektive wahr. Sie tun dies sowohl auf der Folie ihrer eigenen, natürlich subjektiven (Betreuungs-)Erfahrungen als auch auf dem Hintergrund von Kriterien, die für andere nicht nachvollziehbar sind, solange hierüber nicht kommuniziert wird. In jedem Fall gilt: es gibt keine klaren Kriterien und Maßstäbe zur Bewertung der psychischen Belastung aus der Interaktion mit behinderten Menschen. Es gibt keine Objektivität. Jeder Betreuer hat sein eigenes Maß. Es gibt keine "Strahlenschutzverordnung", keine "Maximale Schadstoff-Konzentration", keine verbindlichen Richtwerte. Die nicht häufig anzutreffende Situation einer bestimmten Wohngruppe, die sich durch einen offenen, fließenden freien Austausch zwischen den Teammitgliedern ergibt und so zu einer intersubjektiv gültigen Lagebeurteilung führt, hat eine hohe entlastende Bedeutung. Allein, aus der Kommunikation über Wahrnehmungsprozesse und deren gemeinsame Verarbeitung sind die Vorgesetzten nur zu häufig ausgeklammert - oder sie klammern sich selbst aus.

Es zeigte sich, daß die Beschäftigten aus ihrer unmittelbaren Betroffenheit heraus eine andere Beurteilung hinsichtlich der Belastungen durch die Bewohner vornehmen als die Vorgesetzten. Letztere setzen sich eher distanziert-kognitiv, eher "problemorientiert" mit den Alltagsfragen der Aufrechterhaltung von Dienstplan und Funktionsfähigkeit des "Versorgungsbetriebs" auseinander - aber nach unserer Beurteilung durchaus nicht allein distanziert-sachlich. Der Grad an Betroffenheit, an Engagement, an Problemsensibilität und thematischer Offenheit, die Einsicht in die Notwendigkeit von inhaltlichen, auch organisatorischen Veränderungen war nahezu überall deutlich.

Für beide Gruppen bestehen Belastungen im Bewohnerkontakt im wesentlichen in den vielfältigen Verhaltensauffälligkeiten, den Aggressionen und Autoaggressionen, Stereotypien, aber in starkem Maße auch in der Dynamik, die sich aus einer bestimmten Bewohnerzusammensetzung ergibt. Prozesse des körperlichen und geistigen Abbaus konfrontieren immer wieder mit der eigenen Relativität, mit der Erfolglosigkeit eigener Anstrengungen. Routine in Pflege und Versorgung kann oftmals das Bedürfnis nach positiver Zielerreichung nicht befriedigen. Die Betreuer müssen umgehen mit Enttäuschungen und Frustrationen, die häufig aus vorhandenen, aber dann doch nicht erfüllbaren Wünschen und Erwartungen der Bewohner erwachsen. Diese enttäuschten Erwartungen müssen *immer* auf der Beziehungsebene Betreuer-Bewohner aufgearbeitet und abgefedert werden. Beizeiten müssen eingefahrene, bewährte Interaktionsroutinen zwischen Betreuern und Bewohnern aufgegeben werden, da sich Verhaltensmuster und stereotype Abläufe ändern. Auf neue Reize erfolgt eine unvorhersehbare Reaktion, bekannte Reize werden plötzlich neu beantwortet, ohne daß dies für den Betreuer nachvollziehbar ist.

Die Betreuer sind diesen Veränderungen oftmals ausgeliefert. Sie entspringen dem zunehmenden Lebensalter der Bewohner, altersbedingten Abbauprozessen, verborgenen oder offen zutage liegenden Veränderungen im Zusammenhang mit Krankheiten oder mit Veränderungen in der sozialen Dynamik der Gruppe. In der Mehrzahl der Fälle müssen die Betreuer diesen Veränderungsprozessen folgen. Sie können sie mit den ihnen zur Verfügung stehenden Mitteln nicht nachhaltig beeinflussen. Umgekehrt bestehen ebenso solche Situationen, in denen Bewohner Entwicklungsfortschritte machen, Interessen und Fähigkeiten entfalten, tatsächlich ein höheres Maß an Selbständigkeit erreichen. Dann müssen erweiterte Handlungs- und Bewegungsmöglichkeiten einer solchen Veränderung Rechnung tragen. Aber die Wohngruppe kann sich auf diese erweiterten (Organisations-)Anforderungen nicht hinreichend einstellen. Unterschwellig ergeben sich institutionelle Retardierungseffekte. Die aus Verselbständigungsprozessen folgenden Konsequenzen können nicht aufgenommen werden und gehen somit als innovatives Moment für den Alltag verloren. Scheinbare Unveränderbarkeit der Alltagsroutinen und Hospitalismus-Effekte greifen ineinander.

8.2 Feld II: Die Team-Situation

In ähnlicher Weise muß die unterschiedliche Perspektive betrachtet werden, aus der die Belastungssituationen in bezug auf die Teamsituation gesehen wird. Die Innensicht der Arbeitssituation im Team aus Mitarbeiterperspektive ist von der Außensicht der Vorgesetzten wesentlich verschieden.
Die Betreuer sind tätig unter der Notwendigkeit von Kooperation sowohl gegenüber den Bewohnern als auch untereinander. Die Gesichtspunkte der Analyse der Teamsituation haben immer wieder verdeutlicht, daß Ambivalenz, Konflikte, überhöhte, nur manchmal überprüfte und korrigierte Ansprüche, unklare, diffuse Konzepte und Schwierigkeiten, einen gemeinsamen Nenner im Team zu finden, die Dienstleistungssituation mit dem Bewohner erschweren. Es werden Teamprozesse erwähnt, die über zwei, drei Jahre intensiver Auseinandersetzung und integrierender Diskussion bedurften, um bei den Beteiligten das Bewußtsein einer gemeinsamen soliden Arbeitsgrundlage zu entwickeln. Die individuell unterschiedlichen persönlichen Vorstellungen, Ziele, Arbeitsstile und Charaktere müssen nicht nur mit den Bedingungen und Regeln der Einrichtung verbunden, sondern es muß auch die Akzeptanz und Toleranz gegenüber den auch weiterhin bestehen bleibenden individuellen Unterschieden erarbeitet werden. Dabei sind Unterschiede nicht Differenzen, die hingenommen werden müssen - weil sie nun da sind und als Rest einer eigentlich gemeinten Vereinheitlichung nicht aus dem Weg zu schaffen sind -, sondern im Gegenteil müssen sie begrüßt und in ein Gruppen- und Arbeitskonzept integriert werden. Diese Unterschiede verschaffen auch der Wohngruppe die Fähigkeit, eine möglichst große Variabilität und Offenheit gegenüber den Bewohnern aufrecht zu erhalten: denn die Wohngruppe ist die Zelle, in der der Auftrag an die Behindertenhilfe umgesetzt und eingelöst wird.

Die Perspektive der Vorgesetzten ist stärker bezogen auf Momente der Leistungs- und Kooperationsfähigkeit des Teams zum Zwecke der störungsfreien Funktion. In der Sicht des Vorgesetzten ist das Team mehr, was er gerne hätte: eine Mitarbeiter-Gruppe, mit der er rechnen, auf die er sich verlassen kann. Er sieht nicht so sehr die reale Situation, daß nämlich ein Team erst einmal eine lose Gruppe einzelner Beschäftigter ist, zwischen denen eine eigene Dynamik herrscht. Je mehr der Kontakt zu dieser Gruppe formalisiert ist - etwa vorwiegend im Rahmen von Dienstbesprechungen stattfindet -, desto eher besteht das Risiko, daß in der hierarchisch geprägten Kommunikation Fremdheit und Distanz unterstützt wird als das Vertrauen, man könne sich gegenseitig etwas zutrauen und auch gegenseitig etwas voneinander fordern.

Erscheint das Verhältnis der Mitarbeiter zu den Vorgesetzten deutlich als gebrochen und ambivalent, so erscheinen die Vorgesetzten in ihren eigenen Aussagen eher als Menschen, die mit diesem auch für sie spürbaren Vorbehalt zu leben gelernt haben und die es ihrer Rolle als Vorgesetzte zuschreiben, "manchmal zwischen den Stühlen zu sitzen". Diese Charakterisierung aber bezeichnet einen Spannungszustand, der auch den Vorgesetzten zusetzt, je mehr ihr eigener Anspruch an die Aufrechterhaltung und Verwirklichung von qualitativer Behindertenarbeit und die von ihnen mit zu verantwortende Realität auseinandertreibt.

Die für die Tätigkeit der Betreuung in der Wohngruppe konstitutionelle Bedeutung eines positiven Zusammenhalts im Team scheint aber den meisten Vorgesetzten nicht vollends deutlich zu sein: Anders ist nicht zu verstehen, daß eine wesentliche Lenkung, eine klare Entwicklungsverstärkung, eine die Möglichkeiten eines Team bewußt und gezielt fördernde Haltung, ein Einsatz für eine auch die Persönlichkeit des einzelnen Mitglieds unterstützende Teamkonzeption bei ihnen im großen und ganzen nicht vorliegt.

Andererseits nehmen die Führungskräfte aus ihrer Außenperspektive wesentliche und wichtige Elemente der Formung und Prägung der Teamsituation durchaus wahr. Es ist ihnen bekannt, daß die unterschiedliche Zusammensetzung des Teams nach Herkunft, beruflichem und Ausbildungshintergrund, nach den jeweils vertretenen Normen, die "natürlich auch ein bißchen konkurrierend gegeneinander stehen", nach Geschlecht, Alter, Berufserfahrung Integrationsprobleme aufwirft. Die unterschiedlichen in einer Arbeitsgruppe bestehenden Vermögen, sich mit seinen Bedürfnissen, mit seiner Sichtweise und Beurteilung durchzusetzen und auch Machtprozesse werden von den Vorgesetzten identifiziert. Die unterschiedliche Bezahlung und tarifliche Eingruppierung wird angesprochen, die von den Betreuern zu Recht als ungerechtfertigte Benachteiligung empfunden wird und auch im Verständnis der mittleren Führungsebene nicht offensiv vertreten werden kann, da faktisch die gleiche Arbeit dahinter steht.

Stellvertretend wird die fließende Grenzen zwischen Professionalität und gesundem Menschenverstand, zwischen insidern und outsidern, zwischen den an eine Wohngruppen- und Team-Kultur angepaßten Betreuern und den "Fremden und Neulingen" am Beispiel der Zivildienstleistenden deutlich. Dies könnte gleichzeitig auch darauf hinweisen, wie wenig sich ein definiertes Berufsbild des Betreuers bisher hat durchsetzten können. Zugleich zeigt sich an der oben beschriebenen Unsicherheit der Betreuer gegenüber den Zivildienstleistenden auf augenfällige Weise, wie die Offenheit des Aufgabenspektrums und der Arbeitssituation den Beschäftigten auch strukturell, in seiner Eigenschaft als Träger einer diffusen Rolle, unsicher macht, ja, das Team insgesamt verunsichert werden kann.
Die Wahrnehmung des Teams durch die mittlere Führungsebene wird noch durch einen anderen Aspekt strukturiert, nämlich die real bestehenden Funktionszusammenhänge. Aus ihrer originären Führungsaufgabe heraus ist es naheliegend, daß sie ihr Interesse an schneller, unproblematischer Umsetzung von Anordnungen und Anweisungen durch die Betreuer erfüllt sehen wollen. Damit steht ihr Interesse an einer möglichst klaren vertikalen Führungskommunikation[39] dem Bedürfnis, ja, der Notwendigkeit des Teams entgegen. Denn das Team bedient sich solcher Kommunikationsformen, die sich gebildet haben zwischen den Mitgliedern der Gruppe und im Zusammenspiel der dortigen Kräfte. Das Team - wir haben schon an anderer Stelle darauf hingewiesen - ist auch Marktplatz dieser Kräfte. Es gibt "Händel" (vom Diensttausch unter der Hand bis hin zu "ich decke dich dort, wenn du mich hier deckst"), "Krisengewinnler" und "Nutzen-Zieher"; es werden Intrigen geführt und Fronten aufgebaut; Machtspiele werden aufgeführt und Eifersüchteleien entwickeln sich; Konkurrenz und Auseinandersetzungen um den besseren Weg, die richtige Linie, die bessere Methode, um mehr oder weniger Nähe gegenüber den Bewohnern. Mit anderen Worten: die (horizontale) Kommunikation in der Gruppe ist auf viel engere Weise mit dem sozialen Leben in der Wohngruppe, mit den energetischen Prozessen, mit der sehr häufig stark ausgeprägten Subkultur jeder einzelnen Wohngruppe verknüpft. Sie entstammt den eigenen Empfindungen, Erlebnissen, Erfahrungen der Betreuer, sie ist weitaus mehr mit dem Alltag der Wohngruppe - die vor allem eine Lebens-Zone der Bewohner ist, jedenfalls sein soll - verbunden als die in den Führungsleitlinien (wenn sie denn bestehen!) empfohlene formelle Kommunikation in der Linie. Wir können hier so unterschiedliche Kommunikationsmuster voneinander unterscheiden, daß es gerechtfertigt ist, von *Zonen-* und *Linien-Kommunikation* zu sprechen. Nicht zuletzt hieraus resultiert das oben aufgezeigte gegenseitige Unverständnis zwischen Team und Vorgesetzten.

---

[39] Die Unterscheidung von horizontaler (Linien-) und vertikaler (Zonen-)Kommunikation betrifft hier nicht nur, wie sonst üblich, unterschiedliche Sprachmuster und soziale Verkehrsformen, sondern durchaus auch unterschiedliche Realitätsdefinitionen, die in dem Aufweichen des Normalitätsbegriffs beruhen: Die Funktionsorientierung des Vorgesetzten steht tendentiell oft gegen die Bewohnerorientierung des Teams.

Und doch besteht auf seiten der mittleren Führungsebene Einsicht und Verständnis in die Belange und Situation der Betreuer. Sie haben grundsätzlich und potentiell einen Zugang zu der Erfahrungswelt der Betreuer in der Wohngruppe - aber wie können sie ihre Wahrnehmungen und Beurteilungen in Entscheidungen und Maßnahmen umsetzen? Wie ist der eigene Entscheidungs-Spielraum beschaffen? Wo können Strukturen, Schwerpunkte, sich vollziehende Entwicklungen beeinflußt, korrigiert, verändert werden? Welche Chancen bestehen, in die Arbeitsweise eines Teams tatsächlich konstruktiv einzugreifen und gestaltend tätig zu werden?

Die Rolle des Vorgesetzten umfaßt Verantwortung sowohl für die Betreuer als auch für die Lebens- und Versorgungsbedingungen der Bewohner. In der Praxis finden wir die Verantwortung für das Ganze, nämlich für die Wohngruppe, insofern fokussiert, als Vorgesetzte sich durchaus verstehen als Anwalt und Fürsprecher der Bewohner. Damit wird der Aspekt der Wachung über die Funktionsfähigkeit des Teams als "Betreiber" der Wohngruppe vordringlich. Der Vorgesetzte ist Anwalt der Bewohner - möglicherweise gegen eine vermeintliche oder tatsächliche Inaktivität der Betreuer, gegen eine nachlassende Qualität, gegen einen Mangel an Initiative. In der Regel verstehen sich auch die Betreuer als Anwalt der Bewohner, sodaß nicht selten hier eine Konkurrenz besteht, die wenig problematisiert wird. Die - wenn auch im Verständnis der Vorgesetzten beratende - Kontrolle der Leistungen der Betreuer, ihrer internen Koordination, ihrer Fähigkeit, den Alltag mit den Bewohnern zu bewältigen wird damit angesprochen. Je schwieriger dafür die Umstände, vor allem aber die Beziehung zwischen Team und Vorgesetztem sind, desto wahrscheinlicher ist, daß diese Kontrolle offensiv, häufig dann umso weniger konstruktiv praktiziert wird.

In der hierarchischen Gegenüberstellung rührt aus dieser Situation - die ja zusätzlich erschwert wird durch eine mehr oder weniger ausgeprägte Linien- bzw. Zonen-Kommunikation - die abgesetzte, häufig distanzierte Stellung der Vorgesetzten gegenüber der Mitarbeiter-Gruppe. In Verbindung mit der anderen Perspektive (nämlich der unmittelbaren Betroffenheit des Betreuers und der *leiblich durchlebten Auseinandersetzung* mit dem Bewohner) kann dies eine so starke Barriere schaffen, daß eine gemeinsame Sprache kaum noch existiert. Die Bereiche von "Organisation, Verwaltung, Führung" und "Betreuung" sind in gewisser Weise einander diametral entgegengesetzt. Die nicht abstrakte, sondern aus der jeweiligen Perspektive abgeleitete Skizzierung eines guten Teams wäre vermutlich so unterschiedlich, daß allein die Überschrift suggeriert, man meine "das gleiche".

Aus Gesprächen mit den an unserer Untersuchung beteiligten Teams wissen wir, wie eine Situation sich durch das Auftauchen eines Vorgesetzten verändern kann, sich der Sprachstil, die Themen, die Haltungen verändern, die Strukturen und Fronten sich verschieben. An anderer Stelle geben wir Beispiele wieder für das Kippen von Situationsdefinitionen in der Interaktion mit Bewohnern. Letztlich aufgefangen werden sie im Team, verarbeitet werden sie im sozialen Netz dieses gleichen oder doch relativ ähnlichen Situationsverständnisses, das der einzelne hier findet. Dies gilt jedenfalls dann, wenn es in seinem Sinne ein gutes Team ist.

Materielle Bedingungen, die das Team vorfindet, und die unter arbeitsorganisatorischen Gesichtspunkten bedeutsam sind, werden von beiden Gruppen als die Arbeitssituation erschwerend und belastend beurteilt: Dazu gehören vor allem Bedingungen der Wechselschicht-Arbeit und die dadurch mitverursachten häufigen Veränderungen in der Zusammensetzung der Schicht-Gruppe. Ist es schon theoretisch nicht einfach, einen zufriedenstellenden Dienstplan zu erarbeiten, so wird dessen Gültigkeit oft durch hohe Krankheitsraten durchkreuzt, sodaß der einzelne erst kurzfristig weiß, mit wem er zusammenarbeitet; ob er nicht schlimmstenfalls allein arbeiten muß. Desweiteren ist die Gestaltung der arbeitsvertraglich zustehenden Pausen problematisch, nicht nur hinsichtlich der zeitlichen Einhaltung, sondern durchweg auch hinsichtlich des Ortes: es gibt kaum abgeschlossene Bereiche, die als Pausen- und Erholungsraum geeignet sind - es sei denn ein unpersönliches Dienstzimmer, in dem ein Schreibtisch steht, ein Telefon, ein Garderobenständer; der Dienstplan an der Wand erinnert an noch zu regelnde Vertretungsdienste für Krankheit, Urlaub oder sonstige Aufgaben. Listen mit Terminen und Verpflichtungen hängen an noch freien Wandflächen. Dienstübergabe-Bücher wollen gelesen werden. Häufig ist dies eine Zuflucht, die ausgesprochen erholungs- und pausenfeindlich ist. Je mehr eine explizite, sehr viel häufiger noch unterschwellige Orientierung an Familienähnlichkeit im Team vorliegt, desto mehr führt dies zu dem Konflikt, wie weit der einzelne berechtigt ist, für sich einen (Schon-)Raum zu beanspruchen. Auch dies ist ein Gesichtspunkt, in dem das Team von Vorgesetzten nicht gefördert wird. Die Subkultur des Teams ist in ihren nach innen gerichteten Bereichen so strukturiert, daß sie den einzelnen potentiell überfordert. Es bestehen Normen und Sichtweisen, die aus dem Team selbst heraus nicht korrigiert werden (können).

Die materielle Zuwendung endlich, die ein Team erfährt, wird ebenfalls von beiden Gruppen in wesentlichen Punkten als unzureichend beschrieben. In erster Linie sind hiermit verfügbare Mittel zur Beratung, Intervention, Supervision gemeint, um Störungen im Prozeß der Leistungserstellung des Teams bearbeitbar machen können. Die Beantragungsverfahren sind z.T. aufwendig, die Berechtigung und Notwendigkeit einer solchen unterstützenden Maßnahme muß nachgewiesen und damit eine Schwäche, ein Konflikt eingestanden werden. Auch in der Beurteilung der mittleren Führungsebene bestehen keine klaren Kriterien, wann, wie lange, in welchem Ausmaß derartige Mittel zugestanden werden[40]. Einhellig ist die Meinung, die vorhandenen Mittel reichen nicht aus. Sie stellen

40 Hier bestehen Unterschiede zwischen der dezentralen und der zentralen Einrichtung.

einen Reibungspunkt dar. Ein Vorgesetzter, der Verantwortung für mehrere Wohngruppen hat und pro Jahr für diese Wohngruppen einen Gesamtbetrag für Supervision von etwa DM 2.000,- zur Verfügung hat, kann diese Mittel in den Augen der Teams nur falsch verteilen. Es besteht ein vollkommen unzureichender Bewegungsspielraum. Der Mangel wird verwaltet - das Ergebnis ist Frustration bei allen Beteiligten.

8.3 Feld III: Der Führungsprozeß

Die Gegenüberstellung der Mitarbeiter- und der Vorgesetzten-Aussagen in diesem Themenfeld macht wohl am ehesten deutlich, wie die uns über die gesamte Auseinandersetzung mit der Belastungs-Entstehung begleitende Leitfrage zusammenhängt und im Kern verbunden ist mit dem Spannungfeld von "Individuum" und "Organisation". Die Organisation nimmt zwischen dem vorhandenen gesellschaftlichen Betreuungsbedarf und der betrieblichen Strukturierung der Pflege- und Betreuungs-Aufgaben eine Mittlerposition ein. Die einzelne Einrichtung ist also ein "Übersetzer" dieser gesellschaftlichen Versorgungs- und Betreuungsbedarfe in konkrete Tätigkeiten und Aufgaben der Beschäftigten. Sie hat deren Erfüllung zu gestalten.
Die in der Analyse der Mitarbeiter-Interviews dargestellten Aspekte - Anordnungen, Forderungen, Legitimationsdruck, Kontrolle, fehlende Unterstützung, der Vorwurf mangelnder Basiskenntnisse, gegenseitiges Nicht-Ernstnehmen - stellten hilfsweise eine Gliederung dar, anhand derer der Arbeitsprozeß in seiner Führungsdimension beleuchtet wurde. Der Führungsprozeß ist ja - im Unterschied zur Güterproduktion und dort gültigen technischen Prozeßanforderungen - kaum durch andere als durch sozial vermittelte Regelungen strukturiert, wenn man von professionellen Vorstellungen und inhaltlichen Orientierungen im engeren Sinne (der Heilpädagogik, der Heilerziehungspflege, der Sozialarbeit) absieht, die in sich aber heterogen sind und auf unterschiedlichste Disziplinen zurückgreifen. Es gibt nicht, wie in anderen Bereichen der Arbeit verfahrens- oder fertigungs-technische Regelungen. Die Forderung der Betreuer nach Unterstützung weist also hin auf einen unvollständig gelungenen Übersetzungsprozeß zwischen den insgesamt vorliegenden Aufgaben und der Strukturierung in ihrem Arbeitsalltag.

Ein prägnantes Ergebnis in der Zusammenschau der Mitarbeiter-Aussagen war das "Gefühl des Allein-gelassen-Seins" in bezug auf die Regelung des Alltags-Geschäfts. Äußerungen, die positive Unterstützungserfahrungen durch Vorgesetzte hervorhoben, existierten zwar. Aber von größerem Gewicht war die unterschwellige, prinzipielle Distanz, das latente Mißtrauen, die Vorsicht, auch das Unverständnis über fehlenden Einblick der Vorgesetzten in die Wirklichkeit des Wohngruppenalltags. Eine mögliche Erklärung dafür geht zurück auf die einerseits vagen Zielvorstellungen hinsichtlich der Lebenschancen und des Unterstützungsbedarfs, den behinderte Menschen in Einrichtungen der Behindertenhilfe bedürfen bzw. der ihnen zusteht. In der Gruppenbetreuung wird überwiegend eine auf mitmenschlicher Solidarität und humanen Grundsätzen basierende Hilfe zum Leben zu geben versucht. Es besteht unter dieser Prämisse ein hoher, innerer - individueller - Erklärungsdruck, wie diese Zielsetzung in der konkreten Alltagstätigkeit umzusetzten ist. Integration, Normalisierung - oder scheinbar weniger abstrakt: Lebensbegleitung, Familienähnlichkeit - das sind nach wie vor Sprachmuster, mit denen das eigene Handeln umschrieben wird. Es ist der Versuch einer begrifflichen, aber doch plakativen Fassung dessen, was man tut. Für diese Tätigkeit scheint der Begriff der Dienstleistung auch insofern unangemessen, als er eine kategorische Distanz suggeriert, die faktisch so[41] nicht besteht, wenn sie auch unter dem Aspekt von Professionalität wünschenswert wäre (oder manchmal stärker empfohlen werden müßte). Das Mit-Leben in der Betreuungssituation ruft nach einer neuen, ganzheitlichen Definition der vom Betreuer erlebten Situation. Diese Definition muß der Vorstellung von Betreuung und dem Sinnbedürfnis dessen, der da handelt, angemessen sein. Sie ruft nach einer Definition, die nicht begrenzt ist durch ein Verständnis der Betreuungssituation durch die filternde Brille der Organisation. Die Entkopplung von benennbaren Aufgaben des Betreuers aus dem zugrundeliegenden Lebenszusammenhang schafft eine spezifische Problematik deshalb, weil aus sehr unterschiedlichen Perspektiven heraus beurteilt wird, was zu tun ist. Nur wenige Teams verfügen schon heute über die Kompetenz und den Handlungsraum, die unterschiedlichen Aspekte der Dienstleistung und die Gestaltung der Wohn- und Betreuungssituation in eigener Regie und Verantwortung so zu integrieren, daß es den Wahrnehmungen aus der Interaktion mit den Bewohnern und den sich daraus ergebenden Bewertungen folgen kann.

Betrachtet man die Aussagen der Mitarbeiter zum Thema Unterstützung, so fällt auf, daß sie überwiegend unspezifisch und vage sind. Häufig geht es nicht so sehr um konkrete Unterstützung angesichts benennbarer und bereits definierter Probleme, sondern es spiegelt sich im diffusen Unbehagen und Beklagen eher ein symbolisches Verlangen nach der Möglichkeit wider, *angesichts der vielfältigen Beanspruchung eine optionale Sicherheit durch andere gewinnen zu können*. Bewerkenswert ist, daß hinsichtlich der (unspezifischen) Forderung nach Unterstützung zwischen den Wohngruppen-Teams durchaus Unterschiede bestehen: Solche Teams, die ein eigenes Profil haben entwickeln können, verfügen über ein ausgeprägteres Selbstbewußtsein. Es bezieht sich darauf, worin eigene Kräfte bestehen:

---

41 Wesentliche Komponenten der Definition einer Dienstleistung mit Personenbezug hätten gerade hier einen Ausgangspunkt: die "Familienähnlichkeit" in der Betreuung scheidet sich gerade zum Dienstschluß von der "Familie". Dienen als "Dienst" - das ethymologische Wörterbuch (KLUGE 1975) klärt über die Nähe von dienen als 'Knecht sein' auf (ebd. S. 132) - löst sich vom immanenten Herrschaftsanspruch. Der Bedeutungswandel folgt dem gesellschaftlichen Egalitätsprinzip: Dienen ist nicht mehr an Unterordnung gebunden, sondern an Funktionen.

wie Forderungen nach außen kommuniziert werden können, welche Formen der teaminternen Klärung notwendig sind und wie sie erreicht werden können, welche Formen der Abgrenzung gegenüber den Bewohnern, ihren Verhaltensformen und "Verführungskünsten", gemeinsam getragen werden können. Der Ruf nach Unterstützung dagegen ist dort am deutlichsten diffus, wo das Team eher eine lose Gruppe von Mitarbeitern ist, die - aufgrund welcher Bedingungen immer (Qualifikation, Erfahrung, Biographie, Mangel an konzeptioneller Klarheit, Arbeitsorganisation im Team, organisationale Zielperspektive) - bisher wenig interne Kommunikations- und Kooperationsformen haben entwickeln können.

Die Aussagen der mittleren Führungsebene lassen sich dahingehend zusammenfassen, daß einerseits Unterstützung dort gegeben wird, wo sie konkret gefordert wird (symptomatisch dafür die bereits zitierte Aussage: "Ich glaube nicht, daß es letztendlich an Unterstützung fehlt..."). Andererseits besteht eine weitgehende Übereinstimmung darüber, daß "es nicht üblich sei, etwas zu fordern", daß man nicht wisse, "worin denn die Gruppen Unterstützung brauchen". "Die Gruppen sollen jetzt mal ihre Bedarfe anmelden" etc. - das sind Aussagen, die verdeutlichen, wie hier ein Kommunikationsdilemma besteht, das letztlich den Tatbestand überdeckt, daß es zu einem wesentlichen Teil der Konstituierung und Ermöglichung der erforderlichen Betreuungsleistungen des Teams keine ausreichend entwickelten Verständigungsmuster zwischen den Mitarbeitern und dem organisatorischen Überbau gibt.
Die (team-)interne Strukturierung des Betreuungsdienstes läßt sich von außen nach unserer Einschätzung nicht auf einfache Weise steuern. Die Beschäftigung mit der Belastungsthematik und den damit verbundenen psychodynamischen Prozessen macht deutlich, daß die Betreuungssituation mit latenten Grenzerfahrungen auch im beruflichen Umfeld mit einschließt. Sanktioniert ist diese Arbeitssituation weitgehend nur durch einen Arbeitsvertrag.

Die Fremd- und Außensteuerung eines Wohngruppenteams durch vorgesetzte Ebenen bedürfte einer so engen, differenzierten, vertrauensbasierten Kommunikation, daß der Zeitaufwand für den Kommunikationsfluß und seine Aufrechterhaltung ein solches Modell unter den vorgefundenen Bedingungen sehr bald ad absurdum führen würde. Viele der umfangreichen Aussagen der Vorgesetzten zur Beschreibung von (eher hinderlichen) Organisationszuständen belegen, welche beträchtliche Spannweite besteht zwischen der Aufrechterhaltung der Leitmaxime "Lebensbegleitung" und der Umsetzung dieses Anspruchs im Alltag. Der Ruf nach *Unterstützung* findet sich auf der Ebene der Vorgesetzten wieder als Ruf nach *Erlösung* aus diesem Dilemma.

8.4 Feld IV: Die organisations-interne Sozialisation

In den Interviews mit den Mitarbeitern hat die Frage nach Einarbeitung, Angemessenheit der erhaltenen Ausbildung und der Erfahrungen mit der Gestaltung des Alltags in der Wohngruppe einen erheblichen Raum eingenommen. Vom üblichen Verfahren der Einarbeitung neuer Mitarbeiter wird in beiden Einrichtungen kaum abgewichen: es besteht darin, daß der Betreffende für einige Tage die Gruppe - also Teammitglieder und Bewohner - kennenlernt, Informationen erhält über Abläufe, Medikamentierung, Auffälligkeiten, regelmäßig wiederkehrende Termine, Diäten, Dienstplanabläufe. Innerhalb relativ kurzer Zeit ist man vermeintlich in die Praxis eingewiesen, muß seinen Teil an der Betreuungsarbeit übernehmen. - Sehr schnell wird deutlich, daß diese erfahrene Einarbeitung keine gute Lösung für das zugrunde liegende Problem ist. Denn mit dem Hineinwachsen in das Team und die Wohngruppe ist verbunden, sich mit den vorliegenden Bedingungen zu arrangieren. Regelungen, informelle Formen der Arbeitsteilung, persönliche Vorlieben einzelner, die bestimmte Weise, wie alle Beteiligten gelernt haben, in dieser Wohngruppe miteinander umzugehen und sie damit eine subtile Sub-Kultur hervorbringen - alles strömt auf den Neuen ein. Er paßt sich an oder er setzt sich ab. Er versucht, eigene Vorstellungen zu entwickeln, verfügt aber kaum über Mittel (der Erfahrung, der Argumentation), sie wirksam gegen das Vorhandene zu setzen. In vielen Interviews ist die Rede davon, man habe sich gerade auch in dieser Phase "auf sich allein gestellt" gefühlt. Es gab keine Orientierung darüber, was denn "eigentlich gewollt" ist. Gerade in dieser Anfangsphase ist wichtig, eine Grundsetzung vorzunehmen: die Einrichtung ist verpflichtet zu sagen, was Aufgabe und Ziel ist, worauf Wert gelegt wird, wieweit die Forderung geht, in dieser Arbeit mit dem Bewohner mitzuleben.

Daß es einem nicht weiter strukturierten Team in seiner amorphen Gestalt ohne weitere Unterstützung überlassen bleibt, mit dem Problem der Einarbeitung neuer Mitarbeiter umzugehen, ist angesichts der von uns aufgedeckten Schwierigkeiten in der Arbeitsgestaltung nicht nur eine Überforderung des Teams. Darüber hinaus ist es auch ausgesprochen unwirtschaftlich und personalpolitisch verfehlt, Anpassungsprozesse neuer Mitarbeiter an bestehende Teamstrukturen geschehen zu lassen, wenn nicht ersichtlich ist, *an was* sich der Betreffende anpaßt. Insgesamt spiegeln die Äußerungen der Befragten - auch der mittleren Führungsebene - in diesem Punkt wider, daß eine große Unzufriedenheit mit dieser Situation vorliegt, andererseits aber bisher keine Möglichkeit der Änderung gesehen wird: Die einrichtungsinternen Mittel reichen i.d.R. gerade für die Aufrechterhaltung des status quo. Eine interne Begleitung in der Phase der Einarbeitung ist für die Einrichtung mit zusätzlichem finanziellen und organisatorischen Aufwand verbunden. Vor allem aber wäre erforderlich, ein Konzept zu entwickeln von dem, *was* und *wie* es vermittelt werden sollte. Hierzu müßten die wesentlichen Grundzüge der Betreuungsarbeit klar formuliert, die an den Arbeitsauftrag gebundenen Erwartungen festgelegt, die Grenzen der Kompetenzen der in den Betreuungsalltag zu Entlassenden umrissen werden. Damit verbunden wären Ent-

scheidungen nicht nur bezüglich der Durchführung solcher Einarbeitung, sondern auch bezüglich einer größeren Transparenz des Berufsbildes des Betreuers in seiner konkreten Arbeitstätigkeit.
Verdeutlicht man sich, daß es im Grunde nur diese beiden Stränge der inhaltlichen Einflußnahme und Gestaltung der Arbeits- und Lebenssituation in der Wohngruppe gibt: nämlich die Aussensteuerung (über das "Bürokratie-Modell") oder die Innensteuerung (über eine Art "Familien-Modell"), so muß dies tiefgreifende Konsequenzen für die notwendigen Reform-Überlegungen insgesamt haben, aber auch für Überlegungen zur adäquaten Qualifizierung der Beschäftigten.

So gibt es also die konkrete Ebene der Arbeitsgestaltung und Arbeitsorganisation, der Sicherstellung von Betreuungs-Qualität, der wichtigen und nach unseren Erfahrungen weitgehend vernachlässigten Verpflichtung zur Personalpflege, der aktiven Einflußnahme und Gestaltungsmöglichkeit von Bedingungen durch die Beschäftigten. Eine höhere Attraktivität im Bereich der Sozialen Dienste ließe sich hier erreichen. Daneben besteht die Ebene der *symbolischen Gehalte*, die in besonderer Weise Ausdruck der institutionellen Kultur ist (vgl. MENZIES 1974[42]). - Alle diese Fragen sind verbunden mit einer Stärkung der zugestandenen sowohl persönlichen als auch professionellen Entwicklungs-Chancen der Beschäftigten. Denn was vermittelt eine Einrichtung durch die hier skizzierte Art der Einarbeitung? Welche Erfahrungen macht jemand, der auf diese Weise "ins kalte Wasser" geworfen wird und damit sich selbst bzw. dem Strom der Ereignisse überlassen bleibt? Was sind die Wirkungen auf jemanden, der seine Ausbildung abgeschlossen hat und mit Idealismus, Engagement, Tatendrang, aber auch ungerichtetem (auch hier letztlich diffusem) Helfer-Impetus in einen offenen, widerspruchsvollen Raum entlassen wird? An was paßt sich jemand an, der aufgrund seines jungen Lebensalters noch über keinen bewährten Lebensentwurf verfügt, wenn sich ihm in dieser Phase nicht ein Rückhalt bietet, dem er vertrauen kann?
Auf der Suche nach Ankern für die Entwicklung eines eigenen Standorts zwischen dem theoretisch Denkbaren und dem praktisch Machbaren lernt der neue Betreuer, daß "man irgendwie sehen muß, daß man klar kommt" - "Hauptsache, der Laden läuft". Und dies nicht als eine individuelle Minimal-Lösung eines im Abschied Begriffenen, eines Ausgelaugten, eines betont Nicht-Interessierten, sondern dies womöglich als die tragende Maxime einer Einrichtung.

Und es gibt anderes: Symbole in Form von Geschichten und Mythen, Bildern und Erfahrungen, die kolportiert und besonders aufgenommen werden von jemandem, der die Grenzen auszuloten sucht: was erwartet ihn, worauf hat er sich eingelassen, womit muß er

---

[42] Die Autorin legt einen aufschlußreichen Bericht über institutionelle Strategien der Angstabwehr im Krankenhaus vor.

rechnen? Denn er lernt ja nicht nur, was er lernen "soll" (im Sinne seiner Eingliederung in einen mehr oder weniger funktionellen Ablauf, in professionelle Handgriffe und Methoden), sondern er lernt auch, was da sonst noch ist: der Umgang miteinander, die Praxis des Alltags, Widersprüche zwischen Anspruch und Wirklichkeit, der Umgang aller Beteiligten mit den ihnen jeweils zur Verfügung stehenden Kräften, Rigidität in unterschiedlichen Schattierungen. Vor allem lernt er kennen, auf welche Weise das Wesentliche, das *Leben als Aufgabe* behandelt wird. Es wird dies nicht nur am Bewohner, sondern auch an seiner eigenen Person deutlich. Er empfindet selbst, was und wie die Organisation entscheidet und wie sie handelt. Er muß sich als ein Teil dieser Organisation verstehen, in deren Dienst er nun wirkt. Er beginnt zu empfinden, wo er handeln soll auf eine Weise, die ihm nicht entspricht und die er nicht versteht. Er erlebt die behinderten Menschen, soll sich aber nach Regeln anderer verhalten, er soll "fremden Herren" gehorchen, ohne diese "Herren" zu kennen. Zu den behinderten Menschen hat er Kontakt. Dieser ist sehr schnell von einer so drängenden, fordernden Konkretion, die ihn beansprucht, die ihn mit bisher verborgenen tiefen Schichten seiner eigenen Person und individuellen Lebensgeschichte in Berührung bringt, daß er ohne Begleitung nur zwei Möglichkeiten hat: zu scheitern - oder Projektionen auszubilden. Seine Möglichkeiten zur Bewältigung der von ihm vorgefundenen Realität ohne eine solche Unterstützung sind begrenzt[43].

Was macht es für den neuen Betreuer schwierig, eine realitätsgerechte Einschätzung der Betreuungssituation vorzunehmen, in die er gestellt ist? Neben den von uns bereits beschriebenen Charakteristika der Betreuungssituation - der Offenheit und Diffusität, der Unabgegrenztheit und Rollenunschärfe, der Unklarheit der Kompetenzen, aber auch der Eingebundenheit in organisatorische Vorgaben und Regelungen, dem Mangel an ethischer und moralischer Orientierung - liegt in der Situation der Fremdheit ein hohes Maß an Streß. Der Neue befindet sich in einer Situation der Unsicherheit, in einer Situation eigenen Tastens in eine Einpassung ins Team.
Diese Orientierungsphase ist verbunden mit Suchprozessen auf mehreren Ebenen: Was wird hier gemacht und wie wird es gemacht? Was kann ich einbringen? Mit wem verstehe ich mich? Was sind Ziele und Konzepte der Arbeit? Wie kann ich die beteiligten Personen kennenlernen? Welche Stukturen gibt es hier? Wie ist die Stimmung? Welche Freiheiten und Ängste bestehen? Welche Regeln, Prioritäten, Kommunikationsmuster und stillschweigenden Übereinkünfte gibt es? Wie passen meine Fertigkeiten, Erfahrungen, Interessen in das Team? Was wird von mir erwartet? Wo sind Konflikte und Spannungen? Welche Bewertungen, Normen, Einstellungen und Interessen formen den sozialen Umgang miteinander? Was sind prägende Einflüsse, von wem gehen sie aus, in welchem Kraftfeld befinde

[43] Wir haben im Rahmen unserer Untersuchung nur ein Team gefunden, das annähernd einen angemessen erscheinenden Weg gefunden hatte, mit der eigenen Situation auf konstruktive Weise umzugehen.

ich mich? - Der Neue trifft hier auch auf die in der Gruppe gemeinsam geteilten, normativ verankerten, kollektiven Projektionen: Über Recht und Unrecht, Schuld, Gesellschaft, Urteile und Vorurteile. Er trifft auf geronnene Einschätzungen aus den Erfahrungen anderer. Die sind nicht mehr diskutierbar im Sinne rationaler Argumentation. Es haben sich (ersteinmal auf die Gruppe bezogene) kollektive Muster der Verarbeitung von Realität herausgebildet, denen er nicht standhalten kann. Er kann sich mit ihnen nur arrangieren.[44]

Dabei besteht gerade und besonders zum Zeitpunkt des Einstiegs neuer Mitarbeiter in eine für sie fremde Arbeitssituation für die Organisation eine besonders geeignete Chance, Klarheiten zu erzeugen, die Arbeitskultur zu prägen, Leitlinien zu vermitteln, soziale Wirklichkeit zu gestalten. Sie wird kaum genutzt. Das urwüchsige Vertrauen der Organisation auf eine gesellschaftlich gelungene Sozialisation und eine wenn nicht profunde, so doch für die eigenen Belange ausreichende Ausbildung der Beschäftigten macht - so scheint es - ein Überdenken dieser Einstiegsphase überflüssig. So werden Schwächen in der individuellen Sozialisation und Ausbildung zu Mängeln im Arbeitsfeld.

8.5 Feld V: Konzepte

Der Ausgangspunkt der folgenden Überlegungen ist die Tatsache, daß die Betreuer überwiegend die Auffassung vertraten, sie arbeiteten nach Konzepten. Aber in der Regel stellte sich heraus, daß dies eher Vorstellungen, lockere Übereinkommen, ein in etwa ähnliches Verständnis innerhalb des Teams war. Wir sind in unserer bisherigen Analyse zu dem Ergebnis gekommen, es handele sich auf Gruppenebene vor allem um implizite Konzepte nach der Art: "Die Bewohner sollen sich wohl fühlen", oder eingespielte Formen der Arbeitsteilung: "Also, wir haben ein Konzept. Das heißt, jeder weiß, was morgens zu machen ist als erstes."

Einerseits besteht ein Bewußtsein für die Notwendigkeit von Arbeitskonzepten, man hatte "damit begonnen", man "war dabei, etwas zu erstellen", man wußte, es existiert, aber hatte noch nicht "drin gelesen". Dabei war der Eindruck nicht, Konzepte seien überflüssig, "Papierkram", "Formalismus"; im Gegenteil wird dem Konzept als Leitlinie und Orientierung eine große Bedeutung zugeschrieben.

Problematisch ist allein, daß aus der dem Konzept zugeschriebenen Bedeutung so wenig Konsequenzen für die praktische Alltagsarbeit erfolgen. Ihm wird nicht mit ausreichendem Nachdruck Gültigkeit verschafft. Worin bestehen die Probleme? Konzentriert auf wichtige Kernpunkte kann das inhaltliche Dilemma folgendermaßen beschrieben werden:

---

[44] Hierher gehört auch das Konzept der "sozialen Vermittlung des Streßerlebens" (SLESINA 1987, S.66f).

1. Das im Team versammelte Potential (Erfahrung, Qualifikation, Engagement, Ideenreichtum...) wird in der Regel durch die Tätigkeit der Betreuung nicht ausgeschöpft. Der Anteil der Alltagsarbeit (Hauswirtschaft, routinisierte Verwaltungstätigkeit) ist relativ hoch. Gleichzeitig bestehen Bereiche, in denen Erfahrungen, Kompetenzen, Qualifikationen schwächer ausgeprägt sind (Kommunikation, Koordination, Entscheidungsfindung), was bereits ein Teil der Begründung für die schwache Ausschöpfung des vorhandenen Potentials ist[45].
2. Wo das vorhandene Potential besser genutzt wird, stößt es schnell an Grenzen: es gibt die bereits erwähnten ungeschriebenen Regeln, die Autonomie-Bestrebungen werden beschnitten, die Bereitschaft zu experimentieren ist begrenzt (aus Angst vor Fehlern?), getroffene Entscheidungen sind oft nicht durchzuhalten, Initiative wird blockiert. Pläne, Konzepte, Überlegungen, Ansätze versickern, verschwinden "in irgendwelchen Schubladen", weil es "zu teuer" ist...
3. Es bestehen Interessen, Konkurrenz, Profilierungsbestrebung, Ehrgeiz, Karriere-Denken, Cliquenbildung, unterschiedliche ideologische Auffassungen, Ansprüche und Verletzlichkeiten: Es findet eine Anpassung statt mit der Tendenz, daß das Niveau sich im unteren Bereich einpendelt. Der kleinste gemeinschaftliche Nenner wird zum allgemeinen Standard.
4. Die weit überwiegend privaten, also direkten und unmittelbaren[46] Formen der Zonen-Kommunikation unterstützen die Herausbildung einer eben auf dem Hintergrund der privaten Lebenswelt beruhenden Orientierung im Alltag, wenn es um die Aufstellung bzw. Aufrechterhaltung von konkreten Dienstleistungs-Standards geht.

Veränderungen in dieser Situation scheinen nur schwer möglich. Obwohl sie den Betroffenen bekannt ist, wird wenig darüber gesprochen, sie wird nahezu tabuisiert. Ein subtiles Gleichgewicht hält den status quo. Pendelbewegungen zwischen Veränderungs- und Beharrungskräften halten sich die Waage. Ein *perpetuum stabile* ist am Werk. Es sind vielfältige reale und irreale Ängste vorhanden, die Situation tiefgreifend zu reformieren.

Die Ambivalenz gegenüber der Formulierung von Konzepten ist angesichts dieser Lage augenfällig, sowohl auf Mitarbeiter- als auch auf Vorgesetzten-Ebene:

---

[45] In einer Wohngruppe wurden dafür spontan die Schlagworte "Bermuda-Dreieck" und "Energie-Freßmaschine" gefunden: es gibt immer wieder Situationen, in denen die Team-Mitglieder empfinden, wie die eingesetzten Kräfte "zwischen den Fingern zerrinnen", man "macht und macht, und es kommt nichts raus dabei".

[46] hier zu verstehen im Unterschied zur Kommunikation, die sich an festen, unterscheidbaren Rollen, Funktionen und Zuständigkeiten orientiert.

- Ein Konzept würde in diese Situation Klarheit bringen. Die im Alltag immer wieder bestehende Hilflosigkeit - gegenüber Aggressionen, in Konfliktsituationen mit Bewohnern, im Team, gegenüber Vorgesetzten, angesichts emotionaler und psychischer Überforderungssituationen - würde dadurch nicht in ihrem Wesen behoben. Zur Hilflosigkeit (ohne Konzept) würde möglicherweise bei Vorliegen eines Konzepts deutlicher werden, daß auch das Konzept nicht davor bewahrt, immer wieder Situationen *nicht* in idealer Weise meistern zu können. Daüberhinaus brächte es möglicherweise erst deutlich zum Vorschein, daß in manchen Situationen der Betreuer Anforderungen nicht ausreichend erfüllt. Denn das Konzept enthielte Hinweise, Maximen (z.B. "Bewohner werden nicht geschlagen"), die für alle verpflichtend sind. Es würde für ungeklärte Situationen mehr Aufmerksamkeit erzeugen; es könnte die produktive Auseinandersetzung über Inhalte der Arbeit befruchten. .

- So ist das Konzept Leitlinie und Orientierung, aber auch Maßstab für das Handeln. Es ist aufwendig in der Formulierung und in der Erarbeitung mit erheblichem Zeitbedarf verbunden: Einigungsprozesse sind auf unterschiedlichen Ebenen notwendig, je konkreter ein Konzept formuliert sein soll, desto weniger Allgemeingültigkeit kann es beanspruchen. Gute Absichten zur Diskussion und Verabschiedung von Konzepten sind vorhanden, allein, sie werden selten zu Ende gebracht. Es bestehen mehr oder weniger reale Ängste und unterschwellige Befürchtungen, man selbst könne schließlich auch an diesen Formulierungen gemessen werden. Vor allem erschwert das Alltagsgeschäft mit dem Schichtdienst, die Arbeit am Konzept in einem gemeinschaftlichen Prozeß zu gestalten.

- Ein Konzept unterläge in seiner "Papierform" - als schriftliche Fassung wesentlicher Grundlinien - immer der Gefahr, nur noch Manifestation dahinterliegender Absichten zu sein. Es könnte, einmal fixiert, lebendige Fortentwicklung und flexible Anpassung nach dem Empfinden der Betroffenen einschränken; in der Tat wäre es Bindung, Festlegung, entschiedener Ausdruck von Absicht. In der Beurteilung der Betreuer gibt es die Tendenz, in diesem Punkt jede schriftliche Form - unabhängig von der grundsätzlichen Bedeutung klärender Überlegungen - mit Vorsicht und innerer Skepsis zu betrachten: zu leicht ergibt sich allein bereits durch die Formulierung eine Distanz und Entfremdung zum Alltag: "Ich würde mich schwer tun, nach einem vorgefertigten Konzept zu arbeiten".

- Aus übergeordneter Perspektive der Leitung wäre das Konzept verbunden mit der Festschreibung eines bestimmten Standards: Aufbau, Arbeitsweise, Qualitätsmaßstab, Planungs- und Entwicklungsabsichten würden formuliert mit der Absicht zum Ausdruck zu bringen: "So wollen wir diese Arbeit tun!" - Dies hätte nicht nur Innen-, sondern auch Außenwirkung. Das Konzept wäre Maßstab zur Beurteilung der Leistungen am Markt, also im Wettbewerb mit anderen dienstleistenden Einrichtungen. Wenn man sich öffentlich darstellt, so meist auf andere Weise, als wenn man ein nach innen gerichtetes Programm formuliert. Kann man die daraus entstehenden möglichen (auch wahrscheinlichen) Widersprüche noch ausgleichen, so ist doch das Risiko, daß nämlich aus dieser Konzeptformulierung nun Ansprüche aus dem Innenraum der Organisation (von den Beschäftigten und den Bewohnern) abgeleitet werden, nicht von der Hand zu weisen. Auch hier ist es Ausdruck von Absicht. - Wie ernst ist es mit der Umsetzung dieser Absicht? Die Erstellung eines Konzepts macht wahrscheinlich, daß Aspekte der Aufgabenkontrolle und Konzeptbefolgung im Sinne der Kontrolle von Leistungen bürokratische, rigide Tendenzen bestärken oder doch entsprechende Befürchtungen auf Seiten der Beschäftigten befördern, die der eigentlichen Arbeit nicht zuträglich sind.

- Neben dieser Kontrollfunktion des Konzepts könnte sich eine Eigendynamik entwickeln: einzelne Mitglieder könnten es als Mittel der internen, möglicherweise auch externen Profilierung einsetzen: Seht, dies ist *mein* Konzept; seht, diese Art der qualitativen Arbeit schaffe *ich* mit den zur Verfügung stehenden Mitteln. Der Wert des Konzeptes als Mittel der Erarbeitung und Festigung eines Selbst- und Rollenverständnisses *aller Beteiligten* wäre instrumentalisiert für die Interessen einzelner.

Nun sind diese Aussagen aus einer Außenperspektive heraus formuliert. Sie beruhen auf unseren Erfahrungen, Eindrücken und Diskussionen im Zuge dieser Untersuchung. Empirisch nachweisbar ist - dies belegen die zurückliegenden Abschnitte -, daß einerseits die Zeit fehlt: Zeit allein allerdings wäre kein Garant dafür, an einer konzeptuellen Gestaltung der Arbeits- und Betreuungssituation wirklich zu arbeiten. Und: läge ein Konzept vor, wäre dies noch kein Garant für *entsprechendes Handeln*, über die Verankerung dieses Konzepts "in den Köpfen (und Herzen)". Deswegen kommt - neben dem Zeitmangel - etwas anderes hinzu, was wir bezeichnen können als *mangelnde inhaltliche Ausrichtung* der Arbeit in der Betreuung. Die Schwierigkeiten im Zusammenhang mit der Umsetzung eines Konzepts in praktisches Handeln würden dort beginnen, wo bei heterogener Bewohnerzusammensetzung der Umgang mit dem Alltag gefordert ist.

Aber wenn die Lage der Argumente so ist - was sind dann Grundlegungen des eigenen Handelns einzelner Betreuer? Wie ergibt sich ein Konsens im Handeln einer Gruppe, einer Einrichtung? Was ist dann *normal* in dieser *Enklave*, in der diejenigen versammelt wurden, die den durchschnittlichen Anforderungen der Gesellschaft an *Normalität* nicht gewachsen sind? Beantworten läßt sich die Frage wohl nur so, daß neben der kognitiv-rationalen, instumentellen Orientierung des Handelns Gemeinschaftlichkeit, Solidarität, Zweckmäßigkeit, Ethik, Moral aus den sozialen Bindungen im Handeln selbst erwächst. Identifikation mit Werten und Überzeugungen, mit der Einlösung von Ansprüchen und

Bedürfnissen anderer, Identifikation mit einer Aufgabe, mit einem Sinn dessen, was man tut, ergibt sich ersteinmal dadurch, daß das Handeln in seinen sinnlichen Dimensionen als *befriedigend, sinnvoll und plausibel* erlebt wird.
Das Konzept wäre *das Ergebnis dieses gemeinschaftlich erarbeiteten, vollzogenen Prozesses der Identifikation*. Daraus wird auch verständlich, warum das "abgeschriebene", "von anderen übernommene Konzept" seinen originären Wert verloren hätte. Letztlich kann ein Konzept nicht *von anderen* stammen. Immer muß ich es innerlich übernehmen können. So ist nicht nur das Erstellen, sondern durchaus auch das *innere* Übernehmen *Arbeit*, nämlich insofern, als die Aussagen und Inhalte eines Konzepts - das ja den Charakter eines Programms hat - in die Auffassung der Helfer, in das Verständnis des Teams und in die Gestaltung des Alltags integriert werden muß.

8.6 Zusammenfassung

Die tragenden wesentlichen Bestandteile dieser empirischen Analyse kumulieren damit in einigen wenigen zentralen Aussagen:

1. Kerngehalt des ersten Aussagefeldes ist, daß es in der Behinderten-Hilfe keine klare Situationsdefinition gibt hinsichtlich der Aufgaben, Ziele, Wege, Ressourcen und Anforderungen, die an Betreuer in einer gegebenen Arbeitssituation gestellt werden.
   Die *Perspektive,* aus der heraus das Handeln der Betreuer entwickelt wird und die Perspektive, aus der heraus es durch andere Organisationsmitglieder beurteilt wird, unterscheiden sich, ohne daß über diesen Unterschied der Perspektive von der Verfassung der Organisation her kommuniziert wird. Es gibt kein Gremium, in dem Fragen der inhaltlichen Klärung ausreichend behandelt und deren Ergebnisse den Beschäftigten zur Verfügung gestellt werden.
   Die *Perspektive der Beschäftigten* gegenüber den Bewohnern ist wesentlich geprägt durch Solidarität mit dem "Schwachen" (besser wäre das neutralere englische "handicapped") und Mit-Menschlichkeit. Aber gleichzeitig ist diese Perspektive auch begrenzt durch genau diese Menschlichkeit, also die nicht unerschöpflichen Ressourcen des Betreuers, durch die Bedürfnisse und Forderungen des Behinderten, durch die im Kontakt erwachsenden positiven Möglichkeiten, aber auch Überforderungen. Diese Überforderungen sind nicht nur physischer, sondern ebenso sozialer, psychischer und seelischer Art. Die *Perspektive der Leitungskräfte* ist im wesentlichen die des Managements eines betriebswirtschaftlich rationalen Einsatzes der gegebenen Ressourcen. Die Funktionsfähigkeit des Dienstleistungsprozesses muß sich aufgrund des öffentlichen Auftrags (?), der aber nicht spezifiziert ist, in ihrer Qualität den verfügbaren Ressourcen beugen.

2. Da eine gemeinsame Perspektive zwischen den Beteiligten nicht von vorn herein existiert[47], ist jede Form der *Kommunikation* mit der Schwierigkeit behaftet, daß sich die Beteiligten immer wieder ihres gegenseitigen Vertrauens versichern müssen. Zielsetzung der Kommunikation ist dann nicht mehr in erster Linie die Klärung und Einigung über Inhalte, sondern die gegenseitige Bestätigung (oder Verwerfung) von Glaubwürdigkeit. Hier besteht eine doppelte Problematik: Man vermeidet ängstlich die direkte Beziehungsklärung, versucht aber andererseits, diese über die Sachebene zu erreichen. Es mißlingt dann beides, sowohl Sach- als auch Beziehungsebene bleiben unklar, die Verstrickung nimmt zu.

   In der Tat haben wir viele Hinweise dafür gefunden, daß in manchen Bereichen die Kommunikation selbst gestört ist: Das "Anmelden von Bedarfen" führt nicht zu Einigung und Entscheidung; im Hinblick auf die psychisch belastenden Bestandteile der Arbeit empfindet man, sie seien "nicht kommunizierbar". Die Erzeugung eines gemeinschaftlichen Aufgabenverständnisses ist auf diesem Hintergrund für den einzelnen Beschäftigten nicht mehr leistbar.

   Glaubwürdigkeit ist auch verbunden mit Kompetenz bzw. mit der Bedeutung und dem Stellenwert, die fachlicher Kompetenz zugeschrieben wird. Die ökonomische Basis von betrieblichen Entscheidungen ist in anderen Bereichen gesellschaftlicher Arbeit immer verbunden mit "dem Markt" - er ist letztlich Korrektiv jeder Produktion, wenn auch andere Faktoren (Marketing- und Vertriebskonzepte, Konsumentenverhalten) eine entscheidende Rolle spielen. Die ökonomische Basis von Entscheidungen hier bedarf ebenso eines inhaltlichen Korrektivs. Es kann dazu beitragen, ein besseres Verständnis der im Prinzip komplexen Verhältnisse, eine höhere Plausibilität der Entscheidungsvollzüge und eine bessere Integration der divergierenden Interessen herzustellen.

3. Die *Betroffenheit* der Beschäftigten benötigt ein betrieblich anerkanntes und akzeptiertes Verfahren zum Umgang mit den Erfahrungen des Alltags, mit dessen Hilfe auch langfristig psychische Belastungen wahrgenommen, kommuniziert, geordnet, reflektiert und damit bearbeitet werden können. Die Abwehr dieser Notwendigkeit hat Folgen: Kümmert sich niemand um diejenigen, die sich um die Bewohner kümmern, so baut sich eine organisierte Isolation auf, in der die Beschäftigten auf sich selbst zurückgeworfen sind, wenn es darum geht, mit den Folgen ihrer Betroffenheit umzu-

---

[47] Dies bedeutet nicht, daß nicht Fälle "geglückter" Verständigung auch zwischen Personen, die unterschiedlichen Ebenen angehören, in Einzelfällen immer wieder vorkommen. Wir meinen vielmehr, daß der sensible Komplex, den Behinderung sowohl für die Gesellschaft als auch für den einzelnen darstellt, eine Form der betrieblich organisierten Befassung benötigt.

gehen. Damit soll ein erweitertes Verständnis erzeugt werden: Betreuungsarbeit umfaßt nicht nur die physische Ebene des aktuellen Handelns, sondern auch verborgene und nachfolgende Anteile des Handelns[48].

4. Wird mit den skizzierten psychischen Arbeitsanteilen nicht auf eine konstruktive Weise umgegangen, so ist die Erzeugung von *Projektionen* damit eingeleitet. Der einzelne Beschäftigte ist mit der Klärung der komplexen Zusammenhänge, unter denen er betreuende Dienstleistung ausführt, mit der kontinuierlichen Definition dessen, was "seine Aufgabe" ist, mit der Unterscheidung von Bewohnerinteressen und den eigenen Bedürfnissen, den Anforderungen der Organisation, die ja nicht präzise und deutlich formuliert sind (sondern im Gegenteil in einer "zweckvollen Unklarheit"[49] im Raum stehen), mit den Erwartungen des Bewohnerumfeldes (Angehörige und gesetzliche Vormünder), mit den Anfechtungen aus der Teamsituation überfordert. Die Ausbildung von Projektionen sind eine notwendige Form des Selbstschutzes: Schuld haben immer die anderen!

5. Es bestehen Erlebnissphären, die im normalen gesellschaftlichen Leben aus dem Alltagsbewußtsein ausgesperrt werden: Dazu gehören die *existentielle Ebene* tiefgreifender Einschränkung im Lebensvollzug und schwere Behinderung, Leid, Krankheit, Schmerz, Sterben, Tod. Die Begegnung mit Unvollkommenheit erweckt Bedrohungs- und Angstgefühle. Die Alltagsmechanismen der Aussperrung funktionieren jedoch dort nicht, wo diese Phänomene zum Arbeitsalltag gehören. Die Illusion einer "heilen Welt" zerbricht angesichts des Umgangs mit dem "Nicht-Normalen". Angesichts solcher Situationen scheitert jegliche Art des organisierten, zumal bürokratisch reglementierten Umgangs mit ihnen. Dafür müssen Maßstäbe entwickelt werden.

6. Das Gesamt dieser Elemente ist verbunden über Werte, Normen, Interessen, institutionelle und professionelle Regeln, über Formen der organisatorischen (und organisierten) Sozialisation, über biographisch erworbene Wahrnehmungs-, Beurteilungs- und Handlungsmuster der Beteiligten. Psychische Belastungen - somit burnout-relevante Faktoren - resultieren also:

   a) aus der unklaren Definition, Umschreibung und alltagspraktisch diffus belassenen Zielsetzung der Betreuungstätigkeit,

---

[48] A. STRAUSS u.a. (1980) sprechen im Zusammenhang von Pflege im Krankenhaus von Beziehungsarbeit, Trauerarbeit, Fassungsarbeit u.ä.

[49] Vgl. MENZIES (1974, S. 197)

b) aus den Unschärfen in der Klärung der Rolle, die der einzelne im Kontakt zu den Bewohnern einnimmt,

c) aus der Unklarheit darüber, wie er mit den Erfahrungen des Alltags umgehen kann, da es keine Praktiken der Verarbeitung gibt, sondern überwiegend monotone Formen der Isolation in der Erlebnisverarbeitung[50],

d) aus der unvollständig gelingenden Kommunikation innerhalb des eigenen Arbeitsfeldes, aber auch nach außen: es ist (nahezu) immer ein Brückenschlag zu Vorgesetzten, aber auch im privaten Umfeld der Beschäftigten notwendig, wenn Entlastung durch Kommunikation gesucht wird. Die Regel ist weitaus eher, daß dieser Brückenschlag mißlingt, als daß er gelingt,

e) aus professionellen Formen des Umgangs mit Realität, insofern dieser Umgang manchmal Komplexität über definitorische Akte auszugrenzen bestrebt ist[51].

Die Ergebnisse lassen sich in folgender verdichtender Darstellung zusammenfassen:

Abb. 5 Elemente und Ziele der Betreuungsarbeit in ihrer Vermittlung über "Medien"

Elemente		**Medium**		**Ziele**
Bewohner	--▸	Betreuungsaufgabe	--▸	Perspektive der Humanität
Team	--▸	Interaktion	--▸	Identität des Beschäftigten
Leitung	--▸	Führung	--▸	Vertrauensbildung
Entwicklung	--▸	individuelles Menschenbild, vorhandenes Potential	--▸	Kompetenz
Konzept	--▸	Inhalt	--▸	Orientierung

[50] Denkbar wäre eine stärker auf Gemeinschaft basierende, auch ritualisierte, Form der Bewältigung von Grenzerfahrungen, von Situationen also, die das eigene Verständnis, die eigenen Kräfte, die eigene Kapazität im Eingehen von Beziehung etc. übersteigen.

[51] vgl. z.B. SCHULLER (1978), der in "Institution und Qualifikation" u.a. eindrucksvoll zeigt, wie in der Arbeitsweise verschiedener Berufsgruppen im Krankenhaus lebensweltliche Komplexität auf "behandelbare Routinen" reduziert wird.

9 EXKURS I
Moralische Grundlagen des individuellen Helferhandelns: Ergebnisse narrativer Interviews

9.1 Interview-Durchführung

Ein weiterer Zugang zur Thematik - die Belastungsverursachung in der Arbeit mit Behinderten - bestand in der Durchführung narrativer Interviews. Deren Zielsetzung besteht grundsätzlich in der Aufhellung der jeweils biographischen Perspektive: für unseren Zusammenhang also in der Frage, wie Betreuer auf dem Hintergrund ihrer Lebensbiographie zum Helferberuf gekommen sind. Ob eine spezifische lebensgeschichtliche Prägung "Helfer-Modelle" erkennen lassen würde. Darüber hinaus war unser ursprüngliches Ziel auch die Überprüfung der Frage, ob neben den in den strukturierten Interviews behandelten Themen zusätzliche von den Betroffenen eingebracht würden. Es zeigte sich bald, daß dies nicht der Fall war. Stattdessen wurde nach der Durchführung der ersten Interviews deutlich, daß es bei den Beschäftigten offensichtlich sehr unterschiedliche Formen der Auseinandersetzung mit den Bedingungen der Arbeit gab. Wir stellten die Hypothese auf, daß unter den spezifischen vorgefundenen Rahmenbedingungen der Dienstleistungs-Tätigkeit (emotionale Belastung und potentielle Bedrohung der Identität, rigide administrative Vorgaben, Unschärfen in der Bestimmung der Arbeits-Rolle, weitgehend fehlendes Arbeitskonzept, unklare Teamsituation, z.T. eher belastende als unterstützende Führungsebenen) eine enge Beziehung bestehen müsse zwischen den biographisch erworbenen Wahrnehmungs-, Interpretations- und Handlungsmustern des einzelnen, seinem Verständnis von Hilfe, seinem Rollenverständnis und seinem Arbeitsstil - gegenüber dem Klienten, innerhalb des Teams, in Bezug auf seine Erwartungen gegenüber Vorgesetzten und der Einrichtung, in der er arbeitet. Dies war gleichzeitig das Bemühen um eine Komplettierung der Sicht- und Verständnisweise von Burnout-Prozessen, der Versuch einer weiteren Annäherung an eine ganzheitliche Betrachtung. Das Rollenverständnis des einzelnen konnte sich, wenn es nicht durch Ausbildung, Einarbeitung, gezielt initiierte Teamprozesse und organisatorische Unterstützung stabilisiert war, nur anpassen an mehr oder weniger zufällig entstandene Strukturen - oder sich stützen auf individuelle Bewältigungsmuster. Diese individuellen Bewältigungsmuster lassen sich, so unsere Annahme, aufgrund erkennbarer Ähnlichkeiten zu Gruppen zusammenfassen. Möglicherweise lassen sich daraus weitergehende Fragestellungen und Überlegungen ableiten zur Arbeits- und Organisationsgestaltung. Solche Überlegungen könnten dann immanente Hilfekonzepte der Beschäftigten aufnehmen, eine bessere Passung zwischen Organisation und Beschäftigtem unterstützen. Im Laufe unserer Diskussionen spielten drei Gedankengänge eine Rolle:

1. Es gibt prägende Schnittstellen im Laufe der Biographie des einzelnen, die bei aller Subjektivität Ähnlichkeiten zu anderen Biographieverläufen aufweisen und mit dazu beitragen, daß die Betroffenen sich für eine Berufskarriere im sozialen Bereich entscheiden.

2. Es gibt darüber hinaus biographische "Fakten", die zu einem bestimmten Helfer-Typus führen[52].

3. Diese verschiedenen Helfer-Typen bilden in der konkreten Alltagspraxis unterschiedliche "immanente Arbeitsmodelle" aus; sie sind in Abhängigkeit von diesen Arbeitsmodellen unterschiedlich belastet/belastbar und unterliegen entsprechend mehr oder weniger einem, nämlich ihrem individuellen, Burnout-Risiko. Durch ihre jeweiligen bewußten und unbewußten Coping-Strategien - sowohl im beruflichen als auch im privaten Bereich - werden Burnout-Prozesse beschleunigt oder verlangsamt[53].

Das klassische Instrument der Biographieforschung, das narrative Interview, schien uns für diesen Zweck geeignet, da es sich durch ein hohes Maß an Offenheit auszeichnet, indem es den Interviewten weitestgehend die Strukturierung und im Rahmen der Fragestellung die konkrete Themenauswahl überläßt. Es basiert auf der Grundannahme der narrativen Kompetenz des einzelnen in bezug auf seine Lebensgeschichte. Es gliedert sich in zwei Abschnitte. Der erste Teil besteht in der Erzählphase, die nach einer erzählgenerierenden Eingangsfrage von den Interviewten bestimmt wird. Der zweite Teil besteht in der Nachfragephase, die dem Interviewer dazu dient, Unklarheiten und/oder Mißverständnisse zu beseitigen und Verbindungen zwischen narrativen Phasen herzustellen. Eine wesentliche Bedeutung kommt der Eingangsfrage zu. Sie muß so gestaltet sein, daß sie einerseits zum selbständigen Erzählen animiert, andererseits wesentliche biographische Daten generiert.

Ein Problem im Rahmen unserer Interviewdurchführung waren Ort und Zeitpunkt. Alle Interviews mußten aus dienstplantechnischen Gründen am Arbeitsplatz stattfinden. Dadurch fehlte fast immer die notwendige Ruhe und Konzentration. Viele Interviews wurden diverse Male unterbrochen durch Bewohner, andere Mitarbeiter oder - wenn die Interviews in den Dienstzimmern stattfanden - durch das Läuten des Telefons. Darüber

---

[52] So hat z.B. auch CHERNISS (1980a) im Rahmen der Stressforschung "vier Typen der Arbeitsorientierung" (vgl. BURISCH 1990, S.42) in einer Längsschnitt-Untersuchung beschrieben: 1. Karrieristen; 2. Sozial Engagierte; 3. Kunsthandwerker (Artisans) und 4. Freischaffende (Self-Investors).

[53] Ein ähnlicher Ansatz ist das Konzept des "Person-Environment-Fit bzw. -Misfit" (vgl. auch BURISCH S.41).

hinaus hatten sich fast alle Interviewten - bedingt auch durch entsprechende Vorinformation[54] - auf einen begrenzten Zeitraum eingestellt. In einigen Gruppen der Großinstitution gab es keine Möglichkeit, sich für die Zeit der Interviews aus dem Wohngruppengeschehen zurückzuziehen. Hierdurch entstand zwar ein realistischer Eindruck der Arbeitssituation, den Interviews selbst war dies unter methodischen Gesichtspunkten jedoch abträglich.

Die anschließende Auswertung der narrativen Interviews wurde auf der methodischen Grundlage von SCHÜTZE (1981) und RIEMANN (1987) durchgeführt. Diese Autoren schlagen eine feste Auswertungsstruktur narrativer Texte vor mit den Schritten: formale Textanalyse, strukturelle Beschreibung, analytische Abstraktion, kontrastiver Vergleich und Formulierung eines theoretischen Modells.

Aufgrund der uns vorliegenden Datenqualität (Erhebung am Arbeitsplatz mit den dadurch bedingten Störeinflüssen) und der konkreten Fragestellung entwickelten wir schließlich ein eigenes Auswertungskonzept. Es bediente sich zunächst der beiden ersten der oben genannten Analyseschritte (formale Textanalyse, strukturelle Beschreibung), wurde dann aber den Erfordernissen des Datenmaterials angepaßt. Die Auswertungsstruktur, die uns - gerade auch im Hinblick auf den explorativen Charakter der Studie - sinnvoll erschien, soll im folgenden kurz skizziert werden.

Nach der Transkription erfolgten die ersten beiden Auswertungsschritte nach dem klassischen narrativen Konzept. Für jedes Interview wurden die narrativen, die beschreibenden und die argumentativen Teile herausgearbeitet. Parallel dazu wurde für jedes Interview eine Liste relevanter Themen sowie eine kurze "Fallbeschreibung"[55] angefertigt. Im folgenden wurden für alle vierzehn Interviews strukturelle Beschreibungen angefertigt und anschließend die Bereiche "Biographie", "Belastungen" und "erlebte Institutions-Geschichte" herausgearbeitet:

(1) Die Biographie der Interviewten wurde nachgezeichnet, um Aufschlüsse über Motive zur Berufswahl und damit verbundene Entscheidungskriterien zu erhalten. Welche Hinweise würden sich als Beleg für ein Berufsethos, für biographische Orientierungen im Arbeitsfeld ergeben.

---

[54] Danach sollten die narrativen Interviews ca. 90 Minuten dauern. In dieser Zeitbemessung spiegelt sich der ausgehandelte Kompromiß wider, zwischen den Erfordernissen eines narrativen Interviews und der Gestaltbarkeit von Dienstplänen.

[55] Hier wurden vor allem die Eindrücke und auch die äußeren Einflüsse und Bedingungen der jeweiligen Interviewsituation festgehalten.

(2) Zusammenstellung derjenigen Aussagen, die von uns im Kontext mit der "Belastungsthematik" verstanden werden. Relevanzkriterium für uns war, ob ein Bezug zwischen einer Aussage ("das und das ist für mich belastend, nervt, ist an der Arbeit anstrengend") und dem Forschungskontext plausibel hergestellt werden konnte oder nicht.

(3) Zusammenstellung derjenigen Aussagen, die erlebte Institutions-Geschichte aus der Perspektive der Interviewten enthalten: Welche Entwicklungen und Veränderungen werden zu solchen Themen wie Arbeitsstil, Team- und Personalsituation, Tradition, Selbstverständnis etc. berichtet?

Im Laufe der weiteren Diskussion entstand eine Konkretisierung der Vorstellung von der "Musterbildung", nachdem die Aussagen zu den folgenden Themenbereichen zusammengefaßt waren:

- der biographische Hintergrund und Ausbildung,
- das Verhältnis zu den Bewohnern,
- das Verhältnis zu den Kollegen,
- das Verhältnis zur Institution,
- Berufsmotivation und Ideale,
- Privatleben,
- Muster in der Problemverarbeitung.

In der Gegenüberstellung der Interview-Aussagen zu diesen Bereichen schälte sich eine inhaltliche Ähnlichkeit und Nähe zwischen einigen Interviews, aber auch Unterschiedlichkeit und Andersartigkeit zu anderen heraus, die es nahelegte, Charakteristika zu Handlungstypen zusammenzufassen (vgl. zur "Typenbildung" den Beitrag von GERHARDT 1990, S.435). Die so sichtbar werdenden Helfer-Modelle haben wir folgendermaßen benannt[56]:

1. das sozial- und alltagsorientierte Helfer-Modell: der/die Praktiker/in
2. der/die politisch Motivierte,
3. der/die durch Zufall in der Behindertenarbeit Gelandete,
4. der/die engagierte Beschützer/in,
5. der/die Basiskämpfer/in.

Die fünf Modelle, denen in der Regel mehrere Interviews zugeordnet werden konnten - eine Ausnahme bildet Modell 5 -, sollen in ihren Grundzügen skizziert werden.

---

[56] vgl.: BADE/FREESE/WEGNER: "Alltagsprobleme und Bewältigungsstrategien", unveröffentliches Manuskript, Hamburg 1991

9.1.1 Das sozial- und alltagsorientierte Helfer-Modell: Der/die Praktiker/in

Dieses Helfer-Modell wurde auf der Grundlage von insgesamt fünf Interviews gebildet. Sowohl der Biographieverlauf als auch die Einstellung zum Beruf und die daraus resultierenden Probleme und Problemverarbeitungsstrategien weisen Übereinstimmungen auf. Auffällig ist hier, daß vier dieser fünf Personen Frauen sind. Diese Tatsache legt die Vermutung nahe, daß es sich hier möglicherweise um einen überwiegend "weiblichen Typus" handelt, da er Verhaltensmuster einer üblicherweise Frauen zugeschriebenen Rolle der praktischen Alltagsverwurzelung widerspiegelt.
Die "Praktikerin" hat bewußt einen helfenden Beruf angestrebt, wenn auch nicht immer von vornherein im Bereich der Behindertenarbeit. Aufgrund der Situation auf dem Arbeitsmarkt konnten die Wunschberufe der Kinderpflegerin oder Krankenschwester nicht ergriffen werden, so daß nach Übergangszeiten in Schule oder Berufspraxis als alternative Lösung die Arbeit mit Behinderten gewählt wurde. Aus heutiger Sicht erscheint den Interviewten diese Betätigung jedoch nicht mehr als Kompromiß, sondern als der ihnen angemessene Beruf:" ...und dann war die Vorstellung eben, daß ich Kinderpflegerin oder so in der Art werden möchte... Habe aber keinen Ausbildungsplatz gefunden... Da war die Wartezeit aber fünf Jahre und dann hat man mir die Adresse in Hamburg gegeben und die habe ich dann angeschrieben und eigentlich wollte ich nur Kinderpflegerin machen. Und das ist ja mit der sonderpädagogischen Ausbildung... und dann so während der Ausbildung habe ich so gemerkt, daß mir das auch mehr liegt mit Behinderten als mit normalen Kindern zu arbeiten." (NTAN021)

Das Verhältnis zu den Bewohnern kann als "Eltern-Kind-Verhältnis" charakterisiert werden. Die Praktikerin stellt die Behinderten in den Mittelpunkt ihres Interesses und Handelns. Sie steht selbst bescheiden im Hintergrund. Das Ziel der täglichen Bemühungen ist das Wohlbefinden (Pflege und Versorgung) und die Entwicklung der "Schutzbefohlenen". Als negativ und hinderlich wird alles bewertet, was diesen Bemühungen im Wege steht. Bemängelt werden vor allem die knappen zeitlichen und personellen Ressourcen[57]. Problemsituationen mit den Bewohnern werden meist nur als Randerscheinungen wahrgenommen - sie gehören einfach zum Aufgabenbereich. "Aber trotzdem, irgendwie hat man sich in den letzten Jahren doch mehr beschäftigt mit den einzelnen Bewohnern und das ist schon sehr positiv und das ist das, was einem eigentlich Freude macht. Und diese Freude, die kann man jetzt auch nicht so beschreiben... Das sind nun mal kleine Sachen, die dann mal Freude machen. Aber insgesamt gesehen, ist das die Freude, wie man sieht, was man im Laufe der Jahre aus den Bewohnern so gemacht hat. Und das macht auch Spaß... Und vor allen Dingen muß man auch viele Sachen mit anderen Augen betrachten. Nicht so, als

---

[57] Hier wird ein eindimensionaler Kausalzusammenhang gesehen. Komplexere Betrachtungen werden kaum angestellt.

wenn man jetzt mit normalen Menschen zusammen ist und nicht mit Behinderten. Unterschiede muß man da ja auch machen, weil ja doch viele so sind, wenn sie zwar auch erwachsen sind, aber wie kleine Kinder und sich dementsprechend auch mal freuen können. Sie brauchen dann auch viel Zuwendung und die kann man schlecht geben, wenn man eben die Zeit dazu nicht hat." (NTAN011)

Das Verhältnis zu den Kollegen tritt demgegenüber in den Hintergrund. Eine gute, d.h. in diesem Fall konfliktfreie Beziehung wird gewünscht, um möglichst reibungslos die Hauptaufgabe erfüllen zu können: die Betreuung der Bewohner. Als problematisch wird der relativ häufige Personalwechsel und die mangelnde Kommunikation untereinander angesehen. Der Grund hierfür wird einerseits in Raum- oder Zeitmangel für Besprechungen gesehen und andererseits in einer mangelnden Diskussionsbereitschaft bzw. im individuellen Rückzug wegen des schlechten Betriebsklimas. Konflikte mit Kollegen werden als belastender eingestuft als Probleme mit den Bewohnern. "Also mir ist es eigentlich schon wichtig, daß man sich auch mit den Kollegen versteht. Weil, man muß sich ja auch anpassen und so. Aber ich denke schon, man muß sich gut verstehen können... Also doch, ich würde schon sagen, das könnte vielleicht etwas besser sein, aber... Aber das hat sich, das ist wahrscheinlich auch, weil, das hat sich immer so viel geändert hier unter dem Personal und irgendwo ist da dann, man muß sich dann wieder neu anpassen." (NTAN042)

Das Verhältnis zur Leitung hat eher eine negative Prägung. Die meist als Einschränkungen wahrgenommenen Vorgaben und das Gefühl einer mangelnden Bereitschaft zur Unterstützung durch die Vorgesetzten dominiert die Beziehung. Die Institution wird in der täglichen Arbeit eher als hemmender Faktor angesehen. Das Verhältnis zur Institution ist weithin ein pragmatisches: es werden keine Theorien über Sinn und Zweck von Hierarchien o.ä. aufgestellt oder grundsätzliche Überlegungen angestellt, die die Institution als Ganze infrage stellen könnten. Die Kritik und Ablehnung erfolgt auf der unmittelbar praktischen Ebene des Alltagshandelns, wenn eine institutionell vorgeschriebene Richtung in der Arbeit eingeschlagen werden muß und diese nicht mit der eigenen Auffassung übereinstimmt. Die negative Einstellung wird verstärkt durch ein Gefühl des Kontrolliertseins durch die Hierarchie, das genährt wird durch die institutionellen Vorgaben, die sowohl inhaltliche Fragen als auch zeitliche, personelle und finanzielle Ressourcen betreffen. "Da war eben noch diese alte Pflegeleitung da, die uns sehr oft gefrustet hat. Das denke ich, kam durch ihre vielleicht auch ungeschickte Personalpolitik, wie sie so mit uns umgegangen ist. Also die wirklich nur kam, wenn was zu meckern war und nicht mal direkt, sondern dann so über sieben Ecken oder die Frau X. mußte sich das anhören." (NTAN 041) - "Ja, und das ist halt auch, das... wo du ganz oft aneckst, nicht, wenn du arbeitest, dann kommt von der Heimleitung, wieso haben Sie dies, wieso haben Sie das... Dann gehen unsere Bestellungen runter, dann... Es ist neuerdings so, daß wir nicht mehr von der Heimleitung abzeichnen lassen, aber es war bis jetzt so, und ja denn gehen deine Bestellungen runter, und dann kommen so blöde Fragen, ja wieso wollen sie das und das bestellen, ja ganz logischerweise, weil wir es brauchen, nicht (lacht), das sehen die denn nicht so. Nein, also es müßte zum Beispiel kein 'Hohes C' im Sommer bestellt werden. Ja, weil man kann ja frisches Obst essen oder wie auch immer und dann haben wir gesagt, also das ist ja Idiotie, weil, wir müssen es verantworten, wir haben so und so viel Geld für jeden Bewohner und wir sind letztes Jahr damit ausgekommen und haben es, haben es immer gekauft... Ja, und da macht es teilweise keinen Spaß mehr. Nicht, wenn dann von oben immer diese Vorschriften kommen, weißt du. Nein, das geht nicht und das können wir nicht und das kostet zu viel Geld und, ja... ja." (NTAN 071)

Die Motivation für die Ausübung des Berufes ist ideeller Natur. Es geht darum, Schwächeren zu helfen, wobei es letztlich wohl zweitrangig ist, ob es sich dabei um Kranke, Behinderte, pflegebedürftige Alte oder Kinder handelt. Die Bedeutung des Tuns liegt allein im unmittelbaren "Helfen an sich". Dadurch ist auch die hohe Motivation erklärbar, sich Tag für Tag voll einzusetzen[58]. "Ja, ich wollte eigentlich Leuten helfen, die krank und pflegebedürftig sind, denen wollte ich helfen. Mit Freude. Die waren froh. Da hab ich meinen Beruf." (NTAN 011) - "Ich mag nicht so arbeiten, so... wenn man meinetwegen jetzt im Büro arbeitet und so. Man macht da irgendwie, aber da kommt nichts zurück und so bei den Kindern oder jetzt Behinderten, du arbeitest mit denen und da kommt was zurück, also du kannst geben und kriegst was wieder, und das ist nicht so ein... ja, in meinen Augen, die anderen Berufe, die sind langweilig für mich." (NTAN 021)
Das Privatleben hat neben der hohen Motivation für den Beruf ebenfalls einen beträchtlichen Stellenwert. Die Praktikerin orientiert sich stark an Familie und/oder Freunden. Daraus erwachsen Belastungen, wenn Schichtdienst und Überlastung zu Einschränkungen im Privatleben führen und im Extremfall solche Kontakte längerfristig verhindern. - "Ja und was noch beeinträchtigt so manchmal, das habe ich gemerkt, so am Anfang, während der Schulzeit hatte man dann sehr viel Freunde auch und so und das läßt sehr nach, wenn man nachher im Schichtdienst arbeitet. Durch die Wochenendarbeit. Da sind dann irgendwie Feten und so. Und da geht man nicht hin, weil man am nächsten Tag Frühdienst hat und das läßt dann so nach. So Einladungen, die denken dann nachher gar nicht mehr daran dich einzuladen, weil du ständig keine Zeit hast. Ja, oder eben so Spätdienst, da kann ich also... hast du auch nicht mehr große Lust, jetzt abends um 9 noch irgendwo hinzufahren. Und du wirst sehr häuslich, finde ich, wenn du im Schichtdienst arbeitest. Und wenn du in der Woche frei hast, dann ist da ja keiner, der mit dir zusammen frei hat." (NTAN 021)

[58] Eigentlich ist das eine gute Voraussetzung. Problematisch wird diese Tatsache, wenn dieser Typus sich als Person *allein* über dieses Helfen definiert, da möglicherweise die Frustration bei Hemmung diese Tatendrangs stärker ist als bei Personen, die ihre "Identität" auch aus anderen Quellen schöpfen können.

Die alltäglichen Probleme werden pragmatisch in Angriff genommen, grundsätzlichere Probleme werden duldend ertragen, ohne daß Lösungen oder Veränderungen erkennbar angestrebt werden. Daraus resultiert ein - diesen Typus kennzeichnendes - Verhalten, daß mit viel Energieaufwand den "täglichen Unbilden" getrotzt wird, was jedoch nicht unbegrenzt möglich ist. Das Kernproblem dieses Typus scheint die hohe ideelle Motivation zu sein, die auf materielle, physische und psychische Grenzen stößt. "Ja also, wenn hier mal was ist, daß man irgendwie so Ärger hatte oder Unstimmigkeiten mit den Kollegen oder Vorgesetzten oder was. Oder wenn ich mal denke, also das hätte ja auch mal so laufen können und dann ist es doch anders gelaufen, oder was hast du heute eigentlich geschafft, so ungefähr, dann bin ich doch schon mal ärgerlich. Na gut, dann sagt man sich auch mal, was willst du schon in fünf Stunden schaffen. Dann ist da ja morgens sowieso nur Haushalt. Ich meine, das ist auch wieder so ein Ärger. Naja, und dann kann man in fünf Stunden ja auch nicht viel schaffen. Und dann mußten die wirklich, also das erste viertel Jahr mußten die wirklich zu mir sagen, so, du hast jetzt Feierabend, es ist halb zwölf. Ach ja, und dann stand ich da, was, ist das schon halb zwölf, und ich war so drin und hab dies und das und jenes gemacht. Ja, und jetzt mache ich das eben so, wie ich es schaffe." (NTAN 042)

9.1.2 Das Helfermodell des/der politisch Motivierten

Einem weiteren Helfer-Modell ließ sich eine Gruppe von drei Interviews zuordnen. Auch sie zeigten in ihren Biographieverläufen, ihrer Arbeitsmotivation, ihren beruflichen Problemen und der Problemverarbeitung deutliche Übereinstimmungen. Der politisch Motivierte - diese Gruppe bestand aus Männern - ist durch hohe politische Ideale zur Sozialarbeit gekommen. Schon früh hat er sich in politischen Gruppen/Initiativen engagiert. Er betrachtet die herrschende Gesellschaftsordnung als ungerecht und setzt sich persönlich für Veränderungen ein. Um entfremdeten Produktionsprozessen und fremdbestimmter Arbeit zu entgehen, verlegt er das Berufsziel in den sozialen Bereich.

"Also bis '68 etwa, als die Studenten auf die Straße gingen... Ja, so eine Welle, die ja auch auf die Schulen überschwappte, ja gut. Ich war halt auch einer, der mit angesteckt war. Da haben wir also angefangen, Basisgruppen in der Schule zu gründen, und die Schule in Frage zu stellen... Wir haben kommunistische Analysen gemacht, so Marxismus. Was dann auch letztlich dazu führte, daß ich mich politisch organisiert habe in einer der vielen (lacht) Gruppen, die letzthin die Geschichte nochmal durchlebt haben. Die die Arbeiterbewegung durchlebt hat in allen Varianten (lacht). Und das war so, zumindest in unserem Kopf so wirklich der Gedanke, das war unser Motiv, daß man gerade so einen Beruf wählte, wo sich die Armut der hochindustrialisierten Länder besonders deutlich zeigt. So, daß man dort ansetzen müsse. Und da kommt dann logischerweise Sozialpädagogik, Sozialarbeiter raus."(NTAN 061)

Die Arbeit mit Behinderten wird zunächst eher als Notlösung angesehen - aufgrund der Arbeitsmarktlage waren andere Berufsfelder verschlossen. "Das war mir vorher nie in den Sinn gekommen, jetzt in die Behindertenarbeit zu gehen, das war vollkommen außerhalb meines Blickfeldes. Das waren so Sachen von Sozialarbeit, in der ständigen Arbeit, aber nicht so Behinderte." (NTAN 061)

Die ursprünglichen Ideale - die "Welt zu verbessern" - sind im Laufe der Zeit verblaßt bzw. sie sind einer realistischeren Sicht gewichen. Im Rückblick werden sie zum Teil selbstkritisch-ironisch betrachtet. Neue Ideale und Ideen, die an Stelle der alten treten, existieren kaum oder haben sich in der Praxis immer wieder aufgerieben. Die gegenwärtige Situation wird als überwiegend unbefriedigend und belastend empfunden. Weshalb dennoch oft in der jetzigen Stellung ausgeharrt wird, bleibt letztlich unklar. "Ja, ich bin wieder ein Stück realistischer geworden, zwar habe ich immer noch meine ganz bestimmten Ideen, so bestimmte Ideale so, wie ich mir das vorstellen kann, mit jemandem umzugehen. Habe da auch so bestimmte Modelle für mich entwickelt, denke ich so, oder die entwickeln sich noch, also wie ich mit bestimmten Sachen umgehe. Und da habe ich mich verändert, also so im Vergleich zu früher, wo ich hier zum Beispiel Praktikum gemacht habe. Da war ich doch noch sehr blauäugig. So, ich habe dann gedacht, ja ich arbeite irgendwie mit denen, denen das Essen bringen und geben; mit denen spazierengehen. Aber da habe ich noch nicht so viel von der Problematik begriffen. Also, so wie man mit jemandem umgeht, der also stark autoagressiv ist. Wie man sich abgrenzen kann zum Beispiel gegen so etwas. Das sind ja auch Sachen, die man erst mit der Zeit dann, die man auch nicht in der Schule mitkriegt. Also, wie man überhaupt auch mit psychiatrischen Fällen umgeht. Das entwickelt man dann erst... Also, ich meine, ich habe das dann erst so ein bißchen entwickelt und bin immer noch nicht so ganz klar darüber. Und ja, dazu kommt natürlich dann auch noch, daß ich in eine Gruppe gekommen bin, die natürlich total überlastet ist..." (NTAN031)

Noch von der ursprünglichen Motivation her resultieren die zum Teil immer noch hohen Ansprüche an die Arbeit: die Zusammenarbeit aller Mitarbeiter in einem gleichberechtigten Team, die Gestaltung der Arbeit in einem hierarchiefreien Raum, autonomes und selbstbestimmtes Arbeiten etc. sind wichtige Leitvorstellungen. Schon in der Vergangenheit ließen sich diese Vorstellungen kaum verwirklichen und wurden zur ständigen Quelle von Frustrationen. "Das es für mich jetzt eigentlich klar geworden ist, daß ich nicht mehr Vorgesetzter in einem Mitarbeiterteam sein will, in einem beständigen Rollenkonflikt, sondern daß ich bitteschön auf einer Stufe stehen will mit den Leuten, mit denen ich zusammen arbeite. Mich zwar auseinandersetzen, aber nicht so das Gefühl haben, die sagen jetzt nein oder sie sagen nichts, weil ich ihr Vorgesetzter bin und die denken, also, was meint er damit. Ordnet er sich nun der nächsthöheren Hierarchieebene zu oder ordnet er sich bei uns zu? Und eben halt, daß ich merke, daß ich mich anpasse in einer

Weise, daß ich, also mich nicht mehr wiederfinde. Da könnte ich mich drüber aufregen. Von da aus will ich den Arbeitsplatz wechseln. Wollte ich schon vor einem Jahr (lacht). Etwa vor einem Jahr, da habe ich gesagt, also es hat keinen Sinn, daß ich hier arbeite, ich bin hier falsch. Habe es dann aber nochmal aufgeschoben..." (NTAN 061)

Die Schuldzuweisung geht einseitig in Richtung der Organisation und seiner hierarchischen Strukturen. Gegenüber vorgesetzten Ebenen besteht zum Teil ein regelrechtes Feindbild. - "Und ich meine, da finde ich es dann auch wieder gerechtfertigt, daß ich meine Agressionen, zum Beispiel, nach oben weitergebe. Finde ich richtig menschlich, daß es mir so richtig hochkommt, hier mit diesem... so diese menschliche Schwäche. Ich sehe das schon fast so, von diesem Abteilungsleiter. Der dann meinte, er ist ja jetzt vierzig Jahre alt und er möchte nun nicht mehr so viel Probleme mit uns haben... Und überhaupt und so, und Stelle nicht verlieren und was er alles so bringt. Und dann, weißt du, und wie er dann so argumentiert. So ihr müßt jetzt damit klarkommen, so. So ganz cool und arrogant. Und überhaupt nicht irgendwie sagt, Mensch es ist beschissen im Moment, so ein bißchen Anteil hat an dem. Und er ist furchtbar am Taktieren, genau, das ist das richtige Wort. Also, er macht es dann so, er dreht dann alles so hin, wie er das haben will. Und es ist gräßlich. Ich kann das, also da habe ich oft schon so richtig Ausbrüche gehabt, nicht, da wo ich ihm dann... so richtig in den Arsch hätte treten können. Und das ist für ihn natürlich ein großes Problem, nicht. Konfrontation... mit mir kann er da nicht umgehen. Und er läßt mich so abblitzen. Und ich soll dann sehen, wie ich damit klarkomme... Also es fehlen zwei Mitarbeiter, die einfach nicht da sind und... ich sage ihm das, und er läßt mich so abblitzen, nicht... Und das ist, ja, das ist eine Frechheit, sowas. So, auch einfach damit umzugehen, nicht. Er hätte ja auch anders darauf eingehen können. Aber er hat mir irgendwie so gleich, so im Prinzip, so gleich die Mauer, die Front gezeigt, sozusagen, die Waffen gezeigt, weil er natürlich keine Lust hatte, irgendwas an sich rankommen zu lassen." (NTAN 031)

Das Verhältnis zu den Bewohnern erscheint überwiegend distanziert und instrumentell. Es wurde von den Interviewten kaum eigenständig thematisiert. Oberflächlich betrachtet scheinen die Bewohner eher "Arbeitsobjekte" zu sein. Andererseits ermöglicht diese Distanz, die Individualität der Bewohner wahrzunehmen und sie zuzulassen. Sie kann zu einer realistischen Einschätzung der Fähigkeiten und Möglichkeiten verhelfen, die sicher stärker fördernd wirkt als eine zu stark beschützende Fürsorge. - "Also ich möchte, daß die Menschen sich entsprechend ihrer Fähigkeit entwickeln können, die sie haben. Weil ja jeder Mensch Entwicklungsmöglichkeiten hat, von denen es ganz viele gibt. Von denen ich auch nicht sagen kann, die eine ist die richtige und die andere ist die falsche. Das ist so eine Schwierigkeit in dieser christlichen Institution, daß eben doch immer in den Köpfen dahinter steckt, es gibt ein Ziel, wie ein Mensch sein soll,... und wie man das mit welchen Mitteln zu erreichen hat. Da bin ich viel offener... Ich sage nicht, ich schaffe jetzt ein Ziel, eine Perspektive, eine pädagogische, und überlege dann, mit welchen Mitteln erreiche ich es, daß diese Menschen so werden, wie diese Zieldefinition ist... Ich versuche mit dem, was sie aus ihrer Lebensgeschichte erfahren haben, daß sich das entwickeln kann. Daß sie auch das, was sie mit dieser Lebensgeschichte erfahren haben, was sehr schlimm ist, an Macken, an Störungen, Auffälligkeiten, oder was die Psychiater sagen, an Krankheiten, tun, daß ich für mich schon den Anspruch habe, das zu akzeptieren. Unabhängig davon, wie mir das in den einzelnen Situationen jeweils gelingen mag... Ich möchte schon dessen Geschichte verstehen. Auch verstehen lernen, daß das richtig ist, wenn jemand beispielsweise aggressiv wird." (NTAN061)

Das Verhältnis zu den Kollegen ist ambivalent. Neben dem Anspruch der Gleichberechtigung im Team steht eine kaum zu erschütternde Überzeugung von der Richtigkeit eigener Ansichten und Arbeitsweisen. Die Position als Gruppenleiter[59] wird dann manchmal dazu benutzt, die eigenen Ideen durchzusetzen. "Und ich hätte bestimmte Ideen, da bestimmte Sachen zu verändern... Ich habe da auch so ein bestimmtes Modell entwickelt, wie ich mir das vorstelle so, Gruppenleitung zu machen, ohne jetzt irgendwie pädagogische Dinge alle über den Haufen zu werfen. Also die, die da sind, Strukturen so... Also das ist jetzt eine Auseinandersetzung, und was dabei rausgekommen ist, oder was sich dabei gezeigt hat, ist eigentlich, daß hier in der Gruppe also eine furchtbare Angst besteht; bei den Mitarbeitern also, eine furchtbare Angst. Es wird ganz schnell... wird hier der Krieg erklärt und man schießt ganz schnell mit bösen Worten um sich. Also, so die Richtung. Läßt nichts an sich herankommen. Und auf der anderen Seite ist auch eine totale Verunsicherung auch immer noch in einem, immer noch so eine Angst." (NTAN 031)

Der politisch Motivierte zeigt sich im Alltag nach wie vor "kämpferisch". Er ist bereit, für seine Überzeugungen einzustehen. Gleichzeitig ist er häufig gebrochen durch eine resignative Grundstimmung, er glaubt kaum an eigene Handlungserfolge. Das führt immer wieder zu Sinnkrisen. "Und da hätte ich mir gerne, würde ich das gut finden, wünsch ich mir, daß die (die Leitung; d. Verf.) da sich erheblich energischer darum kümmern. Und wenn eine Annonce nicht reicht, dann müssen sie eben fünfunddreißig Annoncen rausgeben und wenn das hundertmal Geld kostet oder Mühe macht oder sowas. Dann müssen sie sich eben, was weiß ich, Radio Hamburg - Stellenbörse - oder sonstwas einfallen lassen. Ja, und nicht immer nur so routinemäßig so eine Feld-Wald-und-Wiesen-Anzeige, die dann auch noch Murkskram ist, in die Zeitung setzen und sich wundern, wenn dann hinterher nichts passiert. Die müssen sich tummeln. Genau wie sie von mir ja wohl annehmen, daß ich mich tummel und das erwarten, so möcht ich, daß die sich auch tummeln, genauso das betreiben, daß das sich ändert... diese Zustände. Und das habe ich eben nicht, diesen Eindruck, daß es so ist... Das ist so ein bißchen ärgerlich." (NTSN 111)

---

[59] Zwei der politisch Motivierten waren in der Position des Gruppenleiters; der dritte sollte im Rahmen eines angestrebten Rotationsverfahren demnächst Gruppenleiter werden.

Eine als belastend erlebte Arbeitssituation, der gegenüber kaum Veränderungsmöglichkeiten gesehen werden, führt periodisch immer wieder zu Kündigungsgedanken. Inwieweit diese jedoch umgesetzt werden oder ob sie nur den Charakter von Fluchtphantasien[60] haben, ist nicht eindeutig festzumachen. "Das ist nicht meine Aufgabe, nicht meine Arbeit, so wie ich sie mir vorstelle. Und das werde ich mir dann wohl anders überlegen müssen dann. Also dann muß ich hier raus. Dann muß ich mir wahrscheinlich auch einen anderen Job, also einen ganz anderen Job suchen, wo ich klarkomme." (NTAN 031) - "Also, ich erlebe das so, es wird ein Anspruch formuliert, Behinderte selbständig werden zu lassen, aber es wird nicht ernst gemacht. Das wird vorgegeben, was das bedeutet, selbständig zu sein, wohin man sich zu entwickeln hat. Und auch die Mitarbeiter dürfen mitarbeiten in den Einrichtungen, aber wie sie das gefälligst zu tun haben, zu welchem Ziel sie letzlich kommen müssen, da können sie nicht mitdiskutieren. Und wenn sie zu einer anderen Zieldefinition kommen, dann haben sie falsch mitgearbeitet (lacht). Und ich denke schon, ich möchte das nicht weitermachen... Also, ich denke schon, daß für mich hier Schluß ist. Die inhaltliche Überlegung war letztes Jahr also wirklich da und, ja, ich habe es aufgeschoben und werde es vielleicht jetzt doch dann... Heute sage ich, es war eine Illusion. Und ziehe auch die Konsequenz daraus... und wende jetzt erstmal etwas Engagement auf, um einen neuen Arbeitsplatz zu finden (lacht)." (NTAN 061)

9.1.3 Das Helfermodell des/der durch "Zufall" in der Behindertenarbeit Gelandeten

Das Helfer-Modell der "Zufälligen" beschreibt die Personen, deren Motivation, im sozialen Bereich zu arbeiten und zu verbleiben, relativ unklar bleibt. Obwohl in einigen anderen Interviews zum Teil Ähnlichkeiten und Überschneidungen zu finden sind, erscheint es uns dennoch als eigenständiges Helfer-Modell mit speziellen Verhaltensstrukturen und typischem Problemverarbeitungsverhalten.
Auffallend sind zunächst relativ einfache Gedankengänge. Die Interviewten vermitteln den Eindruck, sie wollten "gefallen". In keinem dieser Interviews kam es zu längeren narrativen Erzählphasen, immer war wichtig, sich zu vergewissern, man "sage noch das richtige". Beruflichen Zugang zum Behindertenbereich hat dieser Typus häufig über Freunde und Bekannte oder über den Zivildienst. "Ja, wie ich dazu kam, glaube ich, ist bei mir ganz eigenartig... das war sehr merkwürdig, das war wie so eine Vision. Also, ich habe mit dieser pflegerischen Arbeit vorher nie was zu tun gehabt... So geistig und körperlich Behinderte zusammen kannte ich eigentlich nur vom Fernsehen und dann hat mich das eigentlich nie interessiert. Ja, und dann habe ich mir mal auf einem Abend die Wohngrup-

[60] Fluchtphantasien haben oft Entlastungsfunktion. Die Möglichkeit, gehen zu können, ist vielleicht bei manchem der Stimulus zum Ausharren.

pe angesehen (auf Einladung einer Bekannten zum dortigen Grillabend; d. Verf.). Das war draußen auf dem Lande, die hatten ein eigenes Haus, haben sich selbst verpflegt, haben gekocht, nicht. Und da kam ich da abends rein, ja und dann wurde ich das erste Mal so mit geistig-körperlich behinderten Menschen konfrontiert. Das war so ins kalte Wasser... oder von Tag auf Nacht, so das war also, dieses Beispiel kann man ruhig so sagen. Dann saß ich da am großen Tisch und sah nun die Menschen da und das hat mich wirklich fasziniert, nicht. Und dann habe ich natürlich das auch gemacht. Ich habe dann diese Grill-Sache mitgemacht, bin dann öfter dort gewesen in meiner Freizeit. Habe dann mit den Leuten Ausflüge mitgemacht, alles ehrenamtlich, nicht. Ins Theater gegangen, zu Konzerten gegangen, Waldspaziergänge gemacht, so, und bis ich dann zu meiner Frau mal sagte, du, das würde ich gerne beruflich machen." (NTAN 012)

Er macht sich relativ wenig Gedanken über die konkreten Motive seiner Arbeit. Auch weitergehende Vorstellungen oder pädagogisch formulierte Ziele sind bei ihm kaum zu finden. Der Spaß an der Arbeit scheint ihm wichtig. Er will sich selbst weiter entwickeln und möchte von den Bewohnern etwas "zurückbekommen": "...Also es ist ganz wenig, daß sie hier noch irgendwie was machen, und daß du die auch motivieren kannst, nochmal irgendwas zu machen und so. Also, ich habe dann immer, also am Anfang hatte ich auf jeden Fall immer Lust mit den Bewohnern, daß man was anderes (außer Fernsehen; d. Verf.) macht. Und, aber das ist hier schwer... Also, es gibt wenige Sachen, die mal irgendwie außergewöhnlich sind. Und das, was mich so interessiert hatte, daß ich hier so bin, und bewußter irgendwie was erleben will, das fällt teilweise halt dadurch weg. Daß man hier, wenn die halt da sind, auch am Machen ist, und Tun, und ja, man dadurch auch nicht mehr so viel machen kann. Und wenn das dann abends, so das ein bißchen zu Ende ist, diese ganze Geschichte (die Routinearbeiten; d.Verf.), und man da was machen könnte, dann haben die keine Lust mehr. Und das habe ich so nach zweieinhalb Monaten so erst richtig mitgekriegt, und das hat dann doch so ein bißchen auf meine Motivation irgendwie gedrückt." (NTSN 131)

Die Bewohner werden meist als unselbständig und hilfebedürftig wahrgenommen. Dementsprechend wird eine Helferrolle übernommen, die allerdings kaum differenziert wird. So wird in der Gruppe einerseits als besorgter und versorgender "Betreuer" gehandelt, andererseits als "Gestalter der freien Zeit" der Bewohner. Im Extremfall kann sein unreflektiertes Handeln für einzelne Bewohner entwicklungshemmend sein - im Sinne von over-protection. Fehlende kritische Distanz führt dazu, daß die Entfaltungsmöglichkeiten der Behinderten eingeschränkt werden. Das kann leicht zu Konflikten mit den Bewohnern führen, die der Betreuer dann leicht personalisiert. Er fühlt sich ungerecht behandelt oder verkannt. Er bewertet es als undankbar, weil er doch aus seiner Sicht nur "das Beste" gewollt hat.

Die folgende Aussage ist ein gutes Beispiel für einen solchen Konflikt mit Bewohnern: "Ja, ich hatte jetzt so in letzter Zeit 'ne Phase, wo ich mich doch teilweise auch überwinden mußte, auch hierher zu gehen. Wo ich mir irgendwie doch gesagt hab, nee, keine Lust mehr und so, ne? (Lacht) So, das war doch so'n bißchen 'ne kritische Phase, die ich da durchgemacht hab'. Auch, dann war ich von vielen genervt hier und, ja, war nervös und weiß ich nicht was. Also war, ich fühlte mich dann hier auch nicht mehr so zu Hause. Und hatte dann auch hier mit mehreren Bewohnern hier Ärger gekriegt, also, so mehr Spannungen. Also, so, egal was du machst, du kriegst immer gleich eins auf'n Deckel, was is' eigentlich los." (NTSN 131)

Zu den Kollegen besteht ein loser Kontakt, der meist streng auf die Arbeitszeit begrenzt ist. Persönliche Themen werden ausgespart, die Kommunikation mit den anderen Mitarbeitern auf das Notwendigste beschränkt; Konflikten wird ausgewichen, wo immer möglich. Das Privatleben wird strikt von der Arbeit und allem, was damit zusammenhängt getrennt - auch von den Kollegen. Dadurch entstehen in der Wohngruppe und in der Beziehung zu den Bewohnern keine engeren Bindungen, sondern eine relativ unpersönliche Distanz. Diese darf nicht verwechselt werden mit einer zeitweilig notwendigen - professionellen - Distanz. "Ja. Also, ich muß sagen, daß ich diese Arbeit sehr gerne mache, nur ich bin nicht so ein Mensch, der die Arbeit mit nach Hause nimmt. ...Also, wenn ich morgens zur Arbeit gehe, überleg' ich mir schon, was mache ich. Auf der Fahrt hierher oder beim Frühstück-Essen oder wie auch immer, überlege ich mir schon, wenn die Männer frei haben, sie brauchen halt Urlaub und die Zeit läßt es zu, was mache ich jetzt mit ihnen. Aber wenn Feierabend ist, habe ich Feierabend... Und wenn X. sich nun das Bein gebrochen hat, dann ist das schade, dann ist er im Krankenhaus, aber daß ich nun damit nach Hause gehe und mich damit noch belaste und den ganzen Nachmittag jetzt rumgrübel, hoffentlich ist das bald gesund. Also, ich nehme diese Abteilung nicht mit nach Hause. So, das wollte ich damit sagen." (NTAN 012)

Das Verhältnis zu den Vorgesetzten und zur Institution ist unkritisch. Schwächen und Mängel der Organisation bzw. ihrer Struktur werden nicht wahrgenommen. Es besteht eine starke Hierarchiegläubigkeit: Erfolg ist, was die Vorgesetzten als Erfolg bewerten. "... bist du immer bedacht, daß die Fingernägel geschnitten sind und einen (Bewohner; d. Verf.) hast du dann mal vergessen, gerade vor drei Tagen die Fingernägel zu schneiden, und das sieht dann der Chef, und dann... Ja, jetzt kommt er doch. Das spielt alles noch eine Rolle dabei. Denn etwas macht man ja auch für den Chef. Man will ja persönlich natürlich, man will ja auch gefallen, in dem wir unsere Arbeit korrekt machen." (NTAN 012)
Problematisiert wird allenfalls die als ungenügend wahrgenommene Ausstattung an Personal und Sachmitteln. Hier werden jedoch auch keine Verbindungen zur Institution hergestellt, sondern sie wird als unabänderliche Tatsache hingenommen. - "Und der Tages-

ablauf ist ja denn eigentlich auch immer gleich. Es ist schade, daß das so ist, weil, der Tagesablauf ist deswegen gleich, weil wir zu wenig Personal sind. Es ist so. Es ist so. Man ist auf diesem Flügel hier morgens allein. Und das sind zehn Leute." (NTAN 012) - "Ja, so, ich denke mir, daß so überhaupt das Problem wie mit dem Pflegenotstand, wie es so im Altersheim oder Krankenhaus gesagt wird, ist hier sicherlich auch. Kann man nicht so ganz von der Hand weisen. Denke ich mal irgendwie." (NTSN 131)

Problemsituationen - sei es mit den Bewohnern, anderen Mitarbeitern oder der Organisation - werden eher verdrängt. So steht neben dem Spaß an der Arbeit eine nur diffus empfundene Unzufriedenheit, die sich die Befragten meist nicht erklären können, sich aber oft psychosomatisch (Magenbeschwerden, Rücken- und Kopfschmerzen) bemerkbar macht. "Belastend für mich selber? Sicher, klar, schon. Also, Magenkrämpfe kannte ich bisher aus der Schule noch nicht. So, und hier hatte ich das schon zwei-, dreimal. Also, es ist doch mal so ein bißchen stressig, also, das sind dann so besondere Situationen jedenfalls." (NTSN 131)

Der "Zufällige" handelt meist situativ-reaktiv, entwickelt wenig Eigeninitiative und entwirft auch keine Problemlösungsstrategien oder Zukunftsperspektiven. So bewahrt er sich eine gewisse oberflächliche Zufriedenheit, indem er alles Anfallende so gut bewältigt, als es ihm möglich ist. Entstehende oder vorhandene Probleme werden übersehen bzw. ignoriert. Irgendwie läuft sich im Alltag alles wieder zurecht. - "Sondern du mußt jetzt, wenn die sechs was verschiedenes wollen, dann mußt du mit... zu dir selber sprechen und sagen, Mensch... Ja, ich habe mich schon dabei ertappt, daß ich mir gesagt habe, du weiß ja, das wird ja einen Grund haben, weshalb die Männer hier sind. So, und du hast das ja gewußt. Das ist, glaube ich, sehr wichtig, daß man nicht unter... aus der Kontrolle gerät. Und das kann man haben, daß man also bevor der Motor überhaupt angelaufen ist, gleich mit solchen Sachen konfrontiert wird. Entweder mußt du dann an etwas anderes denken oder du läßt sie warten. Daß du dann sagst, so nun Y., ruhig, das geht alles vorbei. Das geht dann ja auch vorbei." (NTAN 012)

9.1.4 Das Helfermodell des/der engagierten Beschützers/in

Dieses Helfer-Modell besteht aus einer Gruppe von Frauen, denen ein Studium im sozial- bzw. sonderpädagogischen Bereich gemeinsam ist. Im Verhältnis zur "Praktikerin" und zum Typus des "Zufälligen" ist ihr Reflexionsniveau in Bezug auf die eigene Arbeit sehr hoch. Es hat bei ihnen eine insgesamt bewußtere Entscheidung für diesen Berufszweig der sozialen Arbeit stattgefunden. Entweder wurde die bisherige - rein kaufmännische - Berufstätigkeit als unbefriedigend empfunden; oder eine bewußte Entscheidung aufgrund einer je spezifischen Familiensituation führte zum Einstieg in diesen Bereich. Der Einstieg in den

Behindertenbereich war dann eher zufällig. - Alle hier zugeordneten Frauen sind relativ initiativ. Sie versuchen, ihr Leben eigenständig zu gestalten und bemühen sich darum auch in ihrer Arbeitsumwelt. - "...daß bei mir schon sehr frühzeitig eigentlich der Wunsch aufgetaucht ist, in dem Sozialbereich zu arbeiten. Also, da war ich doch schon zwölf, dreizehn und da war das mein Wunsch immer gewesen, entweder Lehrerin zu werden oder was später dazu kam, Sprachheiltherapeutin und dann eine Ausbildung am XY-Institut zu machen. Habe mich dann aber entschieden tatsächlich Lehrerin zu werden. Und da meine Problematik war, daß ich nicht gerne irgendwie etwas mit normalen Schülern machen wollte, sondern irgendwie, wenn es geht, mit schwer erziehbaren Kindern arbeiten möchte, wurde mir damals auch anheim geraten, Sonderpädogik zu studieren." (NTAN 032) - "Einfluß hatte sicherlich bei mir auch so meine ältere Schwester, meine älteste Schwester ist zehn Jahre älter, und die auch Sozialpädagogik studiert hat und von der ich so schon mal so einen Einblick da hinein kriegte, was überhaupt Sozialpädagogik ist, sonst wäre ich da vielleicht von selber gar nicht so draufgekommen..." (NTSN 121)

Das Verhältnis zu den Bewohnern ist von besonderer Bedeutung für sie. Sie werden als selbständige Persönlichkeiten begriffen, denen man Hilfestellung und Schutz zukommen lassen will, wo sie Defizite haben. Als problematisch in der Arbeit mit den Bewohnern wird die (nicht gewollte) zunehmende Verlagerung der Tätigkeiten von der Pädagogik hin zu reiner Pflege gesehen. Wichtig im Umgang mit den Bewohnern ist ihnen, soweit wie möglich Normalität herzustellen. Insgesamt läßt sich also festhalten, daß bei allen Frauen, die dieses Modell repräsentieren, das Interesse an den Bewohnern in ihren jeweiligen Gruppen groß und das Verantwortungsgefühl für sie ausgeprägt ist. Infolgedessen wird es auch als negativ empfunden, daß zuwenig Zeit bleibt für die einzelnen Bewohner. "Ziele der Behindertenarbeit? Also jetzt hier direkt in der Wohngruppe denke ich, ist es, in dem Zusammenhang wäre es ein Ziel, Leute selbständiger zu machen, also in Bereichen des täglichen Lebens, sie anzuleiten und zu unterstützen, ...also so, wo da ein Ziel ist, Leute selbständiger zu machen, obwohl, denke ich, auch immer mit dem Bewußtsein, Leute nicht dazu zu zwingen so... sondern das muß von denen auch schon gewollt sein. Sonst denke ich, mache ich die da nur unglücklich mit, wenn ich versuche, dem irgendwie wer weiß was beizubringen. Und das Interesse ist halt gar nicht da, oder es macht ihn nicht selbstbewußter oder selbstsicherer oder sowas. Also, nicht irgendwie nur schlicht das Ziel, die müssen selbständiger werden so, also, schon an der einzelnen Person orientiert, ob es der hilft, und ob es von denen auch gewollt ist." (NTSN 121)

Auch das Verhältnis zu den Kollegen in der eigenen Gruppe wird als sehr wichtig angesehen, scheint aber auch des öfteren problematisch zu sein, was sowohl in der je spezifischen Gruppensituation als auch in der Persönlichkeit der interviewten Frauen begründet liegen mag. "...oder mich mit meinen Kollegen streiten muß oder acht Leute sich streiten und jeder das anders sieht, weil wir nicht begreifen können, das jeder nur das sehen kann, was

er auch so mitbringt. Und solange es bei uns im Team nur noch darum geht, so meines ist aber das Richtige und meines ist aber das Richtige und meines ist das Richtige und wir nie Konsens finden können, weil uns auch niemand hilft zu sehen, ja was, du hast aber auch die und die Geschichte. Wahrscheinlich mußt du das so sehen oder so sehen oder so sehen... Dadurch können wir auch nicht zum Team zusammen wachsen, weil wir immer auch Gegner sind." (NTAN 032) An dieser Aussage wird nochmals die gesamte Problematik des Teambildungsprozesses in den Wohngruppen deutlich (vergl. Abschn. 6.4).
Ein anderes Problem scheint die Position und Rolle des Gruppenleiters bzw. der Gruppenleiterin zu sein, und zwar aus beiden Blickrichtungen. Entweder gibt es Konflikte mit den Gruppenleitern als Kollegen, oder auf der anderen Seite gibt es sie, wenn die Gruppenleiterin versucht, jenseits ihrer Rolle Kollegin zu sein und dann auf Barrieren in der Gruppe stößt. Erschwert wird die Situation zusätzlich, wenn Zweifel an der eigenen Durchsetzungsfähigkeit auftauchen. Das gibt einerseits zusätzlichen Ärger mit den Kollegen und führt andererseits zu massiven Selbstzweifeln hinsichtlich der eigenen Position/Rolle. - "...ich bin die Gruppenleiterin hier in dem Team. Ich hab angefangen vor einem Jahr. Und hab mir das damals auch nicht so schlimm vorgestellt, wie es sich für mich herauskristallisiert. Ich glaube schon, daß ich so psychologisch, pädagogisch einiges gut an Erfahrungen mitbringen kann, als eine Vorgesetzte kann man da Ideen einbringen. Habe aber persönlich einfach manchmal Schwierigkeiten mit dem sogenannten Führungsstil. Da, wo ich merke, daß ich irgendwie eigentlich überhaupt keine Frau bin, keine Person bin, die Führungsqualitäten oder Führungseigenschaften hat, aber diesen Posten halt zur Zeit noch ausfüllt. Weil ich rein persönlich... nur das, was ich als Y. meinen würde, nicht durchgekriegt habe, weil ich dann auch immer wieder gleich drauf gucke, so als Vorgesetzte möchte ich es schon nicht tun, weil ich möchte nicht gesagt kriegen, so, typisch autoritäre Vorgesetzte, zieht ihren Stil durch. Und weiß dann aber nicht, wo ich mich als Persönlichkeit da denn noch integrieren kann. Also, das kann ich ganz schwer trennen. Wobei ich weiß, daß es meinen Mitarbeitern weniger schwer fällt, mich als Vorgesetzte und als Persönlichkeit zu trennen." (NTAN 032) Institutionell begründete Schwierigkeiten verstärken oft noch die individuell vorhandenen Selbstzweifel.

Neben der Tatsache, daß ständige Fluktuation von Mitarbeitern Vertrautheit zwischen den Kollegen verhindert, wird auch die fehlende persönliche "Tiefe" in den Beziehungen untereinander bemängelt. Das Thema "Institution" wird von den Interviewten kaum direkt thematisiert. Wahrgenommen werden vor allem institutionell bedingte Schwierigkeiten in den Gruppen wie das bereits angesprochene Überhandnehmen von Pflege- und Hausarbeit. Etwas mehr Raum in den Interviews nimmt die Institution bzw. mit ihr im Zusammenhang stehende Probleme dort ein, wo bereits auf eine längere Organisationszugehörigkeit zurückgeblickt wird. Hier hat bereits eine Verarbeitung von Erfahrungen mit Arbeitsbedingungen unter verschiedenen Voraussetzungen dahingehend stattgefunden, daß die alten Erziehungsstile rückblickend als schlecht empfunden werden. Doch auch aktuell werden diesbezügliche Mängel, d.h. negativ bewertete Vorgaben der Abteilungs- und Pflegeleitung zur Arbeit in den Gruppen, gesehen und als störend für eine fruchtbare pädagogische und förderorientierte Arbeit mit den Bewohnern empfunden. Insgesamt läßt sich auch hier, wie schon beim Thema "Kollegen", feststellen, daß die Distanz, die Kritik und die Frustration mit zunehmender Verweildauer in der jeweiligen Institution manifester wird. Die Skepsis hinsichtlich der persönlichen Gestaltungsmöglichkeiten und Durchsetzungsfähigkeit gegenüber den Kollegen und der Institution nimmt zu. - "Ich habe einfach die Euphorie nicht mehr, wie ich sie noch, ich denke, vor einem Jahr hatte. Ich bin schon sehr nüchtern geworden. Vielleicht auch, ja, durch Probleme mit Mitarbeitern so. Daß es einfach nicht so locker für mich zu machen ist... Ja, ich denke, daß... Es ist wirklich das Irrsinnige, aber oftmals ist das geringere Problem der Kontakt mit den Bewohner. (NTSN 101)

Auftretende Schwierigkeiten werden meist nicht mehr primär verbal problematisiert, sondern es wird versucht, sie praktisch zu kompensieren. "Und solche Geschichten dann. Also, wollten wir unheimlich viel machen und da stoßen wir dann manchmal an die Grenzen, daß sie (die Leitung; d. Verf.) nun sagt, ihr dürft nicht mehr, ihr habt schon genug gearbeitet, ihr habt keine Stunden mehr. Oder solche Sachen. Das ist dann die Einschränkung. Und da haben wir dann ein bißchen was zu knabbern. Irgendwie müssen wir das dann doch wieder deichseln. Woanders es einsparen, damit wir dann doch das machen können, was wir eigentlich wollen..." (NTSN 101) Das funktioniert langfristig wohl aber nur auf Kosten der eigenen Motivation.
Motivation und Stellenwert der konkreten Arbeit steht denn auch immer in engem Zusammenhang mit der jeweiligen persönlichen Geschichte. Gefragt nach Veränderungen in der eigenen Motivation kommt nicht selten die Antwort, daß man zunehmend zu einer "realistischeren" Einstellung gelangt. Es werden dann andere, zunächst gar nicht problematisierte Aspekte aktuell, wie z.B. eine angemessenere Bezahlung. Hier scheint die Bereitschaft zur "Aufopferung" mit der Zeit an klare Grenzen zu stoßen. "Also ich glaube, so meine Motive hat es eigentlich nicht so sehr verändert, also, ja vielleicht schon in gewissen Dingen schon meine Einstellung auch so im Laufe der Zeit gegen... überhaupt Sozialarbeit, Sozialpädagogik, weil ich vielleicht nicht mehr, also es steckt schon persönlicher Einsatz und Idealismus irgendwie dahinter, denke ich, aber es ist schon, daß ich klarer sage, so, das ist meine Arbeit und das ist genauso gut eine Arbeit, wie andere Leute halt im Büro sitzen und ich muß deswegen auch nicht zwei Stunden freiwillig länger arbeiten, ohne mir das aufzuschreiben. Solche Dinge, angenommen, da habe ich beim Praktikum irgendwie Massen an Überstunden gemacht, und mit vollem Elan, und da so mich mit meiner vollen Kraft auch eingesetzt. Und mittlerweile schon so sagen kann, also, ich mache da meine Arbeit im Rahmen meiner Arbeitszeit auch, und also, ich gucke nicht irgendwie so auf eine viertel Stunde, halbe Stunde oder so... daß ich schon stärker das abgrenzen will, das ist die Arbeit und das ist meine Freizeit. Und irgendwie, ich bin nicht

jemand, der nur für seine Arbeit lebt oder so. Also, nicht so, Sozialpädagogik als die Berufung, sondern als Beruf. Und da auch denke mehr Forderungen stellen kann, als ich es vielleicht so irgendwie noch gemacht hätte vor Jahren, wo ich sage, also, wo es um Lohnerhöhung geht oder jetzt so um Arbeitszeitverkürzung, und uns stehen die Stunden aber zu, und wir sind nicht dazu bereit, jetzt das, was uns gekürzt wird an Stunden hier einfach so dadurch auszugleichen, daß wir freiwillig länger arbeiten, oder so was." (NTSN 121)

Die wahrgenommenen Belastungen werden mit ins Privatleben getragen. Dies umso "konsequenter", je mehr diese Personen ihre eigene Geschichte mit diesem Arbeitsbereich verwoben sehen. "Und abends, wenn ich dann eben beispielsweise, wenn ich dann zu Hause bin oder schon im Auto, da kaue ich meine Wut dann im Kopf immer rum. Weil, sie ist immer noch nicht weg, sondern dann rekonstruiere ich nämlich, nächstes Mal solltest du lieber doch sagen... Aber es ist eben auch ein Zeichen dafür, wie sehr, mit wieviel Sachen wir doch noch nach Hause gehen, wenn wir hier von der Arbeit rauskommen". (NTAN 032)

Trotz vielfältig wahrgenommener Probleme wird von allen kein Berufswechsel erwogen. Eine eigene unabhängige Position ist ihnen wichtig, für ihren Erhalt sind sie ebenso bereit sich einzusetzen, wie gegen Ungerechtigkeiten gegenüber den Bewohnern. Diese sind für sie einerseits im selben Maße ernstzunehmende Persönlichkeiten, denen ein Höchstmaß an Selbständigkeit vermittelt werden soll, wie andererseits Schutzbefohlene. Sie sehen im Status der Bewohner mitunter ihren eigenen widergespiegelt, wodurch eine wichtige Voraussetzung zum Mifühlen gegeben ist. "Daß es eben auch an uns Mitarbeitern liegt, wie hier die Atmosphäre so ist. Und daß es für die Leute, die hier wohnen eben, ihr Zuhause ist. Und daß wir auch Anteil daran haben, das möglichst angenehm zu machen, ohne irgendwie, nicht, daß wir versuchen keine Konflikte auszutragen oder so, sondern das gehört dazu zum Alltag. Aber ich denke, wie wir hier das Leben gestalten, und daß wir angenommen Sonntags morgens, daß die Bewohner auch spät aufstehen und wir lange zusammen frühstücken oder so was, das gehört auch dazu, eine angenehme Atmosphäre hier zu schaffen. Und daß jedem sein Privatbereich zusteht und man da auch Rücksicht darauf nimmt, das gehört denke ich auch dazu, jemanden in seiner Art zu respektieren, und ihm hier sein Zuhause zuzugestehen und nicht da ständig einzudringen in den Privatbereich. Und das sehe ich auch so als meine Aufgabe, hier das Umfeld jetzt so zu gestalten, oder gemeinsame Aktivitäten zu machen, und solche Dinge. Also, ihr Leben hier... ja, *angenehm* zu machen ist nicht das richtige Wort, nicht der richtige Ausdruck... na ja, also ich weiß nicht den richtigen Ausdruck. Also, so an der Gestaltung irgendwo mitzuwirken, so." (NTSN 121)

9.1.5 Das Helfermodell des/der Basiskämpfers/in

Das Helfer-Modell des Basiskämpfers erscheint uns zwar problematisch, weil ihm nur ein Interview zugrunde liegt. Es ist aber keinem der anderen Modelle zuzuordnen, obwohl sich viele der aufgezeigten Merkmale der bereits beschriebenen Modelle in ihm vereinigen. Andererseits sind so wesentliche Unterschiede festzustellen, daß es gerechtfertigt erscheint, einen speziellen Typus zu bilden. Auffällig ist sein überdurchschnittlich hohes Engagement für die Bewohner seiner Gruppe. Und dies auch noch nach relativ langer Berufs- und Gruppenzugehörigkeit. Er ist zwar zufällig, aber spontan begeistert in den Beruf eingestiegen. Spezifisches Wissen und inhaltliche Motivation hat er erst im Laufe der Arbeit mit den Behinderten entwickelt. "Und ich nachher so durch diese zwei Jahre Ausbildung (Heilerzieherhelfer; d. Verf.), muß ich ehrlich sagen, doch ziemlich anders mit der Materie auseinandergesetzt habe... Früher habe ich einfach nur den Trott mitgemacht, weil die anderen haben ihn gemacht und du hast ihn auch gemacht." (NTAN 051)

Mit einem ausgeprägten Sinn für Gerechtigkeit setzt er sich vor allem für die Erhaltung und Verbesserung des Lebensstandards der Bewohner ein. Hierfür und für die Belange seiner unmittelbaren Kollegen im Team - natürlich auch seine eigenen - setzt er sich unermüdlich ein und scheut dabei keine Auseinandersetzung.

Im Verhältnis zu den Bewohnern wird der Unterschied zu den übrigen Interviews besonders deutlich. In keinem der anderen Gespräche spielten die Bewohner, ihr Werdegang und ihr Wohlergehen eine so tragende Rolle. Das gute Verhältnis zu ihnen ist ihm eindeutig das Wichtigste. Er sieht sich ebenso als Beschützer, wie als Vater oder als Freund. Seine Beziehung zu ihnen erscheint als sehr emotional und engagiert. Das läßt sich teilweise dadurch erklären, daß sein Arbeitsbereich ganz offensichtlich sein Lebensmittelpunkt zu sein scheint, eine Art Ersatzfamilie. Nach eigenen Aussagen zieht er eine "emotionale" Arbeitseinstellung einer "distanzierten" vor, wie sie einem "Professionellen" vielleicht anstünde. Inwieweit ihn die Arbeit - sowie die ständigen Auseinandersetzungen - belasten, wird nicht engültig klar. Mit den Kollegen in der Gruppe scheint es kaum Probleme zu geben, aber die Beziehung zu den Kollegen wird auch nicht zentral problematisiert, sondern taucht nur im Zusammenhang mit Geschichten von Bewohnern oder der Institution auf. "Ja, für mich ist das schon ziemlich wichtig hier, die Arbeit. Weil, ich weiß nicht, irgendwie da habe ich auch, arbeite ich doch irgendwie so, mehr so emotional. Hier wird ja die Profi-Arbeit verlangt, dann heißt das auch, und da zähle ich mich aber nicht zu, ich arbeite hier irgendwo mehr emotional. Die Leute hängen mir auch irgendwie mehr am Herzen oder sowas auch. Ich weiß nicht. Und auch die Mitarbeiter so, die Kollegen mag ich auch verdammt gerne. Ich gehe gerne zur Arbeit. Ich hab hier kein Generve." (NTAN 051)

Das Verhältnis zur Institution ist geprägt von tiefgreifendem Mißtrauen, welches in einem sehr angespannten Verhältnis zu den unterschiedlichen Leitungsebenen begründet ist. Wesentlich dafür scheint seine konkrete "Berufsphilosophie" zu sein, die Auseinandersetzungen nicht scheut und "falsche Kompromisse" ablehnt. Im Zusammenhang mit unzureichenden finanziellen Mitteln und mangelhafter Planstellen-Ausstattung wirft er der Leitung ein Desinteresse an den Bewohnern vor. Insgesamt scheint die Institution ein massiver Störfaktor seiner Vorstellung von Betreuung und Zusammenleben mit den Bewohnern zu sein. Alles könnte viel besser sein, wenn die "Verwaltung" nicht wäre. Das Mißtrauen ist so tief verwurzelt, daß nur durch tiefgreifende Veränderungen in der Organisation und ihrer Verfassung eine Kooperation mit den anderen Stellen erreichbar scheint - dafür spricht schon die Selbsteinschätzung als Basiskämpfer. "Immer nur auf die Kleinen drauf. Und das finde ich so bitter irgendwie... und echt, du bist da unten, mach mal einen Fehlgriff, da hauen sie gleich richtig einen rein oder wollen es zumindest. Nee, ich weiß nicht, das finde ich so total bitter, du. Hier sind wirklich, hier ist eine fünf Klassen Gesellschaft, echt. Ganz unten sind die Bewohner, und dann einen höher sind die Basiskämpfer, und dann einen höher sind Gruppenleiter, und geht das hier wahnsinnig so weiter. [...] Das finde ich auch noch so ätzend. Du bemühst dich und dann hast du so andere, die können dir einen erzählen, weil sie fünf Positionen höher sind. Und das auch bei Sachen so, wo du aber auch gerne was beschicken möchtest. Nee, das ist aber irgendwie so, weiß nicht, du. Also, halt, die sind ziemlich fertig hier. Und wie die mit den Mitarbeitern umgehen und so." (NTAN 051)

Sein Privatbereich wird im Interview fast gar nicht angesprochen. Dieses Ausblenden ist aber folgerichtig: Wer die Gruppe so sehr in den Rang einer Familie erhebt, für den scheint die Frage nach dem Lebensmittelpunkt zugunsten des Arbeitsbereiches entschieden. Probleme und Belastungen werden von ihm unterschiedlich wahrgenommen und verarbeitet. Er zeigt hinsichtlich der Bewohner erstaunliche Toleranz und Einfühlungsvermögen, so daß er Konflikte mit ihnen geduldig und konstruktiv austragen kann. "Ja, ich fand die Leute einfach geil, find sie immer noch... Weil, ich bin der Meinung, von denen können wir was lernen. Wir wollen denen immer nur was beibringen. Aber von denen können wir was lernen. Unter was für Umständen, was habe ich erlebt, die Leute, die da Massenquartiere gehabt haben... und in sozialen Dingen, da sind sie so cool... Die sind also hier untergebracht, die haben sich nicht aussuchen können, mit wem sie hier wohnen, wer sie betreut, wie sie behandelt werden. Es wird ihnen alles vorgegeben. Und wie cool gehen sie damit um. Da kommen neue Gesichter, da warten sie erstmal ab, ist das ein guter, ist das ein schlechter. Mach das mal mit uns angeblich Normalen... Da würde es Tote geben. Wir wollen denen immer nur was beibringen und so. Wir haben doch selbst die größten Störungen bei uns im Sozialbereich." (NTAN 051)
Ähnliche Umgehensweise zeigt er in bezug auf die Kollegen. Auch hier strebt er Harmonie zum Wohle der Bewohner an. Ganz gegensätzlich agiert er - wie oben aufgezeigt - gegen-

über den Leitungsgremien und der Verwaltung. Hier hat man den Eindruck, daß er grundsätzlich auf offene Konfrontation abzielt, um ein weiteres Mal zu beweisen, daß man mit "denen" nicht reden kann. Im Sinne einer selbsterfüllenden Prophezeiung schafft er dann auch jedesmal den "Beweis".

9.1.6 Zusammenfassung: Die Helfer-Modelle

Wir hatten zu Beginn dieses Abschnitts die Frage aufgeworfen, ob sich nicht durch die narrativen Interviews nachweisen lasse, daß Menschen in helfenden Berufen spezifischen, in Sozialisation und Ausbildung erworbenen Vorstellungen folgen. Diese immanenten Vorstellungen könnten als "Modelle des Helfer-Handelns" verstanden werden und ihr berufliches Vehalten und Handeln strukturieren. Denn Betreuer müssen ein Gleichgewicht zwischen vielfältigen (organisationsbezogenen, teambezogenen und klientenbezogenen) Anforderungen einerseits und ihren eigenen Auffassung und Einstellung herstellen. Auf ihrer Suche nach einem für sie vertretbaren, lebbaren Weg im Alltag "schaffen" sie sich ein solches "Arbeits-Modell". Sie versuchen, mit diesem "Arbeits-Modell", ihrem Aufgaben- und Rollenverständnis, ihrer qualifikatorischen und psychischen Kompetenz, ihrem Vermögen im Alltag Geltung zu verschaffen.

Es wäre nicht vertretbar, wenn wir behaupten wollten, diese - und nur diese - Helfer-Modelle existierten. Aber sie sind nach unserer Auffassung Modelle des Helferhandelns, die mit hoher Wahrscheinlichkeit eine erhebliche Bedeutung für die Praxis im Bereich der Behindertenhilfe haben. Wichtige von uns behandelte Themen - die Einarbeitung, die Teamsituation, der Bedarf und die Notwendigkeit von Konzept und Unterstützung, die Bedeutung der Kommunikation im teaminternen und im teamübergreifenden Kontakt mit Vorgesetzten, die Bedeutung von Normen und Regeln (gerade auch die stillschweigenden und ungeschriebenen Regeln) - berühren Menschen in diesem Arbeitsfeld unterschiedlich.
Der *Praktiker* wird Konzepte weniger vermissen, da er sich mehr im unmittelbaren Hier und Jetzt bewegt, als der *engagierte Beschützer*, der ein höheres Bedürfnis und einen höheren Anspruch darauf hat, das eigene Tun zu reflektieren und an seine Umwelt zurückzukoppeln. Eine aus "Praktikern" und "Zufälligen" bestehende Gruppe wird eher mit der Entwicklung von Planungen und Perspektiven überfordert sein. Eine Gruppe von "Basiskämpfern" wird die Vorgesetzten auf andere Weise fordern als eine Gruppe von "politisch Motivierten". Die Unterstützung, die ein Team braucht, wird von den Teammitgliedern, aber auch von ihrem Vorgesetzten leichter wahrzunehmen sein, wenn wichtige gruppeninterne Strömungen, Muster, Konflikt- und Konfrontationslinien aus über-individuellen Quellen verstanden werden können.
Die Gefahren einer solchen Modellbildung und Typisierung liegen auf der Hand: Es darf aus diesen Überlegungen heraus nicht der Schluß gezogen werden, die "Helfer-Modelle"

seien mit den betreffenden Personen identisch. Eine solche Typologie[61] verstehen wir denn auch nicht als statisches Element; sie ist zu verstehen als Element in einem dynamischen Entwicklungsverlauf der Einrichtungsorganisation insgesamt: der Status des Teams und seine Einflußmöglichkeiten und Gestaltungschancen spielen ebenso eine Rolle wie Einstellungspolitik und Arbeitsmarkt. Die Innovationskraft des mittleren Managements ist hier genauso bedeutsam wie die Artikulationsfähigkeit der gesellschaftlichen Umwelt hinsichtlich der Einforderung eines Versorgungsstandards für die behinderten Menschen wie auch deren eigene Möglichkeiten, ihre Bedürfnisse in ihre Lebenssituation einzubringen.

Daß die Helfer-Modelle ein dynamisches Verständnis des organisatorischen Kontextes erfordern, wird deutlich bei dem Versuch, die skizzierten Modelle in die realen Arbeitsfelder zurückzuversetzen. Es zeigt sich, daß sie sich als "Typisierungen" von konkreten Personen durch den gedanklichen Abstraktionsprozeß verändert haben. Im Gegensatz zu den realen Interview-Partnern haben sich die im Zuge der Interpretation erzeugten Charakterisierungen - die aber als Bild der jeweiligen Person noch leiblich mit ihr verbunden waren - von ihrem Umfeld gelöst. Dieses Umfeld hatte sie aber zu diesem "Modell" werden lassen. Es ist eher wahrscheinlich, daß der jeweilige Typus ein Ergebnis des Anpassungsprozesses zwischen Person und gegebener Umwelt und ihren Bedingungen ist, als daß der "Typus an sich" *real*, das heißt in diesem Zusammenhang starr und unveränderlich, existiert. Der "Typus" ist Produkt der Anschauung von Personen unter mehr oder weniger beschreibbaren Bedingungen - er kann nicht verstanden werden unter Absehung von diesen Bedingungen.

Bei genauerer Betrachtung sind die herauskristallisierten Helfer-Modelle in sich nur unvollständig konsistent. Die zu einem Modell zusammengefaßten Personen weisen Ähnlichkeiten auf in einigen Aspekten - z.B. der Ausbildung und damit verbundenen Orientierungen gegenüber dem Klienten. In anderen haben sie aber durchaus eine Nähe zu anderen, nicht zu diesem "Modell" gehörigen Personen. Die Typenbildung entspringt letztlich dem Bedürfnis, eine Ordnung zu schaffen, um dann gegebenenfalls aus dieser konstruierten Ordnung andere, weitere "soziale Gesetzmäßigkeiten" und "Regeln" ableiten zu können. Sind schon die *Bedingungen der Arbeit* durch Komplexität gekennzeichnet, so möchte man Ordnung auf der anderen Seite herstellen - bei denjenigen, die die Arbeit tun, also bei den *Beschäftigten*.
So erwuchsen Zweifel, ob die herausgearbeiteten Helfer-Modelle allein bei dem Bestreben helfen, die Alltagsrealität besser verstehbar zu machen, um über ein verbessertes Verständnis eine wichtige Voraussetzung zu schaffen für die Entwicklung von Kriterien zum

---

[61] vgl. zur Formulierung von Typologien in der Sozialwissenschaft: "Typenbildung" (U. GERHARDT 1990)

Belastungsabbau. Das Risiko, durch die Typisierung wiederum eine unzulässige Vereinfachung, eine dem Zweck (nämlich: die Belastungsgenese plausibel werden zu lassen) widersprechende Verkürzung der Problemsicht zu entwickeln und damit der Entwicklung unangemessener Maßnahmen (etwa einer ja sonst von uns abgelehnten Individualisierung der Burnout-Genese) Vorschub zu leisten, mußten wir ablehnen.
Idealerweise sind die Helfer-Modelle gekennzeichnet durch ein spezifisches Profil in den angegebenen Bereichen (s.o.: biographischer Hintergrund, Berufsmotivation und Ideale, Privatleben, Verhältnis zu den Bewohnern, Verhältnis zu den Kollegen, Verhältnis zur Institution, Muster in der Problemverarbeitung). Aber genau diese Unterschiede bzw. Ähnlichkeiten in den Bereichen lassen ja die Typen entstehen. Brüchig wird die Typologie unter anderem jedoch dadurch, daß die Trennung vom Arbeitsfeld suggeriert, die Modelle seien "an sich" existent. Das ist jedoch keineswegs der Fall. Die Systemkultur der jeweiligen Gruppe und Abteilung erzeugt und stabilisiert auch dasjenige Verhalten, was zu ihr "paßt". Ein Typus ist nur aufzufinden in einer Umwelt, die ihn als genau "diesen Typus" bestehen läßt, seine Entwicklung und Ausformung fördert. In der Praxis findet ein "Prozeß der natürlichen organisationalen Selektion" statt: die Zuordnung von Beschäftigten zu Teams, zu Wohngruppen, zu Abteilungen, zu Orientierungen. Dieser Prozeß bringt die Passung zwischen den Elementen hervor. Über Abstoßungs- und Anziehungsprozesse (die nur selten "zielgerichtet" sind) ordnet sich, was in einigen Interviews der mittleren Führungsebene als "Zufall" bezeichnet wird.
Die entstehende "Passung" kann aber, wie jeder Praktiker weiß, durchaus ungünstig im Sinne der praktischen Notwendigkeiten und Erfordernisse einer Wohngruppe sein. Und es bestehen Lenkungsmöglichkeiten, um diesen Einpassungsprozeß zu gestalten und zu formen. Denn dort, wo der Anpassungsprozeß soweit fortgeschritten ist, daß Kritiker fehlen, besteht die Gefahr einer Verkrustung. Innovationen werden umso unwahrscheinlicher, je mehr das Potential, das sie erzeugen kann, über Selektions- und Anpassungsprozesse neutralisiert wird: Ideenreichtum, Wagemut, dic Suche nach dem Unkonventionellen, Initiative, Kompetenz und Engagement zurückgedrängt und verkümmern.

9.2 Weitere Überlegungen: Die Entwicklung unterschiedlicher Wohngruppen-Modelle

Es drängt sich die Frage auf, was hinter diesem "natürlichen organisationalen Selektionsprozeß" steht. Was beeinflußt seinen Verlauf? Warum verläuft er so und nicht anders? Welche Steuerungsmechanismen sind wirksam? Wie kommen - bei allen internen Unterschieden - "homogene" Teams zustande, die trotz des festgestellten Konzeptmangels im Arbeitsalltag einem "impliziten Konzept" folgen, und zwar so offensichtlich, daß es sich aufdrängt, eine Typisierung der Wohngruppen und der in ihnen bestehenden Orientierung vorzunehmen.

Wir stehen hier vor dem Phänomen einer zweifachen "Einpassung" von Mitarbeitern in Wohngruppen. Zum einen werden bei Einstellungsverfahren, soweit möglich, nur solche Mitarbeiter ins Team aufgenommen, die von vornherein dem dort bevorzugten Arbeits-Modell entsprechen. Als zweitbeste Lösung werden "flexible" Bewerber ausgewählt, die nämlich in diesem Sinne am ehesten einpaßbar erscheinen. Nur sie bieten eine gewisse Gewähr dafür, daß sie problemlos in den präferierten Arbeitsstil "eingenordet" werden können. Zum anderen findet eine Einpassung statt in die team-internen Kooperations- und Verkehrsformen: der neue Bewerber soll nicht nur dem *impliziten Arbeits-Modell*, sondern auch dem *impliziten Team-Modell* entsprechen. Die auf diese Weise zustandekommende Beständigkeit von Arbeitsstilen macht einen Teil der organisatorischen Veränderungsresistenz in Wohngruppen aus. Auf diese Weise können sich innerhalb eines relativ geschlossenen Systems, wie es eine Wohngruppe ist, bestimmte Kommunikations- und Kooperationsstrukturen über lange Zeit halten - selbst bei Veränderungen in der Personalzusammensetzung. Auch bei hoher Fluktuation perpetuiert die Gruppe Stile und Strukturen, indem sie immer wieder solche Personen "anzieht" und integriert, die in das vorhandene Muster passen.

Veränderungen sind auch deswegen schwierig herbeizuführen, weil die bei Neueinstellungen zugrundeliegenden Entscheidungen oft auf einer unbewußten oder vorbewußten Ebene und ohne die notwendige Klarheit über das gültige Konzept gefällt werden. In der Praxis sieht dieser Einpassungsprozeß häufig folgendermaßen aus: Mangels expliziter Konzepte gibt es kaum inhaltlich-rational begründete Einstellungskriterien, nach denen Bewerber ausgewählt und eingearbeitet werden. "Sympathie", eher emotionale Aspekte spielen bei Einstellungen eine starke Rolle, ohne daß es den Beteiligten möglich wäre, über derart nicht kommunizierte Kriterien eine konsensuelle Entscheidung zu fällen. Manchmal werden hilfsweise sehr allgemeine Kriterien herangezogen: es wird überlegt, ob eine freie Planstelle mit einem Mann oder einer Frau besetzt werden soll, damit die Geschlechterverteilung ausgewogener ist[62], oder ob ein jüngerer Aspirant einem älteren vorgezogen wird oder umgekehrt. - Letztlich fällt die Entscheidung häufig auf der Grundlage von spontaner Sympathie oder Antipathie.

Der formale Ablauf von Personaleinstellungen, der eine Vorauswahl der Bewerber durch die vorgesetzten Ebenen vorsieht, trägt eher zur Verschleierung der je subjektiven Selektionskriterien bei, als daß er zu deren Offenlegung verhilft. In der Praxis existieren die

---

62 In der Regel arbeiten in den Wohngruppen mehr Frauen als Männer. Hieraus resultiert, daß das Kriterium "Mann" zu einem wichtigen Auswahlkriterium wird, gleichzeitig aber Aspekte wie Ausbildung, Berufserfahrung, Persönlichkeit etc. zweitrangig werden. Meist wird in diesen Fällen auf einer (scheinbar) sachlichen Ebene argumentiert: "Für die Bewohner/innen ist es besser, wenn mehr Männer da sind und sie nicht überwiegend von Frauen betreut werden". Die dahinterliegenden, persönlichen Bedürfnisse (etwa Schutzfunktion gegen Aggressionen, Flirt-Aspekte) werden nicht thematisiert.

verschiedensten Varianten von Auswahlprozessen. Deren Ergebnis sind zwei tendenziell gegensätzliche Effekte, die sich jedoch durch ihre skeptische bis negative Grundhaltung ähneln.

Zum einen haben wir es mit einem *"Mißtrauens-Effekt"* zu tun. Er basiert insofern auf einem irrationalen Muster, als die Wohngruppen-Mitarbeiter (das Team) ohne Ansehen der Person des Bewerbers allein aufgrund der Tatsache eine ablehnende Haltung einnehmen, weil der Vorgesetzte eine konkrete Person vorschlägt. Der "Person seiner Wahl" haftet so von vornherein an, daß sie seine Gunst hat. Es könnte ja sein, daß mit ihr eine "heimliche Kontrollinstanz eingeschleust" werden soll oder "jemand, der den Laden endlich mal in Ordnung bringt", die Wohngruppe "umkrempelt" und "auf Trab" bringt und ähnliches. Umgekehrt wird den Vorschlägen des Teams ebenso mit Mißtrauen begegnet, weil es womöglich nur solche Personen auswählt, die den "Schlendrian" der Gruppe mitmachen. - Irrationale Ängste, Projektionen, vergangene und gegenwärtige Erfahrungen werden nicht aufgearbeitet, sondern generieren diesen Mißtrauenseffekt. Er ist Ausdruck eines wenig tragfähigen organisationsinternen Klimas. Man unterstellt der jeweils anderen Partei "gute eigene", aber nicht offen zur Sprache kommende Gründe für die Auswahl einer bestimmten Person und geht in eine *prinzipielle Opposition*. Der sich hier zeigende Konflikt ist solange sachlich nicht zu bereinigen, wie nicht anerkannt wird, daß gar nicht die einzelnen sachlichen Argumente, die nun für diesen oder jenen Bewerber ins Feld geführt werden, ausschlaggebend sind, sondern der für diesen Konflikt verantwortliche Beziehungsaspekt.
Der andere Effekt kann als *"Gleichgültigkeits-Effekt"* bezeichnet werden. Liegt er vor, ist es relativ gleichgültig, wer einen Bewerber begutachtet und über seine Einstellung entscheidet. Man verläßt sich darauf, daß es schon der "Richtige" sein wird. Irgend jemand, der Vorgesetzte, der Gruppenleiter, wird "schon wissen", welcher Bewerber - mit welchen Fähigkeiten, Erfahrungen, persönlichen Eigenschaften und Berufsausbildung - gut ins Wohngruppen-Team paßt. Verantwortung wird delegiert - ohne daß klar ist, wohin. Auch hier werden maßgebliche Kriterien für Personalentscheidungen nicht offen diskutiert. Es findet keine Entwicklung in der Auseinandersetzung mit organisationsrelevanten Entscheidungen statt. Der "Richtige" ist derjenige Bewerber, der allen - oder zumindest den meisten - "sympathisch" ist.

Beide Effekte bilden tendenziell eine Haltung der beteiligten Organisations-Mitglieder ab, sich mit den realen Gegebenheiten, mit der aktuellen Situation nicht wirklich verantwortlich zu befassen. Ist es beim Mißtrauens-Effekt der belastende und zeitraubende[63] Eini-

---

[63] So kommt es nicht selten vor, daß trotz angespannter Personallage eine Planstelle über mehrere Monate hinweg unbesetzt bleibt, bis ein Kompromiß für die Entscheidung gefunden ist, welcher Bewerber eine ausgeschriebene Stelle bekommt.

gungsprozeß, der als tiefgreifendes Problem betrachtet werden muß - und der unter Absehung der Behandlung des Beziehungsthemas kaum erfolgversprechend geklärt werden kann -, so dürfte der Gleichgültigkeits-Effekt langfristig ein noch gravierenderes Problem darstellen, da Verantwortlichkeit in ihm *überhaupt* negiert wird.
Die An- und Einpassung neuer Mitarbeiter in die Wohngruppen erfolgt auf diese Weise nicht-geplant und nicht-bewußt: Es sind unbewußte Selektions-Mechanismen wirksam - bzw. solche, die nicht oder zuwenig kontrolliert, denen zu wenig Aufmerksamkeit zuteil wird. Die Subkultur eines Teams *unterstützt* die Herausbildung einer Orientierung, wie sie eben in diesem Team vorliegt, bei jedem neuen Mitarbeiter. So verstärken sich "Helfer-Modell" und "Wohngruppen-Typus" in ihrer wechselseitigen Beeinflussung und Entwicklung. Beide wachsen potentiell zu einer Handlungseinheit zusammen, in der nicht mehr klärbar ist, "wer wen zu was gemacht hat". Gesteuerte Prozesse der Entwicklung, Veränderung, Innovation sind unter diesen Bedingungen außerordentlich schwer zu gestalten.

Betrachten wir, auf welche Weise mehrere Beschäftigte als Träger solcher von uns beschriebener Helfer-Modelle, die ja zusammen ein *Team* bilden, dieses Team schaffen (in bezug auf die eben noch vorherrschende Perspektive ist das Team ja ein wesentlicher Teil der "Umwelt" für den einzelnen Betreuer), so läßt sich leicht erklären, weshalb der Praktiker - unter Berücksichtigung weiterer Einflußfaktoren - "Wohngruppen-Typen" voneinander unterscheidet. So wird gesprochen von der:

- pflege-orientierten,
- versorgungs-orientierten,
- förder-orientierten,
- integrations-orientierten Wohngruppe[64].

Dieser Kennzeichnung von unterschiedlichen Wohngruppen-Modellen liegt ein ähnlicher - analytischer - Abstraktionsprozeß zugrunde, wie wir ihn bei den biographischen Helfer-Modellen beschrieben haben. In der Praxis wird man den "reinen Typus" zwar kaum finden; die Grenzen zwischen ihnen sind fließend, Mischformen und gruppen-individuelle Ausprägungen können ausgebildet werden. Dennoch gibt es unterschiedliche Grundmuster und Schwerpunktsetzungen, die für die Arbeitsweise eines Teams, seine Abläufe und Routinen handlungsleitend sind. Sie bilden auf diese Weise die *materielle Basis* nicht nur für Kooperationsbeziehungen innerhalb des Teams, sondern auch für die teameigene Subkultur.

---

[64] Entsprechendes finden wir in den Interviews mit der mittleren Führungsebene wieder. In bezug auf die Wohngruppen wird - in gewisser Hinsicht typisierend - von teambezogenen Orientierungen wie "Gesprächs-" oder "Versorgungs-Arbeit" gesprochen, an anderer Stelle von "Versorgungs-", "Begleitungs-" und "Individualisierungskonzepten".

Die Bewohner einer Wohngruppe bzw. ihre Zusammensetzung sind als wesentliche Variable in die Betrachtung einzubeziehen. Je homogener eine Bewohnergruppe ist, um so eher bietet sich, als Reaktion auf diese Zusammensetzung und ihre Dynamik, die Ausbildung spezifischer Handlungsmuster im Team an. So bedarf es etwa dort, wo vorwiegend die Pflege Schwerstbehinderter zum Aufgabenbereich gehört, entsprechender pflegerischer Qualifikationen. Grundmuster einer Pflege-Orientierung sind dadurch determiniert. Liegt die Schwerpunktsetzung - dann auch bedingt durch das Überwiegen bestimmter Berufe - in der (Kranken-)Pflege und werden weitere Anforderungen (z.B. Förderung der Selbständigkeit der Bewohner etc.) kaum gestellt, so wird sich die Pflegebedürftigkeit der Bewohner immer stärker zu einem Aufgabenschwerpunkt herausbilden. Es liegt eine "selbsterfüllende Prophezeiung" vor, die nun in besonderer Weise durch das Team bzw. entsprechende Begleitungsprozesse eine Korrektur erfahren muß. Die Bestätigung der "Richtigkeit" der vorliegenden Orientierung ist damit durch die Bewohnerzusammensetzung in gewisser Weise programmiert. Sie wird durch die Profession (Ausbildung als Kranken- oder Heilerziehungspfleger, als Sozialpädagoge oder Erzieher etc.) der Akteure festgeschrieben. Das Risiko der häufig zu beklagenden Hospitalisierung ist auch in der sich einengenden Perspektive der Wohngruppen-Teams zu sehen. Entsprechendes gilt für andere Grund-Orientierungen (Wohngruppen-Typen), solange nicht eine ganzheitliche Sichtweise in der Betreuungsarbeit, in Verbindung mit beruflicher Heterogenität des Teams, als geplante, zielorientierte "Lebensbegleitung" eingeführt wird.

Es sollte deutlich geworden sein, daß es sich um ein komplexes interdependentes Wirkungsgefüge handelt, in dem sich die verschiedenen Variablen (Bewohner mit ihren "Bedarfen", die unterschiedlichen biographischen Helfer-Konzeptionen, deren jeweiliger beruflicher Ausbildungshintergrund, Wohngruppen-Typen mit speziellen Handlungsorientierungen, das Team als gewordene Einheit mit immanenten Konzepten) gegenseitig bedingen, hervorbringen, verstärken und eine stabile, letztlich relativ veränderungsresistente Arbeitskultur ausbilden.

Die Wahrnehmung verschiedener "Arbeitsmodelle" in Wohngruppen soll nun nicht dazu führen, eine einzelne Situation isoliert zu betrachten, um auf diese Weise Hinweise für Belastungsmerkmale zu identifizieren. Aber ihre Berücksichtigung kann zur Entwicklung einer übergeordneten Perspektive für die Beurteilung einer Wohngruppe herangezogen werden bzw. die Analyse der für das Team "naheliegenden gegenwärtigen Situation" befördern. Denn nur so können letztlich darin eingeschlossene Merkmale belastender, sowohl struktureller als auch inhaltlicher, Arbeits- und Tätigkeitsbedingungen erkannt werden.
Aus der Zusammenschau und Integration der Arbeits-Erfahrungen und aus der Auseinandersetzung mit den unterschiedlichen Vorstellungen und Ziele der Beteiligten müssen letztlich auch die Ansätze für notwendige Veränderungen erwachsen.

10 EXKURS II: Institutionenbefragung

10.1 Aufbau und Beschreibung des Fragebogens

Auf dem Hintergrund der qualitativen Ergebnisse der Belastungsverursachung in der Betreuung behinderter Menschen erfolgte im Anschluß an die Interviewdurchführung eine bundesweite Fragebogen-Erhebung, in deren Verlauf 147 Einrichtungen angeschrieben wurden. Aus den als wesentlich ermittelten Belastungsfeldern wurden Items formuliert, die sowohl auf der persönlich-individuellen als auch auf der strukturell-organisatorischen Ebene wichtige Belastungsmomente erfassen. Diese Items waren in der im Fragebogen verwendeten Formulierung[1]:

1. Arbeitszeit:
   Schichtdienst, Wechselschicht, geteilter Dienst, Wochenend-Dienst

2. Direkte Klienten-/Bewohner-Kontakte:
   Anforderungen und Schwierigkeiten bei Betreuung und Pflege

3. Team, Arbeitsgruppe:
   Zusammenhalt und gegenseitiges Verständnis, Kontakte und Beziehungen unter den Kollegen

4. Organisations-interne Zusammenarbeit:
   Informationsfluß und Absprachen zwischen den hierarchischen Ebenen und innerhalb der Teams/Arbeitsgruppen

5. Betriebsklima:
   Führungsstil, gegenseitiges Verständnis zwischen den hierarchischen Ebenen; Offenheit von Verfahren und Prozessen; Bereitschaft für Innovation

6. Zielklarheit/Zielunklarheit:
   Aufgabenverständnis und gemeinsame Handlungsperspektiven (Organisations-Kultur)

7. Handlungs- und Interpretationsspielräume:
   Kontrollmöglichkeit der eigenen Arbeit; Selbstkontrolle - Fremdkontrolle

8. Problemüberflutung und Arbeitsdruck:
   Vielschichtigkeit des Arbeitsfeldes, Diffusität der Aufgaben, Vielfältigkeit der Anforderungen

---

[1] Im Fragebogen wurde nach "dem Beitrag dieser Items zur Gesamtbelastung" gefragt. Zur Bewertung stand eine Skale von "1 = sehr gering" bis "7 = sehr hoch" zur Verfügung.

9. Verantwortung und Kompetenzen:
   Verantwortungs-Regelung zwischen den hierarchischen Ebenen, Delegation von Verantwortung mit/ohne entsprechende(n) Kompetenzen

10. Verhältnis zu den Vorgesetzten:
    Kooperation- Unterstützung - Distanz

11. Organisationsleitung und Management:
    Führungsverhalten nach innen und außen; Fähigkeit und Bereitschaft, Entscheidungen zu treffen

12. Zusammenarbeit mit Fachdiensten:
    medizinische, psychologische Fachdienste; Förderbereiche

13. Verwaltungsaufgaben:
    Verwaltungsbezogene Anforderungen und Schwierigkeiten im Arbeitsvollzug

14. Berufliche Qualifikation:
    Berufsausbildung, Einführung und Einarbeitung;

15. Persönliche Voraussetzungen der Mitarbeiter:
    Anspruchsniveau, Umgangsweise mit Streß, private Lebenssituation

16. Physische Arbeitsbelastung:
    Heben, Tragen, lange Wege etc.

17. Technische Hilfsmittel:
    Vorhandensein, tatsächlicher Einsatz und Akzeptanz von Hilfsmitteln (Lifter etc.)

18. Erprobung und Einsatz von EDV-Systemen:
    Ausbildung und Einarbeitung; Akzeptanz; Datenschutz/Datenverdichtung

In einem zweiten Teil des Fragebogens baten wir die Teilnehmer um Ergänzungen zu den aufgeführten Items und um eine Gewichtung derjenigen Bereiche, in denen nach ihrer Auffassung ein besonderer Forschungs-, Aufklärungs- und Unterstützungsbedarf besteht. Dabei ging es vor allem darum herauszufinden, welche Arbeitsbereiche am ehesten als unklar, diffus, schwer oder schlecht organisierbar, arbeitsorganisatorisch belastend angesehen werden. In einem dritten Teil sprachen wir die Bitte aus, Hinweise aus dem eigenen Erfahrungsbereich zu geben, die - interessante und gelungenen - Ansätze zur Arbeitszeitregelung, Fortbildung, Teamarbeit etc. betreffen. Abschließend baten wir um eine kurze Skizzierung der eigenen Sichtweise der Befragten zu Verursachung und Hintergründen des Belastungsphänomens in der Behindertenarbeit.

10.2 Statistische Auswertung: Diagramme und Interpretation

Angeschrieben wurden Behinderteneinrichtungen mit mehr als 100 Bewohnerplätzen. Die Grenze nach oben war offen[2]. Insgesamt beteiligten sich 60 Einrichtungen an der Befragung. Dies entspricht einer Rücklaufquote von 40,8%. Weitere 18 Institutionen sendeten aus verschiedenen Gründen den Fragebogen unbeantwortet zurück. So hieß es z.B.:

- "nehmen grundsätzlich an keiner Fragebogenaktion teil",
- "können aus Zeitmangel (chronische Arbeitsüberlastung) nicht teilnehmen",
- "unsere oberste Verbandsebene hat uns empfohlen, nicht an der Befragung teilzunehmen";

Andererseits haben einige größere Institutionen den Fragebogen vervielfältigt und organisations-intern einem größeren Personenkreis zur Beantwortung vorgelegt. Wir erhielten insgesamt 113 Rückantworten, von denen letztlich N=99 in die statistische und faktorenanalytische Auswertung eingingen.
Ein Überblick über die Befragten und ihre Positionen macht deutlich, daß die Aussagen sehr unterschiedliche Perspektiven und Grade der Betroffenheit beinhalten: So waren insgesamt 32 Fragebögen von Leitungspersonen (oberste Leitungsebene: Heimleitung, Direktoren, Anstaltsleitung), 33 Fragebögen von Mitgliedern der Vorgesetzten-Ebene (mittlere Führungsebene: Abteilungsleitung, Stationsleitung, Haus- und Wohnstättenleitung, Gruppenleitung). 34 Fragebögen erreichten uns von Mitarbeitern (Mitarbeiter im Gruppendienst oder aus begleitenden Diensten mit direkten Bewohnerkontakten, z.B. Ergotherapeuten, Beschäftigungstherapeuten). Nicht ausgewertet wurden unvollständig ausgefüllte oder nicht zuordbare Fragebögen (14).

Obwohl die Fragestellung in dem von uns versendeten Fragebogen darauf abzielt, die einzelnen Belastungsquellen "im Hinblick auf deren Bedeutung für die Gesamtbelastung der Mitarbeiter" zu bewerten, entschieden wir uns bei der Interpretation der Ergebnisse dafür, nur diejenigen Bewertungen heranzuziehen, die im oberen Drittel (> =5) der Bewertungsskala liegen. In den Graphiken geben wir sowohl einen Gesamtüberblick zu jedem Item als auch eine nach Funktionsgruppen (Leitungskräfte, Führungskräfte, Mitarbeiter) differenzierte Einschätzung wieder. Da die drei Gruppen in etwa gleich groß sind, ermitteln wir zu jedem Item einen Rangplatz, der darüber Auskunft gibt, wie stark der Beitrag zur Gesamtbelastung im Vergleich der verschiedenen Belastungsthemen nach der Beurteilung der Befragten angenommen werden kann. Zur Gruppe der Mitarbeiter ist ergänzend zu sagen,

---

[2] Die Adressen der entsprechenden Einrichtungen entnahmen wir dem "Heimverzeichnisses" (SPARTY 1990).

daß sie etwa zur Hälfte aus Jahrespraktikanten bestand. Dieser hohe Anteil an Praktikanten läßt uns vermuten, daß die Einschätzung dieser Gruppe, bestünde sie ausschließlich aus Berufserfahrenen, in manchen Aspekten deutlicher und krasser ausfiele, als wir es hier nachzeichnen. Wir charakterisieren die Ergebnisse der Erhebung zu den Items im Folgenden.

1. Arbeitszeit: Schichtdienst, Wechselschicht, geteilter Dienst, Wochenend-Dienst

Ein erster Überblick zeigt eine deutliche Rechtsgipfligkeit bei der Beantwortung dieses Items (Mittelwert 4,89; Streuung 1,67). Die Arbeitszeitproblematik wird offensichtlich als wesentliches Belastungsmoment angesehen, von dem allerdings die drei Ebenen in unterschiedlicher Weise betroffen sind. Während die Mitarbeiter unmittelbar durch Schicht-, Wochenend- und Vertretungsdienst etc. davon berührt sind, spiegelt die Einschätzung der Führungs- und Leitungskräfte die Mitarbeiterbelastung aus der Außenperspektive wieder. Von einer hohen Belastung (Einschätzung >5) durch den Faktor Arbeitszeit gehen immerhin 73% der Leitungskräfte, 71% der Führungskräfte und 64% der Mitarbeiter aus.
Man hätte vermuten können, daß der Belastungsgrad mit dem Grad der direkten Betroffenheit positiv korreliert, also mit zunehmender Nähe zur direkten Betreuung zunimmt. Die Auswertung nach Funktionsebenen zeigt aber umgekehrt, daß die Einschätzung der Führungs- und Leitungskräfte von einer stärkeren Belastung durch die Arbeitszeit ausgehen als die Betreuer selbst. Insgesamt besteht eine deutliche Übereinstimmung in der Bewertung des Items Arbeitszeit als belastungsrelevanter Faktor. Im Vergleich mit den anderen Items und für die Befragten insgesamt gesehen nimmt dieses Item Rangplatz 2 (69%)[3] ein.

---

[3] Die Prozentangaben hinter dem Rangplatz geben an, wie hoch der Anteil der Befragten insgesamt ist, die das entsprechende Item mit > =5 einschätzen.

Item 1: Arbeitszeit

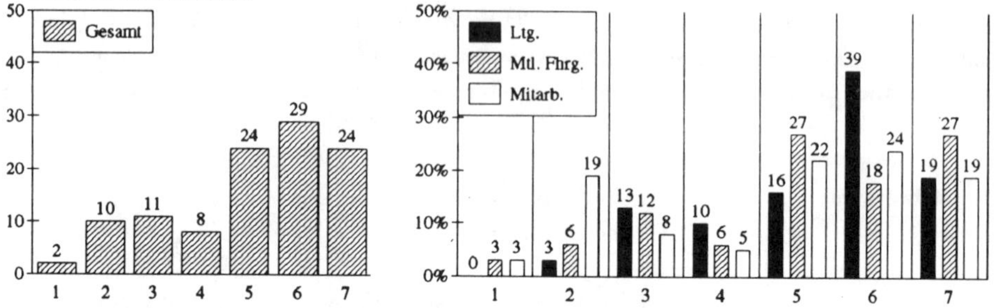

2. Direkte Klienten-/ Bewohner-Kontakte: Anforderungen und Schwierigkeiten bei Betreuung und Pflege

Auch der direkte Bewohnerkontakt ist ein wesentlicher Faktor innerhalb der Gesamtbelastung (Mittelwert 4,90; Streuung 1,49). Eine Einschätzung >5 als Indikator für deutliche Belastungen wird von 74% der Leitungs- und 75% der Führungskräfte, aber nur von einem vergleichsweise geringeren Anteil von 52% der Beschäftigten mit direktem Bewohnerkontakt ausgesprochen. Auffällig ist das Ausmaß dieses Unterschieds in der Beurteilung der Betreuer, der immerhin 22 bzw. 23 Prozentpunkte zwischen den Teilgruppen ausmacht. Dieses Item hat den Rangplatz 3 (67%).

Item 2: Direkter Bewohnerkontakt

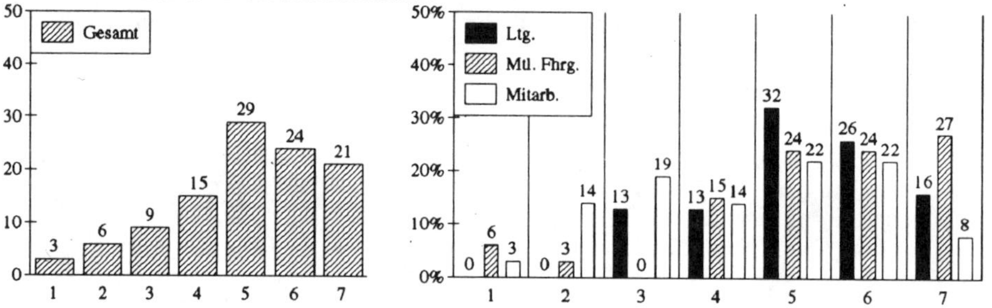

3. Team, Arbeitsgruppe: Zusammenhalt und gegenseitiges Verständnis, Kontakte und Beziehungen unter den Kollegen

Das Diagramm läßt erkennen, daß die Einschätzung der Belastung durch Teamarbeit bzw. durch die Arbeitsgruppe im unteren Bereich (Mittelwert 3,85; Streuung 1,45) liegt. 35% der Leitungs-, 31% der Führungskräfte, aber nur 25% der Mitarbeiter nehmen eine Bewertung von >5 vor.

Die Einzelanalyse zeigt eine relativ starke Übereinstimmung in der Einschätzung durch die drei Teilgruppen. Der Rangplatz dieses Items ist 15 (30%). Er entspricht damit allerdings in keiner Weise unseren qualitativen Erhebungen. Selbst unter Berücksichtigung der Tatsache des hohen Praktikantenanteils in der Gruppe der Mitarbeiter stellt sich die Frage, ob die mit der Teamarbeit verbundenen Belastungsmomente unterhalb einer spezifischen Wahrnehmungs- und Aufmerksamkeitsschwelle liegen und dadurch eine so geringe Bewertung erfahren.

Item 3: Team

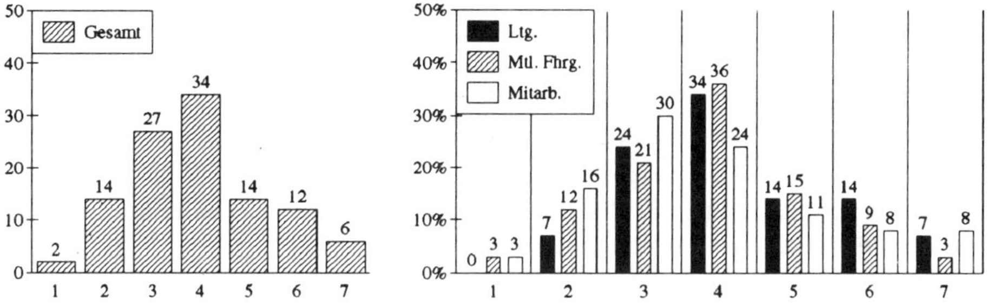

4. Organisations-interne Zusammenarbeit: Informationsfluß und Absprachen zwischen den hierarchischen Ebenen und innerhalb der Teams/Arbeitsgruppen

Die Verteilung bei diesem Item ist bei einem Mittelwert bei 4,19 leicht rechtsgeneigt (Streuung 1,28). Deutlich bestehen Unterschiede zwischen den Ebenen: die Leitungskräfte haben ein positiveres Bild über die interne Zusammenarbeit als die Betreuer im Gruppendienst. Je 42% der Leitungs- und der Führungskräfte stehen 47% der Mitarbeiter gegenüber, die unter dem Kriterium "Belastungen sind höher als 5" einen bedeutsamen Belastungsanteil zum Ausdruck bringen. Im Vergleich zu den anderen Items des Erhebungsbogens liegt die organisations-interne Zusammenarbeit mit Rangplatz 8 im mittleren Bereich (44%).

Item 4: Organisationsinterne Zusammenarbeit

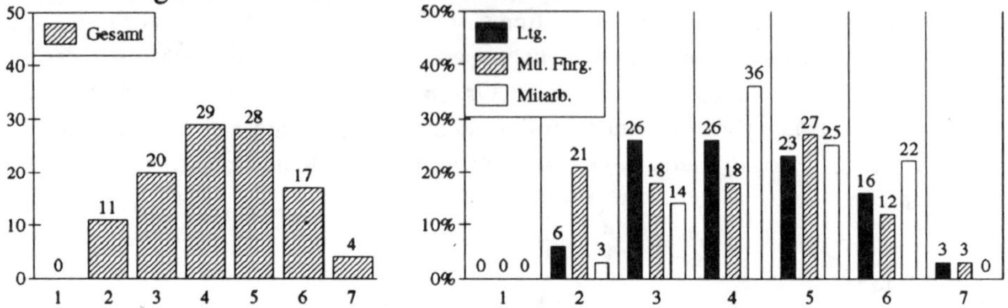

5. Betriebsklima: Führungsstil, gegenseitiges Verständnis zwischen den hierarchischen Ebenen; Offenheit von Verfahren und Prozessen; Bereitschaft für Innovation

Das Item zeigt eine recht unterschiedliche Wahrnehmung zwischen den Teilgruppen (Mittelwert 4,49; Streuung 1,34). Besonders die Mitarbeiter (58%), aber auch die mittleren Führungskräfte (54%) beurteilen das Betriebsklima als deutlichen Belastungsfaktor, im auffälligen Gegensatz zur Leitungsebene, die dies nur in 26% ihrer Beurteilungen so einschätzt. Damit ist der Unterschied in der Einschätzung dieses Items hier mit 32 Prozentpunkten mit Abstand am größten. Der Rangplatz dieses Items ist 7 (46%).

Item 5: Betriebsklima

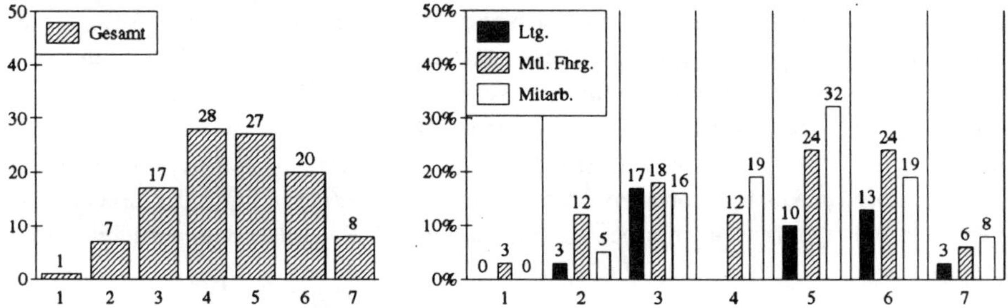

6. Zielklarheit/ Zielunklarheit: Aufgabenverständnis und gemeinsame Handlungsperspektiven (Organisations-Kultur)

Die in Graphik 6 dargestellte Verteilung (Mittelwert 4,16; Streuung 1,35) gibt ebensfalls eine recht uneinheitliche Beurteilung wieder, die möglicherweise auch auf die Itemformulierung zurückgeführt werden kann. Einerseits unterscheiden sich die Gruppen nicht sehr in ihrem Urteil darüber, ob aus dem Grad der Zielklarheit ein hoher Belastungsanteil rührt: 37% der Leitungskräfte, 39% der Führungskräfte und 31% der Mitarbeiter greifen zu einer Einschätzung >5. Andererseits ist die Bedeutung dieses Items durch den Schwerpunkt der Bewertungen im mittleren Bereich (Skalierung 3-4; z.B. sind dies 62% der Mitarbeiter) durchaus deutlich. Das Item nimmt Rangplatz 11 ein (36%).

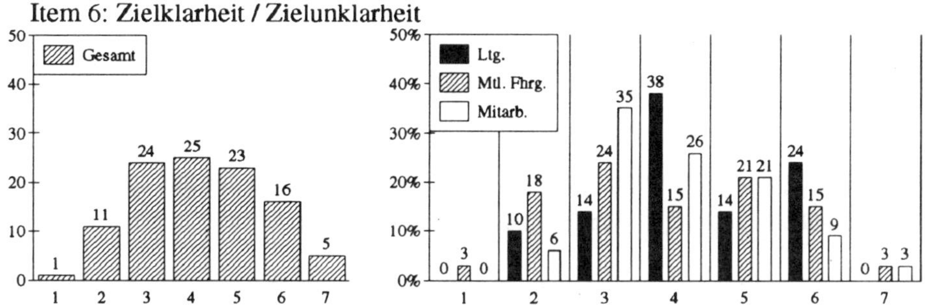

7. Handlungs- und Interpretationsspielräume — Kontrollmöglichkeit der eigenen Arbeit; Selbstkontrolle - Fremdkontrolle

Auch dieses Item (Mittelwert 3,83; Streuung 1,39) bringt den Wahrnehmungs- und Beurteilungsunterschied zwischen den Leitungskräften mit einer Einschätzung eher geringer Belastungsverursachung (27%) und der mittleren Führungsebene (mit 45%) zum Ausdruck, die wir so interpretieren, daß besonders die mittere Führungsebene in vielen Fragen der praktischen Entscheidungsabläufe "zwischen den Stühlen" sitzt. In der Bewertung der Mitarbeiter (28%) besteht eine gewisse Ähnlichkeit zur Gruppe der Leitungskräfte, sie empfinden weniger stark die damit verbundenen Erschwernisse. Auch hier deutet die breite Streuung der Ergebnisse eine insgesamt uneindeutige, diffuse Beurteilung dieses Items an. Dies könnte darauf hindeuten, daß in der Tat die von uns beschriebene "Privatisierung des Arbeitshandelns" vorliegt, nach der jeder die Handlungs- und Interpretationsspielräume nach vorwiegend privaten Kriterien bemißt. Der Rangplatz dieses Items ist 13 (33%).

Item 7: Handlungs- und Interpretationsspielräume

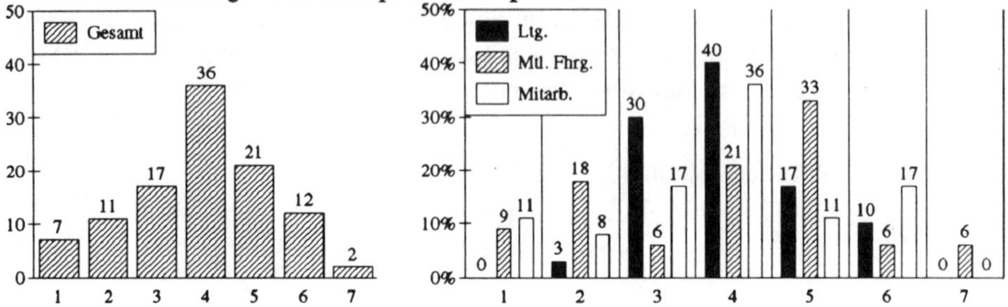

8. Problemüberflutung und Arbeitsdruck: Vielschichtigkeit des Arbeitsfeldes, Diffusität der Aufgaben, Vielfältigkeit der Anforderungen

Über alle Gruppen gesehen ist dies das Item mit der stärksten Ausprägung im Hinblick auf seinen Beitrag zur Gesamtbelastung. Die starke Rechtsgipfligkeit (Mittelwert 5,02; Streuung 1,67) zeigt sehr deutlich, daß Problemüberflutung und Arbeitsdruck ein Hauptbelastungsmoment der Arbeit ist. Allerdings bestehen sehr deutliche Unterschiede in dieser Beurteilung durch die Gruppen: die Leitungskräfte sehen zu 91% in diesem Item einen hohen Beitrag, aber nur 75% der Führungskräfte und gar nur 49% der Mitarbeiter. Damit enthält dieses Item die stärkste Diskrepanz in der Beurteilung durch die Funktionsgruppen. Es hat den Rangplatz 1 (71%).

Item 8: Problemüberflutung / Arbeitsdruck

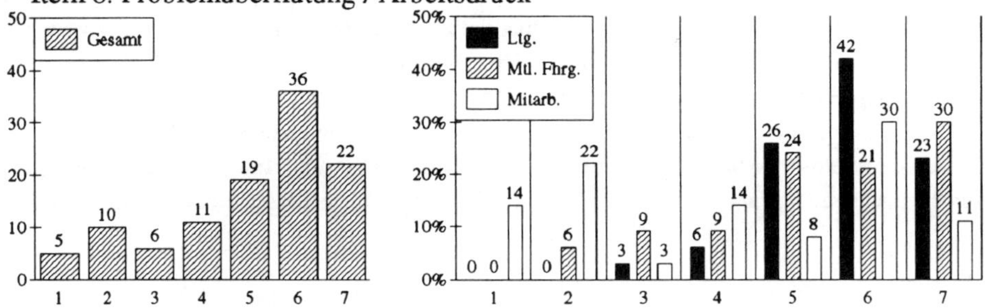

9. Verantwortung und Kompetenzen: Verantwortungs-Regelung zwischen den hierarchischen Ebenen, Delegation von Verantwortung mit/ohne entsprechende Kompetenzen

Item 9 (Mittelwert 4,29; Streuung 1,29) zeigt eine leicht rechtsgeneigte Normalverteilung mit allerdings deutlicher Ausprägung bei einigen Befragten, die eine starke Belastung in dieser Dimension zum Ausdruck bringen. Die Einschätzung der drei Gruppen unterscheidet sich kaum: 44% der Leitungs-, 40% Führungspersonen und 42% der Mitarbeiter schätzen die mit der Verantwortungs- und Kompetenzregelung verbundenen Themen als wichtigen Beitrag zur Belastung ein. Rangplatz 9 (42%).

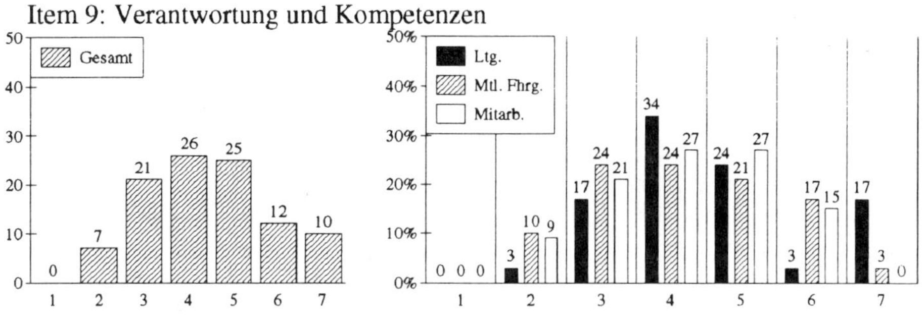

10. Verhältnis zu den Vorgesetzten: Kooperation - Unterstützung - Distanz

Insgesamt spiegelt auch diese Graphik (Mittelwert 4,14; Streuung 1,60) eine sehr breite Verteilung der Beurteilungen wider: Je höher die Vorgesetzten in der Hierarchie stehen, desto eher kennzeichnen sie diese Dimension als tendenziell "nicht belastend": 26% der Leitungspersonen, immerhin 35% der Führungskräfte und 45% der Mitarbeiter gehen davon aus, daß das Verhältnis zu den Vorgesetzten einen hohen Beitrag zur Belastung der Beschäftigten leistet. Der Rangplatz dieses Items über die drei Gruppen ist 12 (35%).

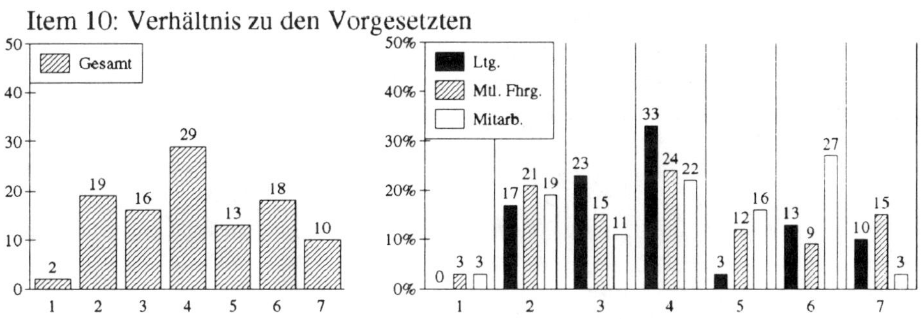

11. Organisationsleitung und Management: Führungsverhalten nach innen und außen; Fähigkeit und Bereitschaft, Entscheidungen zu treffen

Umgekehrt liegt bei diesem Item eine Verteilung (Mittelwert 4,30; Streuung 1,46) vor, bei der die Leitungskräfte eine hohe Belastung annehmen dort, wo wir von den anderen Gruppen eine wesentlich geringere Ausprägung von Belastungen erfahren. So halten 67% der Leitungskräfte, aber nur 46% der Führungspersonen und 43% der Mitarbeiter Belastungen aus dem Bereich "Organisationsleitung und Management" für hoch. Rangplatz 5 (52%).

Item 11: Organisationsleitung und Management

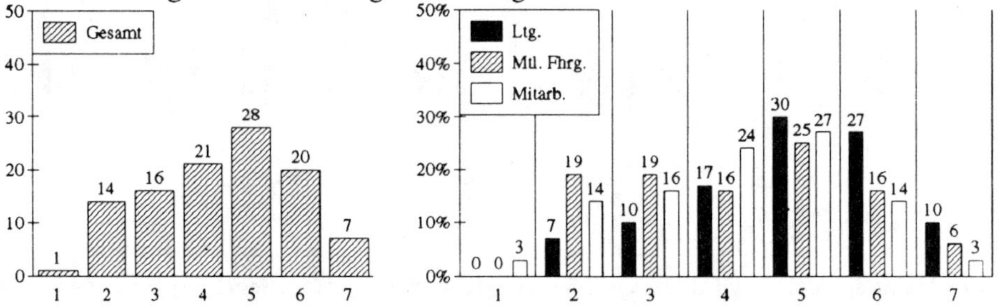

12. Zusammenarbeit mit Fachdiensten: medizinische, psychologsche Fachdienste; Förderbereiche

Item 12 weist - neben dem Item "Technische Hilfsmittel" - den geringsten Mittelwert (3,56; Streuung 1,64) auf, wenn auch eine durchaus nennenswerte Anzahl von Mitarbeitern, aber auch mittlere Führungskräfte und Leitungspersonen auf Schwierigkeiten in diesem Feld hinweisen. Die Leitungskräfte geben einen hohen Belastungsanteil von 31%, die Führungsebene einen solchen von 41%, die Mitarbeiter jedoch nur einen solchen von 24% an. Der Rangplatz ist mit 14 der zweitniedrigste (32%).

Item 12: Zusammenarbeit mit Fachdiensten

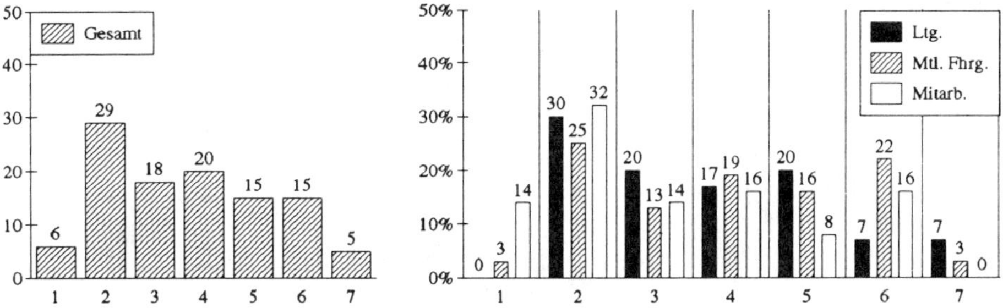

13. Verwaltungsaufgaben: Verwaltungsbezogene Anforderungen und Schwierigkeiten im Arbeitsvollzug

Item 13 zeigt eine Verteilung mit dem Mittelwert 4,13 und der Streuung 1,57. Im Gegensatz zu den mittleren Führungskräften (49%) hält die Leitungsebene mit 42%, die Mitarbeiter selbst dagegen nur mit 31% der Einschätzungen die Belastung durch Verwaltungsaufgaben für hoch. Der Rangplatz des Items ist 10 (41%).

Item 13: Verwaltungsaufgaben

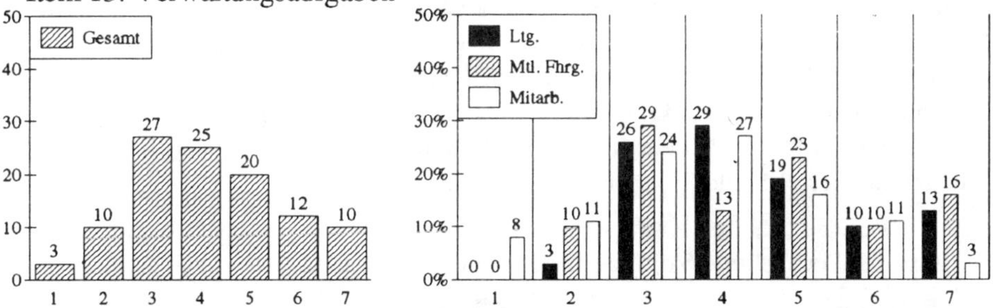

14. Berufl. Qualifikation: Berufsausbildung, Einführung und Einarbeitung

Interessant ist an dieser Graphik wiederum der Unterschied in der Beurteilung durch die verschiedenen Teilgruppen (Mittelwert 4,06; Streuung 1,32). Während die Mitarbeiter im Gruppendienst zu 36% eine hohe Belastungsverursachung zu erkennen geben, meinen die direkten Vorgesetzten dies zu 65%, die Leitungsebene geht in 47% der Einschätzungen davon aus, daß in der beruflichen Qualifikation eine Quelle hoher Belastungen zu suchen sei. Rangplatz 6 (49%).

Item 14: Berufliche Qualifikation

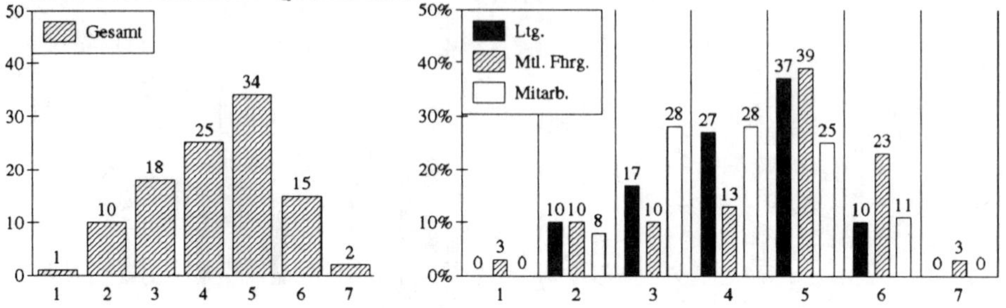

15. Persönliche Voraussetzungen der Mitarbeiter: Anspruchsniveau, Umgangsweise mit Streß, private Lebenssituation

In durchaus deutlichem Maße werden die "persönlichen Voraussetzungen der Mitarbeiter" als Beitrag zur Gesamtbelastung angesehen (Mittelwert 4,61; Streuung 1,42). Einheitlich über alle drei Gruppen finden wir eine Häufung über dem Skalenwert 5. Auffallend ist, daß etwa ein Drittel der direkten Vorgesetzten sogar den Extremwert 7 der Bewertungsskala bei ihrer Bewertung herangezogen haben. Insgesamt sind 67% der Leitungskräfte der Auffassung, die persönlichen Voraussetzungen der Mitarbeiter trügen zu hohen Belastungen bei, und sogar 77% der Führungskräfte geben eine solche Beurteilung ab; die Mitarbeiter selbst meinen dies nur zu 54%. Damit ist auch dies ein Item mit hoher Diskrepanz in der Einschätzung durch die Funktionsgruppen. Der Unterschied liegt mit 23 Prozentpunkten nach dem Item 8 mit 42, dem Item 5 mit 32 und dem vorhergehenden Item 14 mit 29 Punkten an vierter Stelle. Rangplatz dieses Items ist 4 (66%).

Item 15: Persönliche Voraussetzungen der Mitarbeiter

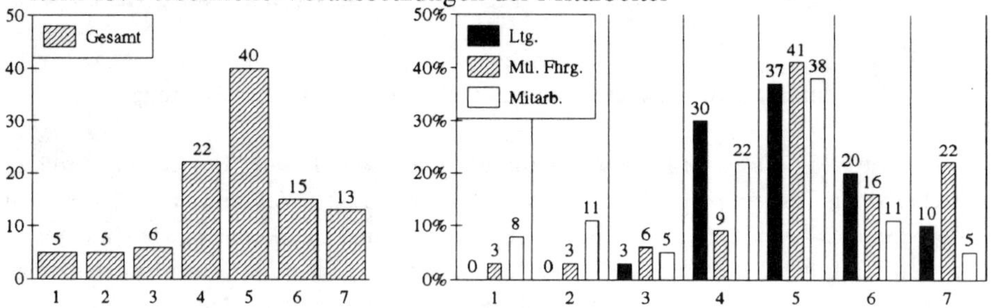

16. Physische Arbeitsbelastung: Heben, Tragen, lange Wege etc.

Wir finden bei diesem Item eine breite Verteilung (Mittelwert 4,00; Streuung 1,99) der Bewertungen, die wohl nur aus den tatsächlich bestehenden großen Unterschieden der physischen Arbeitsbelastungen im konkreten Wohngruppenalltag zu erklären ist. Einhellig gibt es einen großen Teil von Befragten (41% der Leitungskräfte, 51% der Vorgesetzten, 34% der Mitarbeiter), für die aus dieser Dimension erhebliche Belastungen resultieren. Der Rangplatz liegt mit 9 in der unteren Hälfte des Anteils an der Gesamtbelastung (42%).

Item 16: Physische Arbeitsbelastung

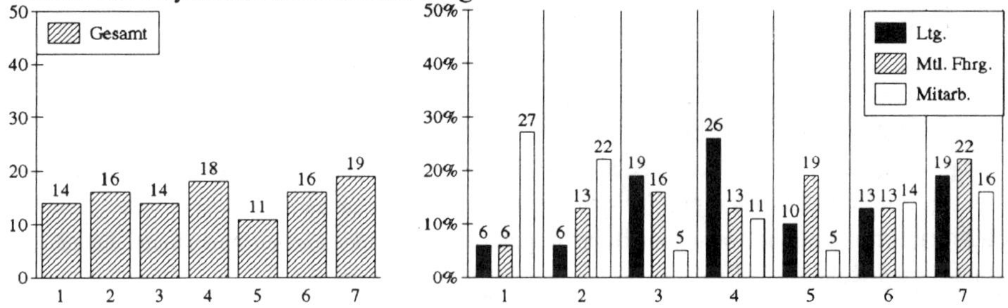

17. Technische Hilfsmittel: Vorhandensein, tatsächlicher Einsatz und Akzeptanz von Hilfsmitteln (Lifter etc.)

Das Auswertungsergebnis (Mittelwert 3,17; Streuung 1,61) verdeutlicht, daß technische Hilfsmittel und deren Anwendung nicht zu einem wesentlichen Beitrag zur Belastung angesehen werden - obwohl die Ambivalenz gegenüber der Technik durchaus immer wieder Diskussionen bei Betreuern im Gruppendienst erzeugt. Wir interpretieren die ja eigentlich überraschend hohe Anzahl von Bewertungen im Bereich 3-4 der Skala auch in diesem Sinne: der Einsatz technischer Hilfsmittel ist durchaus nicht problemlos. "Bedeutsame Belastungen" entstehen bei den Befragten nur bei 20% der Leitungs- und 13% der Führungsebene aus der Anwendung technischer Hilfsmittel. Ebenso äußern sich auch die Mitarbeiter (13%). Rangplatz 16 (15%).

Item 17: Technische Hilfsmittel

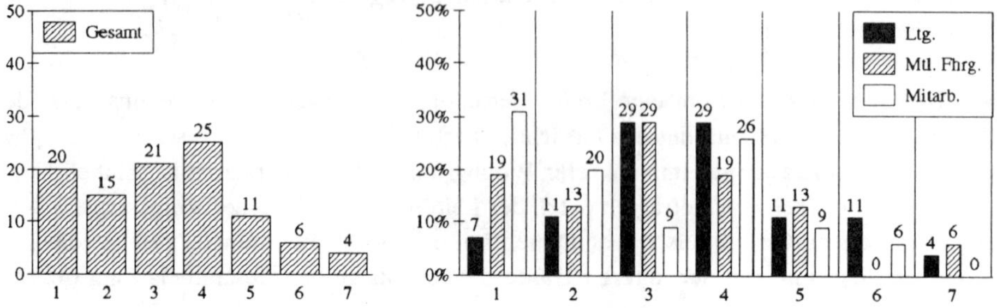

18. Erprobung und Einsatz von EDV-Systemen: Ausbildung und Einarbeitung; Akzeptanz; Datenschutz/Datenverdichtung

Dieses Item (Mittelwert 2,3; Streuung 1,63) zeigt wohl vor allem, daß der Einsatz von EDV-Systemen insbesondere für Mitarbeiter im Gruppendienst noch kein Thema der Belastungsverursachung ist. Die Tatsache, daß trotzdem Leitungs-, aber auch Führungskräfte hier ein Belastungsrisiko sehen, ist unverständlich - es sei denn, man wollte annehmen, daß diese Einschätzungen etwas über Belastungen der je eigenen Position aussagen. Der Rangplatz dieses Items ist 17 (6%).

Item 18: EDV

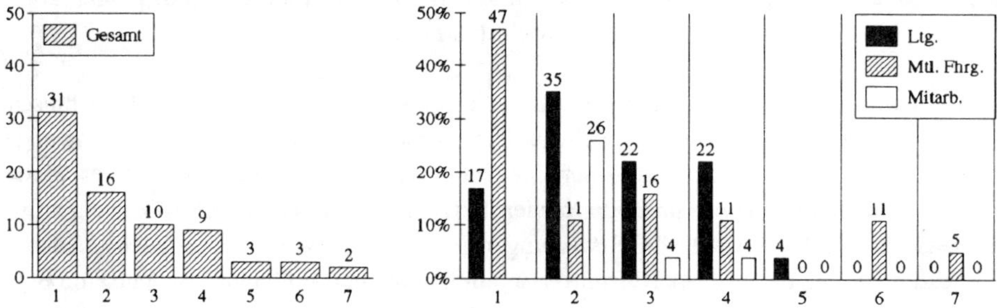

Wir nehmen nach dieser ersten Übersicht der statistischen Daten eine Zusammenfassung anhand der folgenden Aufstellung vor. In ihr sind die Einschätzungen der drei Gruppen (Leitungspersonen, Führungskräfte, Mitarbeiter im Gruppendienst) aufgeführt. Um die Interpretation der Daten zu erleichtern, sind nur diejenigen Bewertungen aufgenommen, die von einer deutlichen Belastungsverursachung des jeweiligen Items ausgehen (als Kriterium haben wir eine Bewertung von "> =5" der Items definiert).

Das Gesamturteil aller drei Gruppen der einzelnen Items ist in eine Rangfolge der Belastungsverursachung eingegangen. Hervorgehoben sind in der Aufstellung diejenigen Bewertungen, die von 50% der Befragten einer Gruppe vorgenommen wurden. Die Aufstellung verdeutlicht, daß insgesamt 9 der vorgelegten 18 Items von wenigsten einer der drei Funktionsgruppen zu 50% (bzw. in zwei Fällen 49%) der Befragten das Kriterium "Belastung > =5" erfüllen. Vier Items (1, 2, 8 und 15) werden von allen drei Gruppen in dieser Weise beurteilt.

Item	Rang (%)	Leitungs-Personen	Führungs-Kräfte	Betreuer
1	2 (69)	**73**	**71**	**64**
2	3 (67)	**74**	**75**	**52**
3	15 (30)	35	31	25
4	8 (44)	42	42	47
5	7 (46)	26	**54**	**58**
6	11 (36)	37	39	31
7	13 (33)	27	45	28
8	1 (71)	**91**	**75**	**49**
9	9 (42)	44	40	42
10	12 (35)	26	35	45
11	5 (52)	**67**	46	43
12	14 (32)	32	41	24
13	10 (41)	42	**49**	31
14	6 (49)	47	**65**	36
15	4 (66)	**67**	**77**	**54**
16	9 (42)	41	**51**	34
17	16 (15)	20	13	13
18	17 (6)	4	15	-

Als Kriterium für die Beurteilung der Frage, ob ein Item in seinem Beitrag zum Zustandekommen von Belastungserfahrungen von den Gruppen gleichsinnig beurteilt wird, nehmen wir eine Spannweite von < = 10 Prozentpunkten an (die Gruppe der Betreuer ist die jeweilige Bezugsgruppe). Daraus ergibt sich:

1. Es werden die folgenden sechs Items in etwa gleichsinnig von den drei Teilgruppen beurteilt (die Streuung liegt innerhalb einer Spannweite von 10%):

Item	Spannweite der Beurteilung in % (Leitungs-/Führungskräfte)
1 (Arbeitszeit)	9 / 7
3 (Team, Arbeitsgruppe)	10 / 6
4 (org.-interne Zusammenarbeit)	5 / 5
6 (Zielklarheit/Zielunklarheit)	8 / 8
9 (Verantwortung/Kompetenz)	4 / -2
17 (technische Hilfsmittel)	7 / 0

2. Items, die von den Leitungs- und Führungskräften deutlich als belastender für die Beschäftigten eingeschätzt werden als von den Beschäftigten selbst:

Item	Spannweite der Beurteilung in %
2 (direkter Klientenkont.)	22 / 23
8 (Problem-Überflut./Arbeitsdruck)	42 / 26
11 (Organisations-Ltg./Management)	24 / 3
15 (persönl. Voraussetzungen der MA)	13 / 23

3. Die folgenden Items werden nur von den direkten Führungskräften als *deutlich* belastender eingeschätzt (li. Spalte Leitungskräfte, re. Spalte direkte Vorgesetzte):

Item	Spannweite der Beurteilung in %
7 (Handl./Interpret.-Spielräume)	-1 / 17
12 (Zus.-Arbeit m. Fachdiensten)	8 / 17
13 (Verwaltungsaufgaben)	11 / 18
14 (berufliche Qualifikation)	11 / 29
16 (physische Arb.-Bedingungen)	7 / 17

4. Zwei Items werden von den Betreuern als belastender eingeschätzt als von den vorgesetzten Ebenen:

Item	Spannweite der Beurteilung in %
5 (Betriebsklima)	-32 / -4
10 (Beziehung zu den Vorgesetzt.)	19 / -10

Wie lassen sich diese zum Teil krassen Beurteilungsunterschiede interpretieren? Inwieweit können die Daten als Bestätigung der qualitativen Ergebnisse unserer Studie in zwei Einrichtungen gewertet werden? Die Fragen sind nicht ohne weiteres zu beantworten. Das sich ergebende Bild ist schillernd. Die als deutlich belastend identifizierten Themenbereiche haben einen Hinweischarakter. Das mit der auffälligsten Bewertung versehene Thema (*Problemüberflutung und Arbeitsdruck*) ist gleichzeitig dasjenige, dem alle nicht identifizierten und nicht identifizierbaren - eben diffusen - Anteile der Betreuungstätigkeit zugewiesen werden können. Gerade die besonders hohe Ausprägung in der Belastungszuschreibung durch die Leitungs- und Führungskräfte ließe sich als ein quasi kollektiver Entlastungsversuch interpretieren, als Eingeständnis, angesichts von Ohnmacht und institutioneller Überforderung die Arbeitsgestaltung nicht anders vornehmen zu können als eben so, daß diese Einschätzung zustande kommt.

Ist das Thema der *Arbeitszeit* noch aufgrund des hohen Eingriffs in die Lebensführung des einzelnen Betreuers durch Wechselschicht- und Wochenenddienste unmittelbar einsichtig und plausibel, so stehen die hohen *Belastungen durch den unmittelbaren Klientenkontakt* in der Fragebogenerhebung in dieser Schärfe nicht im Einklang mit unseren qualitativen Untersuchungsergebnissen. Daß hier ein Bruch in der Einschätzung vorliegt, deutet sich allerding in der hohen Diskrepanz an, die zwischen Betreuern und Leitungs- bzw. Führungskräften festzustellen ist. Die *persönlichen Voraussetzungen der Mitarbeiter* als weiteres Item mit hoher Belastungsverursachung (Rangplatz 4) sind in ähnlicher Weise wie das Item 8 prädestiniert, Projektionen hervorzurufen: da es hier gerade nicht um den Bezug auf eher intrumentelle Qualifikationen geht, sondern um darüber hinaus bestehende Anforderungen (Anspruchsniveau, Umgangsweisen mit Streß, private Lebenssituation sind die erläuternden Stichworte), werden Kompetenzerwartungen privatisiert.

Streß- und Belastungserleben durch *Organisationsleitung und Management* wird erstaunlicherweise in viel stärkerem Maße durch die Leitungsebene zuerkannt als durch die Mitarbeiter selbst. Auch dies steht in gewissem Gegensatz zu den eigenen qualitativen Befunden, nach denen auch die Betreuer eine deutlich hohe Belastungsverursachung durch Leitung und Management ausmachen. Andererseits können wir annehmen, daß ein Item wie *Betriebsklima* zwar weniger direkt, aber doch in ähnlicher Weise Belastungen aus dem organisatorischen Umfeld der Betreuer aus ihrer Perspektive zum Ausdruck bringt und dadurch das Ungleichgewicht in der Beurteilung aufwiegt. Die fachlichen *Qualifikationen* werden bezeichnenderweise besonders von den Vorgesetzten als Quelle der Belastung hervorgehoben, das bereits angesprochene Item *Betriebsklima* sowohl von Führungskräften als auch von den Betreuern. Die *organisations-interne Zusammenarbeit* ist erwähnenswert, weil sie insgesamt auf einem relativ hohen Niveau als belastend erlebt wird, die *physischen Arbeitsbedingungen* vor allem aufgrund der hohen Einschätzung durch die Führungskräfte. - Andererseits ist ein Thema wie das der *Teamarbeit*, aus dem eine Vielzahl unmittelbarer Belastungen im Alltag resultieren, in der Erhebung mit Rangplatz 15 auf eine Weise bewertet, die nach unseren Erfahrungen ihrer tatsächlichen Bedeutung nicht entspricht.

Insgesamt ergibt die Beurteilung eine weitgehenden Bestätigung der qualitativen Ergebnisse. Sie besteht in der statistischen Bekräftigung einzelner Belastungsschwerpunkte, und auch in der überwiegenden Zersplitterung, Vielfalt, Unterschiedlichkeit, teilweise Gegensätzlichkeit der Bewertungen. Häufig erfolgen die Beurteilungen positionsgebunden. Die besonders auffälligen Abweichungen in den Einschätzungen zwischen den Betreuern und den vorgesetzten Ebenen (dies gilt vor allem für die Items 2, 5, 8, 10, 11, 14, 15) lassen sichtbar werden, daß die Diskrepanz in der Beurteilung eines Arbeitskontextes zum Teil so erheblich ist, daß die Verständigung zwischen unterschliedlichen Gruppen akut gefährdet ist. Wir erinnern an die Unterscheidung zwischen "Linien-" und der "Zonenkommunikation" an der Schnittstelle zwischen Team und Leitung (vgl. Abschnitt 8.2) oder die tiefgreifend unterschiedliche Einschätzung in der Frage, was ein "schwieriger Bewohner" denn eigentlich ist: derjenige Bewohner mit Schwerst-Behinderung und hohem Pflegebedarf - oder derjenige, der besondere psychische Anforderungen stellt, weil er eben sehr "fordernd" ist; weil er "ständig an den persönlichen Grenzen der Betreuer zerrt". Auch unterschwellig nebeneinander bestehende rivalisierende, sich aber eigentlich ausschließende immanente Konzepte (vgl. etwa das Beispiel der "Kaffee-Situation"; dort stand eine "Struktur-" gegen eine "Bedürfnis-Orientierung") sind hier zu nennen: Die Beurteilung von Betreuungs-Situationen aus unterschiedlichen Perspektiven erfordert ein besonderes Maß an Offenheit, Aufrichtigkeit, Bereitschaft zum Konsens und Bereitschaft, den eigenen und den fremden Wahrnehmungen und Empfindungen zu trauen bzw. sie zuzulassen - auch dann, wenn sie sich in das eigene Denken und Weltbild nicht ohne weiteres einfügen mögen.

Die Themen des von uns vorgegebenen Fragebogens sind abstrakt formuliert gewesen. Sie haben es den Befragten nicht leicht gemacht, eigene Erfahrungen auf ein derart allgemeines Niveau zu transponieren, ohne die Möglichkeit einer inneren Differenzierung in den einzelnen thematischen Dimensionen. Und doch verstehen wir im Zusammenhang mit den zuvor beschriebenen qualitativen Analysen diese Einschätzungen der Belastungsdimensionen als eine weitere Bestätigung dafür, daß es gerechtfertigt ist, von einer spezifischen *Gesamtbelastung* zu sprechen. Wir vertiefen die Analyse dieser quantitativen Daten im nachfolgenden Abschnitt durch eine Faktorenanalyse.

10.3 Faktorenanalyse und zusammenfassende Bewertung der Ergebnisse der Fragebogen-Erhebung

Auf dem Hintergrund der vorliegenden Häufigkeitsverteilungen und insbesondere im Hinblick auf die Schwerpunkte der vorzunehmenden Belastungsanalyse wurden in der Faktorenanalyse die drei letzten Variablen, nämlich physische Arbeitsbelastung (Item 16), technische Hilfsmittel (Item 17) und Erprobung und Einsatz von EDV-Systemen (Item 18), nicht berücksichtigt. Fehlende Angaben in den vorliegenden 99 Fragebogen wurden durch den Mittelwert der vorliegenden Antworten ergänzt.
Die vorgenommene Vier-Faktoren-Analyse zeigt, daß die über 15 Variablen gebildeten Faktoren 57,6 % der Gesamtvarianz klären. Der überwiegende Teil dieses Erklärungspotentials entfällt auf den ersten Faktor mit einer Varianzaufklärung von 27,6 %, gefolgt von dem zweiten Faktor mit einer geklärten Varianz von 13,1 %. Der dritte und auch der vierte Faktor mit jeweils 8,8 bzw. 8,1 % erklärter Varianz liegen noch deutlich über dem prozentualen Erklärungsanteil einer Variablen.

Abb. 6 Faktorenanalyse: Alle Fragebogen bereinigt um die Items "physische Arbeitsbedingungen", "technische Hilfsmittel", "EDV-System"

Variable	Communality	*	Factor	Eigenvalue	Pct of Var	Cum Pct
Arbeitszeit	.40243	*	1	4.13438	27.6	27.6
Bewohnerkontakt	.56598	*	2	1.96410	13.1	40.7
Team	.71250	*	3	1.32695	8.8	49.5
organisat. Zusammenarb.	.58919	*	4	1.21402	8.1	57.6
Betriebsklima	.66897	*				
Zielklarheit	.75526	*				
Handlungs-/Int.-Spr.	.58228	*				
Problemüberflutung...	.54223	*				
Verantwortung u. Komp.	.46974	*				
Verhältnis z. d. Vorg.	.64477	*				
Organisationsl./Managem.	.47895	*				
Zusammenarb. m. Fachd.	.57234	*				
Verwaltungsaufgaben	.42133	*				
Berufl. Qualifikation	.52466	*				
persönliche Vorauss.	.70883	*				

Abbildung 7: Rotierte Faktor-Matrix - Gesamtübersicht

	FAKTOR 1	FAKTOR 2	FAKTOR 3	FAKTOR 4
Betriebsklima	.813	.068	-.051	-.032
Organisat. Zusammenarb.	.746	-.015	-.002	-.180
Verhältnis z. d. Vorg.	.729	.150	.277	.119
Verantwortung u. Komp.	.511	.325	.129	.293
Handlungs-/Int.-Spr.	.092	.752	-.095	-.004
Problemüberflutung	-.015	.593	.412	.143
Zielklarheit	.499	.590	-.267	-.296
Berufliche Qualifik.	.124	.590	.338	.218
Bewohnerkontakt	-.060	.583	.448	-.149
Organisationsl./Managem.	.390	.533	.106	.176
Persönliche Vorauss.	.121	.120	.824	.025
Zusammenarb. m. fachd.	.345	.026	.628	.240
Arbeitszeit	-.156	.099	.514	-.323
Team	.441	.241	.269	-.623
Verwaltung	.040	.203	.086	.610

Die rotierte Faktorenmatrix zeigt, daß der erste Faktor deutlich durch Variablen geprägt wird, die Strukturmerkmale der Dienstleistungsorganisation beschreiben. Wir nennen ihn daher *STRUKTUR-Faktor*. Er besteht aus vier Variablen:

- Betriebsklima,
- organisationsinterne Zusammenarbeit,
- Verhältnis zu den Vorgesetzten, und
- Verantwortung und Kompetenz im Sinne der Verantwortungsregelung zwischen den hierarchischen Ebenen.

Dominiert wird dieser *STRUKTUR-Faktor* durch die Variable Betriebsklima mit einer Ladung von 0.813 (vgl. auch die Kennzeichnung des Items) im Hinblick auf die hiermit verbundenen Belastungen. Die nächsthöhere Ladung hat die Variable *organisationsinterne Zusammenarbeit* mit 0.746. In ihr geht es um Fragen des Informationsflusses und der Absprachen zwischen hierarchischen Ebenen und innerhalb von Teams bzw. Arbeitsgruppen. Die Tatsache, daß die beiden Variablen gleichsinnig und gleichbedeutend von den Befragten beantwortet wurden, ist unter dem Gesichtspunkt der Antwortverläßlichkeit von hoher Bedeutung. Beide Variablen betreffen - mit geringfügig unterschiedlichen Schwerpunkten im Sinne wechselseitiger Einschätzungen - Aspekte der vertikalen und teilweise auch horizontalen Gliederung der Dienstleistungsorganisation. Auch die dritte Variable, nämlich das *Verhältnis zu den Vorgesetzten* unter dem Gesichtspunkt von Kooperation, Unterstützung bzw. Distanz wird ähnlich eingeschätzt. Sie hat eine Ladung von 0.729. Mit deutlich geringerer Ladung in Höhe von 0.511 gehört auch noch die Variable *Verantwortung und Kompetenz* unter dem Gesichtspunkt der Verantwortungsregelung zwischen den hierarchischen Ebenen und der Delegation zu diesem Strukturfaktor.

Die Variable *Zielklarheit bzw. Zielunklarheit* im Sinne eines organisationsgemeinsamen Aufgabenverständnisses bzw. gemeinsamer Handlungsperspektiven im Sinne einer Organisationskultur hat gleichfalls eine relativ hohe Ladung auf diesem ersten Faktor in Höhe von 0.499. Sie wird aber dem zweiten Faktor zugerechnet, da dort die Ladung wesentlich höher ist. Diese Zwitterstellung der Variablen *Zielklarheit bzw. Zielunklarheit* ist bedeutsam. Sie zeigt einerseits an, daß die Frage der Zielfindung und Handlungsorientierung ein gesamtorganisatorisches Problem ist. Andererseits macht sie sichtbar, daß die mit fehlender Zielklarheit verbundenen Belastungswirkungen im wesentlichen im Arbeitsprozeß selbst auszumachen sind. Auch die relativ hohe Ladung der Variablen *Team* in Höhe von 0.441 auf dem ersten Faktor zeigt, daß auch die unmittelbare Zusammenarbeit von Kollegen in Verbindung mit Strukturmerkmalen der Organisation Einfluß hat - auch wenn insgesamt die Faktorenanalyse ergibt, daß diese Frage der teambezogenen Zusammenarbeit als eigenständiger Faktor zu betrachten ist.

Den zweiten Faktor bezeichnen wir als *ARBEITSPROZESS-Faktor*. In ihm hebt sich die Variable der *Handlungs- und Interpretationsspielräume* im Sinne der Kontrollmöglichkeiten eigener Arbeit bzw. vorliegender Fremdkontrolle deutlich heraus. Diese Variable hat eine Ladung von 0.752 und lädt auf keinem der anderen Faktoren nennenswert. Sie ist für diesen zweiten Faktor hinsichtlich des Belastungzusammenhangs dominant. Auf Grund unserer Itemformulierung ist jedoch nicht entscheidbar, ob die Spielräume oder das Maß an Fremdkontrolle eher als belastungsrelevant angesehen werden. Aus dem theoretischen Zusammenhang heraus und mit Blick auf die sonst noch auf diesem Faktor ladenden Variablen ist jedoch ableitbar, daß hier die für Burnout entscheidende Verbindung zwischen Kontroll- bzw. Gestaltungsansprüchen bzw. -verpflichtungen und die dafür notwendigen Voraussetzungen (in Form von Zielklarheit, beruflicher Qualifikation oder auch organisationspolitischen Entscheidungen) hergestellt wird.

Auf diesem zweiten Faktor laden die Variablen *Zielklarheit bzw. -unklarheit* mit 0.590, *berufliche Qualifikation* mit 0.590 und das *Führungsverhalten der* Organisationsleitung und des Managements mit 0.533. Die Konsistenz dieses *Arbeitsprozeßfaktors* ist dadurch gekennzeichnet, daß die Bereiche, in denen sich die Orientierungs- und Handlungsprobleme unmittelbar als Belastungen auswirken, nämlich die *direkten Klienten-/Bewohnerkontakte* (Ladung 0.583) mit den damit verbundenen vielfältigen Anforderungen und Schwierigkeiten bei Betreuung und Pflege, die Vielschichtigkeit des Arbeitsfeldes und die Diffusität der Aufgaben, hier thematisiert als Variable *Problemüberflutung und Arbeitsdruck* (0.593) gleichfalls auf diesem zweiten Faktor laden.
Auch die Variable *Organisationsleitung und Management* (Führungsverhalten, Fähigkeit und Bereitschaft, Entscheidungen zu treffen) lädt mit 0,533 auf diesem zweiten Faktor. Von den sechs Variablen dieses Faktors verfügen fünf über nur schwach ausgeprägte Ladungen. Vier von ihnen laden nennenswert auch auf anderen Faktoren: neben der bereits angesprochenen Variablen *Zielklarheit* besteht eine Überschneidung mit dem ersten Faktor bei der Variablen *Organisationsleitung und Management*; ähnliche Verhältnisse treffen wir an bei den Variablen *Problemüberflutung und Arbeitsdruck* und *Direkte Klienten-/Bewohner-Kontakte*, die Ladungen auch auf dem folgenden dritten Faktor haben. Wir interpretieren dies als weiteren Hinweis auf die spezifische Belastungsstruktur. Der *ARBEITSPROZESS-Faktor* unterstreicht mit seiner Konsistenz genau das, was in der qualitativen Analyse als Diffusität benannt worden ist: die Ausrichtung des Arbeitsprozesses in der Betreuung zwischen *Struktur* und *Person*.

Der dritte Faktor - wir bezeichnen ihn als *PERSON-Faktor* - wird vor allem durch die Variable *persönliche Voraussetzungen der Mitarbeiter* (Anspruchsniveau, Umgangsweise mit Streß, private Lebenssituation) gekennzeichnet (Ladung 0.824). Interessant ist, daß dieser Aspekt - unabhängig von dem zweiten Faktor - thematisiert und als eigenständiger Faktor eingebracht wird. Offenbar ist dies der Gesamtsituation geschuldet, in der das Individuum

letztlich sowohl bei der Gestaltung des Arbeitsfeldes (Produktion der Organisation) als auch bei der unmittelbaren inhaltlichen Gestaltung der Arbeitssituation (Organisation der Produktion) auf sich selbst gestellt ist. Damit wird die Belastung zu einer Funktion der persönlichen Voraussetzungen. Daß in der Faktorenanalyse ein Zusammenhang mit der Variablen *Zusammenarbeit mit Fachdiensten* (Ladung 0.628) hergestellt wird, kann durchaus in diesem Kontext verstanden werden: Im Rahmen von Professionalisierung liegt in der Zusammenarbeit mit Fachdiensten das Konstituierende und Spezifische personenbezogener Dienstleistung. Sie kann *ent*-lasten, wenn sie konzeptionell abgesichert ist; sie *be*-lastet, wenn dies nicht der Fall ist. Damit aber wird Zusammenarbeit gebunden an die persönlichen Voraussetzungen des Individuums.
Auch die auf diesem Faktor mit 0.514 ladende Variable *Arbeitszeit* (Schichtdienst, Wechselschicht, geteilter Dienstes, Wochenenddienst) zeigt, daß dieser Faktor die personale Einbindung thematisiert. Eine solche Interpretation dieses Faktors liegt auch deshalb nahe, weil auf ihm zusätzlich die beiden Variablen laden, die den Mitarbeiter im Arbeitsfeld beschreiben, nämlich der *direkte Klienten-/Bewohnerkontakt* und *Problemüberflutung und Arbeitsdruck*, die jeweils mit 0.448 und 0.412 laden, aber nicht mehr dem dritten Faktor zuzurechnen sind.

Der vierte Faktor, in dem das *Team* (Zusammenhalt und gegenseitiges Verständnis, Kontakte und Beziehungen unter den Kollegen) mit einer Ladung von minus 0.623 dominiert, kann als eigenständiger *ZUSAMMENARBEITS-Faktor* interpretiert werden. Dies umso mehr, als Bestandteil dieses Faktors die Variable *Verwaltungsaufgaben* (verwaltungsbezogene Anforderungen und Schwierigkeiten im Arbeitsvollzug) ist, die mit 0.609 gleichfalls auf diesem Faktor lädt.

In einem nächsten Schritt haben wir - wiederum unter Auslassung der Items 16, 17, 18 - eine Faktorenanalyse durchgeführt mit den Daten von Mitarbeitern, die direkt mit behinderten Menschen arbeiten. Auch hier ergab sich eine Vier-Faktoren-Lösung, in der die vier ermittelten Faktoren 61,8 % der Gesamtvarianz erklären. Dabei entfallen auf den ersten Faktor 30,1 %, auf den zweiten 14,2 % der Varianzaufklärung. Auch der Varianzerklärungsanteil des dritten und vierten Faktors steigt geringfügig (9,2 % bzw. 8,5 %. Zum Vergleich die entsprechenden Werte der ersten Faktorenanalyse: F1=27,6, F2= 13,1, F3=8,8, F4=8,1).

Abb. 8 FAKTORENANALYSE: ohne Leitungskräfte

Variable	Communality	*	Factor	Eigenvalue	Pct of Var	Cum Pct
		*				
Arbeitszeit	.40273	*	1	4.51520	30.1	30.1
Bewohnerkontakte	.61388	*	2	2.10330	14.0	44.1
Team	.78344	*	3	1.37416	9.2	53.3
Organisat. Zusam.arb.	.59539	*	4	1.27738	8.5	61.8
Betriebsklima	.72833	*				
Zielklarheit	.72067	*				
Handlungs./Int.-Spr.	.70172	*				
Problemüberflutung	.59603	*				
Verantwortung/Kompet.	.42615	*				
Verhältnis z.d.Vorg.	.72779	*				
Organisationslt./Man.	.50635	*				
Zusammenarb. Fachd.	.63061	*				
Verwaltung	.58003	*				
Berufl. Qualifikat.	.55378	*				
Persönliche Vorauss.	.70315	*				

Abb. 9 Rotierte Faktor-Matrix:

	FACTOR 1	FACTOR 2	FACTOR 3	FACTOR 4
Betriebsklima	.848	.077	-.042	-.034
Organisat. Zusammenarbeit	.754	.005	-.032	-.160
Verhältnis zu den Vorgesetzten	.743	.082	.400	.107
Verantwortung und Kompetenzen	.502	.363	.160	.129
Handlungs- und Interpret.-spielraum	.081	.824	-.069	-.109
Problemüberflut. u. Arbeitsdruck	.006	.653	.370	.179
Berufliche Qualifikation	.134	.578	.423	.153
Direkte Klienten-/Bewohnerkontakte	.031	.576	.525	-.071
Zielklarheit/Zielunklarheit	.524	.561	-.248	-.264
Organisationsleitung und Management	.413	.512	.130	.237
Persönliche Vorauss. der Mitarbeiter	.035	.200	.813	-.024
Zusammenarbeit mit Fachdiensten	.247	.127	.718	.193
Arbeitszeit	-.054	-.023	.606	-.179
Verwaltungsaufgaben	.095	.202	.048	.727
Team, Arbeitsgruppe	.351	.278	.241	-.724

Insgesamt sind, mit geringfügigen unten darzustellenden Verschiebungen, die oben ermittelten vier Faktoren in gleicher Weise erkennbar. Interessant ist, daß im *STRUKTUR-Faktor* die Variablen *Betriebsklima* mit 0.848, *organisatorische Zusammenarbeit* mit 0.754 und *Verhältnis zu den Vorgesetzten* 0.743 noch stärker laden.

Beim *ARBEITSPROZESS-Faktor* ist auffallend, daß die Variable *Handlungs- und Interpretationsspielraum* (Selbstkontrolle versus Fremdkontrolle) mit 0.824 deutlich stärker lädt. Auch die Variable *Problemüberflutung und Arbeitsdruck* hat mit 0.653 eine höhere Ladung.

Im Bereich des *PERSON-Faktors* dominiert weiter die Variable *persönliche Voraussetzungen.* Die beiden gleichfalls auf diesem Faktor ladenden Variablen *Zusammenarbeit mit den Fachdiensten* und *Arbeitszeit* laden ebenfalls deutlich höher mit 0.718 bzw. 0.606. Auffallend ist auch, daß die Variable *direkte Klienten- und Bewohnerkontakte* mit den daraus resultierenden Anforderungen und Schwierigkeiten bei Betreuung und Pflege auf diesem Faktor mit 0.525 deutlich höher lädt und damit nochmals unterstrichen wird, in welchem Maße die gesamte Person in den Arbeitsprozess involviert ist. Wir interpretieren dies als Hinweis darauf, daß vor dem Hintergrund fehlender beruflicher Qualifikation und fehlender Zusammenarbeit mit Fachdiensten, bei gleichzeitig großen Schwierigkeiten, wirklich abschalten zu können, als außerordentlich problematisch empfunden wird.
Der *ZUSAMMENARBEITS-Faktor* lädt gleichfalls stärker mit minus 0.724 bei der Variablen *Team* und plus 0.727 bei der Variablen *Verwaltung.*

Zusammenfassend können wir festhalten, daß vier empirisch und theoretisch gut voneinander trennbare belastungsrelevante Faktoren vorgefunden werden, die wir gekennzeichnet haben als

1. Struktur-Faktor,
2. Arbeitsprozeß-Faktor,
3. Person-Faktor und
4. Zusammenarbeits-Faktor

Im Rahmen einer Gesamtwürdigung des vorliegenden Ergebnisses muß man feststellen, daß vier voneinander relativ unabhängige Belastungsfaktoren festgestellt werden konnten. Dies unterstreicht zunächst einmal die Notwendigkeit, einen multifaktoriellen Beschreibungs- und Erklärungsansatz für die Entstehung von Belastungen im Bereich personenbezogener Dienstleistung zu wählen.
Die Unabhängigkeit des ersten "Struktur-Faktors" und sein hoher Anteil an der Varianzaufklärung zeigt, daß Strukturbedingungen von Organisationen als belastungsrelevant zu verstehen sind. Die Vermutung liegt nahe, daß die hohe Belastungsbedeutung der auf die Gesamtorganisation bezogenen Strukturvariablen nicht nur darin begründet liegt, daß es den Mitarbeitern vor Ort an Unterstützung durch übergeordnete Hierarchie-Ebenen mangelt, sondern daß auch das Fehlen von Kommunikationsnetzen und -prozessen zur Formulierung von gemeinsamen Absichten und zur kommunikativen Austragung unterschiedlicher inhaltlicher Positionen eine entscheidende Rolle spielt. Die enge Beziehung dieser strukturellen Variablen zu Fragen der Konsensfindung bzw. auch der Dissenzformulierung im Hinblick auf arbeitsinhaltliche Positionen zeigt die vergleichsweise hohe Ladung der

Variablen *Ziel(un)klarheit* auf diesem ersten Faktor, obwohl sie grundsätzlich dem zweiten Faktor zugerechnet wird. Über die Variable *Organisationsleitung und Management* dieses ersten Faktors wird unterstrichen, daß das Fehlen gemeinsam erarbeiteter inhaltlicher Positionen oder auch eine fehlende Plausibilität als von führungsbezogenen Entscheidungen belastend empfunden wird.

Die Bedeutung der Frage der *Zielstellung* und des *Führungsverhaltens bzw. Bereitschaft zur angemessenen Entscheidungsfindung* wird auch im zweiten unabhängigen belastungsrelevanten Faktor, dem *Arbeitsprozeß-Faktor* deutlich. Das Arbeitsfeld und die unmittelbare inhaltliche Arbeitsaufgabe müssen gestaltet werden, obwohl weder von der Organisationsseite her noch ausbildungsbegründet dafür ausreichende Voraussetzungen vorhanden sind. So enthalten die Handlungs- und Interpretationsspielräume ein hohes Belastungspotential.

Der *PERSON-Faktor* ist gleichfalls ein von der Ladungshöhe der einzelnen Variablen her gesehen unabhängiger Faktor. Unter dem Gesichtspunkt der Einsatzmöglichkeiten verschiedener Ressourcen - nämlich die persönlichen Voraussetzungen der Mitarbeiter, Zeit und des Rückgriffs auf Fachkompetenzen innerhalb der Organisation - werden Belastungen thematisiert.
Der vierte Faktor der Analyse verdeutlicht das Spannungsfeld zwischen den Belastungen im Rahmen der Teamarbeit und den verwaltungsbezogenen Anforderungen in besonderer Weise. Dies zeigt einmal deutlich, daß die Struktur der Belastungsgenese und die Breite der Interventionspunkte vielfältig ist.

Wesentliches Ergebnis einer Gesamtwürdigung ist vor dem Hintergrund der ermittelten vier Belastungsfaktoren, daß jeder Interventionsansatz zur Reduktion von Belastungen, der die strukturellen Variablen der Organisation insgesamt unberücksichtigt läßt, deutlich zu kurz greift.

10.4 Gewichtung der Belastungsfelder

Um Einblicke in das Problemverständnis der Befragten zu erhalten, fragten wir auch danach, in welchem Bereich ihrer Ansicht nach der größte Forschungs-, Aufklärungs- und Unterstützungsbedarf bestehe. Die Auswertung ergab insgesamt die folgende Rangfolge:

			Nennungen
1.	Item 2:	Direkte Klienten-/Bewohner-Kontakte	27
2.	Item 8:	Problemüberflutung und Arbeitsdruck	26
3.	Item 14:	Berufliche Qualifikation	19
4.	Item 11:	Organisationsleitung und Management	17
5.	Item 1:	Arbeitszeit	15

6.	Item 5:	Betriebsklima	15
7.	Item 15:	Persönliche Voraussetzungen der Mitarbeiter	15
8.	Item 6:	Zielklarheit/Zielunklarheit	14
9.	Item 3:	Team, Arbeitsgruppe	12
10.	Item 12:	Zusammenarbeit mit Fachdiensten	12
11.	Item 7:	Handlungs- und Interpretationsspielräume	8
12.	Item 16:	Physische Arbeitsbelastung	7
13.	Item 4:	Organisations-interne Zusammenarbeit	6
14.	Item 17:	Technische Hilfsmittel	5
15.	Item 18:	Erprobung und Einsatz von EDV-Systemen	4
16.	Item 9:	Verantwortung und Kompetenzen	3
17.	Item 10:	Verhältnis zu den Vorgesetzten	1
18.	Item 13:	Verwaltungsaufgaben	1

10.5 Hinweise auf Verursachungen und Hintergründe des Belastungsphänomens

Am Schluß des Erhebungsbogens bestand für die Befragten Gelegenheit, ihre Sichtweise zur Verursachung und zu den Hintergründen des Belastungsphänomens in der Behindertenarbeit zu skizzieren. Wir zitieren einige interessante und aufschlußreiche Aussagen:

- "Die Bewertung dieser möglichen Belastungsquellen ist sicherlich ständig wechselnd und subjektiv. Maßgebliche Faktoren dafür sind:
  - konstantes Team, und Qualität des Teams
  - persönliche Lebensumstände des einzelnen
  - Qualifikation und Solidarität der Dienstvorgesetzten
  - Betriebsklima."
- "Diese Faktoren sind so vielschichtig, daß es recht schwierig ist herauszufinden, welche mehr oder weniger belastend sind. Auch wird sich vieles dabei gegenseitig beeinflussen."
- "Die Vielzahl der Belastungen addieren sich nicht, sondern multiplizieren, ja potenzieren sich."
- "Es läßt sich nicht sagen, welche Belastungsquelle welchen Beitrag zur gesamten Belastung leistet. Um ein Bild zu gebrauchen: Verschiedene Gifte können einen Fluß zum Sterben bringen, obwohl alle unter der Verträglichkeitsgrenze liegen. Es läßt sich dann nicht sagen, daß ein Gift letztliche Ursache war."
- "Die Arbeit auf der Gruppe ist nicht zählbar und nicht meßbar. D.h.: Bestätigung erhält man nur durch Kollegen (was selten vorkommt), durch Heimbewohner (die einem oft sehr schnell quittieren, wenn man einen nicht so guten Tag hat), oder man gibt sich selbst die notwendige Bestätigung, was auch seine Nachteile hat."

- "Bei unserem Dienst ist es notwendig, nicht isolierte Fähigkeiten, sondern seine ganze Persönlichkeit mitzubringen, das bedeutet, daß gegenseitige Kritik häufig nicht auf der sachlichen Ebene bleibt, sondern ins Persönliche geht."
- "Um die Arbeit auf der Gruppe recht gut zu machen (nicht nur das Notwendigste), ist oft privates Engagement, auch außerhalb der Dienstzeit, gefragt. Dies verbraucht den Mitarbeiter mit der Zeit."
- "Durch hohe Ansprüche, die an uns gestellt werden, und die wir aber auch selbst an uns stellen, entsteht psychische rund physischer Streß. Es gibt einen Drang zum Perfektionismus, dem wir dann nicht mehr genügen können mit den ganz normalen Möglichkeiten."
- "Zu schneller Aufstieg nach der Ausbildung in Funktionsstellungen mit unheimlich viel Verantwortung und Kompetenz; schnell ausgepowert. Später dann keine weiteren Aufstiegsmöglichkeiten mehr."
- "In unserem Beruf, in dem der Mitmensch im Mittelpunkt steht, sind oft nur kleine positive Ergebnisse zu sehen. Ich weiß nicht, ob ich ein gutes Resultat erzielt habe oder nicht. Es braucht viel Zeit, um zu verändern - oft Jahre. Das Selbstvertrauen kann dabei nachlassen."
- "Arbeit mit Menschen gibt einem viel, man lernt vieles an sich dazu. Aber die Arbeit verlangt psychisch sehr viel von dem Mitarbeiter. Ich muß ständig geben (natürlich bekomme ich auch) und das kann nach Jahren schon an eigene Grenzen führen - aus verschiedenen Ursachen, wie private Dinge, Krankheit, Betriebsklima. Es kann dann zum Geben werden, das nicht mehr freiwillig geschieht. Das führt sicherlich zu einer inneren Leere."
- "Ergebnisse sozialer Arbeit sind nur schwer definierbar - deshalb nur wenig sichtbare Erfolge - Frustration. Abhängigkeit von der Motivation und Mitarbeit des Klientels."
- "Die psychischen Anforderungen an die Mitarbeiter in Behinderteneinrichtungen nehmen zu. Überdurchschnittliche Identitätsprobleme der Mitarbeiter werden zunehmend beobachtet."
- "Der Streß und die psychische Belastung für Mitarbeiter in leitenden Funktionen, insbesondere im sozialen Bereich sind überdurchschnittlich hoch. Die sehr hohen Anforderungen, einerseits entscheidungsfreudig und entscheidungsfähig zu sein und andererseits permanent Kompromisse schließen zu müssen, führen in zwischenmenschlichen Beziehungen zu inneren Konflikten, die sich nicht selten in psychosomatischen Erkrankungen äußern."

III Soziologischer Bezugsrahmen

11 Übergreifender Interpretationsansatz für Belastungserfahrungen und Burnout-Risiken

11.1 Sozialer Wandel und Dienstleistungsarbeit.

Die mit der Industrialisierung verbundene Ausdifferenzierung sozialer Handlungssysteme hat in den letzten Jahrzehnten auch vor dem Tätigkeitsbereich der personenbezogenen Dienstleistung nicht Halt gemacht. Sie zielt ab auf immer spezifischere, im Sozialbereich häufig gesetzlich fixierte Ansprüche und wird vermittelt über organisationsinterne Strukturen und Arbeitsroutinen.

Dabei wird Helfen - verstanden als "Soziales Handeln..., welches sich in spezifischer Weise ausgleichend auf die Diskrepanz von Bedürfnissen und Kapazitäten bezieht" (OLK/OTTO 1987:1) - im Rahmen der Industrialisierung und "Modernisierung" der gesellschaftlichen Lebensvollzüge zunehmend aus den allgemeinen Lebensbereichen ausgegliedert und Organisationen übertragen. Damit wird Helfen aber auch auf die Problemwahrnehmungs- und Problembearbeitungsperspektive der Organisation festgelegt. Verbunden ist dies in der Regel mit einer pragmatischen Reduzierung auf das "Machbare". Folge davon ist eine Verkürzung des Problemzugangs, in deren Verlauf ein "erheblicher Anteil diffus-lebensweltlicher Aspekte und Bestandteile subjektiver Problemdeutungen und Definitionen" ausgeblendet wird.

Diese Hilfe und Problembearbeitung bedeutet für den Bereich der Behindertenhilfe vor allem, den Bedürfnissen der Klienten gegenüber aufgeschlossen zu sein und sie in ihrer Lebensführung zu unterstützen. Das in Bezug auf die Lebenswirklichkeit des Klienten bestehende Risiko geringer Problemsensibilität bezieht sich sowohl auf die administrativ fixierten und organisierten Problemzugänge als auch - in deutlich breiterem Maße - auf professionelle Bearbeitungsformen, die sich an den jeweiligen "professionsspezifischen Wissensbeständen" orientieren.

Diese so eingeschränkte Problemsensibilität wird in den letzten Jahren zunehmend hinterfragt und beklagt. Ausgangspunkt dafür ist die systematische wissenschaftliche, aber auch allgemeine und zunehmend gesellschaftlich sich durchsetzende Erkenntnis, daß im Bereich personenbezogener Dienstleistung Hilfe im weitesten Sinne immer in mehr oder minder starker Weise an die Mitwirkung der Betroffenen gebunden ist.

Aber nicht nur die Notwendigkeit und Bedeutung der Verständigungsprozesse über die Bedürfnisse der Klienten haben zu diesen Veränderungen beigetragen, sondern auch der politische Druck von Betroffenen und deren Angehörigen (z.B. im Rahmen der Selbsthilfebewegung). Auch die Beschäftigten selbst spielen mit ihrer zunehmenden, aktiven Bereitschaft ohne Zweifel eine wesentliche Rolle, ihrerseits ein höheres Maß an personenbezogener Umweltsensibilität in den Arbeitsprozeß mit einzubringen.

Daß tatsächlich in diesem Sinne ein Wandel des Berufsbildes stattgefunden hat, ist u.a. von Michael KONRAD (1985) am Beispiel des Krankenpflegers in der Psychiatrie empirisch bestätigt worden. Gestützt auf biografische, narrative Interviews versucht KONRAD nachzuweisen, daß die Berufsauffassung von Pflegern, die in den 50-er, 60-er und 70-er Jahren ihren Beruf aufgenommen haben, jeweils unterschiedlich ist. Die berufliche Anforderung, Patienten als gleichwertige Partner ernstzunehmen und Verständigungsprozesse unter Einschluß ihrer Bedürfnisse und Interessen einzuleiten, hat sich danach als Berufsauffassung und -anforderung erst in den 70-er Jahren herausgebildet.

Im Behindertenbereich ist eine entsprechende Entwicklung festzustellen, verstärkt durch eine vor allem aus Skandinavien stammende Diskussion zur Normalisierung der Lebensbedingungen Behinderter. Sie ist geprägt vom Prinzip der Gleichstellung und Integration behinderter und nicht behinderter Menschen. Diese Diskussion hat seit den 80-er Jahren auch Auswirkungen auf Dienstleistungsorganisationen der BRD. Normalisierungsprozesse beinhalten in der Regel notwendig einen Abbau von administrativen, hierarchisch geprägten Handlungs- und Entscheidungsregeln. Sie begrenzen auch den Einfluß professioneller medizinischer Handlungssysteme im Nichtkrankenhausbereich. Die Reichweite derartiger Entwicklungen variiert jedoch deutlich, so daß heute eine Vielfalt von Organisationsformen mit entsprechend unterschiedlicher Gestaltung der konkreten Arbeitsabläufe und Arbeitsorganisation aufzufinden ist. Die Umsetzung der mit dem Ruf nach Normalisierung lautgewordenen Forderungen im Arbeits- und Lebensalltag der Einrichtungen ist unterschiedlich weit vorangeschritten.
Die dabei entstandenen Ansätze zur Teilautonomisierung von Gruppen in der Behindertenhilfe sind häufig weniger Ausdruck einer klar umrissenen Veränderungsperspektive, sondern der Versuch, überhaupt Öffnungs- und Innovationsbereitschaft zu zeigen. Auch spielt eine Rolle, die Bestandsinteressen der Einrichtungen zu wahren. Der gesellschaftliche, vermittelt natürlich auch der ökonomische Druck, die Flexibilität und Öffnung gegenüber den Klienten zu erhöhen, wurde so organisationsintern kanalisiert.

11.2 Handlungs- und Führungsbedarf in Dienstleistungsorganisationen

Eine wichtige Konsequenz des oben skizzierten Wandlungsprozesses der gesellschaftlichen Normen und Werte war und ist, daß die Beschäftigten mit ihren zunehmend ganzheitlichen und stärker auf den Klienten gerichteten Arbeitsauffassungen in den Einrichtungen auf Organisationen stoßen, die durchaus noch einem "alten Paradigma" verbunden sind: Sie sind traditionell gewachsen, zentral strukturiert und formal noch klar hierarchisch gegliedert. Die Reichweite der damit verbundenen Handlungsnormen und -orientierungen sind jedoch eher auf quantifizierbare Handlungsanteile, z.B. die Zahl und Dauer von Versorgungs- und Pflegeleistungen, begrenzt und bieten keine Orientierung für Ziele und

Inhalte im Rahmen einer eher klientenzentrierten Arbeitsauffassung. So driften die Erwartungen und Vorstellungen der Beschäftigten, die Forderungen der Betroffenen und die "strukturelle Wirklichkeit" der Organisation in vielen Fällen auseinander. Tendenziell löst sich auch die bestehende "alte" Organisationskultur auf. Das heißt, die traditionelle, an den Merkmalen von Gehorsam und Dienen orientierte Organisationskultur hat einen erheblichen Teil ihrer sinnstiftenden Funktion eingebüßt, nämlich eine übergreifende Klammer zu schaffen und ein konsens-stiftendes Selbstverständnis zu erzeugen und aufrecht zu erhalten. Die traditionelle Organisationskultur wird von vielen Beschäftigten nicht mehr mitgetragen und verliert damit ihre Bedeutung für die individuelle Orientierung des einzelnen. Nicht hinterfragte, für selbstverständlich gehaltene Arbeitsweisen und Abläufe verlieren so ihre Gültigkeit und die organisationsstrukturell vorgesehene oder zugelassene Wahrnehmung externer und interner Probleme und deren Bearbeitung ist nicht mehr plausibel und genügt damit nicht mehr den Ansprüchen der Beteiligten.

Wenn die ehemals bestehenden Schlüsselziele verlorengehen, die mit der Arbeit verbunden waren, wie Anpassung an eine übergreifende Ideologie, Befolgung "alter" Tugenden wie Gehorsam, Aufopferung für den Hilfebedürftigen, Aufgabe persönlicher Intentionen, Unterordnung unter ein - häufig religiös geprägtes - übergeordnetes Ganzes, und gemeinsame Werte und Überzeugungen in ihrer Plausibilität zunehmend hinterfragt werden, liegen charakteristische Symptome für eine Identitätskrise der Organisation vor (vgl. SCHEIN u. a. 1984: 28).
Die Folge ist, daß neue Lösungen für organisatorische Regelungen und Arbeitsweisen gefunden werden müssen. Denn gerade die ehemals rollengebundenen Regeln und Traditionselemente wirkten für die Beschäftigten dadurch entlastend (oder sie schienen doch so zu wirken), daß sie als arbeitsplatz- bzw. routinemäßig nicht hinterfragt angewendet wurden. Dazu gehörte auch ein bestimmes Verständnis von behinderten, kranken oder alten Menschen. Sie wurden vorrangig als Teil eines organisierten und zu organisierenden Systems, in Teilen auch eines professionellen Wissenszusammenhangs gesehen. Die Gestaltung und Nutzung der sozialen und räumlichen Gegebenheiten wurde in dieser Perspektive in starkem Maße unter dem Gesichtspunkt der Sicherung bzw. Optimierung von Organisationsabläufen betrieben. Der Klient konnte unter diesen Bedingungen seinen Erfahrungs- und Handlungsraum kaum direkt individuell gestalten, die Möglichkeiten des Lebensvollzugs wurden ihm beschnitten.
Der Wandel des Dienstleistungsverhältnisses, nämlich die zunehmende Relativierung überkommener Strukturen in den Einrichtungen, das veränderte Selbstverständnis und die wenig ausgeprägten Gestaltungsmöglichkeiten für die Beschäftigten, auch die veränderten organisationskulturellen Erwartungen und Ansprüche, haben einen hohen politischen und sozio-kulturellen Handlungs- und Führungsbedarf erzeugt. Diesem zu entsprechen, ist nicht nur mit erheblichem sozialem Druck verbunden. Die Situation fordert eine klare Zukunftsperspektive, die dem gesamtgesellschaftlich vorliegenden sozialen Wandel in der Dienstlei-

stungsarbeit und ihren personalen Verhältnissen Rechnung trägt.
Die Entwicklung einer derartigen Zukunftsperspektive wird häufig in den Organisationen dadurch erschwert, daß sich wirtschaftliche Interessen und Handlungsmaximen im Vordergrund halten, die noch dem administrativ orientierten Verwaltungs- und Versorgungsdenken verhaftet sind. Versuche zur Überleitung von zentralisierten zu dezentralen Organisationsformen und zur Erweiterung der Mitarbeiterbeteiligung bleiben in ihrer Realisierung häufig dadurch begrenzt, daß bestehende, zum großen Teil ökonomisch begründete Strukturmerkmale, wie zum Beispiel zentrale Versorgungszusammenhänge, nicht verändert und dadurch umfassendere Entwicklungen blockiert werden. Sie werden so zu wesentlichen Orientierungsparametern auch und vor allem für das Management, teilweise mit der Konsequenz, daß auch Managementkonzepte aus dem industriellen Bereich entliehen werden. Das liegt zum Teil daran, daß Sozialmanagementkonzepte, die den angesprochenen Veränderungen der Helfer-Klient-Beziehungen Rechnung tragen und damit verbundene Anforderungen für die Arbeitsorganisation und die Arbeitsverfassung berücksichtigen, kaum vorliegen. Die notwendigen umfassenden Wandlungsprozesse in den Dienstleistungsorganisationen stellen das Management, das auf derart umfassende Veränderungen nicht eingestellt und vorbereitet ist, selbst vor grundlegende Probleme. Sie reichen so weit, daß Distanz und "Sprachlosigkeit" gegenüber den Anforderungen und Problemen der Mitarbeiter überwiegen.

11.3 Der Mitarbeiter im Spannungsfeld

Für die in solchen Organisationen tätigen Mitarbeiter ergibt sich vor diesem Hintergrund häufig eine schwierige Situation. Sie ist zunächst dadurch gekennzeichnet, daß der Handlungs- und Interpretationsspielraum im Rahmen der unmittelbaren Dienstleistungsarbeit, der Betreuung, Pflege und Förderung, deutlich wächst. Seinem Selbstverständnis nach will der Beschäftigte nicht mehr "versorgen", sondern "mitleben". Andererseits schafft der in vielen Bereichen zu verzeichnende "Verzicht" auf organisatorische und/oder professionelle Routinen im Sinne vorhersagbarer und festgelegter Handlungsprogramme eine Situation, die durch Diffusität und Komplexität geprägt ist. Der Dienstleistende sieht sich in den mehr oder weniger verbalen Interaktionsprozessen einer Vielzahl von unterschiedlichen Anforderungen und Bedürfnissen der Klienten ausgesetzt. Dabei kommt dem "menschlichen Faktor" (vgl. GROSS 1983:51) als wesentlichem Bestandteil der personenbezogenen Dienstleistungsarbeit eine besondere Bedeutung zu: der Dienstleistende ist hier mit Lebens- und Äußerungsformen konfrontiert, die sich an der Grenze oder jenseits dessen befinden, was gesellschaftlich als normal angesehen wird. Der Begriff der Normalität erhält eine erhebliche Relevanz und wird zur ständigen Herausforderung.
Die "Kooperation" zwischen Helfer und Klient als ein wesentliches Element der personenbezogenen Dienstleistung findet vor allem statt als eine Form der Lebensbegleitung. Sie

ist durch wenig in gesellschaftlichem Konsens herausgearbeitete Verkehrsformen bestimmt, anders als es in der Tätigkeit des Frisörs oder Verkäufers der Fall ist. Professionelle Begegnungsweisen und Arbeitsformen mögen sich im Bereich von Fachdiensten, z. B. der Bewegungstherapie, der Arbeitstherapie, der Beschäftigungstherapie und ähnlichem entwickelt haben. Für das offene Feld der Alltagsgestaltung und Betreuung von Wohngruppen liegen sie bisher kaum vor.

So ist die Tätigkeit in der Behindertenhilfe auch besonders durch ihre *Unabgeschlossenheit* und schlechte *Abgrenzbarkeit* (vgl. MARQUARD/RUNDE 1988) charakterisiert: Nach welchen Maßstäben und Ansprüchen soll auf Bedürfnisse der Klienten eingegangen werden? Wie sehr kann in die Arbeit mit Behinderten der gesellschaftlich vermittelte Begriff von Normalität Eingang finden? Oder wie läßt sich unter den Beschäftigten ein Konsens schaffen über das, was "normal" für den betreffenden Behinderten ist? Was sollen Arbeits- und Entwicklungsziele sein? Was können Maßstäbe im Umgang mit ihm sein? Was kann von ihm gefordert und verlangt werden, wieweit ist er an der Verantwortung für seine Lebensführung[1] zu beteiligen?
Auch die Frage nach dem *emotionalen Arbeitsanteil*, der mit dem Aufbau und dem kontinuierlichen Aufrechterhalten einer zwischenmenschlichen Beziehung gegeben ist, ist von wesentlicher Bedeutung. Wie gehen Beschäftigte mit den daraus resultierenden Belastungen um, da diese Tätigkeiten neben positiven, bestätigenden, die Entwicklung fördernden, persönlich befriedigenden Seiten auch solche hat, die unzweifelhaft emotional belastend sind: die Konfrontation mit Leid, Schmerz, Tod; mit Sinnesbeschränkungen, mit körperlichem, geistigem, seelischem Abbau; mit Aggressionen und Autoaggression, mit stereotypen Kommunikations- und Verhaltensweisen; mit der Konfrontation mit Ekel- und Schamgefühlen. Auch sind die Beschäftigten in der Wohngruppe häufig einer Dynamik ausgesetzt, die als durchaus belastender Arbeitsanteil angesehen werden kann: Laute, Gerüche, Bewegungsabläufe, Unberechenbarkeit der Situation etc.; aber auch Reizarmut, Unterforderung und Eintönigkeit können die Arbeitssituation prägen. In der Wahrnehmung und Einschätzung einer Situation und ihrer Handlungen sind sie dabei in entscheidender Weise auf ihre Erfahrungen und Empfindungen angewiesen. Sie müssen direkt und in der Regel durchaus flexibel reagieren. Mit der "Öffnung zugelassener Problemartikulationen" (OLK/OTTO 1987:14) geht einher, daß die Beschäftigten "unmittelbar unter den Druck der Unbestimmtheit objektiver Problemlagen" (ebd.) geraten. In dem Bemühen der Mitarbeiter, "kontextsensible und problemadäquate Hilfen anzubieten" (ebd.) und Möglichkeiten der Persönlichkeitsentfaltung und Selbstbestimmung zu bieten, entsteht so die Gefahr der "Überflutung" durch unbestimmte Problemlagen.

---

[1] Die Komplexität dieser Fragestellungen wird erst deutlich vor dem Hintergrund der enormen Spannweite der verschiedenen Behinderungen.

Die breite Streuung von wahrnehmbaren und bearbeitbaren Bedürfnissen der Klienten und ihrer Befindlichkeit bedeutet eine qualitative Intensivierung der Arbeit. Sie beinhaltet einen erheblichen Handlungs- und ständigen Entscheidungsdruck durch die situative Vielfalt und Intensität der Forderungen - auch in Anbetracht der Tatsache, daß der Arbeitszeitrahmen äußere Grenzen setzt. Dazu kommt, daß diese Intensivierung der Arbeit mit einem hohen Maß an möglicher und tatsächlicher Enttäuschung verbunden ist. "Beide - Intensivierung der Arbeit und Konfrontation mit Erwartungsenttäuschungen - verstärken sich gegenseitig" (OLK 1986: 241), mit der möglichen Konsequenz, daß die eigene Kompetenz zunehmend infrage gestellt wird. In wachsendem Maße tritt die Frage auf, ob man sich genug angestrengt hat, ob noch Reserven vorhanden sind, ob Grenzen erreicht sind oder - was noch schwerwiegender ist - ob man überhaupt für diese Arbeit geeignet ist.

Der behinderte Mensch wird nicht mehr als zu "behandelndes", zu pflegendes Neutrum, sondern als ein geschlechtliches, erwachsenes Individuum verstanden. Es bestehen dafür aber keine klaren Wertmaßstäbe oder "Arbeitsvorgaben". So ist die Dienstleistung in vieler Hinsicht von ethischen und moralischen Fragen berührt. Der in weiten Teilen noch tabuisierte, angstbesetzte Bereich der Sexualität wird angesprochen. Da im Hinblick auf kollektiv verbindliche Arbeitsmaßstäbe erhebliche Unsicherheit herrscht - es gibt keine präzisierten Aussagen zur "Arbeitsqualität" - und auch die Bedeutung der organisations-kulturellen Klammer für Arbeitszumutungen deutlich relativiert ist, ergibt sich für viele Mitarbeiter die Notwendigkeit, subjektive bzw. private Orientierungsmuster und Wertmaßstäbe für den Arbeitszusammenhang heranzuziehen. Häufig erfolgt das so, daß die aus familialen oder Kleingruppen-Beziehungen internalisierten Normen und Werte für das Zusammenleben nun für das eigene Handeln im Bereich der personenbezogenen Dienstleistungsarbeit zugrunde gelegt werden[2]. Damit steigt das Risiko: nicht nur einzelne Handlungen und Verhaltensweisen des Beschäftigten stehen zur Disposition, sind erfolgreich oder erfolglos, sondern potentiell ist seine gesamte Identität infrage gestellt. Die Erwartungsenttäuschung in Arbeitssituationen mit begrenztem Zeithaushalt umfaßt die ganze Person. Ein wesentliches, zusätzliches Risiko im Sinne einer Verstärkung der Erwartungsenttäuschung ist darüber hinaus, daß dem weniger konzeptionell als "krisenbegründet" ausgeweiteten Handlungsspielraum der Mitarbeiter kaum ein bewußt zugestandener Gestaltungsspielraum der Rahmenbedingungen auf der Organisationsseite gegenübersteht.
Die "Privatisierung" des Arbeitshandelns, verstanden als die zunehmende Notwendigkeit, dieses sowohl in quantitativer als auch in qualitativer Hinsicht individuell unter Zuhilfenahme privater Wertvorstellungen zu gestalten, ohne daß organisatorische und organisations-kulturelle Orientierungshilfen in ausreichendem Maße zur Verfügung gestellt werden, ist ein Kernausgangspunkt der Belastungserfahrungen des Personals.

---

[2] In diesem Zusammenhang wird der Begriff "lebensstil-geprägte Helferkonzeptionen" verwendet.

11.4 Privatisierung[3]

Der "subjektive Faktor" hat für die Gestaltung von Dienstleistungssituationen schon immer eine bedeutsame Rolle gespielt. Unter den Bedingungen des sozialen Wandels müssen die Beschäftigten jedoch unter Wahrung ihrer eigenen Handlungsinteressen und -potentiale die Dienstleistungsansprüche der Klienten individuell strukturieren und dabei die organisations- und arbeitsbedingten Rahmenbedingungen in ihre Handlungspläne integrieren. Die aus der eigenen privaten Lebenspraxis importierten Erwartungen an andere, aber auch an sich selbst, sind - auch im positivsten Fall der problemlosen Umsetzung - immer von der Möglichkeit begleitet, ihnen auf die Dauer im Rahmen ihres Arbeitsverhältnisses und des begrenzten Arbeitszeithorizontes nicht entsprechen zu können. Dabei beziehen sich die Erwartungen nicht allein auf die Wirksamkeit des eigenen Handelns, sondern immer auch auf die eigene Präsenz. Der Helfer soll "immer bereit sein", in der Hinwendung zum Klienten nicht nachlassen und muß trotzdem der eigenen Grenzen immer gewahr sein. Der Helfer muß in der Dienstleistungsbeziehung den Kräften des behinderten Menschen eigene Kräfte entgegensetzen, seine Aggressionen auffangen oder sich mit ihnen "messen", die Stereotypien ertragen, die Bedürfnisse wahrnehmen, interpretieren, in Bahnen lenken, eingespielte Routinen aufbrechen oder doch aufzubrechen versuchen. Er ist so latent und immer wieder aufgefordert - denn so ist ja seine Aufgabe und sein Selbstverständnis - auf "etwas hinzuarbeiten", einen gegebenen Zustand als etwas zu bearbeitendes, zu verbesserndes, als etwas zu entwickelndes zu verstehen. Er ist mit seinen eigenen und den Ansprüchen seiner Profession immer an seine begrenzte Wirksamkeit verwiesen. Seine eigenen Kräfte sind in Anbetracht der "Andersartigkeit" des anderen - seiner Behinderung, seiner physischen, psychischen und sozialen Abweichung - und der Tatsache, daß diese Andersartigkeit immer eine gewachsene, gewordene ist, permanent gefordert. Er ist fortwährend zu eigener Anstrengung aufgerufen. Je mehr aber diese Kräfte vom Helfer gefordert sind, ohne daß er durch Maßnahmen der Organisation, durch stützende, ihn fördernde Rahmenbedingungen "genährt", also seinerseits unterstützt wird, desto mehr muß er diese Kräfte zur Aufrechterhaltung seiner Arbeitsfähigkeit aus sich selbst heraus jeweils neu schöpfen. Die Identität des Helfers wird zur individuellen Gestaltungsaufgabe. Es besteht durchgehend die Möglichkeit, daß die Selbstkonstitution als (guter) Helfer mißlingt und ein in der Regel gutgemeinter Helferwille in dem Versuch der alltagsweltlich orientierten Bearbeitung der Bedürfnisse und Probleme der Klienten aufgebraucht wird. Diese erfolglose Abgrenzung der Helferidentität trägt bei zum Burnout.

Diese Situation der Privatisierung kann in Verbindung gebracht werden mit gesellschaftlichen Prozessen der Modernisierung: Differenzierungs- und Enttraditionalisierungsprozesse in den meisten gesellschaftlichen Lebensbereichen führen zu einer Freisetzung der Individuen aus alten Orientierungs- und Ordnungszusammenhängen. Der Verlust sozial-integra-

---

[3] Dieser Begriff wird nicht im Sinne des wirtschaftlichen Sprachgebrauchs verwendet.

tiver Bindungen und Orientierungen macht die Individuen selbst zu Bezugsinstanzen ihrer biografischen und lebensweltlich relevanten Entscheidungen. Andere Kriterien als die der je eigenen Präferenz stehen ihnen immer weniger zur Verfügung. Im Rahmen des "naturwüchsigen Imperativs der Selbstbehauptung" (HABERMAS 1988:238) werden durchgehend individuelle Anpassungsleistungen gefordert und erbracht. Dies entspricht den ausdifferenzierten gesellschaftlichen Subsystemen, in die Menschen "nur mit funktionsrelevanten Ausschnitten ihrer Lebensführung" (LUHMANN 1981:25) einbezogen werden und in denen die soziale Integration über Geld und Macht erfolgt, d.h. "an den Präferenzen vereinzelter rational entscheidender Aktoren" ansetzt (HABERMAS 1988:238).

Die Privatisierung des Arbeitshandelns ist vor diesem Hintergrund mit einem doppelten Problem behaftet: Einerseits ergeben sich für die Individuen Freisetzungsprozesse aus traditionell und kulturell übergreifenden Bindungen, andererseits greifen rein "kognitive", an Selbstbehauptung orientierte Anpassungsleistungen nur bedingt: personenbezogene Dienstleistung ist ohne "moralische und existentielle Selbstreflexion" und damit ohne eine Übernahme oder doch Berücksichtigung der Perspektive der anderen - Klienten, Teamkollegen, Vorgesetzte, die Gesellschaft im weitesten Sinne - auf die Dauer nicht möglich. Die daraus resultierenden "Zwänge" zur Kommunikation, zur Abstimmung über Werte und Ziele sind ihrerseits jedoch mit erheblichen belastungsrelevanten Risiken verbunden.

Die Privatisierung der Normen und Werte des Arbeitshandelns hat zur Folge, daß immer dann, wenn Abstimmungsprozesse über Arbeitsziele und -inhalte erfolgen oder erfolgen müssen, wesentliche Bestandteile persönlicher Lebensanschauung und individuell handlungsleitender Wissenssysteme von Individuen thematisiert werden. Dazu kommt, daß inhaltliche Abstimmungsprozesse schwieriger werden, denn je stärker Abstimmungsprozesse für die Identität der Beteiligten relevant sind, desto weniger sind sie verhandelbar. Dieser Sachverhalt ist für die Organisation von Arbeitsprozessen problematisch, da der Kommunikationsbedarf für die Abwicklung von Kooperations- und Koordinationsprozessen im Rahmen der Betreuungsarbeit im Team steigt, je weniger gemeinsame Handlungsorientierungen vorhanden sind (vgl. EBERS 1985:205). Dies gilt umso mehr, als eine Validierung des Tuns durch die "objektive oder physische Realität" nicht möglich ist und damit die Bedeutung der Bezugspersonen - der Gruppe, des Teams, auch des Vorgesetzten - und der Kommunikation insgesamt für die eigene Handlungsorientierung steigt.
Dort, wo der Kooperationsdruck auf Grund starker gemeinsamer Orientierungen oder weniger komplexer Sachverhalte nicht so hoch ist, fällt die Einigung auf Gemeinsamkeiten mit schließlich auch Entlastungseffekten für den einzelnen erheblich leichter. Am problematischsten für die Mitarbeiter und für die Bewohner dürfte die Privatisierung des Arbeitshandelns dort sein, wo die privaten Gemeinsamkeiten sehr gering sind und damit Unterstützungs- und Entlastungsprozesse durch gemeinsame Orientierungen vollends ausbleiben. Vielmehr entstehen hier zusätzliche Belastungen durch Konkurrenz- und Konflikt-

erfahrungen. Koordinationsprozesse können nämlich bei fehlender gemeinsamer Handlungsorientierung mit erheblichen emotionalen Belastungen verbunden sein: "Je größer der Koordinationsbedarf durch fehlende gemeinsame Handlungsorientierung ist, desto größer ist die Wahrscheinlichkeit damit verbundener zusätzlicher Belastungen im Sinne von Streß" (EBERS 1985:205). Die Reaktion auf derartige Erfahrungen kann durchaus sein, sich der Koordination zu entziehen, damit aber auch gleichzeitig eine potentielle Ressource für soziale Unterstützung nicht zu nutzen.
Eine Konsequenz dieses Sachverhalts ist, daß Kooperations- und Koordinationsprozesse zwischen den Mitarbeitern eines Teams besonders in solchen Bereichen zustande kommen werden, in denen sie sich auch privat näher stehen und sich private Ansichten eher decken. Umfang und Intensität der dafür notwendigen Kommunikation und der Einsatz von Zeitressourcen sind gekoppelt an die grundsätzliche Bereitschaft der Mitarbeiter, Aufgaben- und Problemdefinitionen, möglichst auch Arbeits- und Begegnungsweisen mit und gegenüber den Klienten im Kontext von Teamentscheidungen durchzuführen. Das wird allerdings zusätzlich erschwert: die Zeitverwendung für Kommunikations- und Kooperationsprozesse konkurriert mit der aktuellen Aufgabenstellung. Die Ressourcen zur Aufgabenerfüllung ihrerseits sind zu großen Teilen durch organisatorische Vorgaben (in Form von Stellenschlüsseln, Verwaltungsaufgaben) und vorhandene Qualifikationsbestände bestimmt und wenig disponibel.

Die eigentliche Bedeutung einer qualitativen, inhaltlich bestimmten Helferaufgabe und eines positiven Klimas innerhalb der Organisation - innerhalb des Teams, aber auch innerhalb der Einrichtung als ganzer - liegt hier: Wird der einzelne in seiner Identität, d.h. vor allem in seiner Rollenidentität, gestützt oder wird er in seiner alltäglichen Arbeit sich selbst und den Zufälligkeiten des Alltags überlassen? Auf welche Weise wird er in dem, was er tut, ernstgenommen? Welche Bedeutung hat seine Arbeit für andere? Wie sehr wird er in seinen Bemühungen, in seinem täglichen Engagement, in seiner Auseinandersetzung mit seiner Sicht, mit dem sich ihm erschließenden Sinn, mit den Zielen und Absichten, auch mit den Widerständen, die sich ihm entgegenstellen, unterstützt? Seine Aufgabe ist es, sich zu kümmern - um vom Helfen hier nicht zu sprechen -, aber wer kümmert sich um ihn? Wo ist soziale Reziprozität, die ja allein mit dem monatlichen Lohn nicht erkauft werden kann? Wer nimmt wahr, was er tut? Denn im Gegensatz zu anderen Arbeitsbereichen, dem Gewerbe, der Güterproduktion, gibt es wenig Anzeichen für Qualität und Erfolg. Da es aber kein "Stück" gibt, das bewertet werden kann, auf das - wenigsten im Stillen - "Produzentenstolz" gerichtet werden kann, ist umso wichtiger, daß die eigene Arbeit und Tätigkeit doch von anderen wahrgenommen wird. Tatsächlich finden wir in unserem Untersuchungsfeld gerade hier große Schwächen, sowohl in den Institutionen als auch im privaten Umfeld der Befragten. Gesellschaftliche Anerkennung der in der Behindertenhilfe geleisteten Arbeit bleibt weitgehend aus.

11.5 Organisationskultur - integratives oder desintegratives Konzept?

Gehen wir davon aus, daß die Orientierung, die Sinnfindung und in diesem Zusammenhang auch die qualitative Bestimmung der Helferaufgabe ein wesentliches Problem ist, müssen wir die Frage der Organisationskultur noch einmal aufnehmen. Denn Orientierung und Sinnfindung stehen in engem Zusammenhang zur Privatisierung, und diese eng mit Streß und Burnout verbunden.
Die Thematisierung der Organisationskultur erfolgt unter der Fragestellung, ob der mit der "Demokratisierung von Dienstleistungssituationen" verbundene Verlust von Handlungsroutinen in Verbindung mit dem Bedeutungsverlust traditionell bürokratischer Strukturen[4] mit der zwingenden Konsequenz verbunden ist, eine integrative, umfassende neue Organisationskultur zu schaffen, soweit das geplant möglich ist, damit die Orientierungsprobleme der Beteiligten vermindert werden. Um dieser Frage nachzugehen, wollen wir zunächst einige grundlegende Überlegungen zur Definition und zur Funktion von Organisationskultur anstellen.
Eine von vielen ähnlichen Definitionen von Unternehmens- bzw. Organisationskultur in der betriebswirtschaftlichen Diskussion lautet: Organisationskultur sind "...die gesetzten und/oder durch einen sozialen Lernprozeß (lernen von Organisationen und Personen) erworbenen und gemeinsam geteilten, auf bestimmten Normen und Werten basierenden Grundregeln in einer Organisation, die - bewußt oder unbewußt - die Annahmen, die Einstellungen und das Verhalten der Organisationsmitglieder und der Organisation steuern..." (TREBISCH 1985:54).

Als Funktionen von Kultur werden u. a. die Vermittlung von Sinn, die Verhaltensregulierung der Organisationsmitglieder, die Reduzierung von Angst, die Orientierung im Sinne von Grenzsetzung gesehen. Die integrative Funktion von Kultur im Sinne eines gemeinsamen geteilten Norm- und Wertsystems wird betont, dessen Herkunft allerdings nicht weiter begründet. In ähnlicher Weise, was die Kulturgenese anbetrifft etwas deutlicher, wird

---

[4] Bedeutungsverlust heißt nicht, wie wir im empirischen Teil gezeigt haben, Auflösung der hierarchisch bürokratischen Strukturen. Vielmehr ist davon auszugehen, daß die in vielen Fällen nur formale, in Bereichen quantifizierbarer Arbeitsanteile aber tatsächliche Beibehaltung hierarchischer Strukturen dazu führt, daß Vorgaben gemacht werden, die mit der inhaltlichen Arbeitsauffassung der Mitarbeiter nicht verbindbar sind. Darüber hinaus trägt die Beibehaltung der Struktur dazu bei, daß in Konfliktsituationen oder in solchen, die von der Führung dafür gehalten werden, alte Befehlsstrukturen aktiviert werden können. Für die Mitarbeiter, die den Helferalltag weitgehend selbständig, ohne wesentliche Orientierungshilfe und Unterstützung von Seiten der Führung leisten müssen, bedeutet diese Möglichkeit immer zusätzliches Risiko, Unsicherheit und Gefährdung. Sie verstärkt Abgrenzungstendenzen.

SCHEIN (1983), einer der maßgeblichen frühen Theoretiker der Organisationskultur, indem er die problembezogenen Funktionen von Kultur betont: "Culture is the solution to external and internal problems that has worked consistently for the group and that is therefore tought to new members as the correct way to perceive, think about and feel in relation to this problems" (SCHEIN 1983, S.19f.). Kultur bzw. Organisationskultur füllt seiner Auffassung nach formale Strukturen mit Sinn. Sie verbindet die Organisation mit den Organisationsmitgliedern im Sinne der Identifikation und des institutionalisierten Verhaltens und Wertens, das über rollengebundene Entscheidungen hinausgeht.
Organisationskultur bietet mithin in dieser Perspektive eine systemkonforme Grundlage für die Orientierung und Identifikation von Organisationsmitgliedern. Aus dieser Sicht ist Organisationskultur eine wichtige Ressource für deren Integration und Motivation. Die gerade in der neueren betriebswirtschaftlichen Diskussion erfolgende Instrumentalisierung dieser sinnstiftenden, mobilisierenden Funktion einer integrativen Organisationskultur nimmt hier ihren Ausgangspunkt, indem Organisationskultur als eine eigenständige Unternehmensvariable betrachtet wird. Der viel gebrauchte Begriff der "Corporate Identity" ist Ausdruck dieses Instrumentalisierungsinteresses und meint, daß auch in zweckrational organisierten Produktionseinrichtungen eine unverwechselbare Organisationskultur eine wichtige sinnstiftende und motivationsfördernde Bedingung sein kann.
Die organisatorischen Problemlösungen und die damit verbundenen kulturell begründeten Orientierungs- und Deutungsmuster sind in diesen Ansätzen deutlich und bewußt an das Eigeninteresse eines Systems gebunden, sich als eigenständiges System zu erhalten und eigene Ziele zu erreichen, sich von der Umwelt abzugrenzen, und das heißt auch, die vielfältigen sinnstiftenden Handlungsorientierungen der Mitglieder im Sinne des Handlungssystems zu überformen.
In dieser Sichtweise einer *integrativ wirkenden Organisationskultur*, in der die Organisation als Handlungseinheit und Bezugssystem gesehen wird, fehlt die explizite Thematisierung der Dimension der Macht bzw. der Herrschaft und damit verbunden der sozialen Ungleichheit von Mitgliedern und Gruppen innerhalb einer Organisation. Die mit dem Integrationsaspekt von Kultur verbundene Diskussion von Normen und Werten wird kaum rückgebunden an Interessen und Herrschaftsfragen innerhalb der Organisation. Unter den dargestellten Bedingungen der Dienstleistungsarbeit in diesen Organisationen mit einer Vielzahl unterschiedlicher, nicht abgestimmter, teilweise strittiger Helferkonzepte trägt diese Sichtweise von (Organisatons-)Kultur als übergreifende Lösung des Orientierungsproblems nicht.
Kennzeichen der aktuellen Situation ist eine "Verflüssigung " der Helferkonzeptionen in Organisationen und das bisher nicht integrierte Interesse unterschiedlicher Personen und Gruppen, ihre jeweiligen Vorstellungen zu realisieren. Damit verbunden ist zwar die Chance, die traditionell und historisch mit Ausgrenzung verbundenen Organisationsziele und -verfahren im Bereich der Behindertenhilfe neu zu thematisieren und zu formulieren. Gleichzeitig werden diese jedoch wieder zum Gegenstand gesellschaftlicher bzw. organi-

satorischer Auseinandersetzung bzw. Konflikte. Diesem Sachverhalt trägt eine andere Sichtweise von (Organisations-)Kultur Rechnung.
Sieht man nämlich die Organisationskultur unter der Perspektive der mit Integration strukturell verbundenen Ausgrenzungsprozesse anderer Sinnzusammenhänge von organisatorischem Handeln, dann wird, wie das in neueren gesellschaftstheoretisch orientierten kulturbezogenen wissenschaftlichen Diskussionsbeiträgen der Fall ist, die eher trennende denn bindende und integrierende Funktion von Kultur betont (vgl. EDER 1991). Ausgehend von der These, daß Kultur eine Handlungsstrategie im Rahmen der Durchsetzung von Interessen ist, von daher gruppenspezifisch und interessenbezogen in Szene gesetzt wird, geht EDER davon aus, daß Kultur Lebensweisen und Interessen rechtfertigt und von daher eher trennend als einigend wirkt.

Überträgt man diese gesellschaftliche Betrachtungsweise auf Organisationen, wird der viele theoretische Aussagen zu Organisationen bestimmende Aspekt der ideenmäßig über Werte und Normen vermittelten Steuerung von Organisationen über die Vermittlung einer integrativen Handlungsperspektive zugunsten eines Handlungsmodells aufgegeben, in dessen Zentrum im wesentlichen das Eigeninteresse von Personen und Gruppen steht, die Kultur inszenieren.
Wenn Kultur eine strategische Variable ist, die im Bezugsrahmen von Eigeninteressen eingesetzt und inszeniert wird und sich verselbständigt - aus gesamtorganisatorischer Perspektive haben das betriebswirtschaftliche Ansätze[5] auch schon sichtbar gemacht -, dann sind Desintegrationserscheinungen, Verselbständigungsprozesse von Subkulturen, Widersprüche und Konflikte zwischen den Organisationsmitgliedern von großer Bedeutung. Sie sind dann auch Ausdruck einer Situation, in der Interessen nicht eindeutig formiert sind, eine Interessenpluralisierung mithin sichtbar und greifbar wird. Im Rahmen einer derartigen Perspektive sind diese Entwicklungen durchaus als Verflüssigung gesellschaftlich institutionalisierter Handlungsweisen zu verstehen. Sie bieten für alle Beteiligten nicht nur Orientierungsverluste, sondern zunächst einmal *auch neue Orientierungs- und Handlungschancen*. Der Grad der Verflüssigung von Handlungsregeln in Organisationen der Betreuung behinderter Menschen ist daran zu erkennen, daß zum Beispiel so zentrale bis auf die Selbstverständlichkeitsebene herunterinstitutionalisierte Formen des Umgangs mit Raum und Zeit im Bereich der Dienstleistung mit Behinderten zur Disposition stehen.

Eine schwach ausgeprägte Organisationskultur ist in dieser Perspektive Ausdruck des Tatbestandes, daß gesellschaftlich verbindliche Lösungen - in unserem Fall der Dienstleistungsarbeit in Organisationen - noch nicht vorliegen und organisationstypische Gestaltungen bisher nicht realisiert werden konnten.

---

[5] vgl. z.B. TREBISCH 1985

11.6 Lebensstilgeprägte Helferkonzeptionen und Rückzugskultur - Bedingung für Burnout?

Gleichgültig, wie man das Konzept der Kultur einordnet, als übergreifendes Orientierungsmuster, das Menschen eint - unabhängig von unterschiedlichen Interessen im Sonderfall - oder als Konzept, das im wesentlichen strategisch eingesetzt wird, um Interessen durchzusetzen, die Situation im personenbezogenen Dienstleistungsbereich zeigt, daß es keine gemeinsame Kultur im Sinne gemeinsamer Maßstäbe der Behindertenarbeit in Organisationen gibt. Sieht man von der für viele Helfer gültigen Grundauffassung ab, daß behinderte Menschen ernst zu nehmen und ihre Interessen und Bedürfnisse zu berücksichtigen sind, bedeutet dies - da diese Grundauffassung außerordentlich abstrakt ist - daß im Rahmen der Betrachtung von Kultur als integrierender Orientierungsperspektive davon auszugehen ist, daß gemeinsame handlungsleitende Werte und Normen fehlen. Und im Falle der Betrachtung von Kultur als interessenbezogen, als strategisch eingesetztem Orientierungsmuster, daß die Interessen noch nicht so weit formiert und durchgesetzt sind, daß sich spezifische oder umfassende "(Sub-)Kulturen" herausgebildet haben, um diese durchzusetzen. Das liegt unter anderem auch daran, daß die Helfer nicht durch gemeinsame berufliche Sozialisationsprozesse verbunden sind. Die Zugänge zum Helferberuf in Organisationen sind von Voraussetzung und Verlauf her außerordentlich unterschiedlich und in starkem Maße von der allgemeinen Arbeitsmarktlage einerseits und der organisationsspezifischen Personalnachfrage andererseits abhängig. Die Unterschiede betreffen nicht nur die schulische Vorbildung und die soziale Herkunft, sondern auch den formalen berufsbezogenen Ausbildungsprozeß und die Phase der Einarbeitung am Arbeitsplatz. Dies hat zur Folge, daß die Helfer weder - wie oben dargestellt - auf einen gemeinsamen, sinnstiftenden und Handlungsorientierung vermittelnden Bestand (organisations-)kultureller Werte und Normen, noch auf einen gesicherten Bestand beruflicher und sozialer Handlungsnormen zurückgreifen können und sich auf diesem Wege unterstützen können. Ein gemeinsames "Orientierungswissen" im Sinne kommunikativer und auch sozial-emotionaler Handlungsgrundlagen existiert nicht. Vielmehr mußten wir feststellen, daß sich im Rahmen privater, lebensstil-geprägter Helfermuster ein gemeinsamer eher trennender Normbestand herausgebildet hat, den man als *Rückzugskultur* bezeichnen kann. Beispiele dafür sind die schon im empirischen Teil dargestellten "ungeschriebenen Regeln" wie "Redest Du mir nicht in meine Arbeit rein, rede ich nicht in Deine rein" - "Kritisierst Du mich nicht, tue ich es auch nicht mit Dir" - "Akzeptierst Du meinen Arbeitsstil, akzeptiere ich auch Deinen".

Dieser Rückzug und die damit verbundenen Legitimationsprozesse, sind zunächst nicht durch Resignation gekennzeichnet, sondern eher als strategisches Vorgehen bzw. als strategisches Instrument zu werten, um unter den gegebenen Bedingungen fehlender gemeinsamer Orientierung ein Höchstmaß an (individuellen) Handlungsspielraum innerhalb

der Organisation zu behalten oder aber zu erwerben. Für Burnout-Fragestellungen ist dabei bedeutsam, daß der im Rahmen einer Rückzugskultur bestehende Handlungsspielraum sowohl Folge sozialer Wandlungsprozesse in Verbindung mit Orientierungsproblemen und Unterstützungsdefiziten ist als auch Ausdruck eines individuellen bzw. gruppenspezifischen Kompetenzanspruchs bezogen auf qualifizierte Behindertenarbeit. Berufsbestimmte Status- und Einkommensansprüche sind damit unlösbar verzahnt.
Eine unausgesprochene Gemeinsamkeit der Rückzugskultur betrifft nicht Inhalte, sondern die Wahl der geltenden Perspektive als Selektionsregel für das eigene Verhalten. Sie ist dadurch gekennzeichnet, daß ein großer Teil der Mitarbeiter in ihrem Handlungszusammenhang den allgemeinen Anspruch erhebt, das Beste für die behinderten Menschen zu wollen. Dabei gehen sie davon aus, daß sie dies nur im Bezugsrahmen der jeweils eigenen Handlungsmöglichkeiten umsetzen können.

Betrachtet man diese gemeinsame Perspektive moralisch bedeutsamen Handelns (vgl. dazu VICTOR/CULLEN 1988) nicht nur als Ausdruck der besonderen Biographie bestimmter Persönlichkeiten oder als Bestandteil eines organisationsethischen Klimas, sondern als Ausdruck von Versuchen, Eigeninteressen im Sinne von Status, Zeitverwendung und Geld mit einem qualitativ anspruchsvollen Arbeitsmodell zu verbinden, dann wird das Dilemma in Dienstleistungsorganisationen in besonderer Weise deutlich, das die Arbeit so belastend macht: Eine hohe Motivation und ein hohes Maß an moralisch unterlegtem Anspruch auf vernünftige oder angemessene Arbeit im Interesse der behinderten Menschen treffen auf gesellschaftliche und vor allem organisatorische Bedingungen, die eine Klärung der Ziele und Inhalte qualifizierter Behindertenarbeit ebensowenig ermöglicht wie eine Thematisierung der bestehenden Konfliktlinien. Die Folge davon ist, daß trotz der Motivation gute Behindertenarbeit zu leisten, diese durch Provinzialität, Eigeninteressen und Streß gekennzeichnet ist, da die Beteiligten nicht nur keine Unterstützung für ihre inhaltliche Arbeit erfahren, sondern sie sich darüber hinaus ständig um die Sicherstellung ihrer jeweiligen Handlungsspielräume als Ausdruck ihrer unterschiedlich begründeten Eigeninteressen kümmern müssen.
Unter den gegebenen Bedingungen sind Menschen in personenbezogenen Dienstleistungsorganisationen also in doppelter Hinsicht mit hohen Ansprüchen konfrontiert: Zum einen mit dem selbstgesetzten Anspruch, Beziehungen zu den behinderten Menschen so aufzubauen, daß sie den jeweils eigenen Vorstellungen von Menschenwürdigkeit Rechnung tragen. Der zweite Anspruch ergibt sich auf dem Hintergrund ihrer Kompetenzansprüchen und Status- und Einkommensinteressen unmittelbar daraus. Er besteht darin, die inhaltliche Arbeit gegenüber den Kollegen und Vorgesetzten abzusichern, die Arbeitsbeziehungen also selbst zu gestalten. Die ständig gefährdeten Handlungsspielräume sollen unter den gegebenen Bedingungen erhalten, ggf. verteidigt werden. Die Rückzugskultur und deren Regeln versprechen nur eine vordergründige Entlastung. Sie helfen die Interventionen anderer und Konflikte vermeiden. Sie fördert dadurch aber die Isolation. Durch die hohe Offenheit der

Helfersituation müssen so viele persönlich begründete Handlungsanteile eingebracht werden, daß die Angst vor Selbstgefährdung im Sinne der Problematisierung der eigenen persönlich bedeutsamen Handlungsgrundlagen und die Angst vor der Gefährdung der in diesem Zusammenhang aufgebauten Helferbeziehung zu Abkapselung und Abgrenzung gegenüber den anderen Helfern bzw. Mitarbeitern führt. Soziale Absicherungs- und Unterstützungsprozesse werden so verhindert bzw. sie entstehen nur zufällig oder sie werden nur dann zugelassen, wenn man sich ohnehin persönlich versteht.

Die unterschiedlichen biographisch und ausbildungsbegründeten Helfervorstellungen wirken dabei desintegrierend. Sie sind nicht nur die Basis des jeweils unterschiedlichen Helferhandelns, sondern häufig gleichzeitig Grundlage von konkurrierenden Geltungsansprüchen im Hinblick auf Status - etwa in Verbindung mit einem Anspruch auf organisatorische Ressourcen - und auch auf Einkommen. Werden diese konkurrierenden Interessen im Sinne von eigenen Maßstäben und Ansprüchen der Beschäftigten an Ressourcen nicht organisatorisch eingebunden und offen ausgetragen, entladen sie sich informell intrigierend oder eruptiv in bestimmten Zeitabständen. Beides bewirkt zusätzliche Unsicherheit, Mißtrauen und Angst und ist für die "Schaffung bzw. Sicherstellung eines zufriedenen und seines Handelns sicheren Mitarbeiters kontraproduktiv". Die wechselseitige soziale und organisatorische Einbindung des Helfers wird nicht mehr oder nur noch begrenzt aktiv versucht und beschränkt sich, sieht man von wenigen, über private soziale Nähe begünstigte Gruppen- und Heimbereiche ab, auf allgemeine, überprüfbare Absprachen der Arbeitsorganisation. Strukturen werden als gegeben hingenommen bzw. objektiviert - "da kann man nichts machen". Die wechselseitige Entfremdung ist groß und die psychische Belastung, die von Vorgesetzten und Mitarbeitern ausgeht und in diesem Zusammenhang wahrgenommen wird, ist erheblich. Diese Erfahrung und Beurteilung wirkt lähmend in die unmittelbaren Helferbeziehungen mit behinderten Menschen nicht nur insoweit hinein, als soziale Unterstützungsprozesse fehlen, sondern auch insofern, als die unmittelbare inhaltliche Arbeit mit den behinderten Menschen immer wieder an die "objektive" Grenze heterogener nichtkoordinierter Erwartungen unterschiedlichster Art stößt und damit das Helferhandeln gefährdet.

Der Kern dieser Aussage ist, daß die "Privatisierung", die wechselseitige Abkapselung von Mitarbeitern und die Entwicklung einer Rückzugskultur, mithin wesentlicher Bestandteil des Burnout-Prozesses ist. Privatisierung heißt, daß man als Helfer auf sich allein gestellt ist gerade in solchen Fragen, die mitmenschliche Bezüge betreffen und wesentliche Grundlagen und Wertbezüge des eigenen Handelns berühren. Damit ist das psychische und soziale Verletzungsrisiko groß. Es fördert die Tendenz, entweder Gleichgesinnte zu finden, um sich und seine Sichtweise bestätigt zu sehen, oder sich auf sich selbst zurückzuziehen, um die Gefährdung zu begrenzen.
Vor diesem Hintergrund kann man eine für alle Organisationsmitglieder paradoxe Situation feststellen: Die Verflüssigung alter Werte und Normen bietet einerseits Handlungsspiel-

räume im Sinne kontrollverdünnter Situationen. Dies ist jedoch nicht nur vorteilhaft, sondern wird auch als belastend empfunden, weil die bestehende Gemeinsamkeit - nämlich die Chancen zur Mitgestaltung einer sozialen Orientierung unter besonderer Berüchsichtigung der Eigeninteressen aller Beteiligten - organisationspolitisch nicht gesehen und nicht genutzt wird.

Im Hinblick auf die kollektive Ebene der Gesamtorganisation gibt es zwar immer wieder Versuche, zum Beispiel die "eigentliche Aufgabe der Behindertenarbeit" qualitativ zu definieren und in einen kollektiven Entscheidungsprozeß einzubringen. Die Erfahrungen damit sind jedoch überwiegend negativ. Prozesse der Konsensfindung zur Formulierung eines Qualitätsstandards für die Betreuungstätigkeit sind an der Basis schwierig und zeitaufwendig. Dies vor allem auch deshalb, weil die Kommunikationswege dafür nicht institutionalisiert sind. Das Einbringen der wohngruppen- oder hausspezifischen Bedingungen erfordert einen hohen persönlichen Einsatz; in der Regel sind die Forderungen, die alle Interessen berücksichtigen, sehr breit angelegt; dazu kommen Erfahrungen der Mitarbeiter, daß die von ihnen vorgetragenen Vorstellungen auf der Ebene von Vorgesetzten und Vorstand nicht ernst genommen werden. So schält sich als eine wesentliche tragende Erfahrung aller Mitarbeiter die Gemeinsamkeit heraus, sich negativ von dieser Ebene abzugrenzen. Die Erfahrung, daß kollektiv orientiertes Handeln und kollektiv orientierte Entscheidungen nicht möglich sind bzw. die Interessen der Mitarbeiter und daran gebundene Vorstellungen von Behindertenarbeit nicht berücksichtigt werden, verstärkt die ohnehin vorliegende Tendenz zum Rückzug der Mitarbeiter auf die jeweils für sie relevanten Arbeits- und Handlungsbereiche und in diesem Zusammenhang auf sich selbst.

Auf dem Hintergrund dieser Überlegungen ist davon auszugehen, daß Privatisierung sowohl als Folge des sozialen Wandels und fehlender gemeinsamer Handlungsorientierungen als auch als Ausdruck von Eigeninteressen zu verstehen ist, die durch unterschiedliche Soziallagen und Biographien geprägten wurden. Organisationspolitisch ist es nicht gelungen, der Vielfalt von auch durch Eigeninteressen geprägten Vorstellungen an Arbeitszielen und unterschiedlicher Arbeitsqualität einen Ort und einen offiziellen Ausdrucks zu geben.

Die Entwicklung einer Rückzugskultur stabilisiert Kommunikationsgrenzen und fördert das mit der Privatisierung verbundene Risiko, sich selbst zu verbrauchen, überfordert zu werden, auszubrennen - insbesondere dann, wenn die Durchführung der Aufgabe emotionale ebenso wie moralische und ethische Fragen berührt und die mit der Aufgabe befaßten Menschen dies im Bezugsrahmen eines engagierten dienstleistungsorientierten Selbstverständnisses tun.

Dieser Selbstverbrauch kann dadurch noch gesteigert werden, daß die im Bezugsrahmen 'privater' Normen und Werte formulierten Arbeits-Prinzipien innerhalb der inhaltlichen Arbeit nicht umgesetzt werden können, weil bürokratische Hemmnisse z.B. im Sinne der Kontrolle von Arbeitsvorgaben, die quantifizierbar sind, dieses verhindern oder aber, weil - wie oben dargestellt - in Arbeitssituationen die für private, emotional abgesicherte Verhältnisse geltenden Werte und Normen nicht realisiert werden können.

11.7 Konsequenzen

Das Grundproblem der personenbezogenen Dienstleistungsarbeit in Organisationen ist nicht die Motivation der Helfer, auch nicht die Relativierung der traditionellen Helferbilder und bürokratischer Organisationsmuster. Selbst eine umfassende "neue" gemeinsame Orientierung als Grundlage des Handelns muß unter den gegebenen Umständen sehr heterogener Helfer-Bilder und -Anstrengungen als problematisch betrachtet werden, zumal die unterschiedlichen Positionen in der Regel nicht einmal als solche formuliert sind. Das Grundproblem ist die Offenlegung von Interessen, die Überwindung der Rückzugskultur und die Sicherstellung von Kommunikation mit dem Ziel, Unterschiede wie Gemeinsamkeiten zu thematisieren. Sprachlosigkeit, Selbstblockade und Selbstverbrauch können nur dann bearbeitet werden, wenn die Pluralität unterschiedlicher Arbeitsziele und Arbeitskonzeptionen nicht an private Lösungen und eher reaktiv entstandene Handlungsspielräume gebunden bleibt, sondern organisationspolitisch zum Programm wird. Aus organisationssoziologischer Perspektive führen diese Überlegungen zu der Feststellung, daß

1. der soziale Wandel des Helferbildes und
2. die Demokratisierung des Helferbezuges

zu Arbeitsselbstbildern und Arbeitsmotiven einerseits und Arbeitsanforderungen andererseits geführt haben, die eine Aufwertung und Höherqualifizierung der Helfer und eine Dezentralisierung und Demokratisierung von Organisationszusammenhängen andererseits zur Konsequenz haben müßten. Das heißt nicht nur, daß dem einzelnen Helfer bzw. den einzelnen Helfergruppen organisatorisch abgesichert ein weit höherer als der gegebene Handlungsspielraum zugebilligt werden muß, um sie von der organisationsstrukturellen Seite her in die Lage zu versetzen, im Rahmen ihrer Organisation des Helferhandelns den Klienteninteressen und damit verbundenen Erwartungen den Stellenwert geben zu können, der im Bezugsrahmen der jeweils persönlichen Perspektiven geboten erscheint und sie nicht permanent die Erfahrung machen müssen, daß organisatorisch begründete Anforderungen mittelbar oder unmittelbar dem entgegenstehen und sie sich nach allen Seiten schützen müssen. Sondern das heißt auch, da das Dienstleistungshandeln Normalitätsvorstellungen bzw. Normalitätsgrenzen betrifft und diese vor dem Hintergrund unterschiedlicher Herkunft, Erziehung und Ausbildung differieren, daß Interessen und Wertbezüge der Mitarbeiter - gleichfalls institutionell abgesichert - thematisiert werden müssen, um einen organisatorischen Wandlungsprozeß zu ermöglichen, der dem sozialen Wandel des Helferbildes und der Helfermotivation entspricht und der Säkularisierung des Helfens ebenso Rechnung trägt wie den psycho-sozialen Anforderungen, die mit der Demokratisierung der Helferbeziehung verbunden sind.
Dies scheint nur möglich zu sein, wenn es gelingt, die organisationspolitische Bindung von Eigeninteressen an Arbeitsprogramme und an Arbeitsqualität herzustellen. Diese Bindung

muß dadurch erreicht werden, daß organisatorische Handlungsspielräume im Sinne von Planung und Gestaltung unterschiedlicher Dienstleistungsmodelle eröffnet und durch eine Vielzahl von begleitenden Hilfestellungen gefördert werden. Erst wenn - vielleicht modellhaft - unterschiedliche Formen des Betreuungshandelns realisiert sind, werden auch Inhalte der Behindertenarbeit wieder kommunizierbar werden. Erst dann wird es möglich sein, Inhalte und Interessen eindeutig zu bestimmen und damit auch den Gegenstand von Konsens oder Dissens. Die schwierigste organisationspolitische Aufgabe in diesem Zusammenhang der Eröffnung neuer Handlungsspielräume dürfte sein, diese so zu gestalten und mit Anreizen zu versehen, daß Selbstbeschränkung und Rückzug ebenso überwunden werden wie Mißtrauen und Angst.

Damit ist auch die weiter oben (vgl. Abschnitt 11.5) gestellte Frage beantwortet, ob es zwingend ist, eine integrative, umfassende "neue Organisationskultur" zu schaffen, um bestehende Orientierungsprobleme der Beteiligten zu vermindern. Die Antwort kann nicht im Sinne eines klaren "Ja" oder "Nein" ausfallen. Sie muß mit der zusätzlichen Frage verknüpft werden, welche Wert- und Normbereiche man "kultivieren" möchte. Will man die Rückzugskultur vermeiden und Überlastung verhindern, gleichzeitig aber die mit der Verflüssigung traditioneller Helfermodelle entstandenen Handlungsspielräume wahren, dann muß man prüfen, bis zu welchem Grade ein organisationskulturelles Modell realisierbar ist, in dem das "Eigeninteresse" der Beschäftigten und die Vielfalt inhaltlicher Arbeitsvorstellungen zum Ausgangspunkt für ein neues Arbeitsmodell gemacht werden kann. In ihm müßte die Differenz, der Unterschied zwischen den bestehenden Arbeitsvorstellungen in Verbindung mit notwendiger Kommunikation und wechselseitiger Unterstützung im Mittelpunkt stehen.

Die Aussage, "ein ausgebrannter Helfer kann kein guter Helfer sein" (ERNST 1987) kann in diesem Zusammenhang umformuliert werden. Sie könnte nun heißen: "Nur ein Helfer, der gelernt hat, sich und seine Interessen ernst zu nehmen und nach außen zu vertreten, kann auch behinderte Menschen ernst nehmen. Dazu muß er sich selbst als von anderen ernst genommen erfahren haben". - Die Bearbeitungskompetenz von Problemen, die Möglichkeit, Nähe bei der Bedürfniswahrnehmung herzustellen und trotzdem in der Vielgestaltigkeit von Bedürfnissen und Problemen nicht zu versinken, ist ganz entschieden eine Funktion "sicherer" (Selbst-)Vorstellungen, die ohne organisationsvermittelte Erfahrungen der sozialen Aufwertung im Sinne der Zuschreibung von Entscheidungs- und Gestaltungskompetenz nicht zu haben ist.
Nur durch einen so "kontrollierten" sozialen Wandlungsprozeß ist es möglich, die paradoxe Situation aufzulösen, die darin besteht, daß trotz teilweise hohen Engagements der Beschäftigten eine Dienstleistungssituation "produziert" wird, die als unbefriedigend bis unerträglich eingestuft wird und dennoch kaum Anhaltspunkte für konkrete inhaltliche Auseinandersetzungen und Veränderungen bietet.

IV Überlegungen zum Gestaltungsrahmen und Gestaltungsempfehlungen zum Abbau von Belastungen

Im folgenden werden Überlegungen angestellt, die auf der Grundlage der bisher dargestellten empirischen Ergebnisse Möglichkeiten der Gestaltung von Arbeitsbedingungen skizzieren. Dabei wird sich zeigen, daß zum Teil sehr grundsätzliche Fragen der organisatorischen Struktur der Dienstleistungsarbeit thematisiert werden, die nur mittelbare, dafür aber umso tiefergreifende Bedeutung für die konkrete Ausgestaltung der Betreuungsaufgaben haben. Die Frage der mit derartigen Veränderungen verbundenen Kosten muß an anderer Stelle behandelt werden: hier geht es um einen Entwurf von Gestaltungs-Möglichkeiten und um die Entwicklung einer Perspektive.

12 Grundzüge der Gestaltung: Ausgangslage und Bausteine

Als fundamentale Aussage unserer Analyse sehen wir den Tatbestand an, daß die Betreuer nicht nur die *Produktion ihrer Leistungen organisieren*, sondern daß sie darüber hinaus in wesentlichen Aspekten die *Organisation selbst produzieren*.
Was bedeutet dies konkret? Mit dem Begriff der Privatisierung haben wir beschrieben, auf welche Weise die Leistung im Betreuungsprozeß davon abhängt, daß die Betreuer neben der Erledigung der quantifizierbaren Aufgaben in erheblichem Umfang selbst die Schöpfer ihres Arbeitsauftrages sind. Die Aufgabenbeschreibungen sind zu allgemein und abstrakt formuliert, als daß sie sich "einfach so" abarbeiten ließen. Die Aufgabenstellung ändert sich, weil sie in doppelter Weise personenabhängig ist - sie kann nur durchgeführt werden im Rahmen eines "Mediums". Dies ist die Beziehung zum Bewohner unter den Bedingungen einer spezifischen Umwelt der Wohngruppe. Der Betreuer muß also ein Gleichgewicht herstellen zwischen den Bedürfnissen, Interessen und Gegebenheiten der Bewohner, und den weiteren Erfordernissen und Anforderungen der Wohngruppen-Situation, in die er gestellt ist. Er muß mit den zur Verfügung stehenden Mitteln die Versorgung, Betreuung und Förderung der Bewohner leisten. Dies ist der Teil der *Produktion* seiner Dienstleistungsarbeit.

Darüber hinaus muß er wesentliche Voraussetzungen für die Produktion seiner Dienstleistung erst schaffen: Er muß einen tragfähigen Kontakt zu den Bewohnern herstellen. Er muß sich auf ihre Art der Kommunikation, auf ihr Anderssein einstellen. Er muß sich einpassen in eine konkrete Teamsituation, sich mit der Geschichte dieses Teams auseinandersetzen, sich ihm gegenüber verhalten. Er muß sich abgrenzen von dort vorhandenen Auffassungen oder sie übernehmen, sie variieren oder eigene Elemente einzubringen versuchen. Im Verlauf dieses Prozesses der Herstellung der sozialen Organisation ist er fortwährend mit Unfertigem konfrontiert. Die Konsensbildung ist permanente Aufgabe.

Konflikte entstehen immer wieder neu: mit Bewohnern, mit Angehörigen, mit Vorgesetzten, mit Vertretern der Fachdienste und kommunalen Dienststellen. Sie brauchen in der Bearbeitung viel Kraft und erfordern Konzentration. Ein konsensuelles unangefochtenes Konzept besteht nicht. Die inneren Bedingungen, Motive, Wahrnehmungsmuster, auf denen sich das eigene Handeln aufbaut, stammen zu weiten Teilen aus den Importen der privaten Lebenswelt. Sie müssen deshalb abgestimmt und ins Team integriert werden. Diese Prozesse der *Produktion der Organisation* müssen nicht selten gegen Bestrebungen der formalen Organisation, gegen Administration und Verwaltungsregeln durchgesetzt, in kräftezehrenden Auseinandersetzungen erstritten werden. Inhaltlich Vernünftiges ist häufig ökonomisch nicht realisierbar. Neben der fehlenden übergreifenden Perspektive ist auch eine gemeinsame "Sprache" nicht vorhanden. Die aber wäre Voraussetzung zur Absicherung eines Handelns, das sich auf eine Wirklichkeit bezieht, die in ihren relevanten Bedeutungen erst *gemeinsam konstruiert* werden muß.

Ein auf die vorgefundenen Bedingungen der Betreuungstätigkeit bezogener Entwurf zur Gestaltung der Arbeitssituation soll sich auf die spezifischen Anforderungen einlassen, die dort bestehen:

- *Die Ansprüche und Erwartungen an die Betreuer sind heterogen.*

- *Die Behindertenarbeit erfordert situationsspezifisches, gleichwohl über organisatorische Verläßlichkeit abgesichertes Handeln.*

- *Der hohe Anteil an Emotionsarbeit erfordert die Fähigkeit, Bereitschaft und Gelegenheit zur Reflexion und reflexiven Verarbeitung von Erfahrungen.*

Diese Aspekte begründen nicht nur einen *organisatorischen Gestaltungsbedarf,* sondern auch einen Bedarf zur *Entwicklung veränderter Formen und Prozesse der Kommunikation und Entscheidungsbildung,* zur *Entwicklung und Umsetzung kleinräumiger Gestaltungsoptionen.* Die stärkere Berücksichtigung und Einbindung von Gruppeninteressen, die offene Abwägung von Argumenten und Positionen, die Herstellung eines Gleichgewichts der Kräfte insbesondere zwischen den Mitarbeiter-Vertretungen und den Leitungsebenen ist erforderlich - und das heißt auch eine vorurteilsfreie, inhaltlich orientierte Kommunikation. Es sind Entwicklungsfreiräume zu schaffen, in denen sich - unbelastet von nicht zweckdienlichen Organisationsvorschriften - Formen der Lebensbegleitung und Lebensunterstützung der behinderten Menschen entfalten können, die eben nicht immer *planungsgeleitet* sein können, wenn sie auch der *planerischen Unterstützung* bedürfen.

Zur Umsetzung dieser vielfältigen und verschiedenartigen Anforderungen in der Betreuungssituation bedarf es nun sowohl solcher *Personen,* die über hinreichende Stabilität,

Selbstbewußtsein, Kompetenz, Kooperationsfähigkeit, Initiative, Wahrnehmungs- und Gestaltungsfähigkeit verfügen wie auch solcher *Situationen*, in denen die Chance besteht, sich selbst auf eine Weise zu erfahren, die bestehende (im Idealfall eben geforderte) Qualitäten bestärkt, einen nicht reglementierten Erfahrungsraum anbietet und das vorhandene Orientierungsvakuum ganz konkret als Aufgabe und Gestaltungsherausforderung für den Betreuer, das Team, letztlich die Gesamtorganisation definiert.

Im *Handlungsspielraum* beziehen sich *Personen* und *Situationen* wechselseitig aufeinander. Die erforderliche Entwicklung kann sich von daher nur in Gleichzeitigkeit in bezug auf die beteiligten Personen und die Öffnung der Situationen ergeben. Notwendig ist einerseits die Professionalisierung und Unterstützung persönlichen Wachstums, der Aufbau und die Entwicklung verläßlicher Kommunikations-Strukturen und -Kanäle durch die Etablierung einer Kultur, die Unterschiede in den Auffassungen, Arbeitsweisen, Zielen und Perspektiven zuläßt. Es muß sich eine *gemeinsame Handlungsorientierung* herausbilden. Sie kann nur entstehen über die Einbettung in einen kommunikativen Zusammenhang. Ohne die Eröffnung organisatorischer Spielräume und Gestaltungsmöglichkeiten, ohne Mut zum Experiment, den Abbau von Angst vor Fehlern, Unterstützung von Initiative. eine allgemeine Aktionsorientierung[6] des Handelns ist dies nicht zu leisten.
Für die Formulierung der im weiteren zu entwickelnden Gestaltungsperspektive bestehen folgende Leitorientierungen:

- Die Entwicklungslinie der *organisatorischen Dezentralisierung* führt zu Aktions- und Arbeitseinheiten mit eigener, weitgehender Konzept-Hoheit.

- Die *Autonomisierung* der einzelnen Bereiche (Wohngruppen, Förder- und Werkstattbereiche, Angebote und Leistungen von Fachabteilungen etc.) erfordert ihre gegenseitige Vernetzung, ohne die das Risiko der Isolierung besteht.

- Die *Professionalisierung* erfordert Entwicklungsprozesse, die am Bedarf, an inhaltlichen Qualitätsvorstellungen, konkreter Entwicklungsperspektive der Bewohner und des Teams ausgerichtet sind und den Beschäftigten weite, möglichst klar definierte Kompetenzen zuweisen.

- *Aktionsorientierung* erfordert Entscheidungsverfahren (vgl. HARMON 1989), die nicht allein an Tatsachen, sondern ebenso an sozialen Werten, Kontexten und Auffassungen der Betroffenen und Beteiligten orientiert sind.

---

[6] vgl. zu diesen Merkmalen PETERS&WATERMAN (1986), auch HARMON (1989)

- Erforderlich ist ein sozial-verträgliches Management- und Führungskonzept, über das eine hohe interne Steuerungskompetenz bereitgestellt wird, damit die qualitativen und quantitativen Betreuungsleistungen, aber auch der notwendige Beratungs-, Unterstützungs-, und Entwicklungbedarf der Beschäftigten und die Ressourcenverteilung integriert bzw. in wirksame Forderungen an Kostenträger und Sozialpolitik übersetzt werden kann.

Nun ist die Frage, auf welche Weise die empirische Analyse und Interpretation in konkrete Gestaltungsansätze überführt werden kann. Als Bindeglieder zwischen Empirie und Gestaltungsauftrag gelten für uns Überlegungen der Organisations- und Systemtheorie (z.B. GABRIEL 1976), die "Tatsachen- und Werte-Diskussion" (vgl. HARMON 1989) und der Situationsbegriff von THOMAS (1976).

In der soziologischen Organisations- und Systemtheorie werden zwei Organisationsprogramme voneinander unterschieden, die das Handeln und die Entscheidungspraxis in Organisationen nachhaltig und tiefgreifend strukturieren: Es sind dies das *"Konditionalprogramm"* und das *"Zweckprogramm"*. Im Konditionalprogramm bestehen einfache "Wenn-Dann"-Verknüpfungen: "Wenn Problem A, dann Lösung A'". Übertragen auf Betreuungsprozesse hieße dies, Lebensprozesse über die Tätigkeit der Betreuer zu reglementieren und zu normieren: "Wenn Problem 'Aggression', dann Lösung 'medikamentöse Ruhigstellung'". Demgegenüber lassen Zweckprogramme die situationsangemessene Freiheit in der Wahl der Mittel: es kann die Suche nach Alternativen stattfinden. Neben die Medikamentierung tritt die Möglichkeit des Spaziergangs, des Gespräch, des bewußten Annehmens der Konfrontation. Erst in der Erarbeitung von adäquaten Lösungen in Anbetracht konkreter Fragestellungen und Problemlagen kann sich letztlich Eigenständigkeit, Verantwortlichkeit und Kompetenz bei den Dienstleistenden entwickeln. Vertreter dieses Ansatzes weisen darauf hin, daß eine Beziehung besteht zwischen der durchschnittlich vorhandenen Qualifikation und den Ansprüchen der Beschäftigten an eine selbstbestimmte Regelung ihrer Aufgabenabwicklung. Dies gilt umso mehr bei zunehmender Qualifikation: "Die Hypothese einer steigenden Wandlungsrate der Organisationsvorschriften bei wachsendem Professionalisierungsgrad wird auch durch die Beobachtung bestätigt, daß die erhöhten Autonomieansprüche professioneller Organisationsmitglieder mit einer rigiden Regelgebundenheit des Handelns unvereinbar sind." (GABRIEL ebd. 316)

Nun wird die Leistungsfähigkeit einer Organisation nicht allein durch den Programmtyp determiniert, sondern sie geht hervor aus der mehr oder weniger komplexen Verflechtung zwischen dem Organisationsprogramm, dem vorherrschenden Aufgabentyp, den personellen Ressourcen und der Interaktionsweise der Organisation mit der Umwelt. So ist die "Wahl des Programmtyps (...) im wesentlichen von der Art der Aufgabenstruktur abhängig. Nur bei relativ gleichförmigen Aufgaben wird eine konditionale Programmierung überhaupt möglich sein. Ungleichförmige Aufgaben lassen sich nur durch abstrakte Zwecke mit geringen Mitteleinschränkungen und langen Zeitspannen programmieren. Organisationen mit ungleichförmigen Aufgaben und Zweckprogrammen tendieren dazu, ihre Kommunikationsstruktur als änderbar zu interpretieren und den jeweiligen Erfordernissen anzupassen. Horizontale Kommunikationswege ergänzen die vertikale Kommunikation, und die Kompetenzverteilung folgt den funktionalen Anforderungen wechselnder Aufgaben." (ebd.)

Die Wahl des Programmtyps hat nun eminent weitreichende Folgen für das Kommunikations- und Entscheidungsverhalten, für Innovationschancen und die Entwicklung von Initiative, für das Selbstverständnis der Beschäftigten im Kontakt mit den Bewohnern, für das Ausfüllen des ihnen zugestandenen Handlungsspielraums, für die Klarheit der Formulierung eigener Interessen, für ihr Engagement und ihre Identifikation mit den ihnen übertragenen Aufgaben. Bezogen auf unseren Gegenstand ist plausibel, daß eine starke innerorganisatorische Spannung entstehen muß, wenn formal überwiegend ein konditionales Programmverständnis vorherrscht mit deutlich zentralistischen Strukturen, die Beschäftigten in den Wohngruppen nach ihrem Rollen- und Aufgabenverständnis und den immanent praktizierten Arbeitskonzepten aber vorwiegend einen zweckorientierten Programmtyp für sich definieren bzw. praktizieren. In der Nähe und Unmittelbarkeit des situativen Geschehens kann eine Ordnung von außen nicht vorgegeben werden. Der zwischenmenschliche Kontakt muß die Chance haben, sich aus der Freiheit der Beziehung zwischen den Beteiligten zu entwickeln. Die Strukturierungen einer konditionalen Programmperspektive stehen hierzu in krassem Gegensatz.

Zahlreiche Äußerungen der mittleren Führungsebene machen mit aller Dringlichkeit deutlich, daß Qualifizierung, Verantwortungsbereitschaft, hohe Identifikation, Integrationskraft, Durchsetzungfähigkeit nach innen und außen wünschenswerte und notwendige Fähigkeiten und Eigenschaften des "Neuen Mitarbeiters der 90er Jahre" sind[7]. Mit Nachdruck wird für entsprechende Maßnahmen plädiert - aber in der Organisationswirklichkeit wird Initiative gebremst und verhindert, Kommunikation blockiert, Ängste abgewehrt. Die Organisationen meiden Situationen, in denen Beschäftigte in die Gestaltung ihrer Angelegenheiten eingebunden werden, statt solche Situationen gezielt anzuregen und zu schaffen. Unsere Belege dafür sind zahlreich.

Es soll hier nicht der Eindruck erweckt werden, die Organisation *an sich* sei schlecht - ganz im Gegenteil ist unser Bestreben darauf gerichtet zu verdeutlichen, daß es bestimmte Merkmale von Organisationsprogrammen sind, die in ihrer Konsequenz die Lebensprozesse behinderter Menschen determinieren und die Betreuer belasten. Zusammenfassend schreibt GABRIEL, welche zentralen Dimensionen für eine alternative Gestaltung maßgeblich sind:

---

[7] vgl. ARBEITSGRUPPE der Verbände evangelischer Einrichtungen (1990).

"Gemeinsam weisen die Alternativmodelle einen hohen Grad sozialen Wandels in allen drei strukturellen Dimensionen auf: laufende Veränderungen der Programme infolge schwer standardisierbarer und routinisierbarer Aufgaben; stetige Anpassung der Autoritäts- und Kommunikationsstrukturen nach den jeweiligen funktionalen Erfordernissen; ein hoher, auf raschen Wandel eingestellter Standard professioneller Orientierungen, Fertigkeiten und Wissensbestände". (ebd. S. 319)
Die Aufweichung organisatorisch-rigider, bürokratischer Strukturen zum Zweck der Steigerung von Autonomie, Kompetenz und einer Erweiterung des Entscheidungsspielraums ist damit nicht nur eine Notwendigkeit, wenn es darum geht, die Arbeitszufriedenheit der Beschäftigten zu erhöhen. Vielmehr ist diese Aufweichung unabdingbare Voraussetzung für kompetentes, flexibles, den wechselnden Situationen des Alltags angemessenes Handeln in den Wohngruppen. Genau dies ist eine erweiterte Professionalität, eine Kompetenz, in der sich ein neues Verhältnis zwischen dem tätigen Individuum und der Organisation herausbildet. Diese Kompetenz verbindet die Zweck-Ebene, die Wert-Ebene, die Ebene von Raum und Zeit mit dem Erfordernis, auch künftig ein für die Organisation erforderliches Maß an Verläßlichkeit zu erzeugen.

Einen anderen Pfad zur organisatorischen Gestaltung verfolgt HARMON (1989) mit seinem Ansatz der moralisch-ethischen Grundlegung des Handelns in Organisationen, insofern er sich mit der Frage befaßt, auf welche Weise *"Tatsachen"* und *"Werte"* (facts and values) als Grundlagen organisationsinterner Entscheidungsprozesse das Handeln steuern. Ausgehend von einem Zitat von M. Stanley vertritt HARMON in seiner Argumentation im wesentlichen die Auffassung, die in der Organisations- und Entscheidungstheorie gängige und kaum hinterfragte Trennung von Tatsachen und Werten präge weitreichend das gesellschaftliche, insbesondere organisationsinterne Entscheidungsverhalten insofern, als es zu einer Abspaltung solcher Momente in den entscheidungsbezogenen Denkprozessen geführt habe, die den sozialen Kontext, die ethischen Werte der Beteiligten und Betroffenen berührten. Er unterscheidet auf dem Hintergund seiner Analyse eine Entscheidungs-("decision-") und eine Aktions- bzw. Prozeß-("action-")Perspektive. Die Notwendigkeit zur Formulierung eines solchen alternativen Entscheidungskonzepts sieht er vor allem darin, daß es die herkömmliche (also Tatsachen-orientierte) Entscheidungsanalyse umfaßt, aber unter Berücksichtigung des sozialen Kontextes und damit unter Berücksichtigung der Tatsache, daß *Entscheidungsmöglichkeiten und bestehende Interessen letztlich sozial produziert* werden und nun in die Entscheidungsbildung eingehen können. Dieses alternative Entscheidungskonzept ist desweiteren erkenntnistheoretisch in höherem Maße aus einer *Kenntnis bzw. Berücksichtigung des sozialen Lebens* abgeleitet als dies bei der gängigen Entscheidungstheorie der Fall ist. Schließlich wird eine Betrachtung der Frage des Gemeinwohls und ihre Plazierung *ins Zentrum* des organisationsinternen Diskurses ermöglicht (vgl. ebd. S. 145; Hervorheb. v. Verf.).

Die Vorzüge einer solchen veränderten Gestaltung der *sozialen Erarbeitung von Entscheidungen, welche die Organisationsmitglieder mehr oder weniger in ihrer Gesamtheit betreffen* - und die im übrigen stärker auf die Prozeßhaftigkeit von Entscheidungen abhebt - sieht HARMON in den folgenden Punkten:

"1. Die erkenntnistheoretische Unterscheidung zwischen Werten und Tatsachen, wie nützlich sie für instrumentelle Zwecke sein mag, spiegelt einen künstlichen Aufbau der Prozesse wider, durch die soziale Welt begründet, erhalten und bewältigt wird. Diese sozialen Prozesse sind von Anfang an gekennzeichnet durch eine Verschmelzung dessen, was wir gelernt haben, 'Werte' und 'Tatsachen' zu nennen. (...)
2. Die mögliche Existenz eines umgreifenden moralischen Gemeinwohls wohnt eher den Prozessen inne, durch die soziales Leben besteht, als, zumindest in der Hauptsache, in den Zielen, die angeblich von den Werten durchdrungen sind. Ziele, Zwecke und Interessen eingeschlossen, können betrachtet werden als abgeleitet und abhängig von sozialen Prozessen. 'Moral' ist daher nicht ein Synonym für Werte und Ziele, sondern beschreibt stattdessen eine Qualität, die handelnden Subjekten innewohnt, die in sozialer Interaktion miteinander verbunden sind.
3. Soziale Prozesse sind prinzipiell Prozesse kollektiver Sinnstiftung, durch welche soziale 'Tatsachen' fortwährend durch Aushandlung hergestellt werden. In Erweiterung bedeutet dies, daß Organisationen hauptsächlich strukturierte Zusammenhänge der Sinnstiftung sind und nur in zweiter Linie Anordnungen zur Entscheidungs-Findung.
4. Es ist nicht so sehr das Denken dem Handeln vorgeschaltet (verbunden durch Entscheidungen), vielmehr sind Denken und Handeln füreinander wechselseitig konstitutiv, es dominiert das eine nicht das andere. Entscheidungen sind nicht objektiv wirklich, sondern sie sind Objektivierungen des fortwährenden Flusses der sozialen Prozesse. Freier formuliert können Entscheidungen als 'gestoppte Prozesse' angesehen werden." (ebd. S. 146; Übersetzung d. Verf.)

Die skizzierten Ansätze zielen darauf ab, Entscheidungsprozesse in Organisationen dahingehend zu verlagern, daß sie zurückgeführt und wieder eingebunden werden in den unmittelbaren Tätigkeitsablauf. Sie entsprechen damit sowohl den Erfordernissen einer normalisierenden, behinderte Menschen in die Gesellschaft integrierenden Zielsetzung, sie entsprechen den Anforderungen des Alltags, der ad hoc-Entscheidungen und entsprechende Kompetenzen vor Ort verlangt, sie entsprechen vor allem aber auch den Vorstellungen der Betreuer, die einen höheren Grad an Eigenständigkeit und Unabhängigkeit in ihrer Tätigkeit suchen. Insbesondere sind beide Ansätze geeignet, eine wertorientierte Grundlage abzugeben, die sowohl für die Beschäftigten als auch für die Gruppe der Bewohner von Einrichtungen der stationären Behindertenhilfe gelten kann. Beide Ansätze betonen und fördern die Entwicklung von Menschen in Organisationen. Sie fragen nach Fähigkeiten und nehmen damit die Menschen ernst. Da sie entwicklungsbezogen sind, scheinen sie eher geeignet, eine wichtige Ressource für die zukünftigen gesellschaftlichen Herausforderungen zu erschließen, die auf dem Sektor der Sozialen Arbeit zu erwarten sind.

Als drittes Element für die Überlegungen zum Gestaltungsrahmen greifen wir zurück auf den Situationsbegriff bei K. THOMAS (1969). - So sehr wir die konkrete Tätigkeit der Beschäftigten in der Betreuung behinderter Menschen gekennzeichnet hatten als eine Arbeit, in der einzelne auf seine biographisch erworbenen Orientierungen zurückgreifen muß, da es für ihn keine übergeordneten Leitlinien gibt - so ist doch seine je besondere, aktuelle Handlung mehr als eine nur private, aus sich selbst geschöpfte. Sie muß immer auch als eine Antwort auf die je aktuelle Situation in der Wohngruppe und in der Organisation innerhalb des für ihn sichtbaren Horizonts betrachtet werden. Sie ist vielfach durch die Team- und Wohngruppensituation vermittelt. Seine Wahrnehmung dieser Situation besteht nicht an sich, rein rational, abstrakt, losgelöst von seiner eigenen Befindlichkeit, seiner eigenen Motivation, seinem Empfinden. Sie besteht auch nicht unabhängig davon, wieweit er von anderen gesehen, akzeptiert, anerkannt wird.

Abbildung 12: "Die Situation und ihre Elemente" (nach K. THOMAS, 1969)

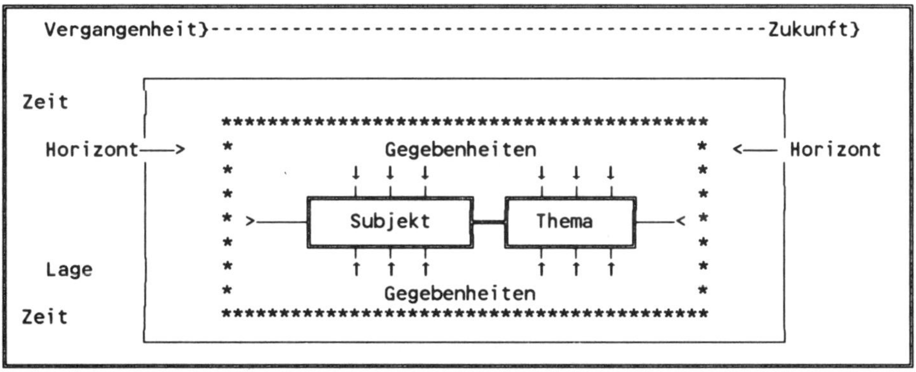

Die Abbildung sei kurz erläutert. THOMAS versteht Situationen als "Einheiten menschlichen Lebens, die durch ein ihnen jeweils eigenes Gefüge besonders gekennzeichnet sind, als die Einheit, die mit gewissen Schwellen von dem, was dazu gehört, und dem, was nicht dazu gehört, sich unterscheiden.[...] Situation heißt die jeweilige Einheit, ohne die ein Mensch sich weder befinden, noch handeln, noch sich orientieren kann" (ebd. S. 55). Die Situation ist durch die folgenden Elemente charakterisiert:

Subjekt: Die handelnde(n) Person(en).

Thema: Das Thema ist das "Verbum", die Tätigkeit des Subjekts; es gibt der Situation ihre spezifische Dynamik.

Gegebenheiten: Gegebenheiten und - weniger relevante - Mitgegebenheiten sind Objekte und Sachverhalte, die in die Situation mit eingehen, "was für das Handeln, Erkennen und Befinden (des Subjekts) 'äußerlich' ist".

Horizont: Begrenzung für die Situation ergibt sich durch den Horizont. Was diesseits liegt, kann in Handlung und Orientierung berücksichtigt werden. Was immer jenseits des Horizonts liegt, kann "in die Situation eintreten", bis zu diesem Zeitpunkt aber ist es nicht relevant.

Lage: Sie wird als Reduktion der Situation charakterisiert, indem sie "sich auf die Aufzählung von Fakten (bezieht), die im weiteren Sinne empirisch verifizierbar sind und denen gegenüber das handelnde, sich befindende, erkennende Subjekt relativiert werden kann" (ebd. S. 60). Im Begriff Lage löst sich die auf das Subjekt bezogene "Einheit von Subjekt und Gegebenheiten, bestimmbar durch das Thema, umgrenzt von einem Horizont" (ebd.) auf, wird vielmehr zu einer objektiven Konstellation, jenseits des - erst durch die subjektive Wahrnehmung zustande kommenden - In-Beziehung-Setzens der Elemente.

Zeitliche Aspekte: Vergangenheit und Zukunft liegen nur insofern diesseits des Horizonts, als sie von aktueller Bedeutung für die Situation sind. In der konkreten Analyse von Situationen dürfte problematisch sein begründet kenntlich zumachen, wo - bezogen auf eine Situation - Vergangenheit bzw. wo eine Situation beginnt. "Eine neue Situation [...] tritt dann ein, wenn ein neues Thema, ein neuer Sinnbezug die Beziehung von Subjekt und Gegebenheiten bestimmt. Diese Zäsur kann scharf sein, sie kann ganz zufällig sein. Aber sie läßt sich ausmachen" (ebd. S. 64).

Auf dem Hintergrund dieses Situationsbegriffes wird deutlicher als in einer rein arbeitsorganisatorischen Betrachtungsweise (die sich immer wesentlich auf einen Zeitpunkt bezieht), daß in der Betreuungsarbeit wegen der besonderen Beziehungsdimension und wegen der immer gegebenen Zeitdimension, die erst Betroffenheit erzeugt, anders verfahren werden muß. Die Akteure bewegen sich in einem Zeit- und in einem Beziehungsraum; sie sind immer der Dynamik dieser Beziehungen ausgesetzt. Über seine Theorie des Managements der Industriearbeit zu Beginn dieses Jahrhunderts konnte Henry Ford noch sagen: "Man gibt den Leuten Arbeit und sie haben sie zu tun"[8] - für die Betreuungsarbeit gilt, daß die Beschäftigten "die Organisation der Produktion" und die "Produktion der Organisation" gleichermaßen übernehmen müssen. Sie sind, indem sie ihre Aufgaben ständig definieren müssen, auch ständig aufgefordert, sich selbst in ihrer Beziehung zu den Be-

---

[8] vgl. BENNIS/BENNE/CHIN 1975, S. 295

wohnern unter Berücksichtigung der Gegebenheiten in einem umfassenden, gesellschaftlichen Kontext zu definieren. Die überwiegende Mehrzahl der auf diese Weise im Team zu fällenden Entscheidungen sind in Abhängigkeit von einer spezifischen Situation zu fällen. Der Situationsbegriff öffnet den Blick für eine umfassendere Perspektive, in der das Wohngruppengeschehen stattfindet. Er erleichtert sichtbar zu machen, daß eine zentralistische Regelung und Strukturierung von Betreuungs- und Pflegetätigkeiten Probleme erzeugt an der Schnittstelle zwischen Betreuer und Bewohner und zwischen Wohngruppe und Organisation. Er erleichtert auch, das Geschehen in der Wohngruppe als das Geschehen innerhalb eines Systems zu betrachten, in dem es ein hohes Maß an *inneren Selbst-Steuerungsmechanismen* gibt; dieses System ist einerseits nach außen offen, in Bezug auf seine eigene Dynamik kann es aber organisationsintern auch hochgradig geschlossen sein, sich regelrecht abschotten (vgl. SCHÜSSLER 1990).

Zusammenfassend halten wir fest: Sowohl die Klärung der unterschiedlichen Sichtweisen und Interessen der Beschäftigten als auch die der administrativen und/oder professionellen Aspekte erfordert, daß die Beteiligten eine gemeinsame Sprache finden und lernen, sich dieser zu bedienen, wenn sie verbindende Ziele und ein einheitliches Prozeßverständnis erreichen wollen. Sie brauchen Kommunikationsstrukturen, in denen es ihnen möglich ist, ihre Erfahrungen, ihre Interessen, ihre Vorstellungen auszutauschen, ihre Lösungsansätze zu entwickeln und in den Gestaltungsprozeß der Arbeit mit einzubringen. Sie brauchen einen offenen Gestaltungsraum, der als Ort innerhalb der Organisation definiert ist und nicht als ins eigene Innere abgespaltener Ort der privaten Träumerei ("wie schön wäre es, wenn..."). Betreuer und Vorgesetzte müssen lernen, wie sie ihre unterschiedlichen professionellen Interessen und Überzeugungen als etwas sie *Verbindendes* betrachten und akzeptieren können. Ihre Aufgabe ist es, mit der sich aus den Unterschieden und Differenzen ergebenden Spannung umzugehen, sie als konstruktives Potential anzusehen, als Entwicklungschance für Bewohner, für sich selbst und letztlich damit auch für die Organisation. Uns scheint, daß aber dieser Entwicklungsprozeß hin zu solchen organisatorischen Strukturen, in denen nicht das *Wort des Mächtigen*, sondern der *Prozeß der entwickelten gemeinschaftlichen Überzeugung* das angemessene Gestaltungsprinzip ist, als Aufgabe noch besteht. Die Betreuer brauchen eine Gesamtschau des Dienstleistungsprozesses, in dem sie je unterschiedliche Funktionen erfüllen. Sie müssen diese unterschiedlichen Funktionen für sich selbst, aber auch für die anderen Beteiligten anerkennen.

13 Dimensionen der Arbeitsgestaltung in der Behindertenhilfe - Vorschläge zur Verbesserung der Arbeitsbedingungen

13.1 Allgemeine Gestaltungskriterien

Die Aufgabe der Formulierung von Gestaltungskriterien wirft die Frage nach einem Orientierungsrahmen auf, innerhalb dessen die unterschiedlichen Dimensionen der Arbeitstätigkeit beschrieben und in den sie integriert werden sollen. In den Arbeitswissenschaften werden auf einer allgemeinen Ebene folgende Dimensionen unterschieden, die auf KIRCHNER (1972), LAURIG (1973), ROHMERT (1974) zurückgehen (MAIER 1983:29):

- Ausführbarbeit
- Erträglichkeit
- Zumutbarkeit
- subjektivem Wohlbefinden (bzw. subjektive Zufriedenheit).

In Erweiterung findet sich bei BIRKWALD & PORNSCHLEGEL (1976:36) die folgende Übersicht:

Abbildung 17: Überblick über allgemeine Gestaltungskriterien

Ebenen Arbeitswissenschaftlicher Erkenntnisse	Zuständige Disziplinen	Beispiele für Kenngrößen
1. AUSFÜHRBARKEIT überhaupt ausführbar? Belastung unterhalb bekannter Höchstgrenzen?	Arbeitsmedizin Arbeitsphysiologie Arbeitspsychologie	Höchstbelastungswerte (kurzfristig)
2. ERTRÄGLICHKEIT auf die Dauer des Arbeitslebens zu ertragen?	Arbeitsmedizin, -physiologie -psychologie in Verbindung mit Gesellschaftswissensch.	Dauerleistungsgrenzen (langfrist.)
3. ZUMUTBARKEIT nach vorherrschender Auffassung zumutbar?	Gesellschaftliche, teilweise auch rechtliche Disziplinen, in Verbindung mit Ergonomie; Normen	zulässige Arbeitszeiten, Altersgernzen
4. SUBJEKTIVES WOHLBEFINDEN persönliches, körperliches, seelisches und soziales Wohlbefinden, Abwesenheit von Krankheit und Gebrechen	Ergonomie, Sozial- und Individualpsychologie, Soziologie, Medizin	Vereinbarte Maßstäbe für Gesundheit und Wohlbefinden

Ähnlich findet sich auch bei HACKER (1978:378) eine hierarchische Gliederung von vier Bewertungsebenen der Arbeitstätigkeit: er unterscheidet 1. Ausführbarkeit, 2. Schädigungslosigkeit, 3. Beeinträchtigungslosigkeit, 4. Persönlichkeitsförderlichkeit. BACHMANN (1978) führt ein fünfstufiges Gestaltungs- und Bewertungssystem ein. Darin fordert er, Arbeitsprozesse müßten (1) ausführbar, (2) schädigungslos, (3) belastungsarm, (4) fähigkeitserweiternd und (5) einstellungsfördernd sein.

Nun sind diese Kriterien vorwiegend materiell zu verstehen. Sie beziehen sich auf arbeitsmedizinische, -physiologische und -psychologische Tatbestände, die objektiv beleg- und nachweisbar sein müssen. In den späten 70er und frühen 80er Jahren herrschte eine zum Teil heftig geführte Diskussion darüber, wie diese objektiven Nachweis zu führen seien, wann "gesicherte Erkenntnisse" im Bereich der Arbeitswissenschaft vorliegen. BIRKWALD & PORNSCHLEGEL (1976) unterschieden in dieser Hinsicht "4 unterschiedliche Kategorien: methodisch und statistisch ausreichend begründete Erkenntnisse; eindeutig überwiegende Meinung innerhalb der Fachkreise; kollektiv vereinbarte, arbeitswissenschaftlich begründete Aussagen; und DIN-Normen und technische Regelwerke". (zit. nach MAIER 1983:30, Fußn.)

Im Bereich der personenbezogenen Dienstleistung ist nun genau diese Forderung nach gesicherten Erkenntnissen gegenwärtig nicht zu erfüllen:

1. Im Bereich der Behindertenhilfe sind wesentliche Merkmale und Elemente des Arbeitsprozesses nicht quantifizierbar (z.B. Verantwortung, Kommunikation, Umgang mit Aggressionen etc.). Die quantifizierbaren Tätigkeitsanteile - physische Anforderungen: Heben, Tragen, Bewegen von Klienten - spielen eine untergeordnete Rolle bzw. sind wegen ihres fehlenden Personenbezugs - dies gilt für die Verwaltungstätigkeiten - eher uncharakteristisch für diesen Dienstleistungstypus.
2. Neben diesem Problem gibt es ein weiteres: ein klares Aufgabenbild in dem Sinne, daß die konkrete Tätigkeit mit einem definierbaren Kriterienrahmen für die Belastungsreduzierung versehen werden könnte, besteht nicht. So ist etwa - um die angesprochenen Kriterien noch einmal aufzugreifen - nur in Anbetracht konkreter Arbeits- und Wohngruppen-Bedingungen auszumachen, wie Aufgaben beschaffen sein müssen, die den Kriterien "Ausführbarbeit", "Erträglichkeit", "Zumutbarkeit", dem "subjektiven Wohlbefinden" zuträglich genügen könnten.

Eine Formulierung von Kriterien ist ohne eine Rückbindung an die Betreuungspraxis mit dem Risiko verbunden, als "am grünen Tisch" entworfener Katalog zu erscheinen. Denn wie lassen sich für einen nicht definierten Aufgabenrahmen allgemeine, zugleich gültige und praktisch relevante Kriterien aufstellen?

Gesichtspunkte für die Belastungsbeschreibung ergeben sich vorwiegend im immateriellen Raum. Ihre Elemente sind die der mehr oder weniger geglückten Kommunikation und Kooperation mit dem Klienten. In der Kommunikation mit dem Klienten kommt es zu positiven und negativen "Rückkoppelungen", die sich aufgrund der jeweiligen Handlungsmuster und Tiefenstrukturen der beteiligten Personen ergeben. Kaum je gibt es - zumal in der Arbeit mit Behinderten - den einen "best way", und doch ist in einer konkreten Situation zu einer bestimmten Zeit mit bestimmten Beteiligten das Handeln keineswegs beliebig. Jedoch wird man in den meisten Fällen nicht das starke Weiß/Schwarz des "richtig" oder "falsch", sondern eher ein Verhaltens- und Handlungskontinuum vorfinden von mehr oder weniger angemessenen alternativen Handlungsmöglichkeiten, die vom Dienstleistenden jeweils eine situations-adäquate Entscheidung verlangen.

Ein sehr wesentlicher Unterschied zu den Bereichen der gewerblichen Arbeit besteht neben der Bezogenheit auf diese psychischen Gegebenheiten auch in dem Umstand, daß der Personenbezug hier immer auch bedeutet, nicht mit einem "statischen Arbeitsgegenstand", sondern mit einer besonderen Individualität zu tun zu haben: eigene Handlungen führen zu handlungsbedingten Reaktionen, es entsteht immer wieder ein Interaktionssystem, eine Beziehung zwischen Individuen mit Wechselwirkungen, Widerständen, beidseitigen Bedürfnissen und dem Umgang mit den daraus erwachsenden psychischen Energien. Und doch sollen an dieser Stelle wenigstens Zielvorstellungen entwickelt und dargestellt werden, die einen solchen Suchrahmen für später wieder aufzugreifende Überlegungen zur Arbeitsgestaltung abgeben können.

Der jüngste und unseres Wissens bisher umfassendste Versuch zur Formulierung allgemeingültiger Kriterien stammt von VOLPERT (1990), der in seinem Beitrag "Welche Arbeit ist gut für den Menschen?" Überlegungen anstellt in Richtung auf von ihm so genannte "Human-Kriterien". Diese Human-Kriterien werden, so VOLPERT, vom Technik-Entwickler und vom Praktiker der Arbeitsgestaltung vom Arbeitswissenschaftler und -psychologen gefordert. Sie sollen ein Bindeglied schaffen zwischen den Anforderungen der Arbeit an den Menschen und den ihm innewohnenden Vermögen. Die Leitfrage, an der VOLPERT seine Überlegungen beginnt, ist: "Was kennzeichnet eine Arbeit, die gut ist für den Menschen, die ihn weiterbringt, ihn seine Bedürfnisse befriedigen und seine Fähigkeiten entfalten läßt?" (1990, S. 23); die Arbeit soll "menschengerecht" sein - welche Gestaltungselemente muß sie also enthalten? Diese Kriterien sollen "möglichst handhabbar und möglichst vollständig" sein.
Unter drei allgemeinen *"Prinzipien"* werden insgesamt neun Aspekte vorgestellt, die ein solches Gestaltungsgerüst strukturieren. Als grundlegend gilt für VOLPERT das *"Prinzip der eigenen Entwicklungswege"*. Entwicklungsprozesse bedürfen eines Rahmens, der aus der Vergangenheit und internen "Logik des Prozesses" selbst besteht und aus dem Kontext, den Umgebungsbedingungen im weitesten Sinne. "Beide geben dem Aktuellen eine bestimmte

Form und strukturieren die Möglichkeit des Voranschreitens dieses Prozesses - was in gewissem Sinne immer auch eine Einschränkung ist" (ebd. S. 27). Aus beidem ergibt sich das "Neue oder das Sich-Erneuern - das, was aus Kontext und Geschichte nicht voll vorhersagbar ist und wofür man manchmal die Begriffe der Freiheit und der Autonomie verwendet. Jeder Lebensprozeß und jede Evolution wird fundamental durch dieses Verhältnis gekennzeichnet, seine Qualität durch die jeweilige Ausprägung dieses Verhältnisses" (ebd.). Die Evolution des Menschen reiht sich hier ein. Die "sozio-kulturelle Entwicklung", die Befähigung des Individuums zu "selbstreflexivem, eigenständigen Handeln" mit den Möglichkeiten von "Konstanz und Variabilität, Festgelegtheit und Freiheit finden hier eine besondere Form.(...) Dies macht die eigenen Entwicklungswege zu einem wesentlichen Merkmal menschlicher Entwicklung, wobei mit 'eigen' hier beides gemeint sein soll: der reflektierte Umgang mit den geschichtlich-gesellschaftlich geprägten Bedingungen (welche also 'angeeignet' werden) und, darauf aufbauend, das Beschreiten eines Weges, der in dieser Form neu ist, also eine 'Selbstverwirklichung'" (ebd.).
Aus diesem Prinzip ergibt sich, bezogen auf die Arbeitstätigkeit und deren Gestaltungsnotwendigkeit, die Benennung von vier Aspekten mit Empfehlungscharakter:

"1. Aspekt: Entwicklungsförderliche Arbeitsaufgaben haben einen großen Handlungsspielraum, also hohe Regulationserfordernisse.

2. Aspekt: Entwicklungsförderliche Arbeitsaufgaben erfordern einen angemessenen zeitlichen Spielraum.

3. Aspekt: Die Arbeitsaufgabe muß Angebote zur persönlich geprägten Erfassung und Bewältigung von Anforderungen im Sinne einer "Strukturierbarkeit" machen.

4. Aspekt: Entwicklungsförderliche Arbeitsaufgaben müssen objektive Behinderungen der Arbeitstätigkeit vermeiden." (ebd. S. 28)

Das zweite grundlegende Prinzip nennt VOLPERT das *"Prinzip des leiblichen In-der-Welt-Seins"*. Begründet wird es im wesentlichen über die Abkehr von der Vorstellung des Menschen als "Maschinen- und Entscheidungsautomat" - eine Vorstellung, die sich auch in den Arbeitswissenschaften lange zur Beschreibung der internen menschlichen Informationsverarbeitungs-, Handlungs-, Planungs- und Entscheidungsprozesse gehalten hat. "Die Tatsache, daß der Mensch ein Wesen ist, das als leibliches welt- und gegenstandsbezogen lebt und handelt, gerät dabei in einem Ausmaß aus den Augen, das geradezu grotesk erscheinen mag. Die gesundheitlichen und geistige Störungen, die aus einer solchen Fremd- und Selbstinterpretation des Menschen resultieren, sind erheblich." (ebd. S. 31) Aus dieser Auffassung leiten sich Aspekte ab, die auf das Spezifische der menschlichen Existenzweise Bezug nehmen:

"5. Aspekt: Arbeitsaufgaben erfordern ausreichende und vielfältige körperliche Aktivitäten.

6. Aspekt: Entwicklungsförderliche Arbeitsaufgaben erfordern die Beanspruchung vielfältiger Sinnesqualitäten.

7. Aspekt: Entwicklungsförderliche Arbeitsaufgaben erfordern den konkreten Umgang mit realen Gegenständen und den direkten Bezug zu sozialen Bedingungen.

8. Aspekt: Entwicklungsförderliche Arbeitsaufgaben müssen das Merkmal zentrierter Variabilität tragen, also bei gleicher Grundstruktur der Aufgabe unterschiedliche Realisierungsbedingungen beinhalten." (ebd. S.33-34)

Als drittes übergeordnetes Prinzip gilt VOLPERT das *"Prinzip der sozialen und gesellschaftlichen Eingebundenheit"* des Menschen: "Die Bestimmung des Menschen als eines sozialen Wesens ist alt und bezieht sich, wenn sie richtig sein soll, immer sowohl auf das unmittelbare Zusammensein mit anderen, die direkte Kommunikation, als auch auf die Bestimmtheit des individuellen Denkens und Handelns durch die gesellschaftlich-geschichtliche Situation. Keine von diesen beiden darf übersehen werden." (ebd. S.34) Betont wird die Notwendigkeit des direkten Kontakts, "des mündlichen Dialogs und der damit verbundenen körpersprachlichen Kommunikation", die nicht durch "technische" Vermittlung ersetzt werden dürfe. Aus diesem Prinzip leitet sich der neunte Aspekt ab:

"9. Aspekt: Entwicklungsförderliche Arbeitsaufgaben müssen Kooperation und unmittelbaren zwischenmenschlichen Kontakt ermöglichen und fördern." (ebd. S. 35)

Mit der Darstellung der drei Prinzipien und der neun Aspekte zur Arbeitsgestaltung wird von VOLPERT selbst darauf hingewiesen, daß die Grenze zur Organisationsentwicklung hin erreicht ist. Aufgabengestaltung, Organisationsentwicklung und Qualifizierung der Beschäftigten müssen zusammen gesehen werden. Die "Aspekte unter dem Leitprinzip der 'eigenen Entwicklungswege' drängen nach einer Öffnung zu Prozessen *partizipativer Arbeitsgestaltung*. Die Aspekte der Strukturierbarkeit und der zentrierten Variabilität verweisen auf die Notwendigkeit eines 'Schwungrad-Effektes' in der Arbeitsorganisation, durch welche die einzelnen Arbeitsaufgaben nicht auf Dauer fixiert, sondern auf Lern- und Entwicklungswege hin orientiert werden - dies nennt Ulich (z.B. 1989) die *dynamische Arbeitsgestaltung*. Die Zusammenführung solcher Prinzipien ergibt das Modell der *qualifizierenden Arbeitsgestaltung* als Vorschlag zur Formung betrieblicher Umstellungs- und Beteiligungsprozesse (vgl. DUELL & FREI 1986). Schließlich sei auch darauf hingewiesen, daß enge persönliche Leistungs- und Verhaltenskontrollen mit solchen Konzepten gänzlich unvereinbar sind." (ebd. S.35-36)

Mit diesen allgemein gehaltenen Hinweisen kann an dieser Stelle nur ein knapper Rahmen abgesteckt werden, innerhalb dessen konkretere Ableitungen zur Gestaltung der Tätigkeit in der Betreuung von Behinderten zu formulieren sind. Auffällig ist, daß die Frage nach der "Qualität des zu fertigenden Produkts", die unzweifelhalft im Bereich der Güterproduktion eine herausragende Rolle spielt, keine Erwähnung findet. Sie ist Bestandteil der Aufgabendefinition und von daher logisch unterhalb der Ebene der Aspekte und deren Formulierung angesiedelt. Natürlich enthält die Aufstellung solcherart Gestaltungskriterien Implikationen, die bei der Übertragung auf Anwendungsfelder der Konkretisierung und weiterführender Diskussion bedürfen. Wir werden im Rahmen der Beschreibung der Gestaltungsfelder darauf im einzelnen zurückkommen.

13.2 Gestaltungsfelder

Im Rahmen der gegebenen Bedingungen des sozialen Wandels der Erwartungen an Dienstleistungssituationen (vgl. Kapitel III) steht der Versuch im Mittelpunkt, die Bedürfnisse und Erwartungen der Klienten ernst zu nehmen. Danach sind Situationen durch eine Anknüpfung an vorhandene Bedürfnisse und Erwartungen so zu strukturieren, daß die Mitwirkung der Klienten und damit Entwicklungsmöglichkeit gefördert werden. Personenbezogene Dienstleistungsarbeit steht - wie wir oben dargestellt haben - unter dem doppelten Anspruch, sowohl die Dienstleistung selbst zu erbringen, als auch die Bedingungen dafür zu schaffen: Einmal im Sinne des Aufbaus bzw. der Sicherstellung der Mitwirkungsbereitschaft der betroffenen Klienten und zum anderen - unter gegebenen institutionellen Bedingungen - im Sinne der Sicherstellung der Rahmenbedingungen für den kommunikativen Austausch von Erwartungen. Eine Reduktion auf Minimalleistungen - etwa nur ein Mindestmaß an Versorgung zu gewährleisten - ist nicht Programm! Wenn dennoch Tendenzen dieser Art auftreten, wenn Klienten zum "Objekt" werden und sich die Mitarbeiter psychisch überfordert fühlen, dann muß das als Indikator für "Burnout"-Prozesse gewertet werden. Diese - und daran soll an dieser Stelle noch einmal erinnert werden - sind nicht nur begründet durch Erfahrungen der Hilfslosigkeit, Perspektivlosigkeit und Überforderung in der unmittelbaren Dienstleistungssituation, in der unmittelbaren Klientenbeziehung. Sie müssen vielmehr - und das zeigen sowohl die quantitativen als auch die qualitativen Ergebnisse unserer Studie - auch vor dem Hintergrund der organisatorischen Einbindung der Dienstleistungsarbeit im Rahmen inhaltlicher und prozeduraler Zusammenarbeitsmechanismen gesehen werden.

Empirisches Ergebnis ist, daß Mitarbeiter mit hohem, biographisch unterschiedlich strukturiertem Engagement in Dienstleistungssituationen arbeiten, für die es keine kollektiv verbindlichen inhaltlichen Leitlinien und Konzepte gibt. Das ist auch dadurch begründet, daß berufliche Zugangs- und Sozialisationsbedingungen in Dienstleistungsorganisationen außerordentlich unterschiedlich sind. Darüber hinaus spielen hierarchische Organisationsformen und entsprechende Führungskonzepte eine wesentliche Rolle, die es erschweren, Verfahren zu installieren, die Konsensbildungsprozesse ermöglichen und derart verbindlich machen, daß deren Ergebnisse als Grundlage organisatorischer Gestaltung festgeschrieben werden. Unsicherheit und Konflikte treten an vielen unterschiedlichen Stellen des Arbeitszusammenhangs auf. Nicht selten sind sie verbunden mit eruptiv sich lösenden Spannungen, mit Intrigen und Gerüchten.

Die Unübersichtlichkeit und Konflikthaltigkeit der Situationen wurde auf diesem Wege teilweise so groß, daß zunehmend mehr informelle Entlastungsmechanismen, etwa informelle Regeln, entwickelt wurden, die wir als Rückzugskultur gekennzeichnet haben.
Dies hat die fatale Konsequenz, daß damit zwar viele Konflikte "ausgebremst" werden. Gleichzeitig aber - und das ist für Burnout-Prozesse wichtig - werden Perspektiven eines geplanten sozialen Wandels verstellt, der von fruchtbarer inhaltlicher Auseinandersetzung, begrenzten Konflikten und Konsensbildungsprozessen getragen wird. Positive Wandlungsprozesse werden auf diese Weise ebenso verschüttet wie intensive soziale Unterstützungsprozesse von seiten der Kollegen und der Vorgesetzten erschwert werden. Gute Zusammenarbeit, soziale Unterstützung - dies reduziert sich auf die Bedingung guter privater Verständigungsmöglichkeiten und Kontakte im Horizont gemeinsamer privater Werte und Normen und der damit verbundenen Lebensstile. Sind derartige private Bindungen nicht vorhanden, werden Menschen in Dienstleistungssituationen auf ihre privaten Ansprüche und Maßstäbe individuell zurückgeworfen. Sie müssen das schwierige Vermittlungsprobleme zwischen Privatbereich und Berufsarbeit isoliert lösen und die Beantwortung der Frage nach dem Anteil des subjektiven Faktors in Dienstleistungssituationen selber leisten, was häufig mit Prozessen der Überforderung und des Ausbrennens gekoppelt ist.
Ein wesentlicher Ansatzpunkt mit dauerhafter Perspektive für eine Veränderung der Belastungssituation muß mithin die bestehende Rückzugskultur sein. Ihre konstituierende Regel: "...läßt du mich zufrieden, lasse ich dich auch zufrieden..." ist jedoch, und das hat diese Arbeit gezeigt, nicht nur ein Kommunikations- und Supervisionsproblem, das auf der Ebene von Personen zu lösen ist. Vielmehr sind die organisatorischen Strukturen bedeutsam, die für die Arbeitsprozesse und deren Gestaltung grundlegend sind. Die für Dienstleistungsprozesse kontraproduktive hierarchische Strukturierung, die sich zumindest in qualifizierbaren Bereichen der Dienstleistungsarbeit gehalten hat, muß abgebaut und neue partizipative, an Gruppenarbeit orientierte Formen der Arbeitsorganisation und Handlungsorientierung müssen etabliert werden. Der Abbau von Rückzugskultur ist ein länger währender Prozeß der Mitgestaltung und Mitverantwortung, der z.B. im Rahmen von Organisationsentwicklungsmaßnahmen gestaltet werden kann. Entscheidend ist allerdings, daß eine solche Entwicklung als "bottom-up"-Prozeß gestaltet wird, daß die im Zuge der Rückzugskultur verschobenen inhaltlichen Konflikte wirklich zum Thema erhoben werden. Der in vielen Bereichen unterschwellig vorhandene wechselseitige Dissens muß zunächst von allen akzeptiert und zum Gegenstand von Arbeit im Sinne kommunikativer Auseinandersetzungen gemacht wird. Derartige inhaltliche Fragestellungen schließen auch den Kern der Dienstleistungsarbeit - nämlich den intermediären subjektiven Faktor - und dessen Belastbarkeit mit ein.

Die auf der Grundlage der empirischen Untersuchung der Betreuungspraxis angestellten Überlegungen und die interpretative Verdichtung des Materials führen zu der Schlußfolgerung, daß Vorschläge zur Arbeitsgestaltung im Bereich der personenbezogenen Dienstleistung aus einem engen kausalen Ursachen-Wirkungs-Gefüge herausgelöst werden müssen. Die Formulierung von Gestaltungsoptionen kann sich nur auf *Felder* richten, die in sich eine relative Geschlossenheit haben gegenüber anderen Feldern. In der folgenden Abbildung wird dies deutlich. Insgesamt müssen sie aber in ihrem wechselseitig aufeinander einwirkenden organisatorischen Kontext gesehen werden.

Abbildung 18: Gestaltungsfelder im Kontext der Organisation

Die Organisation soll nach innen: gewährleisten

ORGANISATION

Die Organisation soll nach außen: verbinden

Gestaltungsfeld 1:
Allgemeines Arbeitskonzept - Konzept Lebensbegleitung

Gestaltungsfeld 2:
Dezentrale Lenkung der Organisation

Gestaltungsfeld 3:
Physische und soziale Arbeitsbedingungen - Arbeitszeit-Regelung

Gestaltungsfeld 4:
Einarbeitung, Fort- und Weiterbildung -
Kompetenzerwerb und bereichsübergreifende Personalentwicklung

Gestaltungsfeld 5:
Führungsprozeß

Gestaltungsfeld 6:
Partizipation, Angstreduktion und Aufhebung der Rückzugskultur

Diese Gliederung der Gestaltungsfelder enthält nicht allein *inhaltliche,* sondern gleichermaßen *solche Gesichtspunkte, die mit der sozialen Vermittlung und Mit-Gestaltung und die entsprechenden Anforderungen an die Beschäftigten verbunden sind.* Der "Doppelcharakter" der Arbeitsgestaltung, der erfordert, eine konkrete Situation *und gleichzeitig deren Randbedingungen* zu reflektieren, stellt in der Tat eine besondere Schwierigkeit für Aufbau und Steuerung sozialer Organisationen dar. Ein Korrektiv des organisatorischen Handelns, etwa in Form des "Marktes", existiert nur in Ansätzen. Die Transparenz dieser Situation ist - sowohl für die Beschäftigten als auch für die "Dienstleistungs-Nehmer" - in der Regel nicht ausreichend.

Im Aufbau der folgenden Darstellung dieser Gestaltungsfelder beschreiben wir jeweils zuerst unser Verständnis des jeweiligen Feldes, seine inhaltliche "Dimensionierung". Wir begründen die Gestaltungsnotwendigkeit und verdeutlichen - zum Teil über Angaben zu wesentlichen Themen- und Problemstellungen - die *Abgrenzung* zu anderen Feldern. Gestaltungsvorschläge ("Lösungen und Lösungsansätze") erfolgen jeweils im Anschluß.
Diese Darstellung folgt konsequent der Perspektive der Beschäftigten. Sie versucht deutlich zu machen, welche Kriterien zu erfüllen bzw. anzustreben sind, um einen Beitrag zur Belastungsminderung und Burnout-Prophylaxe in diesem Arbeitsfeld zu erreichen. Zwischen einzelnen Feldern und Aspekten ergeben sich Überschneidungen, die auf das Ineinandergreifen hindeuten, dem die jeweiligen Inhalte unterliegen. Bei allem Bemühen, die Felder in sich geschlossen darzustellen, müssen sie in ihrer Bedeutung für die Organisation immer "zusammen gedacht" werden.

13.2.1 Gestaltungsfeld 1: Allgemeines Arbeitskonzept und Anmerkungen zum Konzept "Lebensbegleitung"

Eine der wesentlichsten Schwäche im Bereich der Behinderten-Hilfe ist nach unseren Erhebungen, daß es kein übergreifendes und von den Beteiligten gemeinschaftlich erarbeitetes und entwickeltes Konzept gibt. Ein solches Konzept muß sowohl in seinen (sonder-) pädagogischen, psychologischen, rehabilitativen und medizinischen Aspekten den qualitativen und praktischen Anforderungen der Betreuungsarbeit entsprechen als auch gleichzeitig den damit verbundenen finanziellen, wirtschaftlichen und administrativen Anforderungen gerecht werden. Darüber hinaus muß es der Notwendigkeit der Organisierbarkeit der Sozialen Arbeit genügen.
Die mit den Begriffen Normalisierung und Integration behinderter Menschen umrissene Diskussion hat in den zurückliegenden Jahren zu wesentlichen Verbesserungen der Lebenssituation behinderter Menschen beigetragen. Festzustellen ist, daß die konkreten Arbeitsbedingungen der Betreuer hinter den mit diesen Begriffen verbundenen Vorstellungen zurückgeblieben sind. Unter dem Mantel des allgemeinen abstrakten Anspruchs an gute Behinderten-Arbeit - der aber nicht ausreichend konkret in Betreuungs-Handeln transformiert und daraufhin betrachtet wurde, was diese Begriffe für individuelle und gleichzeitig professionelle Beziehungsarbeit meinen könnten - hat sich bei einem großen Teil der Betreuer ein Selbstverständnis herausgebildet, das sich in weiten Bereichen aus den organisationalen Bindungen entkoppelt hat. Dies vor allem auf dem Hintergrund der Notwendig-

keit unmittelbarer Problemlösungen und dem konkreten Bewältigungsdruck.
Der Begriff der "Lebensbegleitung" steht für eine Praxis, die sich unterschwellig und als Reaktion der Praktiker auf die Spannung zwischen Zielvorstellung und gesellschaftlicher Realität (Ausgrenzung und Desintegration) entwickelt hat. Aus den Aussagen der Betreuer und der mittleren Führungsebene ist deutlich, daß es eine ernsthafte, auch nur in Ansätzen diskutierte Alternative zu dieser Vorstellung der Lebensbegleitung nicht gibt. Wenn man diese Vorstellung von der Lebensbegleitung - die ja durchaus noch kein Konzept im eigentlichen Sinne ist - ernst nimmt, so muß an dieser Stelle betont werden, daß Begleitung etwas ist, was nicht in erster Linie strukturiert, formt, normiert. Als Begriff ist Begleitung ein Prozeß, in dem (immer wieder) Ausschau gehalten werden muß nach dem, was "*in einer Situation vorhanden ist*". Die Wahrnehmung und die Kommunikation über die Wahrnehmung muß eingeübt werden. Nicht die *Vorstellungen der Organisation* oder die *Ansprüche der Beschäftigten* sind unter dem Entwurf der Lebensbegleitung an erster Stelle von Bedeutung, sondern die erste Aufgabe besteht in der Entwicklung der Wahrnehmungsfähigkeit gegenüber den Lebensformen der behinderten Menschen: aus dieser Wahrnehmung heraus sind konkrete Ziele der Betreuungsarbeit zu entwickeln. Das hat zur Voraussetzung, die eigene Abhängigkeit von dem zu erkennen, was wir als *gesellschaftliche Normalität* zu erfahren und zu verstehen gelernt haben.

Das Schlagwort von der *Lebensbegleitung behinderter Menschen* steht in der Gefahr - ähnlich wie andere Maximen -, die vorhandenen Rahmenbedingungen, die Einrichtung und die Beschäftigten zu überfordern, wenn nicht geklärt und entwickelt wird, was dieses Prinzip als konkretes Konzept auf der Ebene des unmittelbaren Arbeitshandelns bedeutet und welche Bedingungen in der Arbeit es erfordert.

Themen- und Problembereiche im Gestaltungsfeld 1

Vision einer Zielsetzung

Die Betreuer arbeiten als Individuen, müssen sich aber auf ein gemeinschaftliches Verständnis der Arbeit einstellen. Sie nehmen Situationen unterschiedlich wahr, bewerten unterschiedlich, greifen auf verschiedene biographische Erfahrungen und erworbene Wissensbestände zurück, müssen aber eine gemeinsame Aufgabe und eine gemeinsame Zukunft gestalten. Sie können dies nur befriedigend tun, wenn sie verbunden sind durch eine gemeinsam geteilte Vorstellung, eine Vision sinnvoller, angemessener Ziele in Anbetracht der Situation, in die sie gestellt sind. Diese gemeinsame Vorstellung ist nach unseren Erhebungserfahrungen die der "Lebensbegleitung". Für ihre Umsetzung bedienen sich die Betreuer bisher in der Regel *impliziter Konzepte*.

Notwendigkeit eines expliziten Rahmen-Konzepts

Die Betreuer brauchen zur konkreten Entwicklung ihrer Arbeit ein *explizites Konzept*, über das sie ihre Vorstellungen in den Arbeitsalltag überführen können. Es muß sowohl konkret-inhaltliche und qualitative Elemente[9] enthalten als auch dem Prozeß der immer wieder notwendigen Kommunikation und Kooperation förderlich sein. Im Konzept müssen Aussagen zur Qualität in der Behindertenarbeit formuliert werden. Nur auf diesem Wege ist die notwendige Klärung und eine Entlastung sowohl der Kommunikation als auch der einzelnen Betreuer in ihrem Selbstverständnis zu erreichen: denn die diffusen, unterschiedlichen Ansprüche und Erwartungen an sich selbst und an andere können nur so, durch Offenlegung zwischen den Beteiligten, geklärt werden.

Unterscheidung von *Produktion der Organisation* und *Organisation der Produktion*

Das Konzept soll eine das Team betreffende innere Dimension der internen, inhaltlichen Zusammenarbeit in der Wohngruppe gestalten. Insofern ist es auf die unmittelbare Arbeit bezogen: auf die Bewohner, die Fördermöglichkeit und Entwicklung, den Kontakt zu ihrem Umfeld (Angehörige, Freunde, Lebenspartner; Fragen der Sexualität, Gewalt, etc. sind hier zu klären).

Das Konzept soll aber auch die Dimension der äußeren Gestaltung der Arbeit umreißen:

* Handlungsspielraum, Verantwortung und ethische Verpflichtung;
* Inhalte und Grenzen der "hoheitlichen Gestaltungsräume der Wohngruppen bzw. Teams", in bezug auf Mittelverwendung, Personaleinsatz, Arbeitszeitplanung und Dienstplanerstellung;
* Regelungen über Einarbeitung, Fort- und Weiterbildung und berufliche Entwicklungsmöglichkeiten;
* Möglichkeiten und Grenzen der Unterstützung in der Arbeit;
* mittel- und längerfristige Perspektiven des Personals.

Diese denkbaren Elemente eines äußeren Konzepts müssen durch organisations-strukturelle Maßnahmen (vgl. Feld 2) unterstützt werden.

---

[9] Zur Formulierung inhaltlicher Qualitätskriterien vgl. auch HAISCH (1990), besonders S. 167f.

Klärung von Qualitätsstandards

Ein Qualitätsstandard für den Betreuungsprozeß ist vom Wesen her selbst-refentiell: Das Team handelt nach Kriterien, die ihren eigenen Überzeugungen, allgemeinen und spezifischen Einschätzungen und immanenten Zielsetzungen entsprechen. Genauso müssen sie aber auch Kriterien anderer in den Betreuungsprozeß involvierter Stellen entsprechen. In der Praxis rührt hieraus häufig eine Spannung, die aus den unterschiedlichen, aber nicht ausreichend konkret geklärten Qualitäts-Kriterien entspringt. Es gilt, einen Prozeß zu gestalten, in dessen Verlauf gültige Grundsätze der Betreuungsarbeit entwickelt werden können.

Stillschweigend geduldete, aber wesentlich unterschiedliche Vorstellungen und Auffassungen zwischen den Betreuern führen langfristig zu Belastungen. Zur *Formulierung von Qualitäts-Kriterien gibt es keine Alternative*. An ihnen muß die Einrichtung ihre Leistungen messen lassen.

Lösungen und Lösungsansätze im Gestaltungsfeld 1

Welcher Art ein *Konzept zur Lebensbegleitung* sein soll und welchen Kriterien es genügen muß, kann nicht *konkret* von außen vorgegeben werden. Es muß in seinen inhaltlichen Bestimmungen von den beteiligten Menschen unter Berücksichtigung der konkreten Gegebenheit erarbeitet werden. Es lassen sich allerdings einige allgemeine Vorstellungen und Kriterien formulieren, denen ein solches Konzept genügen sollte: Wir wollen darunter die umfassende und ganzheitliche Konzipierung der mit der Betreuungstätigkeit verbundenen Aspekte der Betreuung behinderter Menschen verstehen. Mit "umfassend und ganzheitlich" meinen wir die bewußte Berücksichtigung und gezielte Einbeziehung der räumlichen, zeitlichen, kooperativen, perspektivischen, führungsbezogenen und inhaltlichen quantitativen und qualitativen Bedingungen der Arbeit.

Ein Arbeits-Konzept im umfassenden Sinn hat die Funktion, vorhandene Ressourcen zum Zwecke der ökonomisch effektiven, inhaltlich sinnvollen und an der vereinbarten Zielsetzung und den Bedürfnissen der behinderten Menschen orientierten Leistungserstellung sicherzustellen. Es soll weitere Ressourcen (z.B. die Qualifizierung der Beschäftigten) kontinuierlich erschließen. Ein solches Konzept sollte folgende Bedingungen erfüllen:

A. Das Arbeits-Konzept soll fest und flexibel, sowohl offen als auch gerichtet sein.

Damit ist gemeint: Die Beschäftigten brauchen eine umfassende Orientierung für ihre Betreuungstätigkeit: über den Rahmen, die Erwartungen und Bedingungen ihrer Arbeit.

Die von uns in den Handlungsfeldern vorgefundenen Formen des impliziten Konzepts, das allein oder doch vorwiegend durch Gruppen-Routinen, -Traditionen und die Einstellungen einzelner Beschäftigter getragen und ausgefüllt wird, ist nicht ausreichend. Ein solches Konzept kann eine Ausgangsbasis für die Weiterentwicklung sein. Immer muß Anstrengung darauf verwendet werden, die hierin enthaltenen Erfahrungen und Einschätzungen so zu formulieren, daß sich eine ausgehandelte Verbindlichkeit sowohl zwischen den Beschäftigten als auch zu anderen Gruppen und Ebenen der Organisation entwickeln kann. Allgemeine Handlungsorientierung und gruppenspezifische Ausgestaltung bilden die Pole für den Handlungsraum des Konzepts.

Ein solches Arbeits-Konzept hat in erster Linie die Funktion, Verständigungsgrundlage zu sein. Es ist ein Instrument zur Klärung des inneren Kontrakts, auf den sich sowohl die Mitarbeiter als auch die weiteren Mitglieder der Organisation einlassen. Es hat die Aufgabe, Orientierung zu geben vor allem hinsichtlich der Frage, wieweit in einem solchen Rahmen Ziele und Zielvorstellungen ganz unmittelbar und konkret handlungsbestimmend sein können. Die latente Überforderung der Beschäftigten ist ubiquitär und kann nur abgefangen werden durch eine klare Rahmenbestimmung. Integration und Normalisierung, oder auch "Lebensbegleitung", als Zielvorstellung kann nicht durch einzelne, sondern nur durch das Zusammenwirken der Beschäftigten in einer Einrichtung bzw. im Versorgungs-System insgesamt geleistet werden.
Fest soll ein Arbeits-Konzept sein hinsichtlich der Eindeutigkeit, mit der Ziele verfolgt werden. Flexibel soll es sein hinsichtlich der Variabilität, die bei der Umsetzung und Lösungsfindung möglich ist. Offen soll es sein hinsichtlich der Abgrenzung nach innen und außen: hinsichtlich der Verfahren und Regeln, die praktiziert, der Themen, die aufgenommen und diskutiert werden. Gerichtet sein soll es immer wieder auf die Lebenslage der behinderten Menschen und die Kontaktfläche zwischen Bewohnern und Betreuern.

B.	Das Arbeits-Konzept soll Sicherheit vermitteln und gleichzeitig eine Gestaltungsaufforderung und damit Freiheitsgrade enthalten.

Damit ist gemeint: Ein Arbeits-Konzept soll so angelegt sein, daß den Beschäftigten - vor allem auch den neu hinzukommenden - die *innere Identität und Aufgabenstellung* ihrer Tätigkeit und der Einrichtung vermittelt wird. Sicherheit bedeutet nicht nur physische Sicherheit, sondern auch Sicherheit in bezug auf Zielsetzungen: Einen eigenen Beitrag kann der einzelne Betreuer nur leisten, wenn er diese Sicherheit hat; sie ist *Voraussetzung für eigene Gestaltung* der Tätigkeit und *Identifikation* mit dem eigenen Tun.

C.	Das Arbeits-Konzept soll bestimmte und bestimmbare strukturelle Freiräume erschließen und aktiv anbieten.

Damit ist gemeint: Ein Arbeits-Konzept soll einen sozialen und einen Handlungs-Raum definieren, in dessen Rahmen sowohl Erwartungen als auch Möglichkeiten sichtbar sind. Diese müssen für den Betreuer - das heißt in seinem konkreten Feld und innerhalb seines Horizonts - deutlich werden. Die Erfahrung des Isoliert-Seins ist für den Betreuer so umfassend und unterschwellig, daß eine konstruktive Nutzung von Angeboten allein durch deren Existenz für ihn oft nicht möglich ist.
(Soziale) *Kohäsionskräfte* - die enge Bindung zum eigenen Team und den Bewohnern, zum gewohnten Ablauf - und *Adhäsionskräfte* - in diesem Sinne also Neues und Fremdes aufzunehmen, sich von Bewährtem zu lösen - stehen im Widerstreit. Nur eine hohe Akzeptanz durch die Beschäftigten kann die Nutzung von Angeboten sicherstellen. Das erfordert, daß diese Angebote ihrem tatsächlichen Bedarf entsprechen und sie ihnen bekannt sind. Beides kann nur durch einen hohen internen Kommunikationsaustausch gewährleistet werden.

Das Arbeits-Konzept soll Voraussetzungen dafür schaffen, daß die von den Betreuern geforderten und erforderlichen Integrationsleistungen - etwa die Integration der organisationsbezogenen, der professionsbezogenen, der klientenbezogenen Arbeitsebene (vgl. MARQUARD/RUNDE 1988) - erbracht werden können. Es soll die individuellen, team- und organisationsbezogenen Kräfte fördern und unterstützen, die um Überprüfung, Erneuerung, Weiterentwicklung bestehender, aber als unbefriedigend erlebter Arbeits- und Gestaltungsbedingungen bemüht sind.

D.	Das Arbeits-Konzept soll die Belange der Beschäftigten in bezug auf Gesundheit und persönliche Integrität bewahren, ihnen Entwicklungs-Chancen und Beteiligungs-Möglichkeiten eröffnen.

Damit ist gemeint: Ein Konzept soll nicht allein die mit der Tätigkeit verbundenen unmittelbaren Aufgaben und Ziele unter Angabe konkreter Ressourcen und Bedingungen berücksichtigen, sondern auch die physische und psychische Leistungsfähigkeit insofern, als die individuelle Gesundheit und persönliche Integrität des einzelnen Beschäftigten nicht gefährdet werden darf. Der in der Arbeitspsychologie eingeführte Begriff der "Persönlichkeitsförderlichkeit" hat Bedeutung gerade hier, wo die Befindlichkeit des Betreuers den Kontakt zum Bewohner so nachhaltig beeinflußt. Entwicklungs-Chancen des einzelnen und der Mitarbeiter-Gruppe müssen in der Behindertenhilfe eingefordert, Beteiligungsmöglichkeiten abgesichert werden (vgl. auch Gestaltungsfeld 2, 3, 4). Sie bedürfen besonderer organisatorischer Regelung und Unterstützung. Die Bedingungen der Wechselschichtarbeit erschweren die Herausbildung der gemeinschaftlichen Trägerschaft für ein konsensuell getragenes Konzept wesentlich.

E. Das Arbeits-Konzept soll Strukturen und Optionen für Kommunikation und Unterstützung beinhalten.

Damit ist gemeint: Eine große Herausforderung und Aufgabe besteht im Bereich der organisations-bezogenen Kommunikation. Der Aufbau von Vertrauen, die Möglichkeit zur Thematisierung und Bearbeitung von Bedrohungsgefühlen und Ängsten, das immer wiederkehrende Risiko der Routinisierung von Alltagsabläufen erfordert eine hohe organisatorische Aufmerksamkeit, wenn nicht die mit den Behinderungen der Bewohner verbundenen Einschränkungen zu individualisierten Belastungserfahrungen für die Beschäftigten werden sollen. Die Kreativität der Beschäftigten kann in die Entwicklung solcher hier notwendiger Kommunikationsstrukturen sehr viel besser eingebunden werden, als dies gegenwärtig der Fall ist. Es bedarf dazu durchschnittlich höherer kommunikativer Kompetenzen sowohl in den Teams als auch bei den Vorgesetzten. Die hierarchische Durchlässigkeit in der Kommunikation mit den Leitungsebenen muß erhöht werden. Die Erfahrung der Diffusität hinsichtlich des Unterstützungs-Bedarfs, die für die Betreuungs-Praxis einen so hohen Stellenwert einnimmt, führen wir im wesentlichen auf einen Mangel an Verständigungskompetenz zurück (vgl. Gestaltungsfeld 4, 5, 6).

F. Das Arbeits-Konzept soll entwicklungsbezogene Aspekte der Organisations- und Personalarbeit im Sinne einer positiven Arbeitsgestaltung berücksichtigen und die Beschäftigten beim Aufbau ihrer auch längerfristigen beruflichen Perspektive angemessen unterstützen.

Damit ist gemeint: Die bisher ausgeführten Anforderungen an ein Arbeits-Konzept müssen ergänzt werden durch ein Gestaltungsgebot der beruflichen Perspektive für die Beschäftigten, das ihnen kontinuierliche Qualifizierung und persönliche Entwicklung ermöglicht. Hier greifen "Lebensbegleitung für die Bewohner" und "Arbeitsbegleitung für die Beschäftigten" ineinander. Das Konzept soll sie bei der Entwicklung weiterführender beruflicher Perspektiven positiv unterstützen: geht man davon aus, daß engagierte soziale Arbeit in einem eng umgrenzten Feld, wie es eine Wohngruppe ist, nicht für ein Berufsleben, sondern jeweils nur für einen begrenzten Zeitraum möglich ist, so kann die notwendige Attraktivität[10] des Berufsfeldes u.a. dadurch erhöht werden, daß Beschäftigte gezielt auf neue Tätigkeitsbereiche vorbereitet werden bzw. sie bei der Findung solcher Bereiche, die ihren vielfältigen Erfahrungen entsprechen, unterstützt werden. In der Ablösung aus einem Tätigkeitsbereich wären sie auf diese Weise nicht allein auf sich selbst gestellt (vgl. Gestaltungsfeld 4).

Die Skizze des Arbeits-Konzepts geht hiermit über in ein *organisationsweites Konzept.* Dies organisationsweite Konzept soll den Hintergrund der Arbeit und die Rahmenbedingungen deutlich machen: in ihm sollen Ziele, Mittel, Möglichkeiten, Erwartungen, Aktivitäten, Inhalte, Perspektiven für die Beschäftigten, Führungsleitbild, (realisierbare) Zukunftsvisionen rückgebunden werden sowohl an die Bewohner und ihre Bedürfnisse als auch an die Beschäftigten und ihre Interessen.

13.2.2 Gestaltungfeld 2: Dezentrale Lenkung der Organisation

Eine beziehungsorientierte Arbeitsweise in der Betreuung behinderter Menschen, wie sie dem Selbstverständnis der Beschäftigten unter dem Paradigma der Lebensbegleitung entspricht, erfordert einen zweckorientierten Aufbau der Handlungssituation und der Dienstleistungs-Organisation. Die Konzept- und die Organisationsgestaltung sind notwendigerweise eng aufeinander bezogen. Vorstellungen von Linearität und Beherrschbarkeit des Dienstleistungshandelns stehen einer solchen Orientierung an der jeweiligen Lebenslage der behinderten Menschen und den Betreuungsmöglichkeiten der Beschäftigten entgegen. Sie sind gegenüber dem Anspruch nach Berücksichtigung ihrer Bedürfnisse und Interessen nicht funktional. Soziale Systeme stehen zunehmend vor dem Problem, daß sie angesichts bestehender Komplexität eine hohe Kapazität zur Informationsverarbeitung benötigen. Wie die individuelle Orientierung allein aufgrund kognitiver Informationen problematisch ist und emotional-affektive und soziale Elemente einbeziehen muß, so ist diese Erweiterung der Informationsbasis auch im Organisations-Handeln von grundlegender Bedeutung. Im Bereich personenbezogener Dienstleistung ist sie essentiell.

Vor diesem Hintergrund ist zu betonen, daß es in einem Sozial-System keine Gesamt-Rationalität, sondern jeweils nur eine "lokale" Rationalität (vgl. NEUBERGER 1989b, S.19) geben kann. Die Gesamt-Rationalität ist aufgrund folgender Funktionsbedingungen organisationalen Handelns nicht möglich (vgl. ders. 1989a: 42):

---

[10] In ähnlichem Sinne fordert auch die "Arbeitsgruppe der Verbände evangelischer Einrichtungen" Anstrengungen zur aktiven Gestaltung einer beruflichen Perspektive; vgl. ARBEITSGRUPPE (1990).

- Organisationales Handeln ist sozial konstruiert, das heißt es sind jeweils mehrere Personen oder Personengruppen beteiligt, denen sich organisatorische Sachprobleme unterschiedlich darstellen können;
- auch diese Sachprobleme sind sozial konstruiert und werden erzeugt;
- es gibt keine per se kongruenten Zielbildungen, sondern Akteure verfolgen zum Teil unterschiedliche bis widersprüchliche Ziele;
- es besteht zwar eine strukturelle Abhängigkeit zwischen den einzelnen Akteuren, d.h. sie können sich nicht aufeinander beziehen, ohne damit ihre eigene organisationale Identität zu verlieren. Andererseits sind sie aber nur durch eine "lockere Kopplung" (vgl. WEICK 1985, S. 162) im Sinne einer partiellen Selbständigkeit (!) miteinander verbunden. Diese lockere Kopplung erschwert die "Durchsetzung eines einheitlichen Handlungsschemas im gesamten Verbund" (ebd. S. 42);
- organisationales Handeln erfolgt unter Zeitgebundenheit, es ist auf Zeitpunkte (Beginn und Ende) und Zeitfolgen (simultan, sukzessiv, zyklisch, alternierend) bezogen.

Die hohe situative Differenzierung des Handelns im Betreuungsprozeß widerspricht ebenfalls einer starren Programmatik. Eine wesentliche Funktionsbedingung komplexer sozialer Systeme läßt sich in der Widersprüchlichkeit und Mehrdeutigkeit spezifischer Ordnungsbildung(en) erkennen: "Die Widersprüche liegen in der spezifischen Ordnung begründet, die 'gewählt' wurde, und sie sind Bestandsbedingungen dieser Ordnung (...), oder anders: funktionierende Ordnung kann es nur wegen oder auf Grund von Widersprüchen, Inkonsistenz, Ambiguität, Ambivalenz geben" (vgl. NEUBERGER 1989b, S. 18f). Widersprüche müssen also zugelassen und kommunikativ verhandelt werden. Der Dissens wird zum Bestandteil der Ordnung - er wird nicht mehr "ausgegrenzt". Dies impliziert die Abkehr von der Vorstellung möglichst vollständiger Kontrollierbarkeit sozialer Prozessen und Zusammenhänge. In dieser Sichtweise verlagert sich das Schwergewicht für die Gestaltung hin zur Annahme von Eigenverantwortung aller am System beteiligten. Führung und Organisation stellt in diesem Zusammenhang explizit auf Selbstreflexion und Eigenkontrolle ab. Statt eines *hierarchischen* Steuerungsmodells wird eine *heterarchische* Steuerungsvorstellung vertreten. Dazu werden von PROBST (vgl. 1987, S. 115) vier Gestaltungsideale formuliert:

- Komplexitätsbewältigung wird ermöglicht durch die Bildung relativ autonomer Systeme und Sub-Systeme.
- Die System-Mitglieder leisten einen Beitrag am System und sind entsprechend dazu zu befähigen (Partizipation).
- Die Lenkungsfähigkeit wird über das System verteilt. Eine solche Redundanz ist von Organisatoren zu fördern.
- Die System-Mitglieder "lösen ihre Probleme selbst": es wird nicht von anderen für sie ohne ihre Beteiligung organisiert, geplant und entschieden.

Mit diesem heterarchischen Prinzip wird die Organisationskapazität über das gesamte System verteilt, dabei gefördert und ausgebaut. Mit ihm korrespondiert das Bild eines Organisators, der zum *Unterstützer, Katalysator und Förderer* von Organisationsprozessen (ebd. 1987, S. 148) wird, der dienstleistungsprozeß- und bedürfnisbezogene Aspekte in Entscheidungsverfahren als soziale Prozesse mit einbezieht (vgl. Gestaltungsfeld 4).

Allgemeine Zielsetzung muß nach diesen Überlegungen ein höheres Maß an gruppeninterner Gestaltung der Lebens- und Arbeitssituation sein. Die weitreichende Vorstellung besteht darin - hier explizit als Zukunftsperspektive skizziert -, den Wohngruppen in den Fragen der unmittelbaren Lebens- und Arbeitsgestaltung einen unabhängigeren Status zu verleihen. Sie sind in ihren Entscheidungen autonom und im Rahmen des übergreifenden Ziels der Lebensbegleitung für ihr Handeln voll verantwortlich.

Möglichkeiten zur Unterstützung einer solchen gestaltenden Entwicklung des Betreuungsprozesses im Sinne dieser Zielvorstellung stellt die Organisationsentwicklung mit ihrem Instrumentarium zur Verfügung. Ein solcher Entwicklungsprozeß muß allerdings organisationspolitisch gewollt sein. Das Design muß sowohl über Bestandteile zur Förderung der Partizipation verfügen als auch die eigenverantwortliche Verwendung von Ressourcen im Rahmen der Arbeitsorganisation fördern und die bedarfsbezogene Nutzung der Bildungs- und Weiterbildungsressourcen unterstützen. Anders kann die mit der Erweiterung der Handlungsspielräume verbundene Verantwortung nicht ausgefüllt werden. Ein solches Design mit hohem Gestaltungsspielraum setzt transparente Kriterien und Entscheidungsprozesse voraus.

Themen- und Problembereiche im Gestaltungsfeld 2

Dezentralisierung nicht auf die Aufbauorganisation beschränken

Werden allein oder vorwiegend formale Gesichtspunkte einer Neugliederung zur Schaffung einer dezentralen Organisationsstruktur herangezogen, so ist damit das Risiko der Spaltung gegeben: Die Veränderung der Aufbauorganisation allein wird ohne eine Veränderung der Ablauforganisation nicht zu einer besseren Identifikation der Beschäftigten führen. Dezentralisierung im Aufbau muß die Veränderung von Routinen, Entscheidungsprozessen, Kompetenzen und Zuständigkeiten nach sich ziehen und damit die Betreuungsarbeit *inhaltlich* verändern. Damit sind höhere Anforderungen für alle Beteiligten verbunden.

Zentrale Funktionsbereiche einbeziehen

Im Zuge der Dezentralisierung traditionell organisierter Einrichtungen sind die vorhandenen Funktionsbereiche - Regiebetriebe, Verpflegungs- und Personalbereich, allgemeine Verwaltung u.ä. - in die Neugliederung miteinzubeziehen, wenn die Kooperationsbeziehungen zu den Wohngruppen-Teams hin nicht durch Reste "zentralistischen Denkens" belastet werden sollen.

Führungsprozeß umgestalten

Dezentralisierung wird in hohem Maße durch das Vertrauen in die Lernfähigkeit der Organisation und ihrer Mitglieder und in die mögliche Verbesserung der Leistungsqualität zum Wohle der Bewohner und der Beschäftigten getragen. Die soziale Dimension der mit der Dezentralisierung verbundenen Veränderungen kann nur durch ein verändertes Verständnis des Führungsprozesses gewährleistet werden (vgl. Gestaltungsfeld 4 und 5).

Betreuer auf erweiterte Anforderungen vorbereiten

Dezentralisierungbestrebungen erfordern von Beginn an die Einbeziehung der Beschäftigten. Zum einen gilt dies, um die Erfahrungen und Bedarfe vor Ort für den Gestaltungsprozeß nutzbar zu machen, zum anderen ermöglicht eine frühzeitige Einbindung der Interessen der Beschäftigten die Berücksichtigung und Bearbeitung von Widerständen. Die Vorlaufzeiten für die Entwicklung von Umsetzungsprozessen (v.a. Qualifizierungsmaßnahmen und Auseinandersetzung mit neuen Betreuungs-Anforderungen) müssen in realistische Planungsüberlegungen aufgenommen werden.

Unterstützung der Teamarbeit

Die Praxis zeigt einen Mangel an geplanten Teamentwicklungsprozessen. Sie finden nur in Ausnahmefällen statt. Die Überlegung, Planung und Bearbeitung dessen, was im Verständnis der Beschäftigten Betreuung und was ein angemessenes Aufnehmen individueller Bedürfnisse und Möglichkeiten der Bewohner ist, muß in Erfahrungsprozessen gelernt werden können. Zumutungen und Verpflichtungen der Teams unterliegen einem dynamischen Prozeß. Die Gestaltung des sozialen Rahmens der Wohngruppe und der dazu notwendigen internen Verständigung ist ein Entwicklungsprozeß, der vor allem konkret, am Ort der Betreuung in der Praxis, gelernt werden muß. Sie kann kaum abstrakt vermittelt werden. Die Aufarbeitung von unterschiedlichen Wahrneh-

mungen, damit verbundenen Vorstellungen und Bewertungen ist für die Arbeitsfähigkeit des Teams unabdingbar. Unterstützungsleistungen müssen bedarfsbezogen und wohngruppenbestimmt abfragbar sein (vgl. Gestaltungsfeld 4).
Diese Erweiterung der Handlungsspielräume, der Kompetenzen und in Verbindung damit die gezielte Entwicklung der Betreuungsteams ist unabhängig von der Strukturentscheidung (Einleitung der Dezentralisierung) notwendig.

Lösungen und Lösungsansätze im Gestaltungsfeld 2

Voraussetzung für einen Entwicklungsanschub

Die Entwicklung einer dezentralen Struktur, unter der ein an der Lebensbegleitung orientiertes Konzept umgesetzt werden kann, hat bestimmte Voraussetzungen: Die Aktivitäten zur Dezentralisierung sollen auf Freiwilligkeit und Engagement der Beteiligten beruhen (1). Es soll eine sukzessive Entkoppelung aus dem organisatorischen Gefüge damit verbunden sein (2). Es soll eine den Dezentralisierungsansatz leitende Idee (ein inhaltlicher Konsens) bei den Beteiligten bestehen (3). Ein ausbaufähiges, am Ziel der Lebensbegleitung orientiertes Minimalkonzept soll bei den beteiligten Wohngruppen vorliegen (4). Ziel einer derartigen dezentralen Struktur ist, die Arbeitsbedingungen der Beschäftigten und die Lebensbedingungen der Bewohner zu verbessern bzw. sie dem Bedarf anzupassen.

Unterstützung und Stabilisierung des Entwicklungsbezugs

Eine der Voraussetzungen für den konkreten Abbau von Belastungen ist eine definitive Klärung von Kompetenzen, Erwartungen und Ansprüchen, die mit der Betreuungsaufgabe verbunden sind. Erst aus dieser Klärung kann eine konstruktive Unterstützung und eine tragfähige, im Sinne der Betreuungsziele leistungsorientierte Team-Kultur entstehen. Dazu gehört als wesentliches Element die Bereitschaft und Fähigkeit, Auffassungsunterschiede und notwendige Auseinandersetzungen im Team und in der Organisation konstruktiv und zukunftsorientiert zu bearbeiten. Das Kommunikations- und Beratungspotential der Organisation muß ausgeschöpft und zweckorientiert, d.h. problem- und bedarfsbezogen ausgeweitet werden. Den Betreuern muß die Chance zur Anpassung ihrer Handlungskompetenz an die im Zuge der Dezentralisierung ausgeweiteten organisatorischen Spielräumen gegeben werden.

Es ist Aufgabe der Organisation sicherzustellen, daß die Selbstorganisations- und Problembewältigungskompetenzen zunehmen. Dafür ist ein flexibler, bedarfsbezogener Zugriff auf unterschiedliche Dienstleistungen (Beratung, Supervision, Weiterbildung etc.) notwendig. Den Wohngruppen wird ein Etat zur Verfügung gestellt, aus dem Kosten für Supervision, prozeßgebundene Begleitung, Fortbildung, auch externe Expertenberatung in eigener Verantwortung bestritten werden. Für das Team gehört die (Selbst-)Bestimmung seines Unterstützungsbedarf angesichts der konkreten, spezifisch-komplexen Gegebenheiten innerhalb der Wohngruppe zu den wichtigsten Aufgaben.

Aufwertung der Betreuungstätigkeit

Das organisatorische Ziel zunehmender Selbstorganisation des Betreuer-Teams ist mit der Annahme verbunden, daß damit ein Schritt aus der Rückzugskultur gemacht werden kann. Grundsätzlich wird man an der Frage, ob die komplexe Dienstleistungsarbeit nicht weiter professionalisiert und die Beschäftigten mit anderer, klarerer Perspektive in diesem Tätigkeitsbereich gehalten werden können, wenn damit auch weitergehende persönliche und berufliche Entwicklungschancen verbunden sind, nicht vorbeikommen (vgl. auch Gestaltungsfeld 4). Die Qualifizierung der Betreuer ist wesentlicher Schlüssel.

13.2.3 Gestaltungsfeld 3: Physische und soziale Arbeitsbedingungen - Arbeitszeitregelung

Das dritte Gestaltungfeld beschreibt wesentliche Problembereiche der unmittelbaren Aufgabensituation der Betreuer. Neben der Verbesserung der physischen und sozialen Arbeitsbedingungen und der Erörterung der Arbeitszeitregelung werden auch Kriterieren zur Stellenplanung und Stellenbesetzung in den Wohngruppen thematisiert.

Themen- und Problembereiche im Gestaltungsfeld 3

Verbesserung der physischen und sozialen Bedingungen

Die Betreuer brauchen physische und soziale Arbeitsbedingungen, die sie in der Ausübung ihrer Arbeit unterstützen und sie in der Aufrechterhaltung ihrer Gesundheit und personalen Integrität schützen und stützen. Von besonderer Bedeutung sind die Einhaltung von Arbeitspausen und eine angemessene Ausstattung von geeigneten Räumen, die den Erholungswert der Pausen fördern.

Neue Arbeitszeit-Regelung

Es ist notwendig und sinnvoll, neue Formen der Arbeitszeit-Regelung und -Budgetierung zu entwickeln und organisationsintern zu praktizieren.
Die Arbeitszeit- und Dienstplangestaltung erscheint in der Beurteilung der Beschäftigten als wichtiges Thema, an dem sich die Bereitschaft der Organisation zur Einrichtung flexibler Arbeitsformen zeigt. Bisher werden weder praktikable Arbeitszeitmodelle zur Diskussion gestellt, noch existieren grundlegend akzeptierte Verfahren zur Regelung von Vertretungen im Falle von Krankheit, Unfall und ähnlichen unvorhergesehenen Personalausfallzeiten. In den meisten Fällen muß das Team sehen, wie es den Dienst aufrecht erhalten kann - und dies in der Regel ohne zusätzliches Stundenbudget oder Aushilfen. Kurzfristige Dienstplanänderungen und zeitweilige Unterbesetzung sind die üblichen, oft einzigen ad-hoc-Lösungen. Dem einzelnen wird dadurch ein hohes Maß an Flexibilität und persönlicher Einsatzbereitschaft abverlangt, so daß weitere Ausfallzeiten und letzlich das Ausbrennen bzw. die Erschöpfung vorprogrammiert sind. In ähnlicher Weise sind die Regelungen für den Nachtdienst (Bereitschaftsdienst, Rufbereitschaft etc.) - zumindest dort, wo keine extra Nachtwachen im Personalbedarfsplan vorgesehen sind - meist nicht befriedigend gelöst.

Flexibilität der Stellenbesetzung

Die Stellenbesetzung in den Wohngruppen muß den konkreten Arbeitsbedingungen und situativen Anforderungen der Betreuung Rechnung tragen, aber auch den personalen Ressourcen. Psychische Überforderung in der Betreuung hängt auch zusammen mit den zu gering entwickelten Chancen, in fordernde Situationen *hineinwachsen* zu können.

Lösungen und Lösungsansätze im Gestaltungsfeld 3

Verbesserung der physischen und sozialen Arbeitsbedingungen

Die physischen und sozialen Arbeitsbedingungen der Beschäftigten stehen in engem Zusammenhang mit den Lebensbedingungen der behinderten Menschen selbst. Man kann das eine kaum ohne das andere ändern.
Während die physischen Arbeitsbedingungen in engerem Sinne vor allem mit Heben, Tragen und den zurückzulegenden Wegen umschrieben werden können und nach Aussagen der Betreuer von eher durchschnittlicher Bedeutung sind (vgl. auch

das Item 16 "Physische Arbeitsbelastungen" der Institutionenbefragung, Abschnitt 10.3), lassen sich die sozialen Arbeitsbedingungen weniger klar abgrenzen.
Die Liste der Elemente, die zu einer sozial verträglichen Arbeitsgestaltung einbezogen werden müssen ist lang: Anerkennung und Unterstützung durch Vorgesetzte und Organisation, ein entwicklungsförderliches Klima im Team, die Aufnahme und Klärung von arbeitsrelevanten Themenstellungen und Konflikten im Tätigkeitsfeld, die Aufklärung gegenüber gesundheitlichen Risiken und die Vermittlung von Strategien zur Streßbewältigung, ein konstruktives Feedback (vgl. v.a. Gestaltungsfeld 5), die nach Möglichkeit die private Lebenssituation des Beschäftigten berücksichtigende Aufstellung von Dienstplänen, die Vermeidung von räumlicher und sozialer Isolation der Betreuer im Arbeitsalltag etc.
Insgesamt soll die Arbeitssituation sowohl mittel- und langfristige Überforderungs- als auch Unterforderungs-Situationen vermeiden. Es soll nach Möglichkeit ein Gleichgewicht bestehen zwischen den Zumutungen, die der Betreuer an sich selbst richtet und denjenigen, die durch Bewohner und Umfeld an ihn gerichtet werden. Er soll nicht "alles für andere" tun und dabei sich selbst vernachlässigen. Der Betreuer hat Verantwortung für sich selbst und die Erhaltung seiner Arbeitsfähigkeit. Auch die Vorgesetzten haben hier eine soziale Verantwortung gegenüber den Mitarbeitern.
Soziale Arbeitsgestaltung umfaßt Dimensionen, die in anderen Gestaltungsfeldern behandelt werden, auf die wir hier verweisen: Einarbeitung, Fort- und Weiterbildung, die Berücksichtigung längerfristiger beruflicher Perspektiven, den Führungsprozeß, die Entwicklung und Umsetzung erweiterter Partizipationsformen.

Physische Arbeitsbedingungen:
Heben, Tragen, Wege

In der Betreuungspraxis besteht ein latenter Konflikt bei der Anwendung technischer Hilfsmittel (Lifter, Umbettungshilfen etc.): einerseits werden technische Hilfsmittel als eine Arbeitshilfe für die Betreuer verstanden und akzeptiert - andererseits stellen sie ein "fremdes Medium" dar, durch das der Kontakt zwischen Betreuer und Bewohner eingeschränkt wird. Wichtige Voraussetzungen für einen praxisgerechten Einsatz der Hilfsmittel sind häufig nicht gegeben: bauliche Enge erschwert den Hilfsmittel-Einsatz, es gibt Unsicherheiten hinsichtlich der optimalen Verwendung zur Erreichung des Gesundheitsschutzes. Im Alltag geht es "schneller", ist es "praktischer", wenn man direkt Hand anlegt, um Bewohner über kurze Wege zu transportieren oder umzubetten. Eine psychische Barriere liegt in der heimlichen Konkurrenz unter den Betreuern. Der Einsatz von *technischen* Hilfsmitteln signalisiert mehr Distanz und Unpersönlichkeit, wogegen der direkte körperliche Kontakt vermeintlich mehr Hinwendung und Zuneigung vermittelt und damit als "bessere Betreuung" verstanden wird. Der kurzfristige Nutzen gegenüber der mittel-

und langfristigen potentiellen physischen Schädigung wird noch zu häufig in Kauf genommen.
Dementsprechend ist der Einsatz technischer Hilfsmittel in den Wohnbereichen zu überprüfen: Neben einer kontinuierlichen Aufklärung gegenüber gesundheitlichen Risiken bei physischen Belastungen und psychosomatischen Gefährdungen sind Schulungen zur Verbesserung von Hebetechniken durchzuführen.

Pausengestaltung - Pausenräume

In weiten Bereichen der Behindertenarbeit bestehen nur geringe Möglichkeiten der Abgrenzung: es existieren im Arbeitsalltag wenig Möglichkeiten des Rückzugs. Pausenräume oder zweckmäßige Dienstzimmer sind für die Beschäftigten oft nicht in ausreichender Qualität vorhanden. Es müssen klarere Pausenbedingungen hergestellt und eingehalten werden. Dies sowohl hinsichtlich der *Zeit* als auch des *Raums*.
Die Vorhaltung von Pausenräumen und die Sicherstellung und Gewährung von geregelten und regelmäßigen Pausen sind eine Grundvoraussetzung zur Regeneration der Betreuer. Sie sind auch notwendig, um den Beschäftigten die Erfahrung der Differenz (im Sinne von "*ich* bin nicht *sie*") zu ermöglichen.
Die Faktoren Zeit und Raum stellen jedoch nur die physische Komponente einer angemessenen Pausengestaltung dar. Der psychische Erholungswert liegt vor allem auch in einer sozial akzeptierten Form der Regelung begründet, wie dieser Pausenanspruch organisatorisch umgesetzt wird. Anzustreben ist eine Pausensituation, in der Kommunikation unter Kollegen möglich ist und damit potentiell zu Entlastung und Entspannung beiträgt.

Umsetzung von Modellen zur Arbeitszeit-Gestaltung: Schichtarbeit

Bedingungen der Schichtarbeit sind im Rahmen der Arbeitswissenschaften seit langem Gegenstand von Überlegungen: wie kann sie - wo sie unabdingbar notwendig ist - so gestaltet werden, daß sie möglichst wenig belastend für die von ihr Betroffenen ist.
In der Behindertenbetreuung geht eine wesentliche Belastung sowohl von der Schichtarbeit an sich aus, als auch davon, daß der Rhythmus des Schichtwechsels zwar langfristig planbar ist - aber in der Praxis müssen Dienstpläne häufig kurzfristig umgestoßen werden. Es wird von den Beschäftigten eine erhebliche Flexibilität und Disponibilität verlangt. Von daher muß Forderung sein, ein Höchstmaß an Zuverlässigkeit für die Einhaltung einmal vereinbarter Dienstzeiten zu erreichen. Dabei soll hinsichtlich der Flexibilität der Arbeitszeit auf die Bedürfnisse des Betreuers eingegangen werden. Die Auswirkungen kurzfristiger Dienstplanänderungen müssen als erhebliche Streß- und Konflikt-Quelle für das private Lebensumfeld

angesehen werden. Auch die Ergebnisse der Institutionenbefragung (vgl. Absch. 10.3, Item 1) machen dies deutlich.
Lösungswege müssen die Betroffenen und ihre spezifische Arbeitssituation stärker mit einbeziehen. Sogenannte "Springerlösungen" (externe Vertretung bei Krankheit und anderen unvorhergesehenen Vertretungsnotwendigkeiten) stellen keine ausreichend praktikable und akzeptierte Möglichkeit für die Gewährleistung der Betreuungskontinuität dar.
Zielsetzungen für die Gestaltung der Arbeitszeit, wie sie in anderen Bereichen der Gesundheitsdienste (vgl. z.B DAHLGAARD u.a. 1991) bestehen, sind auch für die Behinderten-Hilfe zu übernehmen: Reduktion des Wechsels von Frühdienst auf Spätdienst auf ein Mindestmaß (1); ungestörte Arbeitspausen für alle Betreuer (2); ein aufgestellter Dienstplan wird grundsätzlich nicht mehr geändert (3); die Gültigkeit des Dienstplans beträgt mindestens 4 Wochen (4); der Dienstplan liegt wenigsten zwei Wochen vor Gültigkeitsbeginn vor (5), und er orientiert sich stets an der organisatorischen Mindestbesetzung (6; vgl. ebd. S. 500).
Auch wenn vielerorts vergleichbare Ansätze vorliegen, scheitert die tägliche Praxis an der ungenügenden planerischen Absicherung. Solche Zielvorgaben dürfen jedoch nicht bloße Absichtserklärungen sein, sie müssen umgesetzt werden. Veränderungen in diesem Gestaltungsfeld müssen auch unkonventionellen Vorschlägen nachgehen, selbst dann, wenn sie möglicherweise an tarifrechtliche Grenzen stoßen. Auch zur Zeit gültiges Tarifrecht kann und darf keine Tabuzone sein, wenn es darum geht, innovative belastungsreduzierende Arbeitszeitmodelle zu entwickeln.
Eine kontinuierliche und gezielte Fehlzeitenanalyse kann in der Praxis helfen, bedarfsgerechte Planungsfaktoren zu erhalten, so daß Dienstpläne neben der notwendigen Besetzung zusätzliche Informationen für den "Notfall" enthalten. Dem Betreuer darf in der Praxis seitens der Organisation nicht länger zugemutet werden, daß er gewissermaßen einer permanenten "impliziten" Abrufbereitschaft unterliegt, ohne einer entsprechenden tariflichen Vergütung für diesen Bereitschaftsdienst.
Darüber hinaus ist zu überlegen, inwieweit die Belastungen aus der Wechselschichtarbeit insgesamt umgangen werden können durch eine individuelle Arbeitszeitgestaltung (vgl. etwa Erfahrungen, die mit derartigen Modellen am Städtischen Krankenhaus Frankfurt/Höchst gemacht worden sind; vgl. Frankfurter Rundschau v. 9. Nov. 1990, S. 21: "Ohne Schichtdienst gibt es zufriedene Pfleger").

Arbeitszeit-Budget der Teams

Für die Beschäftigten in den Wohngruppen kann eine Entlastung aus einer teaminternen selbstverantwortlichen Regelung der Arbeitszeit resultieren, die wesentlich stärker auf individuelle Belange zugeschnitten ist. So fordert auch FISCHER (1992) im Rahmen einer "Ethik der Arbeitszeitflexibilisierung", daß die "Zeitsouverenität" an die Mitarbeiter zurückgegeben werden müsse. Dadurch entstünden neue Frei-

räume und Fremdsteuerung würde gemindert (vgl. ebd. S. 158).
Vorraussetzung für ein solches Verfahren ist die Bereitschaft der Teammitglieder zur Übernahme der damit verbundenen Verantwortung. Sie bezieht sich nicht nur auf die zuverlässige Regelung der Dienstzeiten, sondern im Grunde auch auf die Verpflichtung, die eigene dienstfreie Zeit so zu nutzen, daß sie zu einer faktischen Wiederherstellung der Arbeitsfähigkeit dient.
Das Team muß über ein hohes Maß an "interner Konsistenz" und Kompetenz verfügen, um mit den bei dieser Form der selbstgesteuerten Zeitgestaltung auftauchenden Fragen teamintern umgehen zu können.
Modelle sogenannter "Vario-Zeit-Systeme" (vgl. MODEREGGER 1991; ähnlich HOFF 1992), die individuelle und unternehmensbezogenen Interessen in der Arbeitszeitregelung zu verbinden trachten, werden in der gewerblichen Wirtschaft mit Erfolg angewendet. Das System beruht hauptsächlich auf der Möglichkeit, monatsweise sowohl positive als auch negative Zeitüberträge anzusparen. Die Monatssalden können auf ein Jahresarbeitszeit-Konto kumuliert werden. Auch, wenn eine Übertragung in den Bereich der Behindertenhilfe auf einfache Weise nicht möglich ist, ist zu prüfen, inwieweit der einrichtungs- bzw. wohngruppenbezogene Aufgabenbereich einen Transfer der Grundidee zuläßt.

Jahres-Arbeitszeit-Gestaltung

Über die bisher angedeuteten Möglichkeiten der Gestaltung der Arbeitszeit hinaus sind Formen der langfristigen Steuerung im Zusammenhang mit personalplanerischen Aktivitäten denkbar, zu denen gehören kann:

- In bestimmten Zeiträumen, z.B. nach jeweils 5 Jahren ununterbrochener Berufstätigkeit, steht den Beschäftigten ein näher zu bestimmender Zeitraum zum Zwecke der *inneren Rekonvaleszenz* zu, um unspezifische Erschöpfungs-Zustände abzubauen und die Wiederherstellung der für die Arbeit notwendigen Distanz zu unterstützen. So ist das sog. "Sabbat-Jahr" schon lange in der Diskussion, ohne daß es in nennenswertem Umfang für die Praxis relevant ist.
- Im Sinne eines produktiven Umgangs mit den eigenen Erfahrungen aus der Betreuungstätigkeit werden den Beschäftigten strukturierte Formen der Aufarbeitung angeboten, die ihnen - über im engeren Verständnis von Fortbildung hinausgehende - persönliche Entwicklungsräume und Formen der Erfahrungsverarbeitung eröffnen, die der Qualität ihrer Erschöpfung angemessen ist. - Hinzuweisen ist auch darauf, daß eine derartige Jahres-Arbeitszeit-Gestaltung nicht allein im Sinne der Beschäftigten ist, sondern auch einer wichtigen Zielsetzung der Einrichtungen in ihrer Eigenschaft als Arbeitgeber entspricht, insofern sie die Leistungsfähigkeit und Initiative der Beschäftigten bewahren helfen kann.

13.2.4 Gestaltungsfeld 4: Einarbeitung, Fort- und Weiterbildung, Kompetenzerwerb und bereichsübergreifende Personalentwicklung

Die Bereiche von Konzept, Organisations- und Personal-Entwicklung sind - wir weisen auch hier darauf hin - auf das engste miteinander verknüpft. Das hier angesprochene Feld darf nicht als von der organisatorischen Gestaltung isolierter Bereich angesehen werden. Über den wichtigen Bereich der Einarbeitung hinaus - die ein wichtiger Bestandteil der Personalentwicklung ist - müssen in diesem Feld insgesamt vermehrt Anstrengungen unternommen werden:

- Fluktuation und Krankenstand werden zuwenig als Indikatoren für empfundene Mißstände im Arbeitsbereich des einzelnen Betreuers betrachtet und verstanden,
- die Gestaltung der Arbeits- und Lebensbedingungen der in der Wohngruppe zusammenwirkenden Menschen wird zuwenig als Aufgabe dieser Menschen selbst verstanden und definiert,
- der Kompetenz und persönlichen Entwicklung der Betreuer und der Teams muß eine höhere Aufmerksamkeit geschenkt werden.

Die Bearbeitung von Problemen und Konflikten im Team, die Verteilung von Ressourcen - vor allem Personal- und Sachmitteln - und eine weitgehende Budgetverantwortung sind Aufgaben des Teams, die von außen nicht befriedigend bearbeitet werden können, ohne daß hierdurch Bewertungs- und Verteilungs-Konflikte über Entscheidungen und deren Angemessenheit implantiert werden.

Themen- und Problembereiche im Gestaltungsfeld 4

Handlungskompetenz stärken

Die Einarbeitung, Fort- und Weiterbildung wird zu einem Bereich, über den das Ziel zur Vermittlung einer umfassenden Handlungs-Kompetenz und Eigenständigkeit der einzelnen Wohngruppe verstärkt angestrebt werden muß. Die Reflexion des eigenen Tuns muß stärker in Aktivitäten der Fortbildung eingebunden werden. Die Fähigkeiten zur aktiven und verantwortlichen Gestaltung und Begleitung von Prozessen (Arbeits- und Lebensprozeß von Betreuer und Bewohner, Teamprozeß, Wohngruppenprozeß, Prozeß der Einbindung der Wohngruppe in die Einrichtung und in das jeweilige konkrete Umfeld) sind wesentliches Thema. Das besondere dabei ist, daß dies unter der Bedingung und Zielsetzung der Gemeinschaftlichkeit stattfinden muß: In der Reflexion des Handelns ist zu berücksichtigen, daß Unterschiede in Auffassung und Erwartungen einen eigenen Wert haben. Die explizite Berücksichtigung des Prozeßcharakters und der konstitutiven Bedeutung der Kommunikation betont im Grunde die kulturelle Dimension dieser Arbeitstätigkeit. Kognitive Wissensinhalte werden als Bestandteile der Fort- und Weiterbildung gegenüber der Reflexion des individuellen und teaminternen Handelns relativiert.

Beteiligungsformen entwickeln

Personalentwicklung im Bereich der personenbezogenen Dienstleistung hat sich mit den strukturellen Bedingungen der Organisation unter dem Gesichtspunkt von Konzeptualisierung und Unterstützung auseinanderzusetzen. Sie muß dafür Beteiligungsformen entwickeln und die notwendige gegenseitige Verständigung zwischen den verschiedenen Ebenen und Gruppen der Organisation und ihren z.T. durchaus unterschiedlichen Interessen sicherstellen.

Potential der Betreuer einsetzen

Personal- und Organisationsentwicklung hat sich in besonderer Weise mit der Ermittlung und Beseitigung *organisationsseitig erzeugter Reibungen und Friktionen* zu kümmern und dazu beizutragen, daß das zur Umgestaltung von Strukturen und Bedingungen der Arbeit notwendige Potential der Betreuer erkannt, gefördert und angemessen eingesetzt wird.

Unterstützung für den Alltag und Reflexion des eigenen Tuns

Die Betreuer brauchen Hilfe und Unterstützung auch hinsichtlich der im Alltag immer wieder bedrohten und verlorengehenden Sinngebung ihrer Tätigkeit: Erfahrungen und Klagen über Diffusität und Problemüberflutung sind integrative Momente von Alltagserfahrungen der Betreuer, auf die bisher zuwenig reagiert werden kann.

Chancen und konkrete Angebote, die "vielfältigen Erfahrungen des Alltags zu sortieren" und "unterschiedliche Fäden wieder mit der eigenen Person und den individuellen Motiven" zu verbinden, müssen entwickelt werden, wenn der Rückzug und die Isolation des einzelnen aufgehoben werden soll. Im Rahmen der Personalentwicklung kann unter dem Gesichtspunkt der Reflexion der eigenen Arbeit zu dieser Integration ein hoher Beitrag geleistet werden.

Verbesserung der Einarbeitung Die Betreuer brauchen klare Vereinbarungen und geregelte Formen der Einarbeitung. Gezielte Begleitung und Unterstützung beim Einstieg in die noch unbekannte Arbeitssituation. Die Art und Weise, wie dies geschieht, ist wesentlich entscheidend, ob spätere Problemsituationen gemeistert werden und Entscheidungsfähigkeit ausgebildet und gefestigt wird.

Flexibilität der Stellenbesetzung Die Stellenbesetzung in den Wohngruppen muß den konkreten Arbeitsbedingungen und situativen Anforderungen der Betreuung Rechnung tragen, aber auch den personalen Ressourcen. Psychische Überforderung in der Betreuung hängt auch zusammen mit den zu gering entwickelten Chancen, in fordernde Situationen *hineinwachsen* zu können.

Aufbau und Unterstützung einer beruflichen Perspektive Die Betreuer brauchen für die Aufrechterhaltung von Arbeitsmotivation und Engagement eine längerfristige berufliche Perspektive in ihren persönlichen und professionellen Entwicklungsmöglichkeiten.

Vermittlungs- und Klärungsfunktion der Personalentwicklung Personalentwicklung und Fortbildung haben die Aufgabe, zu einer organisationsinternen Kommunikation und Fachdiskussion im Sinne der Vermittlung und Klärung von Standpunkten, Werten und Arbeitsformen beizutragen.

Lösungen und Lösungsansätze im Gestaltungsfeld 4

Einarbeitung neuer Mitarbeiter:
Unterstützung des individuellen Einarbeitungsprozesses

Ziele, Arbeitsweisen und -Konzepte der Behindertenarbeit müssen stärker als bisher geklärt und als Kanon den Mitgliedern der Organisation vermittelt werden. Ein wichtiger Eingriffspunkt zur Gestaltung der Arbeit und Kultur in den Einrichtungen bietet sich dort an, wo Beschäftigte hinsichtlich ihrer Haltung und Einstellung gegenüber ihrer konkreten Tätigkeit in besonders starkem Maße gefordert werden: das ist die Phase der Einarbeitung.

Über die in weiten Teilen bisher übliche *Einbindung durch Mit-Gehen und Mit-Machen* hinaus hat sich eine *geplante* Einarbeitung nicht nur auf (Ein-)Anpassung des Neuen an praktizierte Arbeits- und Betreuungsformen zu richten. Vielmehr bietet jeder neue Beschäftigte die Chance zur Überprüfung eingespielter Traditionen: potentiell enthalten offene Fragen, Unsicherheiten, Zweifel, Naivität des Neuen immer auch den Ansatz zur Auseinandersetzung mit den bereits eingespielten Lösungen, Betriebsroutinen und Formen von "Betriebsblindheit".

Von daher ergibt sich im Sinne der inhaltlichen Weiterentwicklung für die Einrichtung die Verpflichtung und Notwendigkeit:

- Den neuen Mitarbeitern in der Phase der Einbindung in die Wohngruppenarbeit umfangreiche Informationen zu vermitteln, die Entwicklung der Einrichtung im regionalen Umfeld, die Vielfalt der unterschiedlichen Anforderungen im Betreuungsalltag und den spezifischen Gestaltungsauftrag in bezug auf die Lebenssituation der behinderten Menschen betrifft.
- Den neuen Mitarbeitern die mit ihrem Einstieg in das Berufsfeld verbundenen Chancen für sie selbst, aber auch für die Einrichtung zu verdeutlichen, die darin besteht eigene Ansichten, Überzeugungen und Anregungen in die notwendige interne Diskussion um den kontinuierlichen Wandel der Betreuungsarbeit einzubringen, um Routinen und Traditionen dort zu verändern bzw. zu einer Veränderung beizutragen, wo sie der Umsetzung eines zeitgemäßen Verständnisses von Betreuung nicht mehr entsprechen. Sie leisten damit einen für die Einrichtungen notwendigen Beitrag zur Innovation. Diesen Beitrag können sie aber nur erfüllen, wenn sie *ermuntert* werden, Fragen zu stellen und mit ihren Unsicherheiten, Zweifeln und Ängsten umzugehen, wenn man ihnen zugesteht, Fehler zu machen.
- Mit den neuen, aber auch mit den anderen Beschäftigten die bedeutsame Frage des *Menschenbildes* in der Alltagsarbeit immer wieder zu erörtern. Dieser notwendige Dialog soll die *Alltagserfahrungen und Alltagskonflikte* aufnehmen und dadurch Isolation, Tabuisierung wichtiger Themen, Privatisierung im Arbeitshandeln und das weitere Erstarken der Rückzugskultur zurückdrängen.

Der neue Mitarbeiter braucht eine personale Anbindung: denkbar ist der Aufbau eines Netzwerkes von Patenschaften zwischen Neuen und Erfahrenen, die für die Phase der Einarbeitung (denkbar wäre ein Zeitraum von etwa einem halben Jahr) eingegangen werden. Sie haben die Aufgabe der Begleitung des Einarbeitungsprozesses. Die Organisation dieser Einarbeitung obliegt dem jeweiligen Bereich und dem zuständigen Vorgesetzten. Die Abteilungen Personalentwicklung/Personalwesen haben neben der Aufgabe der Kontrolle vor allem die der Ermöglichung und

des Aufbaus solcher Patenschaften. Sie tragen die Verantwortung für dieses Netzwerk. Ihre Aufgabe ist auch die gezielte Einbindung der neuen Mitarbeiter in die Organisation, ihre Ziele und ihre "Philosophie".
Die konkrete Gestaltung der Einarbeitung kann etwa eine mehrtägige Einführungs-Veranstaltung zur Vermittlung der Grundzüge und Konzepte, der "Philosophie" und des "Leitbildes", auch der vorhandenen Problembereiche und Widersprüche umfassen. Besondere Aufmerksamkeit ist darauf zu verwenden, den einmal begonnenen Dialog nicht wieder abreißen zu lassen. Denkbar ist die Einrichtung von Gesprächszirkeln, in denen gezielt Erfahrungen der Betreuer aufgenommen und für praktische Maßnahmen zur kontinuierlichen Erneuerung von Arbeitsweisen und Programm-Elementen genutzt werden.

Organisation der Fortbildung - Verpflichtung der Leitungsebenen

Qualifizierung und Fortbildung ist nicht nur Verpflichtung der Beschäftigten, sondern sie ist auch Verpflichtung der Organisation. Bestehende Zielkonflikte (Qualifizierung - Aufrechterhaltung der Betreuungs-Dienste) müssen durch die Leitungsebene und die Beschäftigten erkannt, in ihren Auswirkungen gewichtet und durch entsprechende klärende und konfliktregelnde Maßnahmen bearbeitet werden.
Es muß in den Einrichtungen geklärt werden, worin konkret der *Bedarf* an Fortbildung besteht. Es ist in der vorliegenden Untersuchung deutlich geworden, daß im Sinne einer kultur-schaffenden Qualifizierung nicht nur *instrumentelle, kognitive* Fortbildungsmaßnahmen notwendig sind, sondern besonders auch solche, die für den einzelnen Beschäftigten *identitäts-sichernde und -schützende Wirkung* haben.

Zielorientierte Aufgaben der Fort- und Weiterbildung sind ohne Vorliegen eines Arbeitskonzepts und ohne klare Qualitätskriterien außerordentlich schwer zu bestimmen. Sie sind aufs engste mit den bestehenden Qualifikationen und Erfahrungen der Beschäftigten verknüpft. Eine nähere Bestimmung des Fort- und Weiterbildungsbedarfs ist ohne direkte Beteiligung der Betreuer sowohl hinsichtlich *kognitiver* als auch *übergeordneter, eher reflexionsorientierter* Themenstellungen nicht sinnvoll. Die Ausgrenzung von Themen mithilfe administrativer Regeln, häufig mit der Begründung, sie entsprächen nicht dem "übergeordneten Interesse der Einrichtung" erweist sich oft genug als Bumerang - dann nämlich, wenn sie Initiative, Engagement, ein spezifisches Klärungsbedürfnis durch administrative Argumentation unterminieren.
Entscheidungen über den Fortbildungs- und/oder Entwicklungsbedarf sollen am Einzelfall getroffen werden - d.h. abgeleitet aus den konkreten Erfordernissen einer Wohngruppe und den Wahrnehmungen und Einschätzungen des entsprechenden Teams. Der Bedarf kann damit nicht von außen vorgegeben und "angeordnet" wer-

den. Erfahrungen, Bedürfnisse und Interessen des Beschäftigten sind genauso zu berücksichtigen wie die team-internen Einschätzungen zur Setzung von Entwicklungs-Schwerpunkten für die einzelne Wohngruppe. Solcherart team-interne Einschätzungen sind als Beurteilungen der jeweiligen spezifischen Profession ernst zu nehmen. Damit sind aber Kriterien für eine verbesserte Verständigung zwischen administrativer, vor allem ökonomischer, und professioneller Bewertung des Fortbildungs- und Entwicklungsbedarfs notwendig, die auf einem grundsätzlichen Konsens beruhen. Dieser Konsens ist zu erarbeiten. Ohne eine Abklärung der Qualitätsansprüche wird eine Verständigung zwischen den unterschiedlichen Gruppen innerhalb der Einrichtungen der Behindertenhilfe und hinsichtlich der Durchsetzung dieser Forderungen gegenüber den jeweiligen Kostenträgern nur schwer möglich sein.

Das Instrument der Personalentwicklung und die Möglichkeiten der Fortbildung sind von besonderer Bedeutung wegen der Vielzahl von Ausbildungsberufen, die in das Berufsfeld der Behindertenhilfe münden. Im Urteil der überwiegenden Mehrzahl der Beschäftigten läßt dies hinsichtlich der Praxisorientierung Wünsche offen. Die einzelne Einrichtung hat von daher die Verpflichtung, diese Lücke über Fortbildungsaktivitäten zu schließen. Von einigen Einrichtungen wird diese Notwendigkeit auch erkannt. So bestehen in einigen Einrichtungen im Bereich der alten Bundesländer bereits Regelungen, die diese beiderseitige Verpflichtung ernst nehmen: Die Teilnahme an Fortbildung (etwa 40 Std. oder 5, seltener 10 Tagen) pro Jahr ist dort Bestandteil des Arbeitsvertrages. Diese Zeiten sind fixiert und können in der Dienstplanung langfristig berücksichtigt werden.
In der Praxis der Betreuer ist die Teilnahme an Fortbildungen u.a. durch den Tatbestand gefährdet, daß sich häufig kurzfristig im Dienstplan keine Vertretung für den entsprechenden Mitarbeiter organisieren läßt. Die hier entstehenden Zielkonflikte werden in der Praxis dann zugunsten der "Aufrechterhaltung der Betreuung" gelöst. Ursache hierfür ist neben der in der Regel engen Personalbesetzung auch die Hilflosigkeit von Teams bzw. den einzelnen Betreuern, wie in diesem Konflikt anders zu verfahren ist: Solange die Erfahrung darin besteht, daß sie nicht nachhaltiger in der Durchsetzung ihrer Fortbildungsbemühungen unterstützt werden, solange Fort- und Weiterbildung einen relativ geringen Stellenwert in der Organisation hat.

Inhalte und Methoden: Unterstützung des Entwicklungsbezugs

Ausgangspunkt für die Gestaltung von Fortbildungsmaßnahmen und weiteren Aktivitäten zur Qualifizierung, Professionalisierung und Entwicklung von Kompetenz ist die Überlegungen, daß ein Betreuer, der bevormundet wird und in seinen

Anstrengungen zur Bewältigung seiner Aufgaben keine ausreichende Unterstützung erfährt, sich auch nicht befriedigend um die Unterstützung und Förderung der ihm anvertrauten Bewohner befassen kann. Von daher muß der Alltag des Betreuers verstärkt Gegenstand von Aktivitäten im Bereich von Personalentwicklung und Fortbildung sein.
Wie bereits angesprochen, muß neben die Vermittlung kognitiver Inhalte die verstärkte Entwicklung von Kompetenzen zum Alltags-Management des Teams treten (Kommunikation, Kooperation, Regelung von Konflikten, Arbeit an der Klärung interner Zielsetzungen; Arbeitszeit- und Mittel-Budgetierung). Die Reflexion des eigenen Handelns muß dabei genauso einbezogen werden wie die Wahrnehmung gegenüber den sozialen Prozessen in der Wohngruppe.
Die Beschäftigten müssen mit ihren Erfahrungen, ihrer Initiative und Kreativität in die Entwicklung einer je spezifischen Wohngruppen-Perspektive und in die bei der institutionellen Umsetzung auftauchenden Probleme besser eingebunden werden.

Im Hinblick auf Qualifizierung und Kompetenz-Entwicklung lassen sich prinzipiell drei Bereiche nennen, die für die Gliederung des Fortbildungsbedarfs bedeutsam sind:

- die *organisations-bezogene Qualifizierung:* (z.B. administrative Fertigkeiten im Rahmen der Budgetierung; Möglichkeiten der inner- und interorganisatorischen Vernetzung von Betreuungs- und Förderleistungen; Dienstplan-Gestaltung; Einsatz von Kommunikations- und Informations-Technologie);
- die *professions-bezogene Qualifizierung:* (z.B. Wahrnehmungsprozesse, Kommunikation, Koordination, Teambildung, Zeit-Strukturierung in der Wohngruppe in bezug auf Lebensprozesse, organisations- und professions-bezogene Interessen-Artikulation, Streß-Vermeidung und Coping, interne Organisation der Wohngruppe und Zusammenarbeit mit Fachdiensten, Stärkung der Ich-Identität);
- die *klienten-bezogene Qualifizierung:* (z.B. Kommunikation, Umgang mit Aggression, Sexualität, Autismus, Gruppendynamik und speziellen Behinderungsformen; beschäftigungstherapeutische Ansätze).

Soll die Arbeit in der Behinderten-Hilfe einen deutlichen Bezug zur Person des Behinderten haben, wie dies dem Paradigma der Lebensbegleitung entspricht, so sind neue Inhalte und Methoden in Aus- und Fortbildung notwendig, die stärker auf die damit verbundenen qualitativen Anforderungen ausgerichtet sind. Neben der Vermittlung von sozialer Kompetenz in seinem Kontakt zum behinderten Menschen, die dem einzelnen Betreuer Sicherheit geben kann (das ist vor allem auch *Sicherheit in sich selbst,* in seiner sozialen Identität), müssen darüber hinaus Formen der organisations-internen Kommunikation entwickelt und eingeführt werden, die den Person-Bezug "durchhält". Person-orientierte Kommunikation in Bezug auf Bewohner, auch in den Belangen, die den Betreuer selbst in seinem Arbeitnehmer-Status betreffen. Entwicklungsbezogene Orientierungen in der Arbeit mit Klienten dürfen nicht aufgegeben werden, wo es um die Gestaltung der Arbeitsbedingungen des Betreuers innerhalb der Arbeitsorganisation geht.

Zu neuen Inhalten im Rahmen von Fortbildungsmaßnahmen sind zu zählen:

- Methoden und Übungen zur sozialen Wahrnehmung und Dynamik in Gruppen,
- Entwicklung der Team-Arbeit unter den Bedingungen der Wohngruppe,
- Entwicklung von Wohngruppen-Perspektiven und stärkere Unterstützung bei Problemen der institutionellen Umsetzung,
- Unterstützung von Ideen und Innovationen für die Weiterentwicklung des Dienstleistungsangebots in der Region (Übertragung von Erfahrungen der Arbeit mit Behinderten in den ambulanten Sektor).

Kompetenz und Kompetenzerwerb

Im Zusammenhang mit den von uns in den Einrichtungen vorgefundenen Leitungsstrukturen erscheint notwendig, über neue und erweiterte Formen der gruppenbestimmten (autonomen) Gestaltung der Tätigkeit in Betreuung, Pflege und Förderung im Rahmen der Behindertenhilfe nachzudenken (vgl. Gestaltungsfeld 2).
Der konkrete Qualifizierungsbedarf eines Teams ist abhängig von einer Vielzahl von Bedingungsfaktoren: Team-Zusammensetzung, Erfahrungen und Potential der einzelnen, Gruppe der Bewohner, Umfeld der Wohngruppe, Bedürfnisse und Interessen der Bewohner und des Teams, zur Verfügung stehende Ressourcen etc. Der Prozeß der Qualifizierung ist ein integraler Bestandteil der Entwicklung des Teams bzw. der Wohngruppe. In der Regel wird bereits die Einigung und Festlegung spezifischer Qualifizierungselemente einen intensiven Austausch zwischen den Teammitgliedern und anderen Teilen der Organisation erfordern, in dessen Verlauf folgende und weitere Fragen zu erörtern sein können: Welchen Standort hat eine Wohngruppe bzw. ein Team gegenwärtig inne hinsichtlich seines Grades und seiner Chancen zu selbständiger Arbeitsgestaltung und Lebensführung? Wird eine Eigenständigkeit und weitgehende organisatorische Autonomie angestrebt, wie sie oben skizziert ist? Welche für die Wohngruppe relevanten naheliegenden Aufgaben, Pläne, Vorhaben können in der Realisierung durch Maßnahmen der Qualifizierung unterstützt werden? Welche anderen Ressourcen sind erforderlich?
Weitere Fragen bzw. Themen sind:
Die Rolle, Aufgabenstellung und Funktion des Gruppen-Leiters ist zu klären. Den Teams soll ein hoher Grad an faktischer Selbstgestaltung (Autonomie) und Kompe-

tenzen zuwachsen. (Ausgliederung des Gruppenleiters aus dem Team und der Schichtarbeit; Rotation der Gruppenleiter-Funktion; Verantwortungsregelung nach außen) Auch die Rolle der Wohnstätten- bzw. Heimleiter wird sich mittelfristig ändern. Es stellt sich die Frage, wie sie in eine *Entwicklungs*position umdefiniert werden kann. Ihre Rolle wandelt sich von der (klassischen) Vorgesetzten- hin zur Beratungs-(coaching-)Rolle. Ihre Funktion wird zunehmend die des innerorganisatorischen Anregers, Entwicklungshelfers, "facilitators" werden.
Um eine inner- und intra-organisatorische Fachdiskussion zu befördern besonders in den Aspekten, die den Aufbau und die Stärkung der kulturellen Dimension der Arbeit betreffen, werden Kolloquien veranstaltet.

Übertragung in den Alltag - Bereichsfortbildung

Es besteht ein wesentliches Problem für Mitarbeiter in der Übertragung neuer Ansätze, Gedanken und Methoden der Betreuungs-Arbeit in ihren konkreten Arbeits-Alltag. Es müssen daher vermehrt Anstrengungen unternommen werden die erlauben, Veränderungs-Ansätze und Anregungen in den beruflichen Alltag zu integrieren. Auch die im Rahmen der allgemeinen Fortbildungsaktivitäten vermittelten Qualifikationen sind oft mit erheblicher Transfer-Problematik hinsichtlich der Umsetzung belastet.
Eine Möglichkeit besteht darin, Teams für einen begrenzten Zeitraum vollständig aus dem Betreuungsalltag herauszulösen, um ihnen Chancen zu einer grundsätzlichen Klärung von Positionen und Konflikt-Bereichen zu verschaffen. Hierzu werden "Lernstatts" oder "Ideen-Werkstätten" eingerichtet. Curricula für solche *teambezogenen Re-Organisations-Workshops* sind zu entwickeln. Wo inhaltlich notwendig, sind Leitungsebenen in diesen Klärungsprozeß einzubeziehen.

Wo Betreuer über ein hohes Maß spezifischer Erfahrungen verfügen, werden sie in der Initiierung und Befruchtung von Veränderungen oft eingeschränkt. Die Möglichkeit, besonderen Erfahrungen und Kenntnissen - auch Initiative, Kreativität und Engagement - auf diese Weise Bahnen zu geben, wird zu wenig genutzt.
Dabei würde eine solche offensive Strategie nicht nur der Attraktivität des Berufsfeldes und der jeweiligen Einrichtung zugute kommen, sondern auch bei den Beschäftigten Motivationsschübe ermöglichen und ihnen die Wirksamkeit eigenen Handelns sichtbarer werden lassen. Erforderlich ist, den Betreuern Spielräume zuzubilligen, nicht nur vertikale vertrauensbasierte Kommunikation aufzubauen, sondern zu horizontaler Kommunikation zwischen Teams im Sinne des Zweck-Programms zu ermuntern.
In anderen Arbeitsbereichen (Gewerbe und Industrie) entstehen Arbeitsgruppen, die genau diese Funktion der Bündelung von Kräften zur Bearbeitung übergeordneter Problemstellungen haben: zur Aufdeckung und Beseitigung interner Rei-

bungsverluste, zur Definition unspezifischer Aufgabenstellungen. Derartige "cultural-change-teams" (CCT; vgl. z.B. RÜSSMANN 1990, S.306ff.) können punktuell themenorientiert oder auch prozeßbegleitend - organisiert im Rahmen von "Lernstatts" - eingesetzt werden: das wesentliche ist für die Beschäftigten (und die Bewohner!) die Erfahrung des Einflusses und der Veränderbarkeit von Bedingungen, wenn dazu berechtigte Forderungen bestehen.

Perspektiven-Gestaltung - bereichsübergreifende Personalentwicklung

Dem Berufsfeld der Behindertenhilfe mangelt es an konstruktiven und flexiblen Formen im Umgang mit der Möglichkeit für die Beschäftigten, zwischen verschiedenen Arbeitsbereichen zu wechseln und dadurch den weiteren Aufbau einer beruflichen Perspektive zu unterstützen und auch den langfristigen Erhalt zu sichern. Eine gezielte Auseinandersetzung und Berücksichtigung von überdurchschnittlich hohen Krankenstands- und Fluktuationskennziffern findet bisher nicht in ausreichendem Maße statt.

Wir gehen davon aus, daß in den Fluktuationsdaten der Einrichtungen sowohl solche Beschäftigten enthalten sind, die einen positiven Wechsel des Arbeitsfeldes anstreben (Wechsel der Wohngruppe, der Einrichtung, des konkreten Tätigkeitsbereichs oder des Berufsfeldes insgesamt) als auch solche, die aus Gründen der Erschöpfung, Frustration, ungenügend bearbeiteter Konflikte und nicht befriedigter Entwicklungs- und Aufstiegswünschen ihren Arbeitsbereich verlassen.

Im Sinne bereichsübergreifender Personalentwicklung muß in Bezug auf beide Gruppen eine aktivere Betreuung und Beratung der Beschäftigten in den Einrichtungen erfolgen:

- Sie befördert gleichzeitig eine aktive Befassung mit den konkreten Arbeitsbedingungen der Betreuer in Wohngruppen und erzeugt damit Motivation unter der Voraussetzung, daß hierdurch ein intensives Feedback an die Arbeitsorganisation zustande kommt.
- Über die Beratung wird dem Wechsel zwischen Arbeitsbereichen und/oder Einrichtungen, dem bisher häufig der Makel des "Scheiterns" anhaftet, die Chance seiner positiven Bedeutung zuerkannt. Es wird der Arbeitsplatzwechsel zugleich zur Chance der Organisation, eine aktivere Personalbesetzung zu betreiben.
- Die Beratung und Betreuung des Personals führt damit zu einer besseren und allseitig befriedigenderen Nutzung von Erfahrungen, Qualifikationen und Kompetenz.
- Beratung und Betreuung des Personals trägt dazu bei, mittelfristig das Image und die Attraktivität des Berufsfeldes und der Einrichtungen zu verbessern.

Dies hat zur Voraussetzung, daß die mit der Fluktuation verbundenen Motive und Begründungen der Betreffenden analysiert und für eine aktive Gestaltung sowohl des Arbeitsfeldes als auch der Entwicklungsmöglichkeiten genutzt werden: Wie in anderen Bereichen auch, ist es in der Behindertenhilfe notwendig, Führungs- und Leitungsqualifikation bei Beschäftigten gezielt aufzubauen. Dazu ist es erforderlich, vorhandenes Entwicklungs-Potential zu erkennen und zu fördern. Soziales Management in den Bereichen ambulanter und stationärer Pflege, Förderung und Betreuung wird in der Zukunft noch stärker einer spezifischen lebensweltlichen Orientierung bedürfen, die vor allem in der Auseinandersetzung mit Begleitungsprozessen, also in der Praxis gelernt werden kann.

Geht man davon aus, daß im individuellen Wechsel des Arbeitsbereichs i.d.R. sowohl Erfahrungen verloren gehen als auch ein kritisches Innovations-Potential gewonnen werden kann, werden die im Personal-Wechsel bestehenden Chancen zur positiven Weiterentwicklung des Arbeitsbereichs nicht ausreichend genutzt.
Nicht nur unmittelbar mit der Arbeitsorganisation und Arbeitsinhalten zusammenhängende Fragen sind, wie die Analyse aufgezeigt hat, wesentlich auf private Lösungen der Beschäftigten angewiesen, sondern auch in ihren beruflichen Entwicklungsmöglichkeiten werden sie im Aufbau einer längerfristigen Perspektive, in ihren Aufstiegswünschen, auch in altersbedingten Veränderungsbestrebungen nicht nennenswert unterstützt. Diese Umstände tragen im übrigen zu einem ungünstigen Image in der Öffentlichkeit bei.
Im Sinne der organisatorischen und tätigkeitsbezogenen Arbeitsgestaltung stellt sich die Frage, auf welche Weise die einzelne Organisation (und damit die Institution der Behindertenhilfe insgesamt) in ihrer Verpflichtung zur langfristigen Sicherung des bestehenden Versorgungsauftrages den Anspruch erfüllen kann, den Beschäftigten sowohl möglichst psychisch und physisch schädigungsarme Arbeitsbedingungen als auch Entwicklungsperspektiven nach einem evtl. Ausscheiden aus der unmittelbaren Betreuungsarbeit zu bieten, zumal der Erfahrungsfundus aus mehrjähriger Betreuung dann verloren geht, wenn es nicht gelingt, in Ausweitung der bisherigen Tätigkeitsfelder attraktive weitere zu erschließen.
Wünschenswert kann eine einrichtungsübergreifend arbeitende regionale Anlaufstelle sein, in der die neutrale Funktion der Beratung und Vermittlung von Beschäftigten in diesem Kontext betrieben wird.
In der Aufforderung, konkrete, aber auch übergreifende Unterstützungsangebote zu entwickeln, bieten sich Möglichkeiten zur Einbindung erfahrener Betreuer in folgenden Kontexten an:

- Im Bereich der Einarbeitung neuer Mitarbeiter;
- in der Entwicklung von Sonderprogrammen (Freizeiten, Seniorenbetreuung, Stadtteilarbeit, organisatorische und mitarbeiterbezogene Unterstützung im

Rahmen von Dezentralisierungs- und Regionalisierungsprozessen);

- ▸ Einsatz in Werkstätten für Behinderte und zur Unterstützung der Schnittflächen mit weiteren Bereichen gesellschaftlicher Arbeit - etwa in der Frage der verbesserten Integration von behinderten Menschen in den allgemeinen Arbeitsmarkt (Arbeitsplatz-Begleiter).

Kriterien zur Stellenplanung und Stellenbesetzung

In jüngster Zeit gibt es in der Bundesrepublik eine neue Diskussion zur Frage der Personalbemessung in den Einrichtungen der Behindertenhilfe (vgl. u.a. die Beiträge auf dem Neuerkeröder FORUM, 1989; HAISCH 1990), auf die wir hier verweisen. Unter dem Gesichtspunkt der Belastungsreduzierung ist darauf hinzuweisen, daß der Zusammenhang von fehlenden Arbeitskonzepten und vereinbarten Qualitätskriterien für die Betreuungstätigkeit in diese Diskussion hineinragt und sie unter der Maßgabe knapper Personalmittel außerordentlich erschwert.

Für die Beschäftigten geht eine wesentliche Belastung davon aus, daß bei Vorliegen von Einzeldienst subjektiv in vielen Fällen das Empfinden einer potentiellen Bedrohung durch Bewohner besteht. Unabhängig von konkreter physischer Bedrohung bestehen latente Ängste, die in der Unsicherheit und Unabgeschlossenheit der Betreuungssituation begründet liegen.

Für die Betreuungstätigkeit in der Wohngruppe sind daher in Abhängigkeit von Bewohnerstruktur und Gruppendynamik Kriterien zu entwickeln, die plausibel eine Entscheidung begründen können, ob Einerdienste für die Betreuer zumutbar sind oder nicht. Gerade hinsichtlich des Aufbaus einer positiven Arbeits-Kultur ist es notwendig, den Beschäftigten nicht zu überfordern. Gefühle der Bedrohung und Angst führen für den Betreuer zu einer Reduktion der ihm verfügbaren Handlungsalternativen.

Für die Entwicklung solcher wohngruppenspezifischen Besetzungkriterien ist zu berücksichtigen:

- die Bewohnerstruktur mit der daraus resultienden je spezifischen Dynamik der Wohngruppe,
- die Erfahrungen und Qualifikationen der Betreuer,
- die Team-Kompetenz bzw. der Stand der Team-Entwicklung,
- die organisatorische Rückkopplung über Betreuungs-Ziele und damit in Zusammenhang stehender Ressourcen-Verwendung (Supervision und gezielte Fall-Arbeit),
- neben den administrativen sind fachliche, d.h. qualitätsorientierte Gesichtspunkte gleichberechtigt zu berücksichtigen.

13.2.5 Gestaltungsfeld 5: Der Führungsprozeß

Der Führungsprozeß ist im eigentlichen Sinne ein Prozeß zur Gestaltung einer innerorganisatorischen Umwelt für die Mitglieder der Organisation, damit sie die ihnen übertragenen Aufgaben entsprechend vereinbarter Qualitätsmaßstäbe verrichten können und gleichzeitig eine auf die Zukunft gerichtete Anpassung der Organisationszwecke an bestehende bzw. sich verändernde Bedarfe gewährleistet werden kann. Im einzelnen werden im Rahmen der Führungsaufgaben die Voraussetzungen für zweckentsprechende Verwendung von Personal- und Sachmitteln entwickelt und der Einsatz der Ressourcen geplant und umgesetzt. Über die bereits in den vorgenannten Gestaltungsfeldern angesprochenen Themenbereiche hinaus nennen wir hier solche, die im engeren Sinne auf den Führungsprozeß wesentlichen Einfluß haben:

Themen- und Problembereiche im Gestaltungsfeld 5

Abbau von Hierarchie - Aufbau von Prozeß-Orientierung

Die Betreuer brauchen eine Form der kooperativen, themen- und gegenstandsbezogenen Unterstützung aus dem Führungsprozeß. Die häufig noch anzutreffenden - eher einem Konditional-Programm entsprechenden - hierarchischen Strukturen in den Einrichtungen der Behindertenhilfe stehen dem entgegen. Der Gegenstand der Betreuungstätigkeit besteht im wesentlichen im Aufbau und Erhalt der Beziehung zwischen Betreuer und Bewohner und den damit gegebenen Tätigkeiten. Beziehungsarbeit und Hierarchie stehen aber einander entgegen (vgl. OLK/OTTO 1992). Eine gelingende, möglichst störungsarme Kommunikation kann nur dort stattfinden, wo sie wesentlich vertrauensbasiert ist. Mangel an Vertrauen erzeugt Distanz und Entfremdung. Kontrolle von personenbezogener Dienstleistung ist letztlich nur möglich inbezug auf Ergebnisse - gerade diese aber sind in der Betreuung vorwiegend immateriell. Sie sind integraler Bestandteil der Beziehung "Betreuer-Bewohner". Der Führungsprozeß ist gehalten, diesen Grundsachverhalt angemessen zu berücksichtigen.

Transparenz von Rahmenbedingungen

Mehr noch als die Mitglieder eines Teams hat die Führungsebene nach innen gerichtet die Aufgabe der prozessualen Begleitung und Unterstützung der konkreten Betreuungsarbeit in den Wohngruppen bei gleichzeitiger Berücksichtigung ökonomischer wie auch administrativer Rahmenbedingungen. Sowohl die Transparenz dieser Rahmenbedingungen als auch die Bereitstellung von Mitteln unter Berücksichtigung konkreter, klarer und realistischer Ziele und die gemeinsame Abstimmung und Überprüfung dieses Betreuungsprozesses in den kleinen Einheiten (Wohngruppen) sind Anforderungen, die erfüllt werden müssen.

Stärkung der Selbststeuerung und Autonomie

Die Arbeitsaufgaben der Betreuung in der Wohngruppe benötigen eine weitgehende Selbstverwaltung durch die Betreuer. Die Führungskräfte haben die Aufgabe, sie dahingehend zu befähigen, ihnen entsprechende Spielräume und "experimentelle Erfahrungsfelder" zu erschließen.

Budgetverantwortung und Entwicklung von Qualitätskriterien

Im Zusammenhang mit den Bestrebungen, organisatorische Einheiten stärker dezentral zu steuern und inadäquate Arbeits- und Verfahrensroutinen aufzubrechen, müssen sowohl praktische Wege zur Implementierung einer wohngruppen-internen Mittel- und Arbeitszeitbudgetierung als auch konkrete Vereinbarungen über Qualitätskriterien der Behindertenarbeit abgesprochen werden.

Besondere Bedeutung der Führungsaufgabe

Die personalbezogene Arbeit der Führungsebene umfaßt in jedem Fall die Verpflichtung zu Beratung und Begleitung der Betreuer und der Teams. Diese müssen sich auf zwei Ebenen erstrecken: zum einen sind persönlichkeitsförderliche Entwicklungsgespräche notwendig, zum anderen ist eine konstruktive Begleitung und ein kontinuierliches Feedback zu den Betreuungsprozessen selbst. Auf beiden Ebenen besteht Handlungsbedarf.

Dazu ist eine gemeinsame Sprache unabdingbar. Eine kognitive Kenntnis des Arbeitsfeldes und seiner Besonderheiten allein reicht also nicht, sondern auch damit verbundene affektive Bewertungen und häufig unterschwellig vorhandene Selbst- und Fremdansprüche müssen angesprochen werden. Kommunikation hat damit die Aufgabe, dieses gemeinsame situative Verständnis herzustellen und im kontinuierlichen Austausch Akzeptanz und Vertrauen zu entwickeln.

Kooperative Personalselektion Die Führungsebene soll den Wechsel von Arbeitsplätzen, die Teilnahme an Fortbildungs- und Reflexionsprozessen unterstützen. In der Personalauswahl für die Wohngruppen-Teams sollen kooperative Formen der Selektion praktiziert werden, so daß Teams auch hier in die Verantwortung eingebunden werden.

Leitbilder müssen "gelebt" werden Die verbindende Bedeutung und Funktion von Leitbildern und übergeordneten Orientierungen ist essentiell. Sie bleibt nur erhalten, wenn sie alltäglich im praktischen Umgang erlebt und erfahren werden. Sie dürfen nicht im Widerspruch zur Praxis stehen.

Lösungen und Lösungsansätze im Gestaltungsfeld 5

Ziel-Reflexion der Führungsrolle

Gehen wir von dem neuen Paradigma der Lebensbegleitung aus, so ist der *Zweck und Auftrag* die Begleitung von behinderten Menschen in ihrem Lebensprozeß. Der Ort, an dem diese Begleitung geschieht ist dort, wo das Leben stattfindet. Dies ist in der institutionalisierten Behindertenhilfe die einzelne Wohngruppe: sie ist *zentraler Ort* der Lebensbegleitung.
Je nach Art und Weise sowie dem Umfang der erforderlichen Begleitung (die von den unterschiedlichen Behinderungsarten und Schweregraden abhängt) können und müssen Unterschiede in der Art der Begleitung möglich sein. Diese gilt es näher zu kennzeichnen, um den abstrakten Begriff Lebensbegleitung auf die konkrete Betreuungs-Situation zu transformieren.
Im Rahmen der Führungsdimension bedarf die Betreuungstätigkeit zuerst eines zielorientierten, Richtung angebenden, flexiblen Konzeptes, das den Planungs-Rahmen für alle Aktivitäten und Gestaltungserfordernisse darstellt (vgl. Gestaltungsfeld 1). Dabei kann der "Ziel-"Begriff nicht ohne weiteres aus anderen Arbeitsbereichen übernommen werden: Im Rahmen von Begleitungsprozessen enthält der Zielbegriff eine Dopplung: er bezieht sich durchaus auf ein zeitlich in der Zukunft liegendes Ziel, auf das hingearbeitet werden soll; er bezieht sich aber auch auf die konditionalen Bestimmungen, *wie* Begleitung beschaffen sein soll und damit auf den Begleitungsprozeß selbst.

Veränderung der Führungsrolle

Im Rahmen dieses Paradigmenwechsels muß sich die Rolle und das Aufgabenspektrum der Führungspersonen mitverändern. Eine Konsequenz dieser Veränderung liegt in der Verlagerung der unmittelbaren Verantwortung und Kontrolle für die Betreuungsleistungen in das Team hinein. Damit wird der Führungsebene ein unmittelbarer Einfluß - der ja im übrigen, wie wir anhand unserer Analyse gezeigt haben, eher eingeschränkt ist und in wesentlichen Bereichen in der Verwaltung von Mängeln besteht - für die direkte Gestaltung der Arbeit genommen. An die Stelle tritt eine verstärkte Verpflichtung, die Rahmenbedingungen und Zielsetzungen der Arbeit zu klären, Formen der Unterstützung zu entwickeln und den Prozeß der Umgestaltung insgesamt zu tragen.

Wenn Leben - und damit auch dessen Begleitung - ein sich verändernder Prozeß ist, so muß die Kommunikation der mit dieser Aufgabe der Lebensbegleitung befaßten Betreuer den Charakter einer lebendigen, durch Austausch sich mitentwickelnden aktionsorientierten Programmatik haben. Der einem solchen Konzept verpflichtete Führungsprozeß hat danach die Begleitung und solidarische Gestaltung und Mitgestaltung des Lebens- und Arbeitsraumes der Betreuer in den Wohngruppen in den Mittelpunkt zu stellen. Die Rolle des Vorgesetzten ist letztlich die des *'facilitators'*, also desjenigen, der Schritte und Entwicklungen der Wohngruppe mitbegleitet und unterstützt. Er ist bemüht, zu 'ermöglichen' und gewinnt damit einen mittelbaren Einfluß auf den Begleitungsprozeß. Er ist aber nicht nur "Ermöglicher", sondern darüber hinaus der "coach" seiner Mannschaft.

Der Führungsprozeß als Integrationsprozeß

Die Perspektive dieses 'facilitators' muß die Perspektive des Teams mit einschließen. Er wird nicht selten überhöhte Ansprüche, die Betreuer an ihre eigene Wirksamkeit haben, korrigieren müssen und so zu einer realistischeren Formulierung von Zielen und Anforderungen beitragen. Er wird damit die Anforderungen also nicht *abstrakt* ausweiten, sondern eingrenzen und präzisieren helfen. Andererseits wird er Freiräume schaffen, aufnehmen, was an Bewegungen entsteht und offen sein für Entwicklungsmöglichkeiten sowie Initiativen. Mögliche Fehler als Suche nach dem richtigen Weg zulassen und überschaubare Risiken, wenn nötig auch Konflikte mittragen. Er wird mit seiner Person dafür stehen, daß immer wieder an der Grundlegung und Aufrechterhaltung von Vertrauen zwischen allen Beteiligten gearbeitet wird - das gilt besonders auch für seine eigene Position und Person. Er wird jemand sein, der sich kümmert um diejenigen, die sich ihrerseits kümmern[11] - ohne ihnen dabei ihre Verantwortlichkeit für das eigene Handeln zu nehmen.

---

[11] Vgl.: "Magnet-Spitäler": "Wir kümmern uns um die Patienten und der Betrieb kümmert sich um uns." KRAMER/SCHMALENBERG (1989) H2, S. 31

Auch hier bedarf es klarer Aussagen, eines Konzeptes, was Unterstützung und Begleitung von Mitarbeitern sein kann. Vordergründig betrachtet heißt dies, hinreichend Ressourcen zur Verfügung zu stellen bzw. für deren Vorhaltung Sorge zu tragen (ausreichende Planstellen, angemessene Größe der Wohngruppen, individuell gestaltbare Wohnräume und Lebensbedingungen etc.). Unter Ressourcen sind vor allem auch immaterielle Elemente zu verstehen: klimatische Bedingungen einer offenen, konstruktiven, angstfreien Kommunikation gehören dazu ebenso wie die Mitgestaltung einer Organisationsverfassung, die Förderung und Entwicklung der Betreuer nicht nur unter im engen Sinne professionellen, sondern auch unter Gesichtspunkten des persönlichen Wachstums zum Ziel erhebt.

Wollte man dies anders - *final orientiert* - formulieren, so könnte man sagen, Ziel sei die *Gesundheit einer sozialen Gemeinschaft*, wie eine Wohngruppe es in erster Linie ist - wenn auch unter den Einschränkungen, die durch Behinderungen der betroffenen Menschen gegeben sind. Die Gesundheit einer sozialen Gemeinschaft ist nicht denkbar ohne Bewegungs- und Freiraum, den Entwicklung und Leben insgesamt notwendig voraussetzt. Am sozialen Ort der Wohngruppe und in ihrer organisatorischen Vernetzung muß die Chance zu persönlicher Authentizität bestehen. Gesundheit steht hier im Zusammenhang mit der Möglichkeit, mit sich selbst im Einklang sein zu können. Dies erfordert einen erheblichen Gestaltungsraum, zugestandene und organisatorisch abgesicherte Entscheidungskompetenz, Initiative und Innovationsbereitschaft auf seiten der Betreuer, also Qualifikation und Engagement.
Inhaltlich *autonomie-orientiertes Handeln*, das Eigenverantwortung und Entscheidungskompetenz beinhaltet, bedarf der Angstfreiheit und einer zweifachen Art von Unterstützung: Die Begleitung auf dem Weg *in die Eigenständigkeit* ist die eine. Das ist verbunden mit der Auflösung zentralistischer Strukturen, mit der Entlassung aus vorgeprägten Erwartungsmustern, mit dem Zutrauen zum Finden und Beschreiten eigener Entwicklungswege für das Team und die Bewohnergruppe. Zum zweiten geht es um die *Aufrechterhaltung und Stabilisierung* dieser Eigenverantwortlichkeit des Teams mit allen Konsequenzen für den Alltag: hier hat die Wohngruppe eine weitgehende Budgetverantwortung, teilt ihre finanziellen, zeitlichen, personellen und sächlichen Mittel selbst ein. Verantwortlichkeit und Kompetenz heißt hier allerdings auch, mit den Anforderungen und Themen des Betreuungsprozesses tatsächlich allein fertig zu werden, sich aus den ambivalenten Beziehungsstrukturen der alten Organisationsformen zu lösen und zu einer kooperativen, nicht mehr weisungsgebundenen Strukturierung der Arbeitsbeziehungen zu stehen. Die Verwaltung der Einrichtung wird zu einem Ort, der Dienstleistungen für die Wohngruppen zur Verfügung stellt. Die Vorgesetzten werden in diesem Modell zu Beratern, die sich nicht mehr auf Weisungsautorität stützen, sondern die über ihre persönliche

Erfahrung, fachliche Kompetenz und Überzeugungskraft wirken. Hieraus resultiert ihre Autorität und nicht aus formalen Zuweisungen. Sie behalten weiterhin eine wichtige Rolle und Funktion. Sie sind der *coach* ihrer Teams.

13.2.6 Gestaltungfeld 6: Partizipation, Angstreduzierung und Aufhebung der Rückzugskultur

Ansätze zur Bearbeitung dessen, was mit den Stichworten Partizipation - Angstreduktion - Aufhebung der Rückzugskultur umschrieben ist, lassen sich sinnvoll nicht mehr auf einzelne inhaltliche Gestaltungsaspekte begrenzen. Sind in der Darstellung der zurückliegenden Gestaltungsfelder Fokussierungen auf differenzierbare Schwerpunkte vorgenommen worden, so wird in diesem Teil bei der Darstellung von Lösungen und Lösungsansätzen der Schwerpunkt darauf gelegt, daß Mangel an Partizipations-Chancen, Isolation, Befürchtungen, Ängste und Rückzugskultur Tatbestände und Prozesse sind, die unmittelbar an den Personen der Helfer und ihren psychischen Verarbeitungsweisen ansetzen und ihre Wirksamkeit gerade dadurch entfalten, daß Grenzen zwischen Innen und Außen unscharf werden, in krassen Fällen verschwimmen. Eigenes Handeln wird hier zunehmend als Reflex erlebt, nicht mehr als bewußt und kontrolliert gestaltbare Interaktion mit definierbaren Aufgaben der konkreten Arbeits-Umwelt.

Themen- und Problembereich im Gestaltungsfeld 6

Konstruktive Bearbeitung von Erfahrungen der Isolation
Die Folgen einer unzureichenden Auseinandersetzung mit den Bedingungen der unmittelbaren Konfrontation, wie sie der Betreuer elementar erlebt, wirken besonders dann als belastend, wenn damit die Erfahrung verbunden ist, er stehe mit der psychischen Verarbeitung allein: Das ist vor allem dann der Fall, wenn es die Möglichkeit der kommunikativen Bearbeitung nicht gibt bzw. er sich von dieser als ausgeschlossen erlebt.

Aufbrechen der Tabuisierung von Ängsten
Die Formen institutioneller Mechanismen zur Angstabwehr[12] und Verdrängung sind vielfältig. Demgegenüber sind solche der Aufarbeitung und konstruktiven Bewältigung in der Gestaltung der Organisa-

---

[12] vgl. I. MENZIES (1974): "Die Angstabwehrfunktion sozialer Systeme".

tionswirklichkeit nicht ausreichend berücksichtigt (vgl. z.B. CHERNISS 1982c, S:). Die Reduzierung latenter, durchaus aber auch manifester Angst (etwa vor Aggression und Gewalt), die Wahrnehmung und Bearbeitung der sich ausweitenden Rückzugskultur im Rahmen der organisatorischen Möglichkeiten und Aufgabenstellungen sind dringend notwendig.

Beseitigung von Diffusität

"Fremdbestimmtheit" im Arbeitsvollzug, mangelnde Plausibilität von Regeln, Atomisierung von Abläufen, unklare Kompetenzen und Rollen, widersprüchliche Strukturen, Mangel an Reziprozität, überhöhte Ansprüche und unrealistische Erwartungen, Diskrepanzen zwischen formellen, abstrakten Aufgabenkatalogen und individuellen ("privaten") Zielsetzungen, vor allem auch Arbeitsdruck, Problemüberflutung und Formen der inadäquaten Angstreduzierung, wie sie in uneindeutigen Regelungen von Verantwortlichkeit und Entscheidungskompetenz enthalten sind, sind hier zu nennen. Die diffuse, gleichwohl weitverbreitete Forderung nach Unterstützung und die allgemeine Unsicherheit spielen eine erhebliche Rolle in der Entwicklung von Belastungsmustern und Burn-out-Prozessen.
Konkret sind hier hilfreiche Maßnahmen sinnvoll nur zu beschreiben in Anbetracht des einzelnen Teams und dessen, was die Teamsituation kennzeichnet. Im Grundsatz müssen erlebte Ängste und Befürchtungen durchgearbeitet werden können. Sie dürfen nicht durch Anordnungen und formelle Regeln "wegdefiniert" werden.

Vertikale Kommunikation verbessern

Wesentliche Zusammenhänge der Organisationswirklichkeit erscheinen - wie aufgezeigt - den Mitgliedern der Leitungsebene eher unklar: dazu zählen die Behandlung teaminterner Konflikte, Umgang mit informellen Kommunikationsprozessen bei Rollenunklarheit, Wege zum Abbau von Blockaden und Mißtrauen, Klärungsmöglichkeiten etwa in der Ausgestaltung der impliziten Arbeitsmodelle der Teams ohne Bestehen wirksamer hierarchischer Eingriffsmöglichkeiten; Anpassungsprozesse neuer Mitarbeiter in bestehende Teams; Abbau traditionaler und/oder zentralistischer Strukturen, entsprechenden Denkens und Verhaltens und Einleitung von Entwicklungen dort, wo Regionalisierung und Dezentralisierung ernst genommen und Qualifizierungsprozesse der Mitarbeiter notwendig werden.
Entsprechend dieser Unklarheit werden notwendige Entscheidungen vertagt, zur weiteren Klärung in Arbeitsgruppen zurückdelegiert oder

offen gelassen, oder es werden wenig tragfähige Kompromisse geschlossen. Derart ungeklärte Situationen tragen zur Diffusität und zum Empfinden von Problemüberflutung bei. Unklare Bedingungen, institutionell angelegte "zweckvolle Unklarheit" (MENZIES 1974, S.197) erzeugen Unsicherheit und potentiell Angst.

Entwicklung partizipativer Kultur

Ausweiten ließe sich der Gegenstand der Angstreduzierung in Richtung auf generelle Öffnung gegenüber den Bereichen des Gefühls, der Empfindung, der Emotion. Es existieren insgesamt kaum Äußerungsräume für das, was unter "core feelings" (Ekel, Haß, Liebe, starke Zuwendung, Trostlosigkeit, Hilflosigkeit, Verzweiflung) verstanden wird - es sei denn, im Bereich des privaten Kontakts. In diesem Sinne wäre neben dem Aufbau einer stützenden Arbeits-Kultur auch eine unterstützende Lebens-Kultur zu entwickeln, die als Bindeglied zu einem Konzept der Lebensbegleitung zu fungieren hätte. Wenn "Lebensbegleitung" tatsächlich ein konsensuell getragenes Arbeitskonzept innerhalb der Einrichtungen sein soll, müssen dafür organisationskulturelle Voraussetzungen geschaffen werden, an denen *mitgearbeitet* werden kann. Formen der partizipativen Mit-Gestaltung existieren aber nur in Ansätzen.

Lösungen und Lösungsansätze im Gestaltungsfeld 6

Grundsätzlich muß eine sinnvolle Gestaltung von Betreuungs- und Helfer-Situationen beinhalten, daß sowohl Zielsetzungen der Arbeit und sich daraus ergebende Konflikte als auch aus dem Tätigkeitsvollzug entstehende Belastungen, Befürchtungen, Isolation, Ängste und ähnliches *in actu*, vor Ort und zum Zeitpunkt ihres Entstehens im Rahmen der organisatorischen Zusammenhänge bearbeitet werden. Damit ist auch ausgesagt, daß eine Delegation der Bearbeitung derartiger Folgen aus der Betreuung hin in Bereiche des Personalwesens oder besondere Beratungsstellen nur als zweitbeste Lösung in Betracht kommen kann wegen der damit verbundenen Entkoppelung aus dem Arbeitbezug. Betreuungsprozeß und Betreuungsprozeß-Folgen mit den von uns beschriebenen Belastungen und Tabuisierungen können nur im Prozeß der kommunikativen Öffnung, in der Reflexion der Tätigkeits-Bedingungen und der Berücksichtigung spezifischer Voraussetzungen verbessert werden.

In diesem Gestaltungsfeld sind als wichtige Voraussetzungen vor allem Team- und Führungsprozeß (vgl. Gestaltungsfeld 3, 4 und 5) zu nennen, die beteiligten

Betreuer und ihre Vorgesetzten in die Lage versetzen, dieser Forderung zu entsprechen: Es gehören zu diesen Voraussetzungen (1) eine entsprechende Qualifizierung der Vorgesetzten, (2) die Bereitschaft der Teams und der Vorgesetzten, sich mit den psychogenen Belastungsfolgen ganz konkret auseinanderzusetzen, (3) ressourcen- und planungsbezogener Spielraum, um flexible Lösungen nicht nur zu entwickeln, sondern bedarfsgerecht auch umsetzen zu können. Derartige Lösungen können nur *gemeinsame* Lösungen sein.

Insgesamt können wir sagen: Die Organisation kann nicht immer weiter darauf vertrauen, daß das Reservoir an "privatem Engagement und das im Alltag immer wieder geforderte Potential zur Schaffung und spontanen Entwicklung privater Lösungen" für die Erfüllung gesellschaftlicher Aufgaben weiterhin unerschöpflich zur Verfügung stehen wird. Organisationen sind verpflichtet, Arbeits- und Gesundheitsaspekte der Beschäftigten durch entsprechende Maßnahmen der organisatorischen Gestaltung in Einklang zu bringen.
Neben der angesprochenen Aufgabe, psychische Überforderungssituationen vor Ort aufzunehmen gehört dazu,

- die arbeitsprozeß-begleitende Aufarbeitung krankmachender Arbeitsbedingungen (Burnout-Analyse):
  1. Dies erfordert das Ernstnehmen des Gefährdungsrisikos durch die jeweils vorliegenden Bedingungen der Arbeit. Die Einrichtungen bzw. die Träger der Behindertenhilfe sollten - ähnlich der Einrichtung von Gremien zur Absicherung der Interessen des Arbeitsschutzes und der Arbeitssicherheit in der gewerblichen Wirtschaft - Kommissionen gründen, die Einhaltung von psychohygienischen Mindeststandards überwachen und gleichzeitig als Clearing-Stellen fungieren können, an die sich Betroffene zur Regelung von arbeitsbezogenen Konflikten wenden können.
  2. Dies erfordert aber auch das aktive und kontinuierliche Aufnehmen von Themen der Betroffenen und ihre Unterstützung durch innerorganisatorische Beratungsmöglichkeiten. Hinweise aus Krankenstand und seiner Charakteristik, Personalfluktuation und Anzeichen für eine Rückzugskultur der Betreuer sind als Ausdruck spezifischer Belastungsfaktoren anzuerkennen, auf die Reaktionen erforderlich sind.
  3. In Klärung und Aufarbeitung differenter Standpunkte, die unterschiedliche Gruppen in Organisationen einnehmen, müssen partizipative Formen der Einbeziehung gefunden werden, die eben auch die spezifische Kompetenz der Betreuer berücksichtigen und so zu Korrekturen und Weiterentwicklungen der stationären Behindertenarbeit beitragen.

- eine gesundheitsförderliche Personalpolitik, die aktiv präventive Maßnahmen der Gesundheitsförderung (Burnout-Prophylaxe) betreibt:
  1. Verbesserte Information und Aufklärung über Zusammenhänge von Zielen, Erwartungen, organisatorisch-dynamischen Prozessen, psychischen Belastung und Belastungsfolgen nicht nur im Rahmen von Fortbildung, sondern auch in teambezogener Beratung. Einrichtung von Gesundheits-Zirkeln.
  2. Orientierung von Maßnahmen an den realen Bedarfen der Beschäftigten statt an abstrakten Maximen. Als Beispiel: im Rahmen von Fortbildung kann das Thema "Traumarbeit" etwas durchaus zweckmäßiges sein, wenn auf diese Weise psychische Belastungstraumen bearbeitet werden können.

- die Notwendigkeit, bei betrieblich-organisatorischen Entscheidungen, die belastungsrelevante Aspekte der Betreuungstätigkeit betreffen, Sozialverträglichkeitsprüfungen einzuführen. Auf deren Grundlage können Entscheidungs-Korrekturen vor der Umsetzung ermöglicht und damit der Arbeitsgestaltung insgesamt ein höherer Stellenwert zuerkannt werden.
  In Verbindung mit spezifischen *Schnittstellen-Analysen* können systematische Suchprozesse bei der Ermittlung von organisatorischen Schwachstellen durchgeführt werden, um Plausibilitäts-Sprünge, Informations-Filter, Kommunikations-Engpässe u.ä. aufzudecken.

Von zentraler Bedeutung ist es darauf hinzuweisen, daß die fachliche, also aus Erfahrungen der Behindertenarbeit begründete Kompetenz in der arbeitsorganisatorischen Strukturierung der Betreuungstätigkeit angemessen berücksichtigt wird.

14 Schlußbemerkung

Die vorliegende Untersuchung hat mit Nachdruck deutlich gemacht, daß Helfen und insbesondere Helfen in Organisationen eine Tätigkeit ist, die ein hohes Maß an kognitiver, emotionaler und sozialer Kompetenz erfordert. Diese Qualifikationsanforderungen stehen in deutlichem Gegensatz zur bisher überwiegend geübten gesellschaftlichen Praxis in vielen Bereichen der personenbezogenen Dienstleistungsarbeit. Die Rekrutierung, Ausbildung, Einarbeitung, Fortbildung und innerorganisatorische Personalentwicklung sind noch in weiten Teilen durch Beliebigkeit, Unverbindlichkeit und Perspektivlosigkeit gekennzeichnet. Dem hohen persönlichen Engagement der Betreuer scheint eine "ex-und-hopp"-Mentalität der abstrakten Organisation gegenüberzustehen, die durch die persönliche Verantwortungsbereitschaft einzelner Führungskräfte und das durchaus auch bei ihnen bestehende Engagement für eine qualitativ hochwertige Arbeit nicht aufgehoben wird. Die psychische Belastung in der Betreuungsarbeit wird hier zu einem Verbrauch am einzelnen, zu einem

Verschleiß und Aufzehren persönlichen Engagements. In den Arbeitszusammenhängen wird dieses Engagement nicht nur nicht wieder hergestellt oder die Reproduktion der Arbeitskraft gezielt unterstützt, sondern es wird den Beschäftigten im Alltag auch zuwenig aktiver Gestaltungsraum zugestanden, der sie befähigt, eine eigene - auf den konkreten Arbeitsbereich zugeschnittene - Gestaltungskompetenz zu entwickeln. In der Summe führen die von uns dargestellten Bedingungen allenthalben zum Empfinden, es handele sich bei den Problemen der Betreuungstätigkeit um "strukturelle" Probleme.

Es werden hohe, an Autonomie und Selbständigkeit der behinderten Menschen für eine eigene Lebensführung orientierten Erwartungen an die Einrichtungen und die Beschäftigten herangetragen, ohne daß erkannt wird, daß zu einer solchen Praxis mehr als nur eine quantitative Betrachtung des Arbeitsfeldes erforderlich ist. Gestaltungskriterien, wie wir sie auf den zurückliegenden Seiten dargestellt haben, sind in erster Linie *Kriterien für soziales Handeln in Organisationen*, die das "Funktionieren" sozialer Dienstleistungsprozesse absichern helfen: Konsens-Bildung, Vertrauen, Verantwortung, solidarisches, dabei professionelles Handeln, Entwicklungsförderlichkeit sowohl für die Klienten als auch für die Beschäftigten, eine gesunde Selbsteinschätzung der eigenen Leistungsfähigkeit aufseiten der Helfer, die gegenseitige Akzeptanz von Unterschieden, die Chance, aus individuellen genauso wie aus Team-Fehlern zu lernen und darüber einen Zuwachs an Erfahrungen zu erreichen - dies sind weniger individuelle Charakteristika als vielmehr Grundzüge eines sozialen kleinräumigen Managements, ohne das soziale Institutionen in der Zukunft immer weniger auskommen werden. Denn Zustände in sozialen Institutionen, die niemand innerlich trägt, von denen sich jeder distanziert, die "von niemanden verantwortet" werden, sind von nur geringem Wert hinsichtlich ihrer Qualität. Sie machen im Zweifel die Beschäftigten krank und sind von geringem Nutzen für das Klientel.

Traditionell gewachsene Organisationen, die in der Regel über ein Konditionalprogramm gesteuert werden, mit überwiegend wenig flexibler hierarchischer Struktur, erzeugen erhebliche Spannungen und Friktionen. Sie bieten Widerstände gegen ganzheitliche Hilfe-Modelle und die damit gegebenen Anforderungen an die Beschäftigten. Problem- und zielgruppenbezogene Arbeitsmodelle, wie die *Lebensbegleitung* behinderter Menschen, offene Formen der *Senioren-Betreuung* in Alten- und Altenpflegeheimen, auch *patientenorientierte Pflege* in Krankenhäusern und Kliniken können langfristig ihrem eigenen Anspruch und dem gesellschaftlichen Wandel vor allem dann gerecht werden, wenn sie diesen Wandel flexibel aufnehmen. Die Einrichtungen müssen ihn zu ihrer eigenen Sache machen. Sie können ihn nicht verordnen, aber sie können ihn zulassen.
Es steht eine zweifache "Metamorphose" an: Zum einen der Wechsel vom "Konditionalprogramm" zum "Zweckprogramm". Mit Dezentralisierung allein, die sich nur auf quantitative organisatorische Veränderungen beschränkt, inhaltlich-qualitative Aspekte aber vernachlässigt, also den Programm-Wechsel nicht vollzieht, kann letztlich einem wesentlichen

Gestaltungsanspruch nicht genügen: Der einzelne wird nach wie vor zerrieben, da er keine Partizipationschancen für die Gestaltung seines unmittelbaren Tätigkeitsraums sieht. Ein entscheidender Beitrag zur Minderung der psychischen Belastungen kann so nicht geleistet werden.

Unter den von uns aufgezeichneten Bedingungen sind kurzatmige Ansätze zur Lösung der angesprochenen Probleme - Belastung des Personals, Fluktuation und innere Resignation - nicht zu empfehlen. Es gilt, solche Prozesse der Neugestaltung zu initiieren, die die Strukturen in den Organisationen ebenso zur Disposition stellen, wie auch die oft machtvollen Verbandsinteressen, solange sie den Zielsetzungen der konkreten Betreuungsarbeit zuwiderlaufen und damit die belastenden und überfordernden Bedingungen der Betreuungsarbeit aufrecht erhalten bleiben.

Eine größere Berücksichtigung des bestehenden Unterstützungsbedarf in der Betreuungsarbeit ist nach unserer Überzeugung letzten Endes nicht allein organisationsintern zu lösen. Die einzelne Einrichtung braucht gesellschaftliche Ressourcen, wenn sie ihren Auftrag auch in Zukunft erfüllen soll. Dies wirft nicht nur die Frage der Bestimmbarkeit der finanziellen Mittel auf, wie dies in der "Personalbedarfs-Diskussion" deutlich wird. Gleichzeitig ist damit die Notwendigkeit eines breiten gesellschaftlichen Rückhalts, einer kulturellen Unterstützung angesprochen, die aber - da sie sich nicht aus freien Stücken entwickelt - aufgebaut werden muß.

Eine immer wieder zum Ausdruck kommende Ursache für die zugespitzte Situation in den Einrichtungen der Behindertenhilfe ist die weitgehende gesellschaftliche Unkenntnis von den Lebensverhältnissen der Bewohner in den Betreuungs-Einrichtungen: Letztlich werden auf diese Weise nicht nur die behinderten Menschen aus den allgemeinen Lebensprozessen ausgegliedert, sondern mit ihnen auch deren Betreuer und relevante Fragen des Betreuungsprozesses bei gleichzeitiger Aufrechterhaltung des abstrakt-diffusen gesellschaftlichen Auftrags der Normalisierung, Integration und Lebensbegleitung.

Dabei sind die Möglichkeiten eines organisierten Austausches zwischen den Einrichtungen der Behindertenhilfe und dem gesellschaftlichen Umfeld, in dessen Auftrag die Arbeit letztlich geleistet wird, begrenzt. Zum einen ist hinzuweisen auf die Bedeutung der Öffentlichkeitsarbeit: Sie bietet eine wichtige Möglichkeit zur Intensivierung der Kommunikation zwischen den Einrichtungen und der Umwelt, könnte aber stärker den *gesellschaftlichen Auftrag* der Einrichtung betonen und damit die vielfältigen Leistungen für die Gesellschaft in den Mittelpunkt stellen.
So könnte sich die regelmäßige Veröffentlichung einer Sozialbilanz anbieten, in der die Einrichtung *öffentlich Rechenschaft* über ihre Aktivitäten zur Verbesserung der Eingliederung der Bewohner und zur Verbesserung der Arbeitsbedingungen der Beschäftigten

ablegt. Die Sozialbilanz hat eine wichtige Funktion: Ziele der Anpassung, Veränderung und Umstrukturierung in den Organisationen könnten am Jahresanfang formuliert und am Jahresende für alle überprüfbar bilanziert werden. Die Änderung des Berufsbildes würde auf diesem Wege gesellschaftlich eingebunden, und die Arbeit im Bereich der Behindertenhilfe würde eine wichtige Vorreiterfunktionen für die Gestaltung der Dienstleistungsarbeit in anderen Bereichen übernehmen.

Das andere Feld ist eine zukunftsorientierte Neuformulierung eines Berufsbildes des "Begleiters": Die öffentliche Wahrnehmung der Betreuungstätigkeit wird in starkem Maße durch die Qualität der Ausbildung in einem Berufsfeld nach außen vermittelt. Ihre Vereinheitlichung, vor allem aber ihre weitere Qualifizierung und Hinführung zu einem Berufsbild, das echte und weitreichende Gestaltungskompetenzen vermittelt und damit das bereits sich durchsetzende Selbstverständnis von Betreuern im Sinne der Lebensbegleitung ernst nimmt, wäre eine wichtige Forderung unserer Studie. Die Entwicklung und Betonung von Qualitätsstandards in Verbindung mit den beschriebenen Veränderungs- und Reorganisationsprozessen des Arbeitsfeldes - über Öffentlichkeitsarbeit und Sozialbilanz hinaus - würde nicht nur motivationsfördend für die Beschäftigten, sondern auch integrierend im Sinne der gesellschaftlichen Wertschätzung wirken.

Wichtig ist uns, die Reaktionen der Betreuer - die allgemeine Unzufriedenheit, der Mangel an konkreter Perspektive und Sinngebung, die Kritik an konkreten Zuständen - nicht lediglich als individuelles Reaktionsmuster zu verstehen, sondern darin auch eine in der Überforderung begründete, aber letztlich eher sozial entwickelte Form des Selbstschutzes zu sehen. Dieser Selbstschutz trägt immer öfter kollektive Züge der Gegenwehr. Krankenstände und Fluktuationsraten, aber auch das rapide sinkende Image des Berufsfeldes müssen als Signal für dringenden Veränderungs- und Entwicklungsbedarf angesehen werden. Die Anforderungen, die Betreuungsprozesse an die Beschäftigten stellen, müssen aus einer erweiterten Perspektive als ausschließlich aus der individuellen Betroffenheit heraus betrachtet werden. Die individuellen Folgen aus überfordernden Betreuungsprozessen dürfen - sofern sie nicht vermeidbar sind -nicht weiterhin allein den Betreuern überlassen bleiben. Gesellschafts- und sozial-politisch ist zu überlegen - unbeschadet der hier vorgeschlagenen Gestaltungsmaßnahmen zur Belastungsminderung -, unter welchen Bedingungen für eine tiefgreifende psychische Erschöpfung nicht eine ähnliche Berechtigung besteht, die Anerkennung als Berufskrankheit zu fordern, wie sich dies seit vielen Jahren bei Berufskrankheiten in der gewerblichen Wirtschaft bewährt hat.

Die zu organisierenden Prozesse der Veränderung werden Zeit und Geld kosten. Es ist jedoch in jedem Falle günstiger, derartige Kosten präventiv einzuplanen und auf sich zu nehmen, als Gesundheits- und Fluktuationsprobleme zu finanzieren. Auch das Problem, mittelfristig aufgrund des Mangels an qualifiziertem Personal soziale Risiken ganz anderer

Art zu schaffen, darf nicht unterschätzt werden. Soziale Dienstleistungsarbeit ist eine derart anspruchsvolle Arbeit, daß sie über klare Grundlagen und Kriterien abgesichert werden muß. Diese Kriterien müssen auch staatlicherseits garantiert werden.

Der Mut zu Innovationen, auch zu experimentellen Gestaltungsansätzen für solche Veränderungsprozesse ist notwendiger denn je. Auch in Anbetracht des "europäischen Binnenmarktes" werden mittelfristig umfassende Neuerungen nicht zu vermeiden sein. Selbst tradierte Maximen wie das Subsidiaritätsprinzip (vgl. § 10 BSHG) der Freien Wohlfahrtspflege werden sich neuzeitlichen Ansprüchen stellen müssen[13].
Aber nicht nur die Freie Wohlfahrtspflege insgesamt hat sich auf zukünftige Anforderungen vorzubereiten, die durch die Öffnung des europäischen Binnenmarktes entstehen. Auch die einzelnen Institutionen und Organisationen müssen sich der Herausforderung stellen und sie in ihre Zukunftsplanungen einbeziehen, wollen sie nicht von den Ereignissen überrollt werden. Der Wettbewerb im Dienstleistungssektor wird sich verschärfen und sich auch auf den Bereich der personenbezogenen Dienstleistung ausweiten. So wie bereits seit einigen Jahren im Altenpflegebereich zu beobachten, werden private Anbieter den Behindertenbereich ebenfalls als Markt wahrnehmen und ihre Chance suchen. Neben einem sicherlich auch hier auftretenden problematischen "Wildwuchs" kann aber Konkurrenz und Wettbewerb auch zu Qualitätssteigerungen führen.

In einer aktuellen Studie der PROGNOS AG im Auftrag der Bank für Sozialwirtschaft heißt es im Hinblick auf die bestehenden Anforderungen, denen sich die Freie Wohlfahrtspflege gegenübersieht: "Die Chancen [...] liegen in einem 'ganzheitlichen Vorgehen, das innere Entwicklungsmaßnahmen mit nach außen gerichteten Aktivitäten verknüpft. Interne Maßnahmen sind darauf ausgerichtet, die Freie Wohlfahrtspflege auf die aktuellen (deutsche Vereinigung) und zukünftigen (europäischer Wettbewerb) Herausforderungen vorzubereiten. Die [...] vier Hauptstichworte dazu sind Management, Organisation, Finanzierung, Zielgruppennähe." (ebd. S. 16f.)

Da auch in der Behindertenhilfe die Qualität der Dienstleistung von der Qualität des einzelnen Mitarbeiters abhängt, bekommt die "Ressource Mensch" in der Zukunft eine noch größere Bedeutung. Institutionen, die dies nicht erkennen und keine entsprechende intensive Personalbetreuung betreiben, werden kaum eine Chance haben, einen wettbe-

---

[13] So heißt es in der Parlamentskorrespondenz des Deutschen Bundestages vom 17. März 1993: "Der Rechtsausschuß soll die Verfassungsmäßigkeit des Subsidiaritätsprinzips in der Europäischen Gemeinschaft überprüfen. Das empfahl der mitberatende Auswärtige Ausschuß, der sich am 10. März mit einer Mitteilung der Kommission an den Rat und an das Europäische Parlament zum Subsidiaritätsprinzip (Rats-Dok. Nr. 9649/92) befaßt hat." (Vgl.: woche im bundestag)

werbsfähigen Qualitätsstandard zur Lebensbegleitung von behinderten Menschen sicherzustellen. Sie werden kein qualifiziertes Personal rekrutieren können. Vorhandene gute Mitarbeiter werden zu anderen, besseren Institutionen oder in andere Berufsfelder abwandern. Eine Teufelsspirale wird in Gang gesetzt, wenn man nicht bereit und willens ist, mehr als bisher in den Personalbereich zu investieren. Institutionen, in denen Mitarbeiter denken und aussprechen: "Hier wird in jedes Gebäude, in jeden Stuhl mehr investiert, als in die Mitarbeiter", vernachlässigen ihr wichtigstes Grundkapital.
Nur ein zufriedener Mitarbeiter kann auf Dauer gute und befriedigende Arbeit leisten. "Professionelle Lebensbegleiter" bedürfen qualifizierter Begleitung und Unterstützung in ihrem Arbeitsalltag, wenn sie nicht vorzeitig durch Verbrauch und Selbstverbrauch ausbrennen wollen.

15 Literaturverzeichnis

Arbeitsgruppe 1990:
Mitarbeitergewinnung. Herausforderung für diakonische Einrichtungen in den 90-iger Jahren. Arbeitsgruppe der Verbände evangelischer Einrichtungen

Aronson, E./Pines, A.M./ Kafry, D. 1983:
Ausgebrannt. Vom Überdruß zur Selbstentfaltung. Stuttgart

Bade/Freese/Wegner 1991:
Alltagsprobleme und Bewältigungsstrategien. Unveröffentl. Manuskript. Hamburg

Bennis, W.G../Benne, K.D./Chin, R. 1975:
Änderung des Sozialverhaltens. Stuttgart

Benseler, F./Heinze, R.G./Klönne, A. (Hrsg.) 1982:
Zukunft der Arbeit. Hamburg

Birkwald, R./Pornschlegel, H. (Hrsg.) 1976:
Mitbestimmung im Betrieb. Köln

Bliesener, Th./Köhle, K. 1986:
Die ärztliche Visite - Chance zum Gespräch. Opladen

Breisig, Th. 1990:
Betriebliche Sozialtechniken. Handbuch für Betriebsrat und Personalwesen. Neuwied

Büschges, G. 1976:
Organisation und Herrschaft. Hamburg

Burisch, M. 1989:
Das Burnout-Syndrom. Theorie der inneren Erschöpfung. Berlin, Heidelberg, New York, London, Paris, Tokio, Hong Kong

Cherniss, C. 1980a:
Professional Burnout in Human Service Organizations. New York

Cherniss, C. 1980b:
Job burnout. Growing worry for workers, bosses. In: U.S. News & World Report 88, 71-72

Cherniss, C. 1982a:
Burnout: Two ways of defining it and their implications. Paper presented at the Annual Convention of the APA (90th, Wahington, DC, 23-27/8/1982), Educations Documents # 226 285

Cherniss, C. 1982b:
The context of the emergence of burnout as a social problem. Paper presented at the Annual Convention of the APA (90th, Washington, D.C. 23-27/8/1982) educational Documents # 226 286

Cherniss, C. 1982c:
Staff Burnout. Job Stress in the Human Services. Beverly Hills, London

Cherniss, C./Krantz, D. 1983:
The Ideological Community as an Antidote to Burnout in the Human Services. In: B.A. Farber (Ed.) Streß and Burnout in the Human Service Professions (pp. 198-212). New York

Frei, F., Udris, I. (Hrsg.) 1990
Das Bild der Arbeit. Bern, Stuttgart, Toronto

Daalgard, K., v.d. Bussche, H., Pütjer, H.-J. 1991:
Arbeitszeitregelungen. In: Deutsche Krankenpflege-Zeitschrift 7/1991, S. 498-502

Dewe, B./Otto, H.-U. 1987:
Professionalisierung. In: Handbuch zur Sozialarbeit/Sozialpädagogik. Eine systematische Darstellung für Wissenschaft, Studium und Praxis. S. 775-811. Neuwied und Darmstadt

Duell, W./Frei, F. (Hrsg.) 1986:
Arbeit gestalten - Mitarbeiter beteiligen. Frankfurt/M., New York

Dunkel, W. 1988:
Wenn Gefühle zum Arbeitsgegenstand werden, Gefühlsarbeit im Rahmen personenbezogener Dienstleistungstätigkeiten. In: Soziale Welt 39, 1988, Heft 1, S. 66-85

Dybwad, G. 1985:
Realitäten und Tendenzen der Betreuung geistig behinderter Menschen aus internationaler Sicht. In: Wacker, E./Neumann, J. (Hrsg.): Geistige Behinderung und soziales Leben. S. 21-42 Frankfurt/M.

Ebers, M. 1985:
Organisationskultur: Ein neues Forschungsprogramm? Wiesbaden

Edelwich, J./Brodsky, A. 1984:
Ausgebrannt - Das Burn-out Syndrom in den Sozialberufen. Salzburg

Eder, K. 1991:
Vortrag anläßlich eines Berufungsverfahrens. Universität Hamburg

Enzmann, D./Kleiber, D. 1989:
Helfer-Leiden. Streß und Burnout in psychosozialen Berufen. Heidelberg

Ernst, G. 1987:
Humanisierung des Arbeitslebens in den Sozialen- und Gesundheitsdiensten. Vortrag auf dem Workshop "Tübinger Modell der Praxisberatung" am 6./7. Juli, Blaubeuren. Unveröffentl. Manuskript, Bonn

Faber, B. A. 1983:
Stress and Burnout in the Human Service Profession. New York

Ficklin, T.W. 1983:
Doing burnout. In: Personnel and Guidance Journal, 61 (9), 578-579,

Fischer, H.J. 1983:
A psychoanalytic view of burnout. In: B.A. Farber (Ed.) a.a.O., (pp. 40-45). New York

Fischer, R. 1992:
Ethische Gesichtspunkte der Arbeitszeitflexibilisierung. In: Personal 4/92, S. 155-159. Köln

French, W.L./Bell, C.H. 1982:
Organisationsentwicklung. Bern, Stuttgart

Freudenberger, H. J. 1974:
Staff burn-out. Journal of Social Issues, 30, 159-165

Freudenberger, H. J./Richelson, G. 1980
Burn-out. The High Cost of High Achievement. Garden City, N.Y. (dt. 1983: Mit dem Erfolg leben. München)

Gabriel, K. 1976:
Organisationen und sozialer Wandel. In: Büschges, G.: Organisation und Herrschaft. Hamburg

Gerhards, J. 1988:
Emotionsarbeit. Zur Kommerzialisierung von Gefühlen. In: Soziale Welt 1988, Heft 1, S. 46-65

Ginsberg, S.G. 1974:
The problem of the burned out executive. Personal Journal, 53, 598-600

Göppner, H. und Betriebsratskollegen 1991:
Zum Co-Management verdammt. Von der Betriebsbesetzung zum Co-Management. In: express 3/1991

Gross, P. 1983:
Die Verheißungen der Dienstleistungsgesellschaft. Soziale Befreiung oder Sozialherrschaft? Opladen

Habermas, J. 1988:
Nachmetaphysisches Denken. Frankfurt/Main

Hacker, W. 1973:
Allgemeine Arbeits- und Ingenieurpsychologie. Berlin

Haisch, W. 1990:
Fachlich professionelle Kriterien der Personalbemessung in der Betreuung behinderter Menschen. In: Zur Orientierung, Heft 2/1990, 14. Jg., Verband evangelischer Einrichtungen für geistig und seelisch Behinderte e.V., Fachverband des Diakonischen Werkes der Evangelischen Kirche in Deutschland, Schwäbisch Hall

Haisch, W. 1990:
Betreuung heute für Schwerstbehinderte. Ein Forschungsbericht. Herausgeber: Bayerisches Staatsministerium für Arbeit und Sozialordnung, München

Harmon, M.M. 1989:
"Decision" and "Action" as Contrasting Perspectives in Organization Theory. In: Public Administration Review Vol 49, Nr. 2, 1989, S. 144-150

Hartfiel, G. 1972:
Wörterbuch der Soziologie. Stuttgart

Heinze, R.G./Olk, Th. 1982:
Selbsthilfe, Eigenarbeit, Schattenwirtschaft, Entwicklungstendenzen des informellen Sektors. In: Benseler, R./Heinze, R.G./Klönne, A. (Hrsg.)

Hochschild, A.R. 1990:
Das gekaufte Herz. Zur Kommerzialisierung der Gefühle. Frankfurt/M., New York

Hoff, A. 1992:
Arbeitszeitvisionen. In: Personal 4/92, S. 160-164. Köln

Japp, K.P./Olk, T. 1981
Identitätswandel und sozialer Dienst - Thesen zur Reorganisation behördlicher Sozialarbeit. In: Soziale Welt 32/1981

Jenner, J.R. 1986:
A Measure of Chronic Organizational Stress. In: Psychological Reports, 58, p. S. 543-546

Kahn, R.L./Wolfe, D.M./Quinn, R.P./Snoek, J.D. & Rosenthal, R.A. 1964:
Organizational Stress. Studies in Role Conflicts and Ambiguity. New York, Willey

Kahn, R. 1978
Job burnout: Prevention and remedies. In: Public welfare, 36, 61-63

Kleiber, D./Enzmann, D. 1990:
Burnout. Eine internationale Biographie, Göttingen

Kleiber, D.; Rommelspacher, B.:
Die Zukunft des Helfens. Weinheim, München 1986

Kickbusch, I. 1986:
Weib hoch 2. Das ist doch zuviel. Spekulation über die Zukunft des Helfens. In: (Hrsg. Kleiber, D.; Rommelspacher, B.: Die Zukunft des Helfens. Weinheim, München 1986

Kolbe, H./Metzler, H./Neumann, J./Nigmann, E./Rübenstrunk, H.-G. 1982:
Modellversuch zur Verbesserung der Arbeitssituation der Betreuer geistig Behinderter. Ein Beitrag zur Humanisierung des Arbeitslebens im pflegerischen Berufsfeld. Unveröff. Manuskript, Bd. I-III

Konrad, M. 1985:
Bändigen, Pflegen, Therapieren. Die psychiatrische Krankenpflege seit 1945 anhand berufsbiographischer Interviews. Frankfurt, New York

Kramer, M./Schmalenberg, C. 1989/1990:
Magnet-Spitäler. In: Pflege H 2/1989, 122ff und H 1/1990, 13ff.

Krappmann, L. 1973:
Soziologische Dimensionen der Identität. Stuttgart

Kugel, B./Wolfensberger, W. (Hrsg.) 1974:
Geistig Behinderte - Eingliederung oder Bewahrung? Heutige Vorstellungen über die Betreuung geistig behinderter Menschen. Stuttgart

Kühn, U. 1991:
Co-Management als Schicksal ? Zu Heinz Göppners "Zum Co-Management verdammt". In: express 5/1991

Lauderdale, M. 1982:
Burnout. Austin/Texas

Laurig, W. 1980:
Arbeitsplätze für Behinderte. Dortmund

Lazarus, R.S./Launier, R. 1981:
Streßbezogene Transaktionen zwischen Personal und Umwelt. In: J.R. Nitsch (Hrsg.): Streß (S. 213-259). Bern

Lüth, P. 1986:
Von der stummen zur sprechenden Medizin. Frankfurt/Main

Marquard, A./Runde, P. 1988:
Anforderungsanalyse im Bereich der personenbezogenen Dienstleistung. Veröffentlichungsreihe der Arbeitsstelle Rehabilitations- und Präventionsforschung. Universität Hamburg

Marstedt, G./Mergner, U. 1986:
Psychische Belastungen in der Arbeitswelt. Opladen

Maslach, C./Pines, A. 1977:
The burn-out syndrome in the day care setting. In: Child Care Quarterly 6, 100-113

Maslach, C./Jackson, S.E. 1984:
Burnout in organizational settings. In: S. Oscamp (Ed.), Applied Social Psychology Annual, Vol. 5, 133-153, Beverly Hills, CA

Maslach, C./Jackson, S.E. 1986:
Maslach Burnout Inventory. Manual (2nd edition). Palo Alto, California, Consulting Psychologists Press

Matthes, J., Pfeiffenberger, A., Stoßberg, M. 1981:
Biographie in handlungswissenschaftlicher Perspektive. Nürnberg

Moderegger, H. 1991:
Verantwortung übertragen und Ziele vorgeben. In: Personalwirtschaft 12/1991, S. 22-25

Menzies, I.E.P. 1974:
Die Angstabwehrfunktion sozialer Systeme - Ein Fallbericht. Gruppendynamik H. 3, 183ff

Metzler, H. 1987:
Qualifikationsprofil und Bedarfsanalyse der sozialpflegerischen Fachkräfte in der Behindertenhilfe. Situationsanalyse zur Qualifikationsstruktur der Mitarbeiter und Konzeption eines Untersuchungsvorhabens zur Weiterentwicklung des Ausbildungssystems. Unveröffentl. Manuskript. Tübingen

Neuberger, O. 1989a:
Mikropolitik als Gegenstand der Personalentwicklung. In: Zeitschrift für Arbeits- und Organisationspsychologie, 33. Jg., Heft 1

Neuberger, O. 1989b:
Widersprüche in Ordnung. In: Augsburger Beiträge zu Organisationspsychologie und Personalwesen, Heft 4

Nitsch, J.R. (Hrsg.) 1981:
Streß. Theorien, Untersuchungen, Maßnahmen. Bern, Stuttgart, Wien

Offe, C. 1983:
Arbeit als soziologische Schlüsselkategorie. In: Krise der Arbeitsgesellschaft. Verhandlungen des 21. Deutschen Soziologentages in Bamberg 1982. Frankfurt/Main

Offe, C. 1984:
Perspektiven auf die Zukunft des Arbeitsmarktes. In: Heinze, R.G. u.a.: Beschäftigungskrise und Neuverteilung der Arbeit. Bonn

Olk, Th. 1986:
Abschied vom Experten. Sozialarbeit auf dem Weg zu einer alternativen Professionalität. Weinheim, München

Olk, Th./Otto, H.U. 1987:
Institutionalisierungsprozesse, Soziale Hilfe - Kontinuitäten und Umbrüche. In: (Hrsg. dies.) Soziale Dienste im Wandel I. Helfen im Sozialstaat. Neuwied, Darmstadt

Olk, T./Otto, H.U. (Hrsg.) 1989:
Soziale Dienste im Wandel 3. Neuwied

Ostner, I./Beck-Gernsheim, E. 1979:
Mitmenschlichkeit als Beruf. Frankfurt, New York

Orientierungshilfe für die Arbeit in der Diakonie 1983:
Einrichtungen und Dienste für Menschen mit geistiger Behinderung. Verband evangelischer Einrichtungen für geistig und seelisch Behinderte e.V. Fachverband des Diakonischen Werkes der Evangelischen Kirche in Deutschland.

parität aktuell Nr.2/88, 15. Juni 1988, S. 1

Peters. S./Weddig, D./Lohberg, M. 1990:
Qualifizieren - Beteiligen - Gestalten: Interessenperspektiven der Beschäftigten in einer betrieblichen Lernstatt. In: Berufs- und Wirtschaftspädagogik, Heft 4/1990

Peters, T.J./Watermann, R.H. 1984:
Auf der Suche nach Spitzenleistungen. Was man von den bestgeführten US-Unternehmen lernen kann. Landsberg am Lech

Pines, A./Kafry, D. 1978:
Occupational tedium in the social services. Social Work, 23, 499-507

Probst, J.G.B. 1987:
Selbst-Organisation. Ordnungsprozesse in sozialen Systemen aus ganzheitlicher Sicht. Berlin, Hamburg

PROGNOS AG (o.Jg.):
Freie Wohlfahrtspflege im zukünftigen Europa. Herausforderungen und Chancen im Europäischen Binnenmarkt. Kurzfassung. Studie der PROGNOS AG im Auftrag der Bank für Sozialwirtschaft.

Riemann, G. 1987:
Das Fremdwerden der eigenen Biographie. Narrative Interviews mit psychiatrischen Patienten. München

Rohmert, W./Landau, K. 1974:
Das arbeitswissenschaftliche Erhebungsverfahren zur Tätigkeitsanalyse. Bern u.a.

Rüssmann, K. H. 1990:
Revolution von oben. In: manager-magazin 11/1990 S. 305-313

Schein, E.H. 1984:
Organizational Culture and Leadership. San Francisco, Washington, London

Scheuch, K./Schröder, H. 1990:
Mensch unter Belastung. Streß als ein humanwissenschaftliches Integrationskonzept. Berlin

Schmidbauer, W. 1977:
Die hilflosen Helfer. Reinbek

Schmidbauer, W. 1983:
Helfen als Beruf. Die Ware Nächstenliebe. Reinbek

Schreiber, M. 1980:
Ausbildung des Heilerziehungspflegers - Bestandsaufnahme, Erhebungen, Untersuchungen. Dissertation, unveröffentl. Manuskript. Tübingen

Schüssler, R. 1990:
Kooperation unter Egoisten: Vier Dilemmata. München

Schütze, F. 1981:
Prozeßstrukturen des Lebenslaufs. In: Matthes, J., Pfeiffenberger, A.; Stoßberg, M.; Biographie in handlungswissenschaftlicher Perspektive, S. 67-156, Nürnberg,

Schuller, A. 1978:
Qualifikation und Institution. Stuttgart

Selye, H. 1976:
Stress in Health and Disease. London

Semmer, N. 1984:
Streßbezogene Tätigkeitsanalyse. Psychische Untersuchungen zur Analyse von Streß am Arbeitsplatz. Weinheim

Siegel, K. 1991:
Gestalten und Beteiligen. Oder die Angst vor dem K.O. durch Co-Management. In: express 10/1991

Slesina, W. 1987:
Arbeitsbedingte Erkrankungen und Arbeitsanalyse. Arbeitsanalyse unter dem Gesichtspunkt der Gesundheitsvorsorge. Stuttgart

Sparty, L. 1988:
Heime-Verzeichnis. Bonn

Strauss, A./Fagerhaugh, S./Suczek, B./Wiener, C. 1980:
Gefühlsarbeit. In: Kölner Zeitschrit für Soziologie und Sozialpsychologie 32/1980, S. 629-652

Thomas, K. 1969:
Analyse der Arbeit. Stuttgart

Türk, K. 1989:
Neuere Entwicklungen in der Organisationsforschung. Stuttgart

Ulich, E. 1982:
Das Gefühl. Eine Einführung in die Emotionspsychologie. München

Volpert, W. 1990:
Welche Arbeit ist gut für den Menschen ? Notizen zum Thema Menschenbild und Arbeitsgestaltung. In: Frei, F.; Udris, I.: Das Bild der Arbeit. Bern, Stuttgart, Toronto

Vonderach, G. 1982:
Eigeninitiative - Beginn einer "kulturellen Mutation"? In: Benseler, F./Heinze, R.G./Klönne, A. (Hrsg.)

Wade, D.C./Cooley, E./Savicki, V. 1986:
A Longitudinal Study of Burnout. In: Children and Youth Services Review, Vol. 8, pp. 161-173

Weick, K.E. 1985:
Der Prozeß des Organisierens. Frankfurt/M.

Wimmer, R. 1989:
Die Steuerung komplexer Organisationen. Ein Reformulierungsversuch der Führungsproblematik aus systemischer Sicht. In: Politische Prozesse in Unternehmen, hrg. von K. Sandner. Berlin, Heidelberg

woche im bundestag (1993)
Subsidiaritätsprinzip prüfen. In: Parlamentskorrespondenz. 17. März, 23. Jg./Nr.6, S.4

Zink, K./Ackermann, M. 1988:
Quality Circles und Qualität der Arbeit. In: Zeitschrift für Arbeits- und Organisationspsychologie Heft 6/1988

Aus dem Programm Sozialwissenschaften

Georg Bruns

Ordnungsmacht Psychiatrie?

Psychiatrische Zwangseinweisung als soziale Kontrolle

1993. 263 S. Kart.
ISBN 3-531-12431-5

Psychiatrische Zwangseinweisungen sind staatliche Akte der Freiheitsentziehung. Ihre Häufigkeit unterliegt starken regionalen Schwankungen und übertrifft das medizinisch notwendige Maß erheblich. Die empirische Analyse zeigt, daß Zwangseinweisungen bevorzugt dieselben Personengruppen treffen wie Inhaftierungen, so daß die Psychiatrie partiell die Justiz ergänzt. Ihre Bedeutung liegt in dieser Perspektive v.a. darin, daß sie in einer „zivilisierter" (Elias) werdenden Gesellschaft zu einer Transformation sozialer Kontrolle – nämlich: Verbindung mit Instanzen der Hilfe und Förderung individueller Selbstkontrolle – beiträgt.

Rainer Geißler

Die Sozialstruktur Deutschlands

Ein Studienbuch zur Entwicklung im geteilten und vereinten Deutschland

1992. 348 S. Kart.
ISBN 3-531-12358-0

In diesem Studienbuch werden erstmals sozialstrukturelle Entwicklungen in der alten Bundesrepublik und in der DDR vergleichend gegenübergestellt und Perspektiven des sozialen Wandels im vereinten Deutschland aufgezeigt. Auf empirischer Grundlage werden die folgenden Teilbereiche dargestellt: materielle Lebensbedingungen, Umschichtungsprozesse in wichtigen Gruppen (Eliten, Dienstleistungsschichten, Selbständige, Bauern, Arbeiterschichten, Randschichten, Ausländer), soziale Mobilität, Ungleichheiten zwischen Männern und Frauen, Bildungssystem, Familienstrukturen und Bevölkerungsentwicklung.

Gerhard Naegele und Hans Peter Tews (Hrsg.)

Lebenslagen im Strukturwandel des Alters

Alternde Gesellschaft – Folgen für die Politik.

1993. 406 S. Kart.
ISBN 3-531-12394-7

Der Strukturwandel des Alters hat Altern in Deutschland verändert: Kennzeichnend sind frühe Berufsaufgabe, Veränderungen der Familienstrukturen, die Feminisierung des Alters, noch weiter zunehmende Hochaltrigkeit. Gibt es nach der Wiedervereinigung „zwei deutsche Alter", heute und in der Zukunft? Diese und andere Entwicklungen fordern und verändern Sozialpolitik – mit welchen Konsequenzen? Der absehbare wachsende Anteil älterer Menschen in unserer Bevölkerung wird gesellschaftliche Entwicklungen insgesamt in Zukunft nachhaltiger beeinflussen als schon heute. Dies näher zu bestimmen ist Ziel des Buches.

WESTDEUTSCHER VERLAG
OPLADEN · WIESBADEN